Erich Follath

DIE LETZTEN DIKTATOREN

**Als Reporter
bei den Tyrannen
unserer Zeit**

Rasch und Röhring Verlag

Bildnachweis: Fotos: Bauer/Stern, J. B. Diederich/Contact Press, Camera Press, dpa, Yves Gellie/Odyssey, Hinz/Stern, Ihrt/Stern, Lebeck/Stern, Meyer-Andersen/Stern

CIP-Titelaufnahme der Deutschen Bibliothek

Follath, Erich:
Die letzten Diktatoren: als Reporter bei den Tyrannen unserer Zeit / Erich Follath. – Hamburg: Rasch und Röhring, 1991
ISBN 3-89136-309-5

Schutzumschlaggestaltung: Studio Reisenberger
Lektorat: Werner Heine
Redaktionelle Mitarbeit: Marieanne Wolny-Follath
Satzherstellung: Utesch Satztechnik, Hamburg
Druck- und Bindearbeiten: Ebner Ulm
Printed in Germany

INHALT

»Die Tage der Diktatoren auf der Welt sind gezählt.«

US-Präsident George Bush
bei seinem Amtsantritt im Januar 1989

WER DIE WELT IN ATEM HÄLT

Dieses Buch führt in den Palast eines der reichsten Männer der Welt, der über eines der ärmsten Völker der Welt herrscht, zu Präsident Mobutu nach Zaire und in sein afrikanisches Nachbarland, wo einer, der sich einst zum Kaiser hat krönen lassen, nun im Gefängnis darbt. Es erzählt von einem Interview mit Oberst Gaddafi in einem libyschen Wüstenzelt, das mitten in einer Großstadt steht, und von der Welt des furchtbaren Despoten im Irak. Es schildert einen Stalinisten in Nordkorea und einen »Breschnjew mit Bart« auf Kuba, die beide, ebenso erfolglos wie störrisch, als letzte einer »aussterbenden Spezies« die Fahne des Marxismus-Leninismus hochhalten. Es berichtet von »direkten« Begegnungen wie etwa mit dem philippinischen Diktatorenpaar Imelda und Ferdinand Marcos auf Hawaii oder dem gleichfalls aus dem Amt gejagten Haiti-Tyrannen »Baby Doc« Duvalier an der französischen Riviera; von Telefongesprächen mit Panamas Despoten Noriega im amerikanischen Gefängnis wie einer Schaltung ins Haus des paraguayischen »Tyrannosauriers« Stroessner im Exil von Brasilia.

Dieses Buch ist auch eine Spurensuche, denn nicht alle der hier beschriebenen Personen mochten sich interviewen lassen: Chiles General Pinochet zögerte nach seiner Zusage das Gespräch so lange hinaus, bis klar war, daß er sich nicht stellen würde. Von dem Kambodschaner Pol Pot, neben Hitler und Stalin der schlimmste Massenmörder dieses Jahrhunderts, hat die Welt seit mehr als einem Jahrzehnt nichts »Authentisches« mehr gehört, und doch führt er seine »Rote Khmer«-Guerillas von einem geheimen Lager an der thailändisch-kambodschanischen Grenze weiter in den Krieg.

Ich habe bei Pol Pot, wie in einigen ähnlichen Fällen, eine »Annäherung« versucht, indem ich wichtige Lebensstationen von Paris bis Peking abgefahren bin und seinen Geburtsort in Kambodscha besuchte, wo ich seine Brüder und die Schwester interviewen konnte. Oft brachten die langen Gespräche mit Verwandten und Weggefährten, mit Freunden wie mit Intimfeinden wertvollere Mosaiksteinchen für das Charakterbild als ein direktes Gespräch, manchmal verstärkten sie nur die Rätsel.

So sind 15 Porträts von 14 Männern und einer Frau entstanden. Versuche, in »Psychogrammen« Lebenswege nachzuzeichnen und Motive zu erklären, unter Verwendung von Sekundärliteratur, aber immer zuallererst geprägt von eigenen Eindrücken. Die Porträts sollen stets auch den Hintergrund des Landes, in dem sie spielen, seine gegenwärtige Situation zeigen. Mir lag sehr an diesen Reportage-Elementen, an dem Blick »von unten«, sofern ihn ein privilegierter, durchreisender Journalist erlernen kann, an dem Gespräch auch mit denen, die Tyrannei erleiden. Die Reisen für dieses Buch machte ich fast alle im Jahr 1990. Öfter konnte ich Vergleiche zu den Verhältnissen von früher anstellen, weil ich die betreffenden Länder in meiner 15jährigen Tätigkeit als Auslandsreporter mehrfach besuchte.

Warum aber überhaupt ein Buch über Diktatoren? Warum gerade diese Diktatoren, wo so viele Herrscher »Anspruch« auf diesen nicht geschützten Titel erheben könnten? Und sind es wirklich »die letzten«?

Autoritäre, absolutistische, despotische Regimes und Regenten waren in der Menschheitsgeschichte sicher eher der Regelfall als die Ausnahme, und es gibt wenig Anlaß zu der Annahme, daß sie in grauer Vorzeit weniger verhaßt waren als heute. Doch das griechische Wort »Tyrannis« wie das römische »Diktator« hatten ursprünglich einen besseren Klang, mit beiden Begriffen verknüpfte sich auch beim einfachen Volk einst mehr Hoffnung als Horror.

Ein »Dictator« war im republikanischen Rom der »Magister populi«, der »Lehrmeister des Volkes«, der in besonderen Notzeiten mit unbeschränkten Befugnissen regieren durfte, aber nach Erfüllung seines Auftrages, spätestens nach sechs Monaten, wieder abtreten mußte. Nach dem Zweiten Punischen Krieg verwilderten die Sitten, und es wurde, ab 202 vor Christus, kein »Dictator« auf Zeit mehr eingesetzt. Sulla benutzte die Diktatur dann zur Neuordnung des Staates, Cäsar als »Dictator perpetus«, als Herrscher auf Lebenszeit, schon zum Ausbau der Alleinherrschaft.

Die »Tyrannen« der älteren griechischen Geschichte kamen meist als Bauernführer im Kampf gegen den Adel an die Macht, bahnten durch ihre Herrschaft den demokratischen Staatsformen des 5. Jahrhunderts vor Christus den Weg. Zu ihren hervorragendsten Vertretern gehörten Periander in Korinth, Peisistratos in Athen, Polykrates auf Samos. Sie versuchten, den Gewerbetreibenden ihre Geschäfte zu erleichtern – frühe »soziale Marktwirtschaftler«, wenn man so will –, und holten sich die besten Dichter, Maler und Komponisten an ihren Hof, so daß in ihren Städten Handel und Kunst blühten. Doch auch hier bildete sich bald das Charakterbild des Tyrannen als des schlechten, grausamen, verwerflichen Herrschers aus. Die großen Philosophen, die sich mit der Staatslehre beschäftigten, lieferten theoretische Grundlagen für den Verfall, vor allem Plato mit der Skizze zum Idealtypus des Tyrannen in seinem Werk »Die Republik«.

Diktatur, Tyrannei, Despotie (ein Begriff, ebenfalls aus dem Griechischen, für unumschränkte Gewaltherrschaft eines einzelnen, angewendet besonders im Orient) waren dann nicht unbedingt die Schlagwörter, mit denen man die Regierungsformen des Mittelalters bezeichnete, aber sie waren Regierungsalltag. So trugen etwa die Aristokratien der italienischen Stadtstaaten starke Züge einer Diktatur. Die Aufklärung, jene geistige Bewegung, die, Ende des 17. Jahrhunderts von England ausgehend, bis ins 19. Jahrhundert hinein über Europa schwappte und die Kant einmal als »Ausgang des Menschen aus seiner selbstverschuldeten Unmündigkeit« beschrieb, brachte wesentlich neue Definitionen des Staatsbegriffs. Mehr noch: ein neues, antidiktatorisches Menschenbild.

Nicht mehr das »L'état c'est moi«, das »Der Staat bin ich«, des Sonnenkönigs Ludwigs XIV. war für das französische Bürgertum der Inbegriff von Obrigkeit: Jeder Mensch ist frei geboren, verkündete Rousseau; Herrschaftsverhältnisse können nur durch Konsens der Betroffenen begründet werden, schrieb Pufendorf; es gibt angeborene Menschenrechte jedes einzelnen, auf Leben, Freiheit, Eigentum, auf Streben nach Glück und religiöse Toleranz, die der Staat zu schützen hat, predigten Locke und Montesquieu. Diese Gedanken fanden Niederschlag in den amerikanischen und französischen Menschenrechtserklärungen von 1776 und 1789. Sie wirken bis heute nach – auch hinein in die Diktaturen der Neuzeit.

Das traditionelle Establishment der europäischen Staaten war aber wohl viel widerstandsfähiger, als es sich die Revolutionäre und Reformer der Aufklärung hatten träumen lassen. Das Zeitalter des demokratischen Aufbruchs mußte, mit Ausnahme der Vereinigten Staaten und ihrer bis heute intakten Verfassung, Rückschläge einstecken: Napoleons Diktatur mag weniger grausam, weniger allumfassend gewesen sein als die von Robespierre und seinen Henkern, aber daß auch seine Herrschaftsform eine Tyrannei war, steht außer Zweifel. Und doch: »Ein zukünftiger Historiker wird einmal völlig zu Recht sagen, daß das 19. Jahrhundert ein Zeitalter des oft erfolgreichen Kampfes um demokratische Regierungsform war – und das 20. Jahrhundert genau das Gegenteil davon«, schreibt der amerikanische Politologieprofessor Joseph Held in seinem Buch »The Cult of Power«. Und weiter: »Wenige Phänomene sind so überraschend und so überwältigend im letzten Drittel unseres Jahrhunderts wie die immer größere Ausbreitung von Diktaturen.«

Nicht erst im letzten Drittel. Schon nach dem Ersten Weltkrieg bildeten sich in einer Reihe europäischer Staaten diktatorische Staatsformen heraus – die Entwurzelung breiter Volksschichten durch industrielle wie technologische Revolutionen, die massiven sozialen und wirtschaftlichen Probleme, die daraus entstanden, hatten bereits wesentlich zu diesem Krieg beigetragen. Die Krisen verschlimmerten sich. Was zuvor ein staatsbewußter Mittelstand gewesen war, brach weg, desillusioniert auch durch das Versagen der parlamentarischen Systeme. Spanien unter Primo de Rivera (1923) und später Franco (1936), Polen unter Pilsudski (1926) und Portugal unter Salazar (1932) sind Beispiele für entstehende Diktaturen, die als halbfaschistische, halbtotalitäre Bewegungen bald ganz Zentral-, Süd- und Osteuropa bestimmten.

Mussolini gebrauchte zum erstenmal das Wort vom »totalen Staat« für seine Einparteien-Einmann-Herrschaft, aber es blieb Deutschland und Rußland, den beiden bevölkerungsstärksten Ländern des Kontinents, vorbehalten, die besondere Form der »totalitären Diktatur« zu erfinden, den absoluten Unterdrückungsstaat mit einer »Führer«-Figur, einer gesteuerten Massenbewegung, dessen permanenter Terror sich nicht mehr nur gegen politische Gegner, sondern gleichsam als Gesetz gegen jedermann richtete. Jede Trennung zwischen öffentlichem und privatem Leben wurde aufgehoben: Ziel war die Zerstörung jeder Individualität, die Transformation der menschlichen Natur, der »Aufbau einer fiktiven Welt«, wie Hannah Arendt schreibt. In ihrem Buch »Elemente und Ursprünge totalitärer Herrschaft« belegt die Geschichtsphilosophin die gegenseitige Bewunderung, die die beiden »Führer« Hitler und Stalin für einander empfanden, sowie die innere »Verwandtschaft« des Nationalsozialismus und des Stalinismus als Herrschaftssystem. »Wenn man die Möglichkeit hat, Juden wie Wanzen, nämlich mit Giftgas, auszurotten, hat man nicht mehr nötig zu propagieren, daß Juden Wanzen sind. Wenn man die Macht hat, einem ganzen Volk die Geschichte der russischen Revolution beizubringen, ohne den Namen Trotzki zu erwähnen, braucht man keine Propaganda gegen Trotzki.«

Hannah Arendt definiert den Unterschied zwischen einer anderen, »normalen« Diktatur und dem totalitären Hitler-Stalin-Modell so: »In der Ohnmacht der Tyrannei können Menschen innerhalb einer von Furcht und Mißtrauen beherrschten Welt sich immer noch bewegen; diese Bewegungsfreiheit in der Wüste ist es, die von totalitärer Herrschaft vernichtet wird. Sie beraubt Menschen nicht nur ihrer Fähigkeit zu handeln, sondern macht sie im Gegenteil, gleichsam als seien sie alle wirklich nur ein einziger Mensch, mit unerbittlicher Konsequenz zu Komplizen aller von dem totalitären Regime unternommenen Aktionen und begangenen Verbrechen.« Für Hannah Arendt sind Hitlers Deutschland und Stalins Rußland zwei Seiten derselben Medaille – eine problematische Gleichsetzung, könnte sie doch von der Einmaligkeit der deutschen Verbrechen gegenüber den Juden ablenken. Nimmt man aber das totalitäre Staatsmodell abstrakt, dann stellt sich die Frage, ob Nazi-Deutschland und Stalin-Rußland tatsächlich so »einmalig« geblieben sind. Haben denn nicht später andere, vor allem Pol Pot in Kambodscha, vergleichbare Totalitarität erreicht, wieder einmal ausgehend von dem Versuch, einen »neuen Menschen« zu schaffen? Und wie paßt ein Saddam Hussein in ein solches »System«?

Die Sowjetunion blieb auch nach Stalin eine Diktatur, wenngleich ohne den vom Tyrannen Stalin bestimmten »total« totalitären Charakter. Auch außerhalb Europas bildeten sich diktatorische Regimes, beispielsweise im militaristischen Japan von 1938 bis 1945. Nach dem Zweiten Weltkrieg prägte die Diktatur nach Moskauer Vorbild und Vorschrift ganz Osteuropa, keinesfalls eine »Diktatur des Proletariats«, sondern die einer Funktionärsoberschicht, einer neuen Klasse. Wo immer es Ansätze gab, aus diesem System auszubrechen wie in Ungarn 1956 oder in der Tschechoslowakei 1968, walzten Panzer die Reformen nieder.

Fast ganz Lateinamerika war in den fünfziger und in den sechziger Jahren in Diktatorenhand, rechte Militärs, von Washington gefördert, traten die Menschenrechte mit Stiefeln. Wagte ein Land neue Wege, so sorgten die USA für einen Militärputsch wie etwa 1954 in Guatemala. In Asien und vor allem in Afrika wurden die extrem undemokratischen, ausbeuterischen Kolonialregimes überwiegend von lokalen Eliten abgelöst, deren Führer in der »Entwicklungs- und Erziehungsdiktatur« die wirksamste Möglichkeit sahen, ihre jungen Staaten zusammenzuhalten und die sozialen Unterschiede auszugleichen. Leider zeigte sich bald, daß auch in der Dritten Welt absolute Macht absolut korrumpiert: Manchmal durch den wirtschaftlichen Verfall oder durch Stammesfehden zur harten Hand getrieben, oftmals aber auch aus reiner Herrschsucht und Lust zur Grausamkeit wurden einige der afrikanischen Herrscher zu den schlimmsten Tyrannen der Neuzeit.

Die Zeit des Kalten Krieges zwischen den Supermächten war auch die Zeit der Brückenköpfe: In Afrika und Asien stürzten sich die USA und die UdSSR in einen Wettlauf der »Stellvertreter-Staaten«, um die Überlegenheit ihres jeweiligen Systems zu zeigen und die »Aggression« der anderen Seite einzudämmen. Nicht jede der dabei entstehenden »rechten« Militärdiktaturen läßt sich mit den »linken« Volksrepubliken (die freilich oft auch linke Militärdiktaturen waren) vergleichen. Es gab Abstufungen, Abweichungen, neue »Trends«, wie das Konkurrieren der Volksrepublik China unter Mao Tse-tung mit den Weltmächten um die Gunst der Drittweltländer, Ergebnis des großen Schismas im Weltkommunismus. Mit dem feurigen Revolutionär Nasser in Ägypten rückte zum erstenmal in der Neuzeit die Idee eines Panarabismus ins Blickfeld. Der Kampf des vergleichsweise kleinen und schwachen Vietnam zunächst gegen die Franzosen, dann gegen die Amerikaner zeigte, daß auch eine Großmacht nicht mehr eine Allmacht war, die nach Belieben überall auf der Welt ihren Willen diktieren konnte – eine Erfahrung, die einige Jahre später auch die Sowjetunion in Afghanistan machen sollte.

Das Jahr 1979 brachte in mehrfacher Hinsicht einen wichtigen Einschnitt: In Uganda stürzte, nach fast acht Jahren an der Macht, der furchtbare Diktator Idi Amin (er lebt heute mit Großfamilie unbehelligt, aber ohne politischen Einfluß in Saudi-Arabien, soll aber, wie mir Leute aus seiner Umgebung bei Gesprächen in London erzählten, den Gedanken an eine Rückkehr in die Heimat noch keinesfalls aufgegeben haben); in Nicaragua vertrieb eine Volksrevolution, deren Triumph in der Hauptstadt Managua ich als Reporter miterleben konnte, den verhaßten Diktator Somoza (er wurde später im Exil in Paraguay ermordet); im Iran mußte der Schah seinen Pfauenthron aufgeben, nachdem er noch einige Monate vor seinem Sturz beim Interview gesagt hatte, er denke nicht an Rücktritt (er starb an Krebs, nachdem es nicht gelungen war, ein dauerhaftes Exil zu finden und ihn seine ehemaligen amerikanischen Gönner über Ägypten bis nach Panama irren ließen).

Gerade die Ereignisse im Iran bedeuteten viel mehr als nur den Sturz irgendeines Diktators, dessen Zeit abgelaufen war und der nur sehr begrenztes Mitleid erweckte, wenn man sich mit den Opfern seines brutalen Geheimdienstes SAVAK unterhielt: Er brachte den Ayatollah Khomeini an die Macht, den Theokraten als Diktator, der den ersten fundamentalistisch-islamischen Gottesstaat der Neuzeit schuf.

In West wie Ost auf die bisherigen Herrschaftsformen des 20. Jahrhunderts fixiert, nahm man mit Verblüffung zur Kenntnis, daß die säkularen Ideologien wie Pluralismus oder Marxismus die moslemische Welt offensichtlich keinesfalls ganz durchdrungen hatten, ja, daß sie an der Oberfläche geblieben waren. Im Iran zumindest waren die Ängste einer traditionellen Gesellschaft vor zu schnellem Wandel, vor einem Aufoktroyieren fremder Werte, vor einer sozialen Entwurzelung so stark gewesen, daß sie zu einer – zumindest anfangs – durchaus populären »Religionsdiktatur« führten. Für den Schiiten Khomeini gab es keine Trennung zwischen Religion und Staat, für ihn war der Koran, ganz den Buchstaben seiner Gesetze nach, eine Anleitung für alle Bereiche des menschlichen Zusammenlebens. Und er machte klar, daß sich diese fundamentalistische Auffassung in der gesamten islamischen Welt durchsetzen müsse: Er wollte die Macht Allahs zur Not auch mit dem Schwert Allahs verbreiten, vom Iran aus sollte ein Flächenbrand die gesamte Welt der Gläubigen und Noch-Ungläubigen überziehen.

Nicht nur die nahöstliche Region erzitterte, nicht nur all jene Feudalherrscher in Saudi-Arabien, Kuwait und den Emiraten am Golf, die sich zwar nach außen islamisch-traditionell gaben, aber alles andere als einen Gottesstaat wollten – es hätte ein Ende ihrer Herrscherhäuser bedeutet; auch der Irak, Syrien, Ägypten, wo sozialistische oder nationalistische Ideologien den Islam längst in die Moscheen zurückgedrängt hatten, fürchteten das Schlimmste; und nicht zuletzt die Sowjetunion, deren Republiken in Mittelasien und Transkaukasien einen überwiegend moslemischen Bevölkerungsanteil haben. Der Westen sah in einer Weltregion, die über den größten Teil der für seine Industrien überlebensnotwendigen Ölreserven verfügt, ebenfalls seine ureigensten Interessen berührt.

Der islamische Fundamentalismus, die von Khomeni entzündete Flamme, schuf Veränderungen von Nigeria im Westen Afrikas über den Sudan im Osten bis nach Indonesien; er bewegte – und bewegt – die Volksmassen in Ägypten wie in Syrien, er trug zur »Verschärfung« religiöser Gesetze in Pakistan wie in Mauretanien bei. Er führte zunächst nicht zum Flächenbrand, und das auch, weil die USA wie die Sowjetunion, Frankreich wie die Bundesrepublik, Großbritannien wie die Volksrepublik China den Hauptfeind des Iran aufrüsteten und mit unverhohlener Genugtuung zur Kenntnis nahmen, daß er einen Angriffskrieg gegen Teheran startete: Der Irak Saddam Husseins band, ganz im Sinne Washingtons und auch Moskaus, den Iran. Der achtjährige Golfkrieg fordert über eine Million Opfer, er endet, obwohl Bagdad den Sieg reklamiert, mit dem Status quo. Mit einem frustrierten irakischen Diktator, der sich von seinen arabischen Bruderstaaten, in deren Sinne er Khomeini in die Schranken gewiesen hat, nicht genug »entschädigt« fühlt. Während sich der Westen erleichtert neuen Problemen widmet, während die Ost-West-Entspannung einsetzt und man überall von einer »Friedensdividende« durch Abrüstung redet, wendet sich Saddam Hussein neuen Kriegszielen zu, sucht die Eroberung neuer »Kriegskassen«, um es nun dem vernachlässigten Feind Israel »zu zeigen«.

Das Ende des Kalten Krieges läutet auch das Ende der osteuropäischen Diktaturen ein. Nachdem Michail Gorbatschow in der Sowjetunion Reformen in Gang gesetzt hatte, die im Kern eine Abkehr von allen wesentlichen Prinzipien der marxistisch-leninistischen Diktatur bedeuteten, nachdem er klargemacht hatte, daß die UdSSR ihren Anspruch, in Osteuropa zu bestimmen, aufgeben würde, brach der Sturm los. 1989, das Jahr, in dem der Ayatollah Khomeini starb, war ein Katastrophenjahr, vor allem für kommunistische Tyrannen. Fassungslos erlebte die Welt, wie schnell und wie gründlich in Polen und Ungarn, in der Tschechoslowakei und in Bulgarien die stalinistisch-breschnjewistischen Regime zusammenbrachen. In der DDR schien allein der Druck der Straße, die Parole »Wir sind das Volk!«, das Politbüro wegzufegen, die Mauer zum Einstürzen zu bringen.

Der Tod des Kommunismus hatte Auswirkungen auch auf entfernte Bruderstaaten, bis hin zur Mongolischen Volksrepublik, wo eine gemäßigte »Perestroika«-Truppe an die Macht kam und relativ freie Wahlen abgehalten wurden. Nur im volkreichsten aller kommunistischen Staaten endete der Ruf nach Freiheit und Demokratie im Blutbad. Die Pekinger Marxisten-Senilisten, die »Gang der Greise« unter Deng, ließen durch ihre Panzer und Gewehre die naiv-sympathischen Studenten-Besetzer des »Platzes des Himmlischen Friedens« verjagen. Daß in China die wirtschaftliche Öffnung gegenüber dem Westen nicht automatisch auch zu einer politischen Öffnung führte, erstaunte freilich nur die Beobachter ohne tiefere Kenntnis der asiatischen Geschichte. In China ist »der letzte Kaiser« noch nicht gestorben, wird vielleicht noch auf lange Zeit der Konfuzianismus mit seiner Betonung einer starken Führergestalt das politische Leben bestimmen (und auf diesen Konfuzianismus hatte sich auch der Marxismus nur wie eine unbedeutende, vergängliche Schicht legen können). Daß wirtschaftlicher Aufstieg keineswegs mit demokratischen Strukturen gekoppelt sein muß, hatten im übrigen schon die konfuzianisch geprägten Strukturen Südkoreas, Taiwans und Singapurs gezeigt, drei der aufstrebendsten Länder der Welt, die man, zumindest bis vor kurzem, zu den Diktaturen rechnen mußte.

Zwei Ereignisse gegen Ende des Jahres 1989, die fast zeitgleich, aber unabhängig voneinander abliefen, zeigten, welchen überproportionalen Einfluß Diktatoren immer noch auf das Weltgeschehen hatten. Die Amerikaner fielen mit einer riesigen Invasionsmacht über das kleine Panama her, um den von ihnen lange Zeit gehätschelten Diktator Noriega zu stürzen und zum Prozeß in die USA zu »entführen«. Und das »europäische Haus« mit seinen noch wackligen Wänden wurde vom blutigsten Ende eines kommunistischen Tyrannen erschüttert. Die Fotos der amerikanischen Polizei vom erniedrigten Despoten Noriega in Miami und der rumänischen Streitkräfte vom erschossenen Despoten Ceauşescu werden zu den Bilddokumenten dieses Jahrhunderts gehören. Und es wird darüber auch nicht vergessen werden, mit welchen Mitteln das Ende der beiden herbeigeführt, unter welchen Opfern sie »erlegt« wurden: Noriega durch eine das Völkerrecht brechende Invasion, die Hunderte Zivilisten das Leben kostete, Ceauşescu durch ein Geheimurteil nach einem Prozeß, der eine Farce war und im übrigen die meisten der rumänischen Machtstrukturen unangetastet ließ.

Das Jahr 1990 brachte den Sturz der Diktatoren in Liberia und Bangladesh, in Europa nahm mit Albanien das letzte Land Abschied vom Stalinismus und kündigte freie Wahlen für das nächste Frühjahr an. In Afrika, vor allem in den französischsprachigen Ländern, wurde »Multipartisme«, »Mehrparteiensystem«, zum Schlagwort des Jahres, nachdem sich Paris plötzlich um »Demokratie« in seinen ehemaligen Kolonien zu kümmern begann. Doch die hoffnungsvollen Ansätze waren in der Minderzahl: In den meisten Ländern blieb die politische Öffnung nur ein Lippenbekenntnis, eine »Show«; die Aufforderung zur Demokratie klang auch deshalb wenig überzeugend, weil sie von westlichen Ländern kam, die mit unterlassener Wirtschaftshilfe und dem Diktat der Rohstoffpreise für das Elend der Dritten Welt und deren Herrschaftsstrukturen verantwortlich waren.

Und so fällt die Bilanz, trotz aller dramatischen Fortschritte in Osteuropa (wo freilich die Befreiung von den alten Strukturen nicht automatisch zu westlich-freien, sozialmarktwirtschaftlichen Strukturen führte, sondern zunächst zu größerer Armut und dem Aufbrechen nationalistischer Strömungen), zu Beginn des Jahres 1991 keinesfalls nur positiv aus: Hunderte Millionen von Menschen, vor allem in Afrika und Nahost, aber auch in Asien und Lateinamerika, leben noch unter dem Joch von Diktatoren verschiedenster Ausprägungen. Mit dem Ende des Kalten Krieges und der Versöhnung der Supermächte ist nicht, wie sich viele erhofften, die glückliche Zeit des ewigen Friedens gekommen: Vom Westen wie Osten bis an die Zähne gerüstet, von skrupellosen »Todeskrämern« aus deutschen Landen sogar mit Giftgas versorgt, können Diktatoren in der Dritten Welt mehr als nur regionale Konflikte anzetteln – Iraks Saddam Hussein mit seiner brutalen Aggression gegenüber Kuwait ist dafür vielleicht nur das erste furchterregende Beispiel.

Bei solchen Auseinandersetzungen besteht die Gefahr, daß sich die Mehrheit der Armen und Unterprivilegierten der Welt gegen die Reichen, Privilegierten zusammenschließt. Es drohen Nord-Süd-Auseinandersetzungen, unberechenbarer und explosiver als die gewohnten Spannungen zwischen Ost und West. Es könnte die Gefahr ganzer Völkerwanderungen heraufziehen, von Nordafrika und Mittelasien bis in die Mitte Europas. Während sich die USA mit allen Mitteln auf die Sicherung des Rohstoffnachschubs vorbereiten, Japan die Unversehrtheit lukrativer Absatzmärkte verteidigen würde, könnte sich ein skrupelloser Diktator an die Spitze der entrechteten, verzweifelten Völker stellen und zur Entscheidungsschlacht gegen die »industrielle Welt« zusammenschweißen. Ein Horrorszenario, gewiß, aber keines mehr, das angesichts der Ereignisse am Golf Anfang 1991 besonders weit hergeholt scheint.

Saddam Hussein war ein offensichtlicher Kandidat für die Diktatorenporträts in diesem Buch. Der amerikanische Präsident selbst hat ihn mehrfach zum »zweiten Hitler« stilisiert und so – sicher unbeabsichtigt – dessen Ego, dessen Vorstellung, er sei eine »weltbewegende« Figur, einer der Großen der Geschichte, zusätzlich aufgewertet. Auch die anderen vier im ersten Teil des Buches stehen besonders im Blickpunkt der Weltöffentlichkeit: Muammar al-Gaddafi war der »Hitler der Stunde« unter Ronald Reagan, ihn ließ er von seiner Luftwaffe bombardieren, trachtete ihm bei dem Angriff von Tripolis, wie man heute weiß, nach dem Leben: Gaddafi, der nach der Atombombe strebt, sieht sich als den idealen Führer beim »Kreuzzug« der armen Nationen gegen die reichen. Vom nordkoreanischen Diktator Kim Il Sung ist bekannt, daß er in wenigen Jahren, wenn nicht Monaten, Nuklearwaffen besitzen kann. Sein Land dürfte das derzeit abgeriegeltste und von ausländischen Einflüssen abgeschottetste der Erde sein.

Die Einbeziehung Fidel Castros in dieses Buch über Diktatoren wird viele schmerzen, die ihn immer noch für einen charismatischen Freiheitsführer, für eine »Alternative« halten, und auch ich habe gezögert, ihn in diesen Kreis aufzunehmen. Doch mein jüngster Besuch auf Kuba hat mich eines Besseren belehrt, und so ist dieses Porträt auch der Abschied von einer Illusion. Für Castro treffen alle Kriterien zu, die ich zur Definierung der Diktatur herangezogen habe: die Monopolisierung der Staatsgewalt durch eine Person. Die Unterdrückung jeglicher Opposition, einschließlich der Presse. Die Ersetzung des Rechtsstaats durch den Polizeistaat. Die Kontrolle jedes einzelnen durch einen Überwachungsmechanismus, etwa die Geheimpolizei. Die totale Abkapselung von kritischen Ratgebern in der unmittelbaren Umgebung. Das Erfinden oder die Überbetonung einer äußeren Bedrohung für das Land. Eine besondere Ideologie des eigenen »Ausgewähltseins« und deren Übertragung auf das Volk. Lediglich in einem, zugegeben wichtigen, Punkt schneidet Castro besser ab als die anderen: Er hat sein Land wenigstens nicht zum privaten Selbstbedienungsladen gemacht und sich nicht schamlos bereichert. Für diesen diktatorischen Charakterzug ein geradezu klassisches Beispiel ist die Nummer fünf der vorgestellten »aktiven« Diktatoren: General Mobutu, der Milliardendieb und Ausbeuter seines zairischen Volkes, mit dem mich eine besondere Vorgeschichte »verbindet«.

Es hat mich interessiert, ob es immer wiederkehrende Muster beim Aufstieg der Tyrannen gibt, etwa im psychologischen Bereich, in ihrer Persönlichkeitsstruktur oder im politischen Bereich, beim Ausbooten der innenpolitischen Gegner und Sichern ausländischer Hilfe. Ich habe in jedem einzelnen Fall versucht, der Anatomie ihrer Gewaltherrschaft auf die Spur zu kommen – wie man sehen wird, mit unterschiedlichem Erfolg. Wo ich fand, daß es für das Porträt eine Funktion hat, berichte ich auch über die Umstände geglückter Interviews wie über das Scheitern von Treffen. Ich habe auch versucht, die Aussagen der persönlichen Gegner im Exil gegenzuprüfen; Menschenrechtsverletzungen sind jeweils dokumentiert.

Wenn es Gemeinsamkeiten beim Aufstieg der Tyrannen in ihre Machtposition geben sollte, dann existieren vielleicht auch immer wiederkehrende Muster beim Niedergang. Mich hat auch beschäftigt, ob und wie Völker von ihren Diktatoren »entsorgt« werden können und wie diese Männer und die von ihnen Zurückgelassenen nach dem Sturz mit dieser »Altlast« leben. Der zweite Teil des Buches handelt deshalb von »Ehemaligen«, von einigen der berühmtesten und berüchtigsten aus dem Amt gejagten Diktatoren: von Manuel Noriega, dem amerikanischen »Inbegriff des Bösen«, neben den Superfeinden Gaddafi und Saddam Hussein. Von dem kambodschanischen Massenmörder Pol Pot. Von dem Mann, den sie auf Haiti nach seinem schrecklichen Vater, dem »Papa Doc«, »Baby Doc« tauften. Von dem Ex-Kaiser und Kannibalen Zentralafrikas, Jean Bedel Bokassa. Von dem Deutschen-Freund aus Paraguay, dem Ex-Diktator Stroessner.

Jedes dieser zehn Porträts wie der nachfolgenden Kurzporträts von anderen »Kandidaten«, die in diesen Kreis gehören, ist in sich abgeschlossen. Für diejenigen, die sich wissenschaftlich oder aus Neigung mit dem einen oder anderen »Fall« ausführlicher beschäftigen wollen, habe ich am Schluß des Buches eine Literatur- und Lese-Hinweisliste, nach Kapiteln geordnet, zusammengestellt. In einem Nachwort versuche ich, einige der gestellten Fragen zusammenfassend zu beantworten, eine Art Fazit aus der Beschäftigung mit den porträtierten Personen zu ziehen.

Bleiben die Fragen: Warum diese Diktatoren und keine anderen? Und sind es wirklich »die letzten«?

Ich gebe zu, daß meine Auswahl willkürlich ist, daß ich mich auch in der Souveränität des Weglassens übte. Auf meiner Liste standen zwischenzeitlich noch: Präsident Assad von Syrien, Präsident Mengistu Hailé Mariam von Äthiopien, General Saw Maung von Myanma, dem ehemaligen Birma. Daß sie hier nicht porträtiert werden, bedeutet nicht, daß sie weniger »schlimm« oder auch nur weniger interessant wären als die Vorgestellten: Assad von Syrien war über Jahre hindurch für Terroranschläge in der ganzen Welt mit verantwortlich. Er hat in der Stadt Hama eines der verheerendsten Massaker unter der eigenen Zivilbevölkerung angerichtet, das einer der zeitgenössischen Diktatoren zu verantworten hat: mehr als 20 000 Tote. Erst der Konflikt mit Saddam Hussein machte ihn im Westen wieder salonfähig, wobei in Washington geflissentlich übersehen wurde, daß Assad sich nur aus innerarabischen Konkurrenzgründen gegen seinen Erzrivalen stellt, keinesfalls, weil er nun plötzlich die »Ideale« des Westens teilte. Mit den Versprechen, die der amerikanische Präsident dem syrischen Diktator für seine Unterstützung im Golfkonflikt machte und zu denen die Einbeziehung des Libanon in das »großsyrische Reich« gehörte, ist die Saat für einen neuen, späteren Regionalkonflikt schon gelegt: Assad hegt, ähnlich wie Saddam Hussein, arabische Großmachtträume und wird sich davon kaum abbringen lassen.

Auch der Äthiopier Mengistu, der praktisch eine ganze Politiker-Generation ermorden ließ und mit sowjetischer Unterstützung den Konflikt mit den Eritreern zu einem der blutigsten und längsten der afrikanischen Geschichte machte, zeigt sich neuerdings »freundlicher« gegenüber Washington. Der Mann, der selbst den Hunger seines Volkes als Waffe einsetzte, braucht neue Geld- und Waffengeber, seit Moskau seine (Dritt-)Weltmachtrolle aufgegeben hat. Im ehemaligen Birma, einem der schönsten und friedlichsten Länder Asiens, hat sich ein brutaler Militärdiktator an die Spitze der Regierung geputscht und die politischen Gegner, die bei Wahlen klar die Mehrheit erreichten, gefangennehmen oder erschießen lassen.

Manchmal scheint es, als wachse für jeden aus dem Amt gejagten Diktator wieder irgendwo ein neuer nach, als sei die »diktatorische Internationale« eine Hydra mit vielen Köpfen. (Daß tatsächlich erstaunlich viele Diktatoren untereinander in Kontakt stehen, wird im Schlußkapitel zu beweisen sein.) Als Teile dieses Buchs schon in Druck gingen, sprach der sowjetische Außenminister Eduard Schewardnadse von der sehr realen »Gefahr einer Diktatur« in der Sowjetunion und trat, als Warnung, zurück; als Anfang Februar 1991 die letzten Seiten korrigiert werden, scheint diese Befürchtung eher noch näher gerückt, liegt das sowjetische Militär in Lauerstellung, um mit einem »Diktator Gorbatschow« – oder gegen ihn – ein neues, tyrannisches System zu errichten. Also doch nicht »die letzten Diktatoren«?

Eine Revolution spricht für den gewählten Titel dieses Buches – die Kommunikationsrevolution. In der Sowjetunion lassen sich schon deshalb nicht mehr alle Reformen zurückdrehen, weil die Presse frei, vor allem aber in vielfältiger Weise mit dem Ausland verbunden ist. Auf Kuba besteht die vielleicht größte Gefahr für das Regime in den Radio- und Fernsehsendungen vom amerikanischen Festland. Die Umwälzungen in Osteuropa, in der DDR waren auch

Medien-Revolutionen: Die Menschen hatten eine Verbindung zur Außenwelt und sahen sich, in dieser Verbindung, etwa durch die Sendungen von ARD und ZDF, wieder. Selbst in der Volksrepublik China fürchteten die Machthaber während der Studentenrevolte – und bei ihrer Zerschlagung – nichts so sehr wie Öffentlichkeit: Sie versuchten, weitgehend vergeblich, eine unabhängige Berichterstattung im Westen zu verhindern. Hunderttausende Chinesen bekamen die ersten unabhängigen Berichte über das Pekinger Massaker von den Fax-Geräten, in die Studenten und Geschäftsleute in Hongkong die Zeitungsberichte gelegt hatten.

Globale Kommunikation bedeutet allerdings Chance wie Verpflichtung, Hoffnung wie Gefahr zugleich. Nicht nur wir Journalisten beziehen unsere Informationen von dem amerikanischen Kabel-Fernsehsender CNN. Auch Muammar al-Gaddafi tat das, als ich ihn im Beduinenzelt interviewte. Von Saddam Hussein wissen wir, daß er in seinem Bunker über CNN Verbindung zur Außenwelt hielt, daß er – an freie Presse nicht gewöhnt – den Protest der Demonstranten im Westen gegen die »Operation Wüstensturm« überschätzte und auf Durchhalten setzte. Die Kommunikationsrevolution kann Diktatoren stürzen helfen, aber eines kann sie nicht: Sie vermag nicht alle Mißverständnisse zwischen verschiedenen Kulturen auszuräumen. Solange der Westen, angeführt von den USA, nicht begreift, daß die westliche Kultur der arabischen keinesfalls »überlegen« ist, solange Amerikaner nicht begreifen, daß keinesfalls alle Völker und Gesellschaften so sein wollen wie sie, daß sie vielmehr eigenen Wertesystemen nachstreben – so lange wird die »neue Weltordnung« nach Washingtons Vorstellung weder in Nahost noch sonstwo funktionieren.

»Es gibt nichts Schwierigeres, nichts Gefährlicheres, als eine neue Ordnung der Dinge zu initiieren«, schrieb Niccolò Machiavelli 1513, der Vater aller Diktatoren, der heimliche Berater aller Politiker, die in diesem Buch porträtiert werden.

DER MILLIARDENDIEB

SESE SEKO MOBUTU, ZAIRE

Vielleicht war es doch keine gute Idee gewesen, nach Zaire zurückzukommen, dachte ich an meinem fünften Tag in Kinshasa und stocherte lustlos im Abendessen herum. An François, das muß zu seiner Ehrenrettung gesagt werden, lag es nicht, daß sich meine Gedanken verdüsterten, daß sich schlechte Laune und eine gewisse nervöse Gereiztheit einstellten. Der Chefkoch unseres Lieblingslokals in der Hauptstadt hatte sich wieder alle Mühe mit der Speisefolge gegeben: Lacroix-Suppe mit Wachteleiern, zartes Filet vom Krokodil (das einzig Einheimische am Menü), Schwarzwälder Kirschtorte, dazu Rosé aus Südafrika und Evian-Wasser. Es lag vielmehr am Präsidenten. Sese Seko Mobutu, Feldmarschall, Gründervater der Nation, alles beherrschender Diktator von Zaire, der mir ein Interview zugesagt hatte, ließ mich nun schon über 120 Stunden warten und immer wieder von seinen Leuten vertrösten: »Verlassen Sie das Hotel nicht, es kann jederzeit soweit sein.«

Je länger das Warten dauerte, desto intensiver wurden die Erinnerungen an damals wieder wach: an 1977, den Krieg in der zairischen Südprovinz Shaba. An die Geheimagenten Mobutus, die mich – und sechs andere Journalisten aus fünf Ländern – gefangennehmen und 17 Tage in ein düsteres Gefängnis sperren ließen. An die Folterungen der afrikanischen Mithäftlinge, die wir damals mit ansehen mußten. An den »absurden Scheinprozeß« (»New York Times«), bei dem ein General verkündete, man hätte uns an Ort und Stelle als Spione hinrichten müssen, aber dank der »unerklärlichen Gnade des Präsidenten« würden wir nur ausgewiesen.

Und desto größer wurden die Zweifel. Vielleicht sollte man ja die

Gnade eines solchen Machthabers nicht ein zweites Mal beanspruchen. Diktatoren, so heißt es, sind rachsüchtig. Und Mobutu, der sich über seinen Botschafter in Bonn innerhalb einer Woche zum Gespräch bereit erklärt und mit einem Federstrich mein lebenslanges Einreiseverbot aufgehoben hatte, lockte schon manchen in eine tödliche Falle.

Wenn die Wasserversorgung nicht ausfällt – und sie fällt oft aus in diesem Land –, sitzen wir am Swimmingpool. Mag sein, es ist reiner Zufall, daß wir dabei immer denselben unauffälligen Herren begegnen, die auch beim Frühstücksbuffet und bei François in Sichtweite sitzen, und daß diese Leute gerade immer etwas in ihre drahtlosen Telefone flüstern: Dies ist schließlich das Land der Walkie-talkies und »mobile phones«, denn das normale Fernsprechnetz ist hoffnungslos überlastet, reguläre Apparate funktionieren hier ganz selten. Durchaus möglich also, daß es reiche Geschäftsleute sind, die da ihre Nachrichten austauschen. Oder doch Geheimdienstagenten von Mobutu, die uns auf Schritt und Tritt verfolgen? Hat er nicht selbst einmal in einem Interview gesagt, er lese alle sechs Stunden »Secret Service«-Berichte, und zwar von mehreren konkurrierenden Spionagediensten, die er eingerichtet habe und die voneinander gar nichts wüßten?

Wenn die Stromversorgung nicht ausfällt – und sie fällt oft aus in diesem Land –, sehen wir fern. Ich vermisse den TV-Spot, der früher die Nachrichtensendungen ankündigte. Er hat sich mir eingeprägt, als wir damals vor der Abschiebung, in der Residenz des deutschen Botschafters, in der zairischen »Tagesschau« noch unseren »Prozeß« mit ansehen konnten. Der Fernsehschirm füllte sich mit himmlischen Wolken. Ein lieblicher Frauenchor erklang. Je lauter die Stimmen wurden, desto klarer wurde der Himmel – als könnten sie die Wolken per Phonzahl vertreiben. Und aus dem Himmel kam ein Gesicht, und das Gesicht war streng und stolz, aber auch väterlich, und es sprach: Fürchtet euch nicht, ich bin euer »Guide« (»Führer«).

Der Vorspann zu jetzigen Nachrichtensendungen wirkt etwas prosaischer. Ein Zusammenschnitt von Mobutu-Reden, bei denen er grimmig die Faust ballt oder gütig Ratschläge erteilt, Mobutu in den Dörfern, Mobutu mit den Großen der Welt, Mobutu mit seinen Truppen an der Front. Die Botschaft von heute ist die Botschaft von

Vom Chorknaben zum Volksbetrüger: Sese Seko Mobutu

damals: dein Führer – kein sterbliches Wesen wie du und ich, sondern allgegenwärtig. Ein Mythos. Ein Kult. Ein Gott. Mobutismus heißt seine Lehre, und es ist – bei blutiger Verfolgung jeglicher von Mobutu nicht»sanktionierten« Opposition – die alleingültige Lehre im ganzen Staat. »Mouvement Populaire de la Révolution« (MPR) heißt seine Partei, und das war bis vor wenigen Monaten eine Einheitspartei, in der jeder zairische Staatsbürger schon bei Geburt Zwangsmitglied wurde.

1990 ist ein Jubeljahr für Mobutu: Er kann seinen 60. Geburtstag feiern, den 30. Jahrestag der nationalen Unabhängigkeit, sein 25jähriges Dienstjubiläum als Staatspräsident. Außer Félix Houphouët-Boigny, dem Präsidenten der Elfenbeinküste, ist kein afrikanischer Staatschef so lange an der Macht geblieben. Mobutu schaffte darüber hinaus etwas, was ihm beim Amtsantritt kaum jemand zugetraut hatte: Er hielt das riesige Reich zusammen, das fast siebenmal so groß ist wie die Bundesrepublik mit ihren fünf neuen Ländern, 76mal größer als die ehemalige Kolonialmacht Belgien. Und das vor Mobutus Amtszeit mit seinen über 200 rivalisierenden Stämmen in blutigen Fehden, in Instabilität und Chaos zusmmenzubrechen drohte.

Doch wahr ist auch: Aus einem der potentiell reichsten Länder des Kontinents, in dem Kupfer und Kobalt, Uran, Erdöl und Edelsteine in großen Mengen gefunden werden, in dem Kaffee, Bananen und Baumwolle gedeihen und das fast die Hälfte des gesamten afrikanischen Regenwaldes besitzt, ist ein Armenhaus geworden. Zaire vermochte sich noch Anfang der sechziger Jahre selbst zu ernähren; heute müssen wegen der staatlichen Mißwirtschaft die meisten Lebensmittel teuer eingeführt werden.[1] Ein Lehrer, der sich vor 20 Jahren von seinem Gehalt noch zehn Säcke Hirse leisten konnte, bekommt heute dafür nicht einmal mehr einen. Die Kindersterblichkeit steigt so dramatisch, daß kaum noch jedes zweite Neugeborene das fünfte Lebensjahr erreicht. Krankenhäuser wie Kinshasas »Mama Yemo Hospital« gleichen nach Aussagen westlicher Entwicklungshelfer immer mehr Dantes Inferno: Patienten sterben, weil es selbst an Mullbinden fehlt und sogar die Wasserhähne gestohlen werden. Ein Großteil der Blutkonserven ist Aids-verseucht. Korrupte Chefärzte behalten Neugeborene als Pfand zurück, bis die verzweifelten Eltern die Gebühren auftreiben können.

Mit einem durchschnittlichen Jahreseinkommen von 170 US-Dollar steht der für Dritte-Welt-Verhältnisse einst wohlhabende Kongo heute neben Bangladesh, Nepal und Tschad am Ende aller Statistiken. Sein Präsident dagegen gehört zur absoluten Spitze: Das amerikanische Wirtschaftsmagazin »Fortune« zählte Mobutu mit einem geschätzten Privatvermögen von vier bis fünf Milliarden US-Dollar (weit mehr als der zairische Haushalt, etwas weniger als die Staatsschulden) zu den fünf begütertsten Männern der Welt.

Was macht einen Menschen zu einem so skrupellosen Ausbeuter seines Volkes, wie verkraftet es jemand, soviel Unrecht über andere zu bringen? Und woher kommt die Macht, die ihn das durchstehen läßt?

Am Morgen des sechsten Tages um sieben Uhr ein Anruf. Der aufgeregte Fahrer des Präsidentenberaters und Geheimdienstchefs Nkema ist schon am Hotel-Empfang. Es geht los. Nicht hinaus zur »Domaine présidentiel de la N'Sele«, wo die Chinesen Mobutu einen Palast à la Pekinger Himmelstempel hingestellt haben, weil ihn der beim Staatsbesuch so beeindruckt hatte, sondern zum »Camp Tshatshi«. In der Präsidentenvilla auf dem hügeligen Gelände oberhalb der Hauptstadt sei's intimer, meint unser Begleiter. Und er hat recht. Es sind nur wenige Palastwächter da, Mobutus eiserne Garde, die, wie jedermann hier weiß, von israelischen Geheimdienstexperten ausgebildet wurde. Sie sehen mit ihren grünen Uniformen, verziert mit roten und güldenden Epauletten, aber gar nicht martialisch und furchterregend aus, eher wie Statisten für eine Lehár-Operette.

Der Park des Zuckerbäcker-Palais fällt in sanften Wellen ab zum Zaire-Fluß und seinen Stromschnellen. Pfauen stolzieren über den gepflegten Rasen, bunte Vögel schwirren durch die Luft, in der Ferne balzt ein Auerhahn. Ein tropisches Paradies, in dem Casuarina und Bougainvillea blühen. Der Blick fällt auf eine Terrasse, die in einen prächtigen Salon führt – und in ein Zimmer mit Spielautomaten, amerikanischen »einarmigen Banditen«.

Auf der Terrasse steht der zweiarmige Bandit und telefoniert. Als der Diktator uns sieht, winkt er uns gleich mit leutseliger Geste näher. Sese Seko Ngbendu wa za Banga Mobutu – so lautet sein vollständiger Name – ist sichtlich blendender Laune. Getauft wurde er einst katholisch, auf »Joseph-Désiré«. Aber schon vor langem hat er sich seinen »authentischen« afrikanischen Namen gegeben, der soviel bedeutet wie: »der allmächtige Krieger, der durch seine Ausdauer und seinen unbändigen Siegeswillen eine Eroberung an die andere reiht«. Das ist die eine offizielle Übersetzung, gedacht fürs Militär. Die andere, fürs Volk und ebenfalls von »oben« genehmigt, spielt auf die Virilität des Präsidenten an: »der starke Hahn, der keine Henne unbestiegen läßt«.

Und männlich, fast brutal wirkt Mobutu auch. Harte Gesichtszüge, eine rauchige Whisky-Werbung-Stimme. Auf dem Kopf trägt er, wie fast immer, trotz der feuchten Hitze die Leopardenmütze; vor ihm liegt der Häuptlingsstab aus Ebenholz, von dem er sich auch ganz selten trennt – wie ein Erzbischof sich nicht von seiner Mitra und dem »baculus pastoralis«. Und so, wie diese Insignien dem katholischen Würdenträger Macht und göttlichen Auftrag verleihen, so »funktionieren« die geschnitzten Figuren des Mobutu-Stocks für den schwarzen Diktator. Mobutu läßt selbst verbreiten, sie enthielten – in der ziselierten Schlange oder im Mädchenkörper – die magische Kraft eines Fetischs. Sie machten ihn, den Häuptling aller zairischen Stämme, unbesiegbar.[2]

Ein tailliertes Hemd spannt sich stramm über einen runden Bauch, unübersehbares Zeichen dafür, daß der »Führer« das gute Leben liebt. Graue Hose auf Bügelfalte, Krokodillederschuhe aus einheimischer Produktion. Anzüge mag Mobutu nicht mehr, seit er mit den ideologischen Vorbildern aus Europa gebrochen hat und in seinem Land eine Kampagne gegen Überfremdung und für die »Rückkehr zur Ursprünglichkeit« (»Authenticité«) entfachte. Die »Citoyens« (»Bürger«) und »Citoyennes« (»Bürgerinnen«), wie für jedermann unterhalb des Führers die offizielle Anrede heißt, sollten bis vor kurzem auch keine Krawatten tragen. Nur noch eine Art Mao-Dreß war erlaubt, bis der Diktator im Frühjahr 1990 das »Zwangsjacken-Gesetz« etwas lockerte. Das Kleidungsstück nennt sich »Abacost« – Abkürzung für »A bas les costumes!«, »Nieder mit den Anzügen!« – und gehörte durchaus zu den populären Manifestationen Mobutuscher Politik.

Als »exzentrisch«, als »Spinnerei« haben viele, mit typisch westlicher Überheblichkeit, die Kleiderordnung des Staatschefs abgetan, sie ebenso belächelt wie die immer wiederkehrende Bemerkung Mobutus, er sei »stolz auf die dicken Hintern der zairischen

Frauen«. Und haben dabei womöglich eine wesentliche Erklärung für Mobutus erstaunliches Durchhaltevermögen übersehen: seine Fähigkeit, als Afrikaner die Gefühle und Bedürfnisse seiner Mitafrikaner intuitiv vorauszuahnen, ihnen ein Stück Zusammengehörigkeitsgefühl und Selbstbestätigung einzuimpfen, sie auf sich als ihren schwarzen Messias einzuschwören, der ihnen als einziger auch das wenige wieder nehmen kann, das er gegeben hat.

Sese Seko Mobutu beginnt das Interview mit einer Feststellung: »Solange ich lebe, wird es zwischen Gott, mir und den Zairern nie Probleme geben. Weil wir in diesem Einklang miteinander leben.« Wie kommt er mit dem Vorwurf zurecht, ein Diktator genannt zu werden? »Aber das ist doch lächerlich!« ruft er aus, und das wirkt nicht wie gespielte Entrüstung, sondern wie tiefe innere Überzeugung. »Ich bin gerade das Gegenteil von einem Diktator: ein Botschafter der nationalen Einheit, ein Führer mit uneingeschränkter Autorität, den das Volk liebt und mit dem es sich identifiziert. Die Konzentration der Macht in meiner Hand ermöglicht es mir zu erziehen, zu überzeugen und so gerade zu vermeiden, daß aus Zaire ein Polizeistaat wird – denn die westliche Demokratie, das sage ich Ihnen, die paßt nicht hierher und bringt, wenn man sie unseren Gesellschaften unverändert aufpfropft, nur Chaos: Sie ist der Tod Afrikas.« Er ist also absoluter Herrscher geworden, um die Diktatur zu verhindern? »So könnte man sagen«, sagt er, und die Ironie in der Fragestellung entgeht ihm offensichtlich völlig.

Ich bitte ihn, mir sein Milliardenvermögen zu erklären, bei einem offiziellen Monatsverdienst als Regierungschef von weniger als 1500 Dollar. Drängt sich da nicht der Verdacht auf, daß er nicht der erste Diener, sondern der erste Verdiener der Nation ist, der König einer Kleptokratie? »Sie können nicht behaupten, daß ich dieses Land ausgeplündert habe. Gut, ich besitze ein paar Häuser in der Schweiz, in Frankreich, in Italien, aber die sind weniger als 50 Millionen Dollar wert – und das soll mir nicht zustehen nach 25 Jahren Amtszeit? Nachdem ich, Präsident Mobutu, meine ganze Kraft, meine ganze Jugend und meine Gesundheit diesem Land geopfert habe, treibt es mir Tränen in die Augen, wenn ich daran denke, was dieses Land mir schuldet. Dinge, die man gar nicht berechnen kann: Frieden, Ruhe, Ordnung.«

Und so geht es weiter. Während man noch nach Luft schnappt

und nach Worten ringt, weil das so nicht stehenbleiben darf, hat der Diktator schon wieder eine neue Ungeheuerlichkeit parat. Zu seinem privat gecharterten Überschallflugzeug vom Typ »Concorde«: »Ich brauche den Zeitgewinn, weil ich im Flugzeug kein Auge zutun kann und so eine fürchterliche Angst vor Schlaftabletten habe!« Zu den Menschenrechtsverletzungen in Zaire: »Wo gibt es die nicht? Und warum machen Sie mich persönlich dafür verantwortlich? Sie beschuldigen doch auch nicht Herrn Kohl, wenn irgendwo ein deutscher Polizist durchdreht und einen Demonstranten verletzt!« Zur Freilassung Nelson Mandelas: »Wesentlich mir zu verdanken. Ich habe mit den Südafrikanern schon frühzeitig verhandelt, als die anderen Afrikaner noch den Kontakt mit den Teufeln des Apartheidsstaates scheuten. Und nun vermittle ich in Angola. Ich bin der Friedensstifter dieses Kontinents.«[3]

Dann hat Mobutu keine Lust mehr auf kritische Fragen. Zieht ein Dokument aus der Tasche, schriftliche Antworten auf Fragenkomplexe, von denen er denkt, sie sollten uns interessieren. Staatsmännisches: Forderungen nach umfangreicher Wirtschaftshilfe, einem »Marshall-Plan« für ganz Afrika. Das zairische O.K. zur deutschen Einheit. Das Lob der Weltbank für seine neue, rigorose Sparpolitik, die das Land international wieder kreditwürdig machen soll (und die Ärmsten der Armen mit Lohnstopps und verteuerten Grundnahrungsmitteln besonders hart trifft).

Mit einer erstaunlich eleganten Geste federt er seinen massigen Körper aus dem Gartenstuhl, zupft mich am Ärmel und sagt: »So, jetzt gehen wir im Park spazieren, nur wir beide.« Geheimdienstchef Nkema, bisher stummer Zeuge unseres Gesprächs, erstarrt, wirft mir einen bösen, durchdringenden Blick zu, als hätte ich seinen Chef verhext. Aber er wagt nach Mobutus Worten nicht, sich zu bewegen, und bleibt auf der Terrasse zurück, kerzengerade sitzend, wie von einem Bildhauer geschnitzt, ein Mephistopheles aus Ebenholz.

»Maître«, brüllt Mobutu mit alles durchdringender Stimme, und aus dem Salon kommt katzbuckelnd ein verschüchterter Küchenchef. »Champagner oder Bier?« fragt der Diktator mich in deutlich sanfterem Ton. Als wir den saubergeharkten Parkweg zum Fluß hinuntergehen, eilt uns ein livrierter Diener mit Tabletts hinterher, Schweißperlen auf der Stirn. Auf der einen Silberschale zwei gefüllte Champagnergläser, gegen Fliegenangriffe abgedeckt, auf der anderen Weißbrot. Baguette zum Pomméry? Nein, Mobutu bricht das Brot, reicht mir mit jovialer Geste eine Hälfte und deutet zu den Teichen: »Wir füttern jetzt meine japanischen Karpfen.«

Er wirft den Fischen Brosamen hin, dann größere Krumen, dann richtige Brotbrocken und freut sich, wenn sie in hartem Konkurrenzkampf miteinander zuschnappen, wohl so, wie er sich freut, wenn er auf einer seiner zahlreichen Reisen ins Landesinnere Geschenke und Geld unters Volk wirft und sich alle darum balgen. »Die Starken müssen gewinnen«, sagt er befriedigt, als ein fetter Goldfisch ein besonders großes Stück verschlingt.

Während wir an der Brücke am Teich stehen, immer neue Baguette-Häppchen brechen und hinunterwerfen, Brot von Silbertabletts, die ein eilfertiger Diener zum wiederholten Male heranträgt, verfällt der zairische Staatschef in eine nachdenkliche, fast melancholische Stimmung. Fängt an, von den »alten Zeiten« zu erzählen, von seinem Traum der »Grandeur« (»Größe«) für sein Land, von den Weggefährten und den »Verrätern«. Zusammen mit dem, was uns Regimegegner in Belgien, was uns Entwicklungshelfer und Diplomaten erzählt haben – oft im Gegensatz dazu, denn Mobutu erzählt Geschichte so, wie Mobutu sie paßt –, fügt sich schließlich alles zu einem Puzzle. Und das Puzzle heißt: Wie macht man einen Diktator.

Die Geschichte beginnt im tiefsten Dschungel, fast genau in der Mitte des Schwarzen Kontinents. Es ist eine enge Welt, in der Yemo und Gbemani, die Eltern Mobutus, aufwachsen, eine Welt, in der Streitfälle nach traditionellem Palaver in der Dorfgemeinschaft gelöst werden, in der noch immer der Rat der Vorfahren und der Fluch des Medizinmanns zählen und in die doch der weiße Mann schon eingedrungen ist.[4] Zwar dürfte hier beim Stamm der Ngbande, fern der großen Städte, in der Äquatorialprovinz des Kongo unweit des »Großen Flusses«, kaum einer genaue historische Kenntnisse besessen haben: darüber, daß 1885 bei der Berliner Konferenz unter Bismarcks Führung die europäischen Mächte Afrika einfach untereinander aufteilten und dabei die Grenzlinien willkürlich mit dem Lineal zogen; darüber, daß der Kongo dem belgischen König Leopold II. als »persönliches Lehen« zugeschlagen wurde.

Aber was das bedeutete, wußten sie im ganzen Land. Die weißen

Herren machten den sogenannten »Freistaat« zu einem einzigen Konzentrationslager, preßten das Volk aus bis aufs Blut. Den Eingeborenen, die ihre Quoten bei der Lieferung von Kautschuk und Elfenbein nicht erfüllten, wurden zur Strafe die Hände abgehackt, andere ließ man in Verliesen verhungern – Millionen kamen durch diese vielleicht grausamste aller Kolonialverwaltungen um.

1908 ist es mit dem schlimmsten Spuk vorbei. Der Menschenschlächter Leopold, der Milliardengewinne in die eigene Tasche gesteckt hat, bringt es noch fertig, dem belgischen Staat für seinen persönlichen Verzicht auf das Territorium eine Kommission von zwölf Milliarden Franc abzuluchsen. Die neuen Herren sind gerechter und milder, aber auch sie betrachten die Schwarzen nur als »Arbeitstiere«. Der Staat bleibt für Yemo und Gbemani und alle anderen Eingeborenen »Bula Matadi« – ein bedrohlicher Eindringling in ihr angestammtes Leben, einer, der im Wortsinn »alle Felsen bricht«.[5]

Aber die Weißen haben Gewehre. Sie haben unbekannte, kostbare Kleidungsstücke und besseres Werkzeug. Es gibt Gerüchte über »eiserne Rösser, die schnauben« – Dampflokomotiven. Und mit den Kolonialverwaltern kommen andere seltsame Wesen, die von einem neuen Gott predigen. Sie sind bereit, ihr ganzes Wissen weiterzugeben; die Wachen unter den Eingeborenen ahnen: Das ist ihre einzige Chance auf Bildung. So kommt es, daß sich der junge Gbemani, in einer Mischung aus Abgestoßenheit und Angezogensein, zur Missionsstation der Kapuziner begibt und 1925 anfängt, als Koch zu lernen.

Die hübsche Yemo aus einem Nachbardorf ist für Gbemani eigentlich außer Reichweite – sie hat einen einflußreichen Stammeschef geheiratet und ihm zwei Kinder geboren. Doch als sie dann Zwillinge bekommt und die kurz nach der Geburt sterben, sieht sie böse magische Kräfte am Werk, fühlt sich, wie sie viel später ihrem Sohn, dem Präsidenten, erzählt, vom Medizinmann verhext. Und läuft aus ihrem Kral davon, Stunden, Tage, durch den Dschungel, bis zur Missionsstation. Sieben Monate später, die Priester haben ihre Ehe großzügig annulliert, heiratet sie in einer katholischen Zeremonie den Hilfskoch. Sie ist hochschwanger. Joseph-Désiré Mobutu wird am 14. Oktober 1930 in Lisala gerade noch »in anständigen Verhältnissen« geboren, wie Pater Rombaut damals sagt.

Es folgt eine Kindheit voller Demütigungen. Zwar sind die neuen belgischen Arbeitgeber der Eltern, ein kinderloses Richterehepaar, freundlich zu dem Kleinen, und er lernt schnell Französisch. Doch mit weißen Kindern darf er nicht spielen, in den Cafés, in denen sie Eis essen, wird er nicht bedient. Kaum hat er sich in der katholischen Volksschule von Léopoldville (wie Kinshasa damals noch hieß) richtig eingelebt, stirbt der Vater. Mama Yemo geht mit ihrem Sohn zurück aufs Land, weil sie sich das Leben in der Hauptstadt nicht mehr leisten kann. Mobutu fällt in den verschiedenen Schulen, die er nun durchläuft, als besonders renitent auf, als wolle er sich an jedermann für seine Benachteiligungen rächen. »Ich war ein schwieriges Kind«, gibt er bei unserem Gespräch zu. Die einzige Autorität, die er anerkennt, ist seine Mama – später, nach ihrem Tod 1971, wird er einen regelrechten Marienkult um sie veranstalten, sie zur »Mutter der Nation« machen und ihr in dem aufwendig ausgebauten Heimatdorf Gbadolité ein prunkvolles Mausoleum errichten.[6]

Mobutu erzählt, er sei schließlich von den Missionaren wegen eines nicht genehmigten Erkundungstrips in die Hauptstadt der Schule verwiesen worden; ehemalige Klassenkameraden erinnern sich anders. Er habe mit dem Tintenfaß nach Lehrern geworfen und die Schulbibliothek bestohlen. Der junge Mann »mit dem Charakter eines Abenteurers und der Neigung zur strafbaren Tat« – so heißt es in seinem Abschlußzeugnis – wird für die Kolonialarmee zwangsrekrutiert. Mobutu muß sich nun entscheiden: Geht er weiter mit dem Kopf durch die Wand, wird auch er beim Militär diszipliniert und zum bedeutungslosen Außenseiter. Verbirgt er das Ausmaß seiner Verzweiflung, seines Hasses und seines skrupellosen Ehrgeizes, hat er eine winzige Chance auf dem Weg nach oben.

Da wandelt er sich. Um der Obrigkeit zu gefallen, wird er zum Chorknaben, kann nach eigenen Angaben bald die Heilige Messe auswendig rezitieren – eine taktische Wende, denn die Demütigung des Rausschmisses wird er der Kirche nie verzeihen. Schnell lernt der nun recht umgängliche junge Mann, sich durchzusetzen. Auch dank einer Fähigkeit, die ihm später in der Politik noch sehr zugute kommen wird: Er spielt Konkurrenten gegeneinander aus und kann so als Kompromißkandidat die Fußball- wie die Volleyball-Teams seiner Einheit als Kapitän anführen. Es geht beruflich bergauf. Mobutu wird zum Feldwebel befördert, dem höchsten Grad, den ein »Eingeborener« erreichen kann. Er verabscheut die Kolonialisten dafür, daß sie Unfähigere als ihn in die Offiziersränge aufsteigen lassen, nur, weil sie Weiße sind.

Das Unrecht am eigenen Leibe scheint ihn zunächst auch sensibler für das Unrecht an anderen zu machen. Mobutu beginnt unter einem Decknamen – Militärs sind keine öffentlichen Meinungsäußerungen erlaubt – flammende Artikel gegen die Belgier zu verfassen. Er klagt an, daß die einheimische Bevölkerung »dumm gehalten« werde und als »Menschen zweiter Klasse« behandelt. Tatsächlich gibt es Ende der fünfziger Jahre zahlreiche Beispiele für Diskriminierung: Nicht einmal ein Dutzend Zairer können studieren. Auf manchen belgischen Verkehrsschildern sieht man schwarze Strichmännchen wie Vieh aufgemalt: »Vorsicht! Einheimische kreuzen hier den Weg!« Die journalistische Tätigkeit für Blätter wie »L'Avenir« und »Actualités Africaines« bringt Mobutu zunehmend in Kontakt mit Unabhängigkeitskämpfern, die überall im Land Demonstrationen organisieren. Allen voran Patrice Lumumba.

Mobutu ist klamm, als er 1958 nach Brüssel geht, und die damaligen Finanznöte, wie die lebenslange Armut seiner Eltern, mögen eine psychologische Erklärung für seine spätere Raffgier sein. Ganze sechs Dollar hat er in der Tasche, und seine Frau, die er schon mit vierzehn geschwängert hat, erwartet bereits ihr zweites Kind. (Später kommen noch sieben weitere von seiner ersten Frau dazu, nach deren Tod er wieder geheiratet hat; angeblich soll Mobutu mit einer Vielzahl von übers ganze Land verstreuten Konkubinen noch Dutzende weitere Nachkommen gezeugt haben.) Er arbeitet in Belgien an einer Schule für Sozialarbeiter und besucht Journalismus-Kurse an der Universität. Doch wichtiger sind ihm noch Kontakte zu den Freunden von Lumumbas »Mouvement National Congolais« (MNC) und die engen Beziehungen, die sich zwischen ihm und den Amerikanern anbahnen. Mobutu läßt sich vom CIA-Mann in Brüssel, Lawrence Devlin, anheuern, der ihm gegen Informationen aus dem »Untergrund« und für späteren »Goodwill« gegenüber den USA aus finanziellen Schwierigkeiten hilft – Beginn einer jahrzehntelangen Freundschaft. Als schließlich die Verhandlungen über den Rückzug der Belgier aus dem Kongo in Gang kommen, nimmt Mobutu als Mitglied der MNC-Delegation teil.

Am 30. Juni 1960 wird der Kongo unabhängig. Lumumba bildet die Regierung, ernennt Mobutu zum Staatssekretär beim Ministerpräsidenten. Doch während die »zivile« Seite des Übergangs funktioniert und sogar der belgische König Baudouin zu den Feierlichkeiten anreist, stellt sich Brüssels General Janssens stur und verweigert den einheimischen Militärs weiterhin die Beförderung zu Offizieren. Es kommt zur Meuterei, zu Schießereien, in Matadi sogar zu einem Blutbad. Mobutu beweist sein Verhandlungsgeschick und schafft es, die meisten der Meuterer in die Kaserne zurückzubewegen. Lumumba macht ihn dafür zum ersten Heereschef und Verteidigungsminister des neugeborenen Landes.

Doch mehr und mehr wird klar, daß dieser Kongo eine Totgeburt ist.[7] In der kupferreichen Südprovinz Katanga (heute: Shaba) führt Moise Tschombé mit Hilfe der Belgier einen Sezessionskrieg. In der Hauptstadt Léopoldville buhlen derweil die USA und die Sowjetunion um Einfluß, und Ministerpräsident Lumumba und Staatspräsident Kasavubu haben sich schon nach weniger als drei Monaten so heillos zerstritten, daß sie beide ihren Verteidigungsminister damit beauftragten, den jeweils anderen zu verhaften. Mobutu ist innerhalb kurzer Zeit zur zentralen Figur – und zum gewieften Taktiker – geworden: »Ich entschloß mich damals, beiden zu gehorchen«, sagt er beim Interview, »und stellte sie unter Hausarrest.«

Noch traut er sich nicht zu, selbst die Macht zu übernehmen. In seinem Auftrag regiert ein Gremium von jungen Technokraten und Studenten. Das verschafft dem kühl kalkulierenden Mobutu eine Atempause, um gegen seinen charismatischen Hauptkonkurrenten vorzugehen. Überzeugt davon, daß Patrice Lumumba plant, ihn zu ermorden, dreht der Armeechef den Spieß um und findet in seinen Freunden vom amerikanischen Geheimdienst wichtige Verbündete. Denn in Washington gilt Lumumba als unberechenbarer Nationalist mit einer Schwäche für den Sozialismus. »Einen Castro oder noch schlimmer«, nennt ihn CIA-Chef Allen Dulles. Bei einer Tagung des Nationalen Sicherheitsrats gibt US-Präsident Dwight D. Eisenhower Ende 1960 grünes Licht für ein geheimes Killerkommando gegen Lumumba. Ein Mann namens Sidney Gottlieb (CIA-Deckname: »Joe from Paris«) trifft sich in der kongolesischen Hauptstadt mit dem Brüsseler Mobutu-Freund Lawrence Devlin; doch der erste Versuch mit vergifteter Zahnpasta scheitert kläglich.

Mobutu leugnet bis heute jedes Wissen von diesem und weiteren Mordplänen.[8] Doch es ist höchst unwahrscheinlich, daß der gefangengehaltene Rivale 1961 ohne Mobutus Wissen nach Katanga überführt wird – und daß sich damit keine konkrete Absicht verbindet. Tschombés Leute haben noch eine alte Rechnung mit Lumumba offen und ermorden ihn brutal. Mobutu aber kann seine Hände in Unschuld waschen. Er zieht sich vorübergehend aus der Politik zurück, um mit israelischer Hilfe seine militärischen Kenntnisse aufzubessern.

1962 berät er sich mit der CIA, ob er putschen soll, wartet dann doch ab. Erlebt in seiner Beobachterposition, wie die UNO-Truppen schließlich im Januar 1963 nach blutigen Gefechten den Katanga-Krieg beenden. Bastelt beim Aufstand der Simba-Rebellen im kongolesischen Osten 1964 an seinem Heldenimage (die offiziellen Verlautbarungen berichten von einer Feindeskugel, die Mobutus Képi durchschlug, als er an vorderster Front kämpfte). Und schlägt schließlich in einem unblutigen Militärputsch am 25. Oktober 1965 zu, als sich die in 47 Parteien zersplitterten politischen Kräfte paralysiert haben.

Damit ist die Saat für die zairische Diktatur endgültig gelegt. Die Ingredienzien: ein von der Kolonialmacht gedemütigter, von persönlichem Ehrgeiz und Geltungssucht strotzender Offizier mit sicheren Instinkten für seine afrikanischen Stammesbrüder. Ein innenpolitisches Vakuum, entstanden aus der Unfähigkeit der »zivilen« Politiker. Eine außenpolitische Schutzmacht namens USA, die nach den jahrelangen Kongo-Wirren Stabilität sucht, die in dem neuen Mann einen Garant ihrer Interessen sieht und deshalb alles tun wird, ihn im Amt zu halten. Ein Volk, das nichts zu sagen hat, das niemand fragt. Und dessen Leiden einer Weltöffentlichkeit gleichgültig sind, die bald dringendere Probleme hat und blutigere Tyrannen kennt als Sese Seko Mobutu.

Es stimmt ja: Ein Idi Amin, ein Pol Pot ist er nicht. Kein sadistischer Massenkiller. »Le Guide« tötet nur, wenn er glaubt, daß es unbedingt sein muß. Beispielsweise 1966, als vier Minister des ersten kongolesischen Kabinetts angeblich einen Putschversuch planen. Sie werden vor ein Militärgericht gestellt, innerhalb weniger Tage zum Tode verurteilt und vor 50 000 Zuschauern aufgehängt. Beispielsweise 1968, als Mobutu an einem alten Erzfeind ein Exempel statuiert: Er läßt den Lumumba-Vertrauten Pierre Mulele unter dem Vorwand einer Amnestie ins Land locken und dann, nach einem Schnellverfahren, exekutieren.

Aber in der Regel geht es »zivilisierter« zu. Mobutu arbeitet gern mit Zuckerbrot und Peitsche – und gibt auch denen eine zweite Chance, die in Ungnade gefallen sind. Andererseits kann auch der engste Mitarbeiter nicht damit rechnen, daß er ewig in der Gnade des Chefs steht. Im Politbüro der Einheitspartei hält sich kein einziges Mitglied über die ersten zehn Jahre, außer Mobutu, versteht sich; von 212 Ministern und Staatssekretären überstehen nur 41 die ersten fünf Amtsjahre; 29 politische Führer müssen ihren Platz im Ministerium direkt mit dem in der Gefängniszelle tauschen. Selbst eine Haftstrafe bedeutet noch nicht automatisch das Ende der politischen Karriere, wie das erstaunliche, fast unglaubliche Schicksal des Nguza Karl I Bond beweist.

In den frühen siebziger Jahren steigt Nguza schnell zum Außenminister, dann zum politischen Direktor der Partei auf. 1977 fällt er plötzlich tief, gemunkelt wird von einer Affäre mit Mobutus Lieblingsfreundin, angeklagt wird er wegen Hochverrats. Später sagt Nguza vor einem Menschenrechtskomitee des US-Kongresses aus, Mobutu habe ihn höchstpersönlich in der Zelle erschießen wollen und sei nur mit Mühe von Mitarbeitern zurückgehalten worden, berichtet von grausamen Foltermethoden wie Elektroschocks an den Hoden. Doch auf das Todesurteil folgt bald eine Begnadigung – und 1979 ist Nzuga schon wieder Ministerpräsident. 1981 eine neue Wende: Er flieht ins belgische Exil, schließt sich Oppositionsgruppen an und veröffentlicht das vernichtendste aller Anti-Mobutu-Bücher, in dem er den Präsidenten als »Inkarnation aller zairischen Übel« porträtiert und detailliert über dessen Bereicherung aus der Staatskasse Auskunft gibt.[9] Dennoch: Nach einem Versöhnungstreffen macht Mobutu seinen prominentesten Feind 1986 zum Botschafter in Washington, und nun schließt sich der Kreis: Nguza wurde kürzlich wieder zum Außenminister ernannt.

»Ach, wissen Sie, in Zaire ist der Chef nicht nur für die Guten, sondern auch für die Bösen, für die Gefallenen da«, sagt Mobutu, angesprochen auf diese bemerkenswerte Karriere, macht mit beiden Händen ein ausladende Versöhnungsgeste, als sei er Jesus Christus am Golgatha. Und erzählt die rührende Geschichte von der Mutter Nguzas, die während dessen Zeit im Exil krank wurde und von ihm, dem »Guide«, höchstpersönlich gesundgepflegt worden sei. Als Mobutu ihr auch noch eine Villa schenkte, habe der Abtrünnige einen reuigen Brief an seinen Führer geschrieben – selbstverständlich sei er dann wieder in Gnaden aufgenommen worden.

Zairisches Karussell nennen das Eingeweihte. Oder »Tourniquet«, »Drehtüre«. Einmal draußen in der Kälte, dann wieder in Amt und Würden mit einträglichen Pfründen versehen. Aber am meisten erinnert es an das Kinderspiel von der »Reise nach Jerusalem« – Mobutu hat das Bäumchen-wechsel-dich geradezu zur Regierungsform erhoben. Es basiert, vereinfacht gesagt, darauf, daß es neben dem Diktator nur noch etwa 80 wichtige Personen im Land gibt (die restlichen 35 Millionen Zairer zählen allenfalls am Wahltag alle fünf Jahre, wo sie mit grünen Stimmkarten ihren Staatspräsidenten im Amt bestätigen; rote Karten signalisieren Gegenstimmen, aber die lagen in den meisten Wahllokalen bis jetzt gar nicht aus, so daß immer ein Ergebnis von mehr als 99 Prozent Ja-Stimmen herauskommt). Etwa 20 von diesen »big shots« sind immer gerade Minister, 20 sind im Exil, 20 sind Botschafter und die letzten 20 im Prominentengefängnis.

Aber keiner dieser Plätze ist für mehr als ein Jahr vergeben. Nur so lange spielt die Musik; dann setzt sie plötzlich aus, und jeder muß sich einen neuen Stuhl suchen. Wer nicht schnell genug ist, gerät ins Abseits; andererseits sind aber auch immer Chancen da, sich zu verbessern, einen neuen Stuhl zu ergattern.[10]

Diese Mischung aus Angst und Anreiz hat bisher verhindert, daß sich gegen Mobutu eine wirkungsvolle Opposition zusammenfinden konnte. Da der Diktator den Staat wie seinen Grundbesitz betrachtet, hat er »Eindringlinge« in seinen Hof nach Gutdünken entweder verjagt oder sie zum Großreinemachen benutzt und dann für ihre Hilfe fürstlich entlohnt. Wie ein mittelalterlicher Feudalherrscher vergab der Führer hohe Staats- und Firmenämter zur persönlichen Bereicherung der Amtsinhaber. So machte Mobutu, selbst der König der Kleptokraten, sein ganzes Land zur Beute einer winzig schmalen Oberschicht. »Teile und herrsche« (»divide et impera«) hatte das altbekannte Regierungscredo der belgischen Kolonialisten gelautet, die einst in Frieden miteinander lebende Stämme wie die Baluba und die Lulua gegeneinander aufwiegelten. Mobutus Glaubensgesetz könnte lauten: »Verteile und herrsche«, Dividende et impera.

Daß ein solch durch und durch korruptes System nicht produktiv für die Menschen, nicht förderlich für eine gesunde Wirtschaftsentwicklung sein kann, leuchtet ein. Selbst Mobutu hat einmal zugegeben, daß die Bestechlichkeit das »zairische Grundübel« ist, und beklagt, daß ohne »Matabiche« (Schmiergeld) nirgendwo etwas erledigt wird. Der Chef braucht ständigen Geldnachschub, um die Löcher im Haushalt zu stopfen. Das geht bis Anfang der siebziger Jahre noch einigermaßen gut. Als dann aber der bis dahin stabile Kupferpreis auf dem Weltmarkt in den Keller fällt, schlingert der Staat schnell in die Pleite. Das bißchen, was vom sagenhaften Wohlstand der Führungsschicht nach unten zu den Arbeitern und Bauern durchgesickert ist, versiegt nun völlig. Der Lebensstandard sinkt dramatisch.

Mobutu zeigt sich in der Not als ein Meister der Manipulation. Immer wieder erfindet er neue »Ablenkung« für sein geschundenes Volk. Er verkündet eine populäre »Zairisierung« aller Namen – aus Léopoldville wird Kinshasa, aus Stanleyville wird Kisangani. Er stärkt mit seiner Kampagne für »Authenticité«, der unter anderem die westlichen Anzüge zum Opfer gefallen, den Stolz auf afrikanische Stammestraditionen. Er legt sich publikumswirksam mit den gelegentlich regimekritischen Bischöfen der katholischen Kirche an, schafft alle christlichen Taufnamen ab, verlegt das Weihnachtsfest aus reiner Willkür auf den 24. Juni. Und wirft, von einem Tag auf den anderen, alle ausländischen Geschäftsleute aus dem Land.

Letzteres hat so katastrophale Folgen, daß er die Maßnahme bald wiederaufhebt; auch Weihnachten ist inzwischen wieder im Dezember, und als der Papst nach Zaire kommt, heiratet der verwitwete Mobutu kurz zuvor sogar seine Freundin in der Kirche. Aber diese Kurskorrekturen vollzieht er eher heimlich – was beim Volk ankommt, ist der eindrucksvolle Auftritt des »Häuptlings aller Stämme«, der sich von Ausländern nichts bieten läßt. Diesen Auftritt zelebriert er häufig auch als »Bad in der Menge«. Mobutu reist Hunderttausende Kilometer quer durch das Land, in alle Provinzen, in Städte, aber auch in kleine Dörfer. Seine Reden an die einfachen Leute sind mit Sprichwörtern und mit Scherzen gespickt, pompöse Inszenierungen von Macht und Maulheldentum. Immer achtet der Chef darauf, daß es am Schluß Geschenke gibt: Mal ist es Bargeld, mal ein Brunnen, mal ein neues Schuldach – stets zugeschnitten auf die Bedürfnisse der Gemeinde. So erweckt Mobutu den Eindruck, er interessiere sich wirklich für das Wohlergehen seines Volkes.

Die Außenpolitik wird zur besonderen Domäne des Diktators. Die Amerikaner haben immer gedacht, sie könnten Mobutu manipulieren – in Wirklichkeit manipuliert er sie. Immer wieder versteht es der zairische Staatschef, sich für Washington unentbehrlich zu machen. Als die US-Wirtschaftshilfe nicht so ansteigt, wie Mobutu sich das vorstellt, droht er mit Annäherung an den Ostblock, übertreibt er die Gefahr einer von Angola ausgehenden kubanischen Invasion – und bekommt bald wieder mehr als alle anderen schwarzafrikanischen Staaten zusammen. Dennoch bleibt er unberechenbar. Er erfreut Washington, indem er mit Israel diplomatische Beziehungen aufnimmt und so dem amerikanischen Verbündeten ein Entree in Schwarzafrika verschafft. Und er erschreckt Washington: Gerade zurück von einem triumphalen Staatsbesuch in den USA, bei dem ihn Präsident Reagan als »loyalen Freund« preist, stellt Mobutu fest, daß eine Delegation des US-Kongresses in Kinshasa einige Oppositionelle zu einer Aussprache in ihr Hotel eingeladen hat. Er schickt voller Wut seine Spezialeinheit vorbei und läßt die Zairer – unter den Augen der amerikanischen Abgeordneten – blutig zusammengeschlagen.

Provokationen dieser Art sprechen sich in Washington natürlich herum und stärken die amerikanischen Gegner Mobutus. Die Vertreter Michigans und Kaliforniens im Repräsentantenhaus, die Demokraten Howard E. Wolpe und Ronald V. Dellums, führen 1989, vor dem Antrittsbesuch des zairischen Präsidenten bei George Bush, einen regelrechten Feldzug gegen den Diktator. Sie verlangen, die amerikanische Hilfe an Zaire ganz einzustellen oder zumindest drastisch zu reduzieren, solange Mobutu sich weiter grober Menschenrechtsverletzungen schuldig macht und keinerlei Anstalten unternimmt, sein Land zu demokratisieren. Ihr Plan scheitert, weil der schlaue Fuchs aus dem Busch auch schon längst die Tricks der »zivilisierten« westlichen Welt durchschaut hat und sich ihrer zu seinen Gunsten bedient. Mobutu nimmt 300 000 US-Dollar aus der Staatskasse und beauftragt noch im Vorfeld seiner Visite die

Washingtoner Public-Relations-Firma »Van Klober and Associates Ltd.« damit, für ihn bei den wichtigen Leuten der Hauptstadt Lobby zu machen.

Wie »verkauft« man einen Diktator? Für die PR-Profis kein Problem. Sie stellen ein Dossier zusammen, das den zairischen Führer als »US-Freund und Schlüssel zu Afrika« preist. Weil er die sowjetische Intervention in Afghanistan verurteilt hat; weil er auf amerikanischen Wunsch gemeinsam mit dem Westen die Olympischen Spiele in Moskau boykottierte; weil er die Israelis unterstützte und angeblich ein Bollwerk gegen den Einfluß des libyschen Diktators Muammar al-Gaddafi in Schwarzafrika darstellt; weil er den amerikanischen Streitkräften Zugang zum Luftwaffenstützpunkt Kamina im Süden Zaires einräumt; weil er in Angola als »Friedensstifter« wirkt und in Kinshasa gerade 308 politische Gefangene freigelassen hat. Die »Image-Polierer« gewinnen. Mobutu wird von US-Präsident Bush mit Glanz und Gloria empfangen und erhält wieder eine Geldspritze – die beiden kennen sich, wie Mobutu in unserem Gespräch sagt, »auch schon aus Bushs Zeit als CIA-Direktor, als er mich in seinem Privathaus in Maine empfing«.

Doch mit dem Ende der Ost-West-Konfrontation, der Beendigung des Kalten Krieges, kann auch der zairische Diktator die Amerikaner nicht mehr ganz so leicht ausspielen: Als »Bollwerk gegen die Bolschewisten« verliert Zaire an Attraktivität. Die Franzosen werben in ihren ehemaligen afrikanischen Kolonien für das Mehrparteiensystem nach westlichem Vorbild, den »Multipartisme«. Da schwingt sich Sese Seko Mobutu am 24. April 1990 zu einer »Grundsatzrede« auf, in der er, für alle völlig überraschend, seine Bereitschaft zu erkennen gibt, auch in Zaire andere Parteien als seine MPR zuzulassen. Er spricht von einer neuen Verfassung und Pressefreiheit. Selbst von seinem möglichen Rückzug – allerdings nicht aus der Politik, sondern nur vom Regierungsamt. Das letzte, entscheidende Wort wollte er sich denn doch nicht nehmen lassen und sozusagen als Oberschiedsrichter und letzte Instanz über der Parteienlandschaft schweben.

Schnell wird klar, daß es sich bei dem neuen Mobutu-Programm wieder nur um einen Etikettenschwindel handelt, um im Ausland Goodwill zu schaffen und abzuzocken. Als die Zeitung »Elima« tatsächlich beginnt, die Mobutu-Worte von der »Pressefreiheit in

Zaire« ernst zu nehmen, und kritische Artikel auch zur Person des »Guide« abdruckt, schickt der »Führer« seinen berüchtigten Schlägertrupp und läßt die Redaktionsräume verwüsten. Noch existieren, Anfang 1991, mehr als 80 neue Parteien, die schnell aus dem Boden schossen; doch Mobutu hat schon gesagt, mehr als zwei neue neben seiner MPR wolle er nicht dulden. In Kinshasa ist, wie es ein Diplomat formulierte, nicht »Multipartisme«, sondern »Multimobutisme« eingezogen: Die Mobutu-Diktatur funktioniert jetzt eben als Mobutu-kontrollierter »Vielparteienstaat«.

Wenn es irgendein Land gab, das dem Tyrannen noch williger auf den Leim ging als die USA, dann war es stets die Bundesrepublik. Die besten Deutschen sind für die Schwarzen aus Zaire dabei seit jeher die Schwarzen aus Bayern: Die CSU mit ihrer Hanns-Seidel-Stiftung hat Zaire zu einem ihrer Schwerpunktländer erkoren. Als ich Mobutu auf Franz Josef Strauß anspreche, kommt ein Glänzen in seine Augen: Er rechnete ihn zu seinen engsten persönlichen Freunden. Die beiden gingen öfter zusammen auf Safari und kungelten dabei allerlei gemeinsame Projekte aus.

Eher durch einen Zufall scheitert 1982 ein schon verabredetes Geschäft. Die zairische Regierung läßt beim Auswärtigen Amt in Bonn nachfragen, ob die Bundesregierung nicht doch alle Kosten für ein Schulungsprogramm der Mobutuschen Antiterror-Truppe übernehmen könne. Das »AA« fällt aus allen Wolken. Erst durch die Bitte aus Kinshasa erfährt es, daß das Land Bayern bereits vier Beamte des Landeskriminalamtes als »Sicherheitsexperten« nach Zaire geschickt hat. Bundeskanzler Schmidt und Außenminister Genscher legen ihr Veto ein, München zuckt zurück, und so kommt es dann doch nicht dazu, daß die Deutschen die Spezialeinheit eines Diktators ausbilden, die vor allem gegen politische Demonstranten eingesetzt worden wäre. Und doch halten sich, wie wir bei unserem Zaire-Besuch feststellen, auch heute noch Bundeswehroffiziere in Kinshasa auf, mit unklarer Mission.

Seit Strauß in den ewigen Jagdgründen weilt, hat ein anderer Bayer das schwarzafrikanische Safari-Revier übernommen: der CSU-Staatssekretär im Ministerium für wirtschaftliche Zusammenarbeit und Hanns-Seidel-Mann, Siegfried Lengl. Er fördert, neben durchaus sinnvollen Vorhaben wie dem Dorfansiedlungsprogramm für arbeitslose Jugendliche aus den Großstadtslums in

Mbanaka, auch solch zweifelhafte Prestigeprojekte wie eine mit neuestem technischem Gerät ausgestattete Klinik für Kropfkrankheiten im Mobutu-Ahnenort Gbadolite.

Mit dem Ausbau Gbadolites zu einer gigantischen »Musterstadt« will sich der neuerdings verstärkt zum Größenwahn neigende Führer ein privates Denkmal für die Ewigkeit setzen. Aus dem schweizerischen Simmental hat er für seine Vorzeigefarm besondere Milchkühe und Zuchtbullen einfliegen lassen, die jedoch, wie man hört, trotz der klimatisierten Luxusställe nicht so recht in Fahrt kommen wollen. Von der staatlichen, nahezu bankrotten »Air Zaire« hat er eine DC 8 requiriert, die jetzt schon 32mal nach Venezuela flog, um eine besondere Sorte von Zuchtschafen in den Busch zu transportieren; doch alle Versuche, die Tiere in Gbadolite heimisch zu machen, sind bisher am feuchtheißen Dschungelklima gescheitert. Erfolgreicher sind Mobutus Bauvorhaben. Überall in und um den Ort entstehen riesige Paläste und Mausoleen. Der Flughafen ist inzwischen der modernste des Landes, Heimat der Präsidenten-Concorde.

Staatssekretär Lengl hat beste Beziehungen zur Mobutu-Umgebung geknüpft, allen voran zum Präsidentenberater und Sonderminister Mandungu[11]. Der kam einst als Student auf Umwegen über die DDR nach München und wurde dort von der Hanns-Seidel-Stiftung so liebevoll unter die Fittiche genommen, daß er bald Strauß dem real existierenden Sozialismus vorzog. Nach der Rückkehr in die Heimat und dem raschen Aufstieg in der Hierarchie der Kleptokratie wird Mandungu zairischer Ehrenvorsitzender der CSU-Stiftung. Und sorgt dafür, daß Siegfried Lengl bei seinen zahlreichen Erkundungsreisen, mal kultureller Art mit einer Schuhplattlerkapelle, mal geschäftlicher mit dem Leibarchitekten der CSU-Spitze, selten Devisen tauschen muß. Nach im »Spiegel« zitierten Zeugenaussagen soll Mandungu dem Freund öfter ein Bündel Scheine über den Tisch geschoben haben, mit der in breitestem Dialekt vorgetragenen Frage: »Brauchst a Göld, Sigi?« Man trifft sich häufig, Besuche führen zu Gegenbesuchen, mal unterhält man sich bei einer Brotzeit im Bayrischen, mal im Safarizelt in Zaire.

Gelegentlich zwischen der deutschen Wirtschaft und dem Diktator auftretende Irritationen können so schnell ausgeräumt werden.

Daimler-Benz durfte nach einer kurzen Spanne der Entfremdung mit Importverbot (Mobutu: »Die Autos sind zu teuer und verbrauchen zuviel Benzin«) wieder den Fuhrpark der Führungsspitze aufstocken. Ob den Zairern von Untertürkheim irgendwelche besonders angenehmen Konditionen eingeräumt wurden, läßt sich im nachhinein schwer ermitteln. Mit der Verleihung der goldenen Mercedes-Nadel für besondere Verdienste wird es nicht getan gewesen sein – denn die hatte Mobutu schon (1970 wegen der Bestellung mehrerer 600er Limousinen verliehen). Wenige Monate später konnte Boxweltmeister Muhammed Ali, 1974 angereist zum Titelkampf gegen George Foreman, feststellen, er habe noch in keiner Stadt der Welt so viele Mercedesse gesehen wie in Kinshasa.

Ich treffe Lengl in Zaire, Frühjahr 1990. Der 57jährige Staatssekretär soll im Auftrag der Bundesregierung die Papiere über den Bonner Schuldenerlaß gegenüber Zaire unterschreiben – es geht um fast 500 Millionen Mark, die wie in einem schwarzen Loch verschwunden sind, nebst neuen Hilfszusagen von etwa 100 Millionen Mark. Das Geld ist für den Straßenbau bestimmt und wird wohl doch wieder auf Umwegen in Mobutus Taschen fließen. Denn gerade an der Verbesserung der Straßen ist dem Diktator wenig gelegen. Von den etwa 140 000 Kilometern wenigstens dem Jeep zugänglicher Wege, die die Belgier hinterlassen haben, sind heute nur noch 30 000 Kilometer passierbar, den Rest hat der Dschungel überwuchert. Mobutu fürchtet, daß eine verbesserte Infrastruktur die Stammesfehden aufflammen lassen und seine Macht schwächen könnte.

Doch obwohl der Staatssekretär in offzieller Mission anreist, kommt er nicht mit einer Linienmaschine nach Kinshasa, sondern, auch zur Verblüffung der deutschen Botschaft, im Privatjet des britischen Industriellen Tiny Rowland, der sich durch zwielichtige Geschäfte im früheren Rhodesien einen Namen in Afrika gemacht hat. Nach dem ersten Gespräch mit Mobutu organisiert Lengl ein zweites. An dem nimmt dann auch sein Unternehmer-Spezi teil.

Zum Abschluß meines langen Spaziergangs im Park frage ich den Präsidenten nach seiner Beziehung zu Staatssekretär Lengl. »Ich betrachte ihn als Teil meiner Familie«, sagt der Diktator herzlich. Eine Floskel? »Aber nein«, entgegnet Mobutu, »meine Tochter, die in einem Schweizer Internat lebt, war gerade erst wieder einige Monate Hausgast bei Lengls.«

Als der wiedererwachte Präsidentenberater auf der Terrasse schon mehrmals Aufbruch signalisiert und dabei aufgeregt mit einem Bündel Telexe gewedelt hat – vielleicht sind es die letzten Weltnachrichten, vielleicht auch die neuesten Geheimdienstberichte über Regimegegner –, noch eine letzte Recherche in eigener Sache: Warum hat Mobutu das »Stern«-Team und die anderen Journalisten 1977 so lange eingekerkert, warum sie als Spione vorführen lassen, wo er doch – durch die beschlagnahmten Presseausweise, durch Ehrenerklärungen unserer Redaktionen – genau wissen mußte, daß wir in journalistischem Auftrag unterwegs waren? Er lacht, zum ersten Mal. »Ach, kommen Sie«, sagt der Diktator und läßt einen letzten Schluck Champagner reichen, »alle Journalisten sind doch Spione. Das weiß ich.«

Abends, endlich frei zur Erkundung auch außerhalb des Hotels, ein Streifzug durch die Hauptstadt. Weg von der »Prachtallee« des »Boulevard du 30 Juin«, wo Kinshasa mit einigen Betonklötzen und Wolkenkratzern New York spielen will und wo doch Verfall aus jeder verrosteten Wasserrinne, jedem Riß in den Fassaden kriecht. Hier im Geschäftsviertel lebt nur ein Bruchteil der Menschen; ihre Stadt, die eigentliche Stadt, beginnt hinter dem »Grand Marché« in Matonge, wo über zwei Millionen Zairer ihr Zuhause haben.

Niedrige Hütten aus Stein und Stroh, oft nur mit Wellblech bedeckt und von kleinen Innenhöfen aus gestampftem Lehmboden eingezäunt. Einsam baumelnde Glühbirnen, die nur ein schwaches Licht auf die nächtliche Szenerie werfen. Aus den primitiven Kaschemmen, die sie »Ngandas« nennen, dröhnen Palaver und Musik, Bier fließt in Strömen. Einer Art Ratsche entlockt ein junger Schwarzer karibisch anmutende Klänge, und ein anderer zaubert auf einem kaputten Metallstuhl ein atemberaubendes Schlagzeugsolo, zu dem zwei dicke Mamas einen Bauchtanz aufführen. Doch im »Crêche«, im »Chez Cara« und im »Vis-à-vis«, wo die zairische Musik der Live-Bands brodelt wie ein ständig ausbrechender Vulkan, haben die Fröhlichkeit und Lebenslust oft Pause. In diesen Kneipen um den »Rond Pont Victoire« regiert die Angst. Davor, daß wieder einmal, wie so oft, Mobutus unterbezahlte Militärs ihre »Besuche« machen, Schweigegelder erpressen und die schönsten Mädchen zum Vergewaltigen mitnehmen.

Hunderttausende ziehen nachts durch die Straßen, von einer für die »Blancs« (»Weißen«) undurchschaubaren Geschäftigkeit getrieben. Und doch macht Matonge nicht den Eindruck einer Großstadt. Es herrscht die ewige Atmosphäre afrikanischer Dörfer: Kochfeuer flackern auf den Bürgersteigen, alte Männer in einer Art Lendenschurz kauern um einen alten Baum und reden und reden und reden, bis sie sich einigen. Kleine nackte Kinder spielen mit streunenden Hunden. Beton wird überwuchert, Teer verschwindet unter Unkraut und wilder Bougainvillea. Die aus dem Busch gekommen sind, um in die Stadt zu ziehen, werden langsam, aber sicher vom Busch zurückgeholt.

Am nächsten Morgen fahren zwei große Schiffe von Kinshasa nach Kisangani, der Zaire-Fluß ist die Hauptverbindung zwischen der größten und der viertgrößten Stadt des Landes. Ein Boot, die altersschwache »Colonel Kikono«, wird für den 1700 Kilometer langen Trip elf Tage brauchen; es gehört der staatlichen Dampfschifffahrtsgesellschaft.[12] Das andere, die hochmoderne »Kamanyola«, benötigt nur 36 Stunden; es gehört dem Präsidenten.

Auf dem Schiff der einfachen Leute ein unüberschaubares Tohuwabohu, ein schwimmender Basar: Körbe voller geräucherter Raupen und Eßlarven. Kreischende Papageien. Krokodile, denen man die Schnauzen mit Schnüren zugezurrt hat. Konservendosen, Kisten, Kanister. Plastikklammern, Pillen, Batterien. Und Affen, überall Affen. Mit Schlingen um den Hals, mit Blutspuren am Fell, mit schweißigen Ausdünstungen, voller Panik im Blick an Erdnüssen oder Mangoschalen knabbernd, als wüßten sie um ihr unmittelbar bevorstehendes Ende. Das kommt unweigerlich. Denn sie sind Verpflegung: Man ißt in Zaire gern Affen, meist geräuchert. In der »Lebensmittel-Abteilung« des Boots gibt es auch schon tischfertige Exemplare, die mit ihren gebleckten Zähnen, den aufgerissenen Schnauzen und den zu Fäusten geballten Händen aussehen wie schwarze, mitten aus der Bewegung in den Tod gerissene Monster.

Auf dem Boot des Präsidenten dagegen gepflegte Ruhe. Sese Seko Mobutu steht an der Reling seiner schlanken, weißen Yacht und blickt in die Ferne. Der Diktator hält in herrischer Pose ein Glas Pomméry in der einen Hand, den Zauberstab mit dem eingeschnitzten Fetisch in der anderen, unbewußt symbolisierend, wessen Geschöpf er ist – das westlicher Interessen und afrikanischer Häuptlingstraditionen und eigener Skrupellosigkeit. Dann setzt sich sein

Schiff in Bewegung, gewinnt an Fahrt und schiebt sich im goldschimmernden Flußwasser vorbei an den kleinen Pirogen der Fischer, vorbei an seinem Volk auf dem anderen Boot, hinein in den undurchdringlichen Dschungel, tiefer und tiefer ins Herz der Finsternis. Bis der Präsident am Horizont ganz klein wird und das alles zudeckende Grün über ihm zusammenschlägt.

DER GEFÄHRLICHSTE MANN DER WELT

SADDAM HUSSEIN, IRAK

Dieser Mann sieht sich als eine Naturgewalt, als Sturm, der über die Welt hinwegfegt, als »al-Mansur«, wie er sich nach Kalifenart von allen seinen Vertrauten anreden ließ – als jemanden, den »Gott unbezwingbar gemacht hat«.

Dafür fälscht Saddam Hussein in seiner Autobiographie schon einmal seine eigene Geschichte, verlegt seine Jugend – die eines Hirtenknaben in einer Steppenlandschaft – hinein in die dramatischste aller Wüsten: »Diese endlosen Weiten mit ihren Widersprüchen aus Schatten, aus braunem Sand und blauem Himmel, aus freundlicher Sonnendämmerung am Morgen und Feuerball am Abend haben mich schon in meiner Kindheit mit Einsamkeit erfüllt. Als Folge davon habe ich es immer vorgezogen, Entscheidungen allein zu fällen, ohne die Einbeziehung anderer. Meine Beschlüsse sind hart, streng, gerecht, so, wie eben die Wüste ist, mit der ich mich immer im Einklang fühle. Normalerweise sieht sie so ruhig aus und freundlich, aber plötzlich schleudert ihr Zorn dann mächtige Stürme gen Himmel. Manchmal geben mir diese Wutausbrüche der Wüste das Gefühl, das Ende aller Tage sei gekommen, das Letzte Gericht. Aber dann kehrt wieder wie durch ein Wunder alles zur Normalität zurück: Glorreich und ruhig und befriedet nimmt die Wüste unter einem blauen Himmel ihr Leben wieder auf.«

Gelegentlich aber, das weiß Saddam Hussein, gibt es Naturkatastrophen. Danach ist nichts mehr, wie es war. Auch sie sind letztlich, nach Meinung des irakischen Diktators, Planung eines höheren Ganzen, einer göttlichen Gewalt, die sich ihre Instrumente sucht. Er ist nicht besonders gläubig, war immer für eine Trennung von

Religion und Staat. Aber er glaubt, ein solches Instrument, ein »verlängerter Arm« des Propheten, zu sein.

In Saddam Husseins Bunker von Bagdad, an den Tagen vor Ablauf des UNO-Ultimatums am 15. Januar 1991, als der Irak schon mit der Räumung des überfallenen Kuwait begonnen haben sollte. Der amerikanische Irak-Experte von der Johns Hopkins University in Washington, Fouad Ajami, hat Geheiminformationen über die Verhaltensweisen, die Vorlieben Saddams: »Auf jeden Fall flimmert CNN über die Bildschirme, das Programm des amerikanischen Kabelfernseh-Nachrichtensenders. Iraks starker Mann ist nämlich CNN-süchtig.«[1] Fast durchgehend sieht sich Saddam – zwischen Cola-, Hamburger- und Seifen-Werbung – dabei selbst im Mittelpunkt der Berichte, er kann jeden seiner Schritte beobachten und die westliche Reaktion darauf, nichts entgeht ihm von der internationalen Bilderflut um die Golfkrise, die sich zur Weltkrise ausgeweitet hat. Und doch ist der Mann, der seine Entscheidungen so einsam trifft, falsch informiert.

Es gibt nur zwei »Weltläufige«, mit dem Westen einigermaßen Vertraute in der unmittelbaren Umgebung des Diktators, dessen innerer Kreis sonst ausschließlich aus Mitgliedern des Familienclans seiner heimatlichen Kleinstadt besteht: Außenminister Tariq Aziz, ein Christ, sowie der frühere irakische Botschafter in Washington, Nizar Hamdoon. Beide beschränken sich auf eine selektive Wiedergabe der CNN-Nachrichten, auf die für den Irak positiven Aspekte: auf die Proteste in Europa gegen Bushs Kriegsbereitschaft, auf die Opposition im US-Kongreß, auf die pazifistischen Äußerungen amerikanischer Soldaten im saudischen Wüstensand – aus Angst vor Saddams zorniger Reaktion auf schlechte Nachrichten, aus Wissen um die beschränkte Weltsicht ihres Chefs: Saddam Hussein nimmt die internationalen Nachrichten »selektiv« auf, er filtert jede Meldung aus dem Land seiner Feinde durch das Prisma der eigenen Erfahrungen. Demokratische »Spielregeln« bleiben ihm fremd. In seiner Welt sind die Dinge schwarz oder weiß: Wer zu ihm steht, der gehorcht vorbehaltlos. Wer widerspricht oder Zweifel äußert, ist ein Verräter.

Ausgehend von dieser »Tunnel-Sicht«, ausgehend von seiner Abgeschirmtheit in wohlig-positiver Atmosphäre, die Außenminister Aziz nicht einmal durch Überbringen eines offiziellen Briefs des amerikanischen Präsidenten Bush aus Genf »stören« wollte, hält es der irakische Staatschef bis zum Ablauf des UNO-Ultimatums Mitte Januar für unwahrscheinlich, daß die amerikanischen Truppen wirklich angreifen. Er schätzt George Bush als »Bluffer« ein, als »umgeben von Feinden«, als einen »gelähmten Riesen«, wie er gegenüber Vertrauten formulierte. Und er entschließt sich, seinen Militärs zu glauben, die von der »Unbezwingbarkeit« der irakischen Armee fabulieren, von ihrem sicheren Sieg, wenn es zur entscheidenden Schlacht gegen die »Ungläubigen« kommen sollte.

Saddam ist bis auf zwei, drei sehr kurze Staatsbesuche nicht aus der arabischen Welt herausgekommen. Schule und Universität haben ihn wenig über das Leben in den USA und Europa aufgeklärt – nur über die Demütigungen, die sein Volk von fremden Mächten zu erleiden hatte, weiß er ganz gut Bescheid. Er hat sich nie besonders für den Westen interessiert. Nur als gottloser Widerpart, als mächtigster Kontrahent scheint er ihm bemerkenswert. Einen seiner amerikanischen Gesprächspartner überraschte Saddam nach dem Kuwait-Überfall, nach dem Einrücken der US-Truppen in Saudi-Arabien mit der zutiefst befriedigt, ja stolz klingenden Feststellung: »Nachdem sich die Sowjetunion von der großen internationalen Bühne verabschiedet hat, sind ja nur noch wir beide als Weltmächte geblieben.« So wird der Showdown mit dem größtmöglichen Gegner für Saddam zur indirekten Aufwertung des eigenen Selbstwertgefühls, zum definitiven Ego-Trip, das Ergebnis dieses Duells bleibt zunächst einmal zweitrangig. »Der Mann, der die Konfrontation sucht«, bedeutet Saddam Husseins Vorname in der Übersetzung aus dem Arabischen.[2]

Der Diktator hat nicht viele westliche Filme in seiner Video-Bibliothek, die sich im »Kommunikationszentrum« des von deutschen Firmen erbauten, atombombensicheren Bunkers befindet – neben dem luxuriösen Schlafzimmer mit Schwimmbecken, wo eine Wasserorgel eine Atmosphäre à la James Bond schafft. Einige der Filme sind Western, auch sie prägen Saddams Weltbild, und dabei verschwimmen Vergangenheit und Gegenwart, Fiktion und Dokumentation – wie die Fernsehjournalistin Diane Sawyer von »ABC News« erfuhr, der Iraks Präsident im Juni 1990 ein Interview gewährte. Dabei kam es zu folgendem Schlagabtausch:

Vom Bauernsohn zum furchtbarsten Diktator: Saddam Hussein

Saddam Hussein: Sie wissen genausogut wie ich, daß die Indianer in den USA immer noch in bestimmten Zonen festgehalten werden und sich nicht frei bewegen können ...

Diane Sawyer: O doch, das dürfen sie.

Saddam Hussein: Wollen Sie damit sagen, daß die amerikanischen Indianer, die Roten, jetzt innerhalb der US-Gesellschaft als so integriert gelten, daß sie überall im Land hin- und herreisen und an beliebigen Orten wohnen können?

Diane Sawyer: Sie können entscheiden, wo sie leben. (Der Präsident sagt darauf, er werde seine Quellen diesbezüglich überprüfen. Nach einigen weiteren Fragen leitet die Journalistin zur Unterdrükkung der Opposition im Irak über.) Herr Präsident, solange Sie ein Gesetz haben, das die Todesstrafe für Beleidigungen gegen den Präsidenten androht, muß doch jedermann um sein Leben fürchten.

Saddam Hussein: In Ihrem Land wird man nicht bestraft, wenn man den Präsidenten angreift?

Diane Sawyer: Nein, davon kann keine Rede sein. Sonst würde das halbe Land im Gefängnis sitzen oder, lassen Sie mich sagen, etwa drei Viertel.

Saddam Hussein (völlig verblüfft): Man würde keinerlei Maßnahmen gegen jemanden ergreifen, der den Präsidenten Ihres Landes beleidigt?

Diane Sawyer: Im Gegenteil. Wenn Sie's gut genug machen, bekommen Sie sogar eine Fernsehshow.

Ein geradezu klassisches Beispiel dafür, wie zwei Präsidenten, zwei Völker, zwei Kulturen aneinander vorbeireden können, lieferten George Bush und Saddam Hussein in ihren Fernsehansprachen für die Bevölkerung des jeweils anderen Landes. Während bei dem US-Präsidenten die Bewahrung des »American way of life« als Ziel der Golfpolitik deutlich mitschwang und zwischen den Zeilen ein ungläubiges Staunen darüber zu vernehmen war, irgend jemand auf der Welt könne nicht so sein wollen wie die Amerikaner, glaubte der Iraker dadurch Punkte zu machen, daß er seinen Gegner bei dessen Volk als »Gottlosen« und »Arroganten« mit neonazistischen Vorlieben anschwärzte.

Saddam Hussein war auch überzeugt davon, daß es ihm im Westen Sympathien bringen würde, als er dem fünfjährigen Stuart

Lockwood, eine seiner britischen Geiseln, bei laufenden Kameras übers Haar strich. Kein irakischer Berater wagte ihm diese geschmacklose Diktatorengeste auszureden. In einer Ansprache vor westlichen Journalisten drohte er wenig später: »Wir werden die amerikanischen Piloten, die wir vom Himmel holen, bei lebendigem Leibe auffressen.« Und als ihm da »Berater« Hamdoon doch zu einer abgemilderten Form riet, »verbesserte« Iraks Präsident bei der nächsten Rede: »Wir werden sie nicht auffressen, wir werden sie den Hunden zum Fraß vorwerfen.«

Saddam Husseins Lieblingsfilm ist weder eine der schwülstigen arabischen Liebesgeschichten aus ägyptischer Produktion noch ein irakischer Musik- oder Dokumentarfilm, auch nicht einer der Western in seiner Videothek oder der Klassiker »Lawrence of Arabia«. Es ist Mario Puzos »Der Pate«. Diesen Streifen hat er unter persönlicher Überwachung synchronisieren lassen, ihn sieht er sich, nach Informationen der Irak-Expertin Laurie Mylroie von der renommierten amerikanischen Harvard University, mindestens einmal jede Woche an.[3] Wieder und wieder.

Es muß wohl die Hauptfigur des Don Corleone sein, die ihn so fasziniert, in der er sich wiederfindet: Don wie Saddam kamen aus ärmlichen Bauerndörfern, und sie mußten sich beide ihren Aufstieg in Machtpositionen gegen alle Widerstände und Wahrscheinlichkeiten erkämpfen; Don wie Saddam bewiesen im Verlauf ihrer Karrieren einen ausgeprägten Verwandtschaftssinn, die Familie war ihnen Schlüssel zum Aufstieg, die Familie gab ihnen die innere wie die äußere Kraft, ihre Position an der Spitze zu halten; Don wie Saddam hatten nie die geringsten Skrupel, ihre Autorität mit Brutalität zu untermauern, bis hin zum mehrfachen Mord; Don wie Saddam entwickelten ein fast krankhaft übersteigertes Bedürfnis nach Respekt, nach Unterwerfung. Loyal nur gegenüber sich selbst, schenkten sie nie jemandem ihr volles Vertrauen, ihre Rache gegenüber tatsächlichen oder auch nur vermuteten Verrätern war grausam. Und doch sind da auch gemeinsame weiche, fast sentimentale Züge: Der »Don« und der »Diktator« sind Männer, die auch mal Tränen zeigen.

Saddam Hussein el-Takriti hat nicht oft geweint in seinem Leben. Aber wenn er es tat, so sagen Leute, die ihn gut kennen, kam dem immer eine besondere Bedeutung zu.

Beim ersten entscheidenden Mal war er zehn, ein kleiner Hirtenjunge, der nicht zur Schule ging, weil seine analphabetischen Eltern Bildung für überflüssig hielten. Seinen leiblichen Vater hatte er nie gekannt, er war vor seiner Geburt, am 28. April 1937, gestorben, wie Saddam in den offiziellen Biographien geschrieben haben will, oder, was wahrscheinlicher ist und die meisten im Dorf al-Auja erzählen, mit einer Neuen auf und davon gegangen – was scherte ihn die Familie. Saddams Mutter Subha war eine harte, wenig warmherzige Frau, die den Kleinen als Last sah bei der Bemühung, einen zweiten Mann zu gewinnen. Als sie dann wieder heiratete, wagte sie nie mehr, für den Sohn Partei zu ergreifen. Der Stiefvater haßte den Knaben, schlug ihn, beschimpfte ihn vor allen als einen »verdammten Bastard«. Nachts, wenn die Erwachsenen dachten, er schliefe, hörte Saddam, wie sie im Nebenraum der ärmlichen Lehmhütte tuschelten, daß man den »Nichtsnutz« aus dem Hause jagen sollte. Trotz dieser Zurückweisung – oder gerade wegen ihr – bemühte sich der Kleine nach Auskunft von Nachbarn geradezu krampfhaft, die Achtung, wenn schon nicht die Liebe der Eltern zu erwerben.

Saddams Leben spielte sich auf den Feldern zwischen dem Dorf und der Kleinstadt Takrit ab, an deren Rand sie wohnten. Er mußte den Acker bestellen, vor allem aber auf die Ziegen und Pferde aufpassen. Hier draußen in der Natur lagen die »Bezugspunkte« des Jungen, sein »Ansprechpartner« Nummer eins war das Lieblingstier, eine alte Stute. Als Saddam die Stute eines Tages wieder aufsuchen wollte, lag sie tot auf der Weide. Die Eltern fanden den Sohn spätabends dicht an das Pferd geschmiegt, noch immer unkontrolliert schluchzend, völlig außer sich. Und sie bemerkten, daß Saddams rechter Arm gelähmt war, der Junge konnte ihn auch an den darauffolgenden Tagen nicht bewegen.[4]

Es mag eine Woche später gewesen sein, als die Dörfler Saddam wieder fröhlich herumspringen sahen, auch mit dem Arm war alles wieder in Ordnung. Auf dem Feld fand man ein hilfloses Fohlen der Saddam-Stute, aus allen Wunden blutend, nicht mehr zu retten. Der Kleine hatte es, wie er zugab, mit Steinen malträtiert, immer wieder, bis das Pferd zusammenbrach. »Ich mußte es tun«, sagte Saddam den Nachbarn trotzig, als sie ihn stellten, und er zuckte bei der Tracht Prügel, die er im Anschluß von seinem Stiefvater bezog, nicht einmal mit den Wimpern.

Der Tod seines Lieblings, der anschließende Blutrausch wirkten auf Saddam befreiend, fast wie ein frühzeitiger, endgültiger Abschied von der Kindheit. Als einige Monate später sein jüngerer Neffe Adnan zu Besuch kam und in den Sand einige Schriftzeichen malte, die man ihm in der Schule beigebracht hatte, baute sich der Kleine vor seinen Eltern auf und verkündete, er habe sich nun endgültig entschlossen, zur Schule zu gehen. Er wolle etwas lernen. Die Mutter und der Stiefvater versuchten ihn davon abzubringen, drohten mit Prügel, sperrten ihn ein. Als aber alle Strafen nichts nutzten, ließen sie den Elfjährigen ziehen. Sie hatten mit den drei Kleinen, die in schneller Folge als Saddams Halbgeschwister zur Welt gekommen waren, genug Mäuler zu stopfen, und als besonders zuverlässiger Hirte hatte sich der kleine Träumer ja auf der Weide auch nicht gezeigt. Den Ausschlag aber dürfte gegeben haben, daß Saddams Onkel sich bereit erklärte, den Jungen in seinem Haus in Bagdad aufzunehmen. (Die Freundschaft zahlte sich später für die beiden Saddam-Wohltäter aus: Der Onkel Tulfah Khayrallah wurde Bürgermeister von Bagdad, der Neffe und Schulfreund Adnan Khayrallah Verteidigungsminister des Irak.)

Der Clan in Takrit hatte wenig für ihn getan, eine Familie im eigentlichen Sinn hatte er gar nicht gehabt; und doch nahm Saddam Hussein die Kleinstadt, in der er so viele Verwandte hatte, in seinen Namen auf (»el-Takriti«), stützte sich später bei der Besetzung von Regierungsposten fast ausschließlich auf die Nächsten seines Stammes – so extrem, als würde, auf bundesdeutsche Verhältnisse übertragen, Helmut Kohl nur mit Oggersheimern (und zwei, drei entfernten Verwandten aus Ludwigshafen) regieren.

Daß Saddam in der Hauptstadt etwas von der »Nestwärme« Takrits vermißt hat, ist schwer vorstellbar. Es gab in dem 10 000-Einwohner-Ort zu Saddams Zeiten nur eine einzige asphaltierte Straße. Alle lebten in primitiven Lehmhütten ohne Elektrizität und fließendes Wassser. In den kühlen Wintern war Kuhdung das einzige Heizmaterial, in den heißen Sommern behalf man sich mit Sonnenblenden aus primitiv geflochtenem Schilf. Ein Floß aus gegerbter Tierhaut, »Kalak« genannt, gut für kurze Fahrten auf dem Tigris-Fluß, aber nicht stabil genug für Ausflüge nach Bagdad, galt als einziges Produkt des lokalen Handwerkes. Abgesehen von der Dampflokomotive, die zweimal die Woche, auf dem Weg von Mosul, durch

Takrit schnaubte, gab es keine Verbindung zur nur wenig über 150 Kilometer entfernten Hauptstadt: Takrit war ohne Telefon, ohne Radio, ohne Kino, ein Ort am Ende der Welt.

Es muß ein Schock für Saddam gewesen sein, als er zum ersten Mal durch Bagdad schlenderte, für ihn wahrlich eine Stadt wie aus Tausendundeiner Nacht: mit Lichtern überall, mit Autos, mit Geschäften, die allerlei fremdartige Waren wie Rundfunkempfänger und westliche Anzüge anboten, ja sogar mit unverschleierten Frauen auf den Straßen. Und mit tausend Möglichkeiten, Geld zu machen. Neben der Schule jobbte Saddam als Aushilfskassierer, als Reifenverkäufer, als Zeitungsbote. Er lernte bald, sich in der Bagdader Unterwelt zu bewegen, in der ein quicker Junge, der schnell auch beim Diebesgut zupacken konnte, immer gefragt war. Nachts gehörte die Stadt den Jugendbanden, die sich nach ihrer Herkunft zusammenfanden. Saddam bildete mit einigen anderen Takriti eine solche »Street-Gang«. Mit zwölf hatte er schon seine erste Pistole, die er hütete wie einen Schatz, die er unters Kopfkissen legte beim Schlafen, ohne die er nicht mehr ausging – eine Gewohnheit, die er sein Leben lang nicht mehr ablegen sollte: Auch in den Kabinettssitzungen erschien Saddam Hussein später stets mit Schießeisen.

Der Onkel ermutigte ihn, sich mit allen Mitteln durchzusetzen. Tulfah Khayrallah hatte nur einen schlecht bezahlten Job als Privatlehrer gefunden, denn er trug ein Stigma: Man hatte ihn aus der irakischen Armee ausgestoßen, weil er sich 1941 einer Pro-Nazi-Deutschland eingestellten Gruppe der Streitkräfte angeschlossen hatte, die gegen den von London gesteuerten Monarchen einen Putsch versuchte. Der Staatsstreich scheiterte nach einigen Wochen am brutalen und geballten Einsatz britischer Truppen. Die neue Regierung unter Nuri As-Said war dann wieder deutlich unter Londons Einfluß, wie eigentlich jede, nachdem die Mandatsherrschaft (1920–1932) in eine »Unabhängigkeit« Iraks übergegangen war.

Tulfah Khayrallah haßte die Engländer, und er impfte diesen Haß gegen die »Imperialisten« auch seinem Neffen Saddam ein. Der radikale, heißblütige Onkel, der in den prägenden Jugendjahren mehr als jeder andere Einfluß auf den späteren Staatschef nehmen konnte, war wahrlich nicht der einzige im Irak, der sich von den Ausländern ausgebeutet fühlte – eine breite Mehrheit empfand die Fremdherrschaft als unerträglich. Aber Tulfah ließ seinen Vorurteilen freien

Lauf. In einem Pamphlet, das 1981 auf Saddams ausdrücklichen Wunsch der Regierungsverlag »Dar al-Hurriyya« herausgab, dessen Grundideen der Neffe aber sicher schon am häuslichen Herd eingetrichtert bekam, schrieb Tulfah: »Drei hätte Gott nie erschaffen sollen: Perser, Juden und Fliegen. Perser sind Tiere, denen Er rätselhafterweise Menschenform gegeben hat, Juden sind eine Mischung aus Dreck und den abgestandenen Resten verschiedener Völker... wie Fliegen eine niedrige Schöpfung, deren Sinn wir nicht verstehen.«[5]

Saddam war ein mäßiger Schüler, schaffte aber die Oberschule. Er bewarb sich mit 17 bei der Militärakademie und erlitt in seinem Selbstbewußtsein einen herben Rückschlag: Man lehnte ihn wegen seines schlechten Zeugnisses ab. Der Mann, der sich später zum Kriegsherrn für die gesamte »arabische Nation« aufschwingen sollte, war nie ein Militär, gab als Soldat nie einen Schuß ab. Er mußte warten, bis er seine Macht an der Staatsspitze konsolidiert hatte, bevor er sich zum General machen und in selbstentworfenen Militäruniformen Paraden abnehmen konnte. Saddam-Experten wie der israelische Professor Amatzia Baram von der Universität Haifa halten für möglich, daß der irakische Diktator den Showdown mit der größten Militärmacht der Erde auch deshalb suchte, um sein Manko zu »überkompensieren«, wie es der Wissenschaftler bei unserem Gespräch in seiner Wohnung am Karmel über Haifa mir gegenüber formulierte.

Dem ehrgeizigen Jüngling muß jedenfalls schon frühzeitig klargeworden sein, daß er einen anderen Zugang zur Macht brauchte, wenn er im Irak etwas werden wollte. Das Militär war dabei, aus dem Volk, das vor den Briten 500 Jahre lang durch die Ottomanen regiert wurde, das seit ewigen Zeiten von Stammeskonflikten und religiösem Zwist erschüttert war, so etwas wie eine Nation zu machen; gab man früher auf dem weiten Land nichts auf die staatliche Autorität, saß sie nun in Istanbul, London oder Bagdad, so waren Soldaten als »Verkörperung« des Irak nun allgegenwärtig.

Saddams Chance kam mit der Baath-Bewegung, der »Partei der arabischen Wiedergeburt«. Ihre beiden Begründer, Michel Aflaq und Salah Bitar, hatten Anfang der dreißiger Jahre an der Pariser Sorbonne studiert, begannen dann in ihrer syrischen Heimat ein politisches Programm auszuhecken, dessen Hauptziele laizistisch und sozialistisch waren. Man träumte von »einer arabischen Nation mit einer Mission für die Ewigkeit«, verherrlichte die Araber als Rasse (besonders Aflaq war voller Enthusiasmus für das »Beispiel« Hitler und den deutschen Nationalsozialismus). Obwohl soziale Gerechtigkeit von den Parteigründern 1942 als eines der Hauptziele gesehen wurde, blieb der Marxismus »als Zerstörer der Menschheit« außen vor.

Da die Baath sich nur im Untergrund zusammenfinden konnte, nahmen Aflaq und Bitar bei der praktischen politischen Organisation allerdings starke Anleihen bei der leninistischen Partei: Die »Zellen« hatten nicht mehr als fünf Mitglieder, und deren Chefs bildeten dann ein geheimes »regionales« Kommando; es war schwierig, bei der Baath reguläres Mitglied zu werden. Hätte Saddam Hussein nicht Michel Aflaq persönlich kennengelernt, wäre Aflaq nicht in den Irak umgezogen, weil er da zunächst bessere Chancen zur Verwirklichung seiner Ideen sah, wäre der junge Iraker wohl kaum in die Kaderpartei aufgenommen worden. Doch so schaffte er es schon mit 20 Jahren, im Jahre 1957, eines der jüngsten, eines von vielleicht 500 regulären Mitgliedern zu werden.

Es waren aufregende Zeiten im gesamten Nahen Osten. Gamal Abd el-Nasser hatte 1952 in Ägypten die Macht übernommen, seine Nationalisierung des Suezkanals 1956 und das Überstehen des darauffolgenden Krieges – in der arabischen Welt, obwohl es nur ein Patt war, als Sieg gesehen – machten ihn zum neuen Helden. Auch Nasser hatte sich panarabische Ideen auf seine Fahnen geschrieben.

Als es in Bagdad zu Demonstrationen kommt, ist zum ersten Mal auch Saddam dabei, vor allem, wenn die Ausschreitungen gewalttätig werden, sieht man ihn immer an der vordersten Front. Er macht sich als »Hit Man«, als skrupelloser Killer, einen Namen, sitzt gemeinsam mit seinem Onkel für einen Mord an einem kommunistischen Rivalen einige Wochen im Gefängnis. Aber in den Bagdader Wirren dieser Tage kann man sich leicht freikaufen. Saddam versucht, sich am Coup gegen den König Faisal II. und seinen Ministerpräsidenten Nur as-Said zu beteiligen. Doch andere sind schneller und noch besser gerüstet als die Baath: Eine Gruppe nationalistischer Offiziere unter General Qassim übernimmt im Juli 1958 die Macht.

Saddam Hussein kennt sich nun schon aus in politischen Intrigen.

Seine Rücksichtslosigkeit, sein Ehrgeiz lassen ihn unentbehrlich erscheinen, als die Baath-Leute ein Jahr später einen Coup gegen Qassim versuchen. Der »Mann, der die Konfrontation sucht«, gehört dem Kommando an, das den General mit Kugeln durchsieben soll. Der Mann aus Takrit ist am Tag des Attentats gerade 22 Jahre alt.

Saddam schießt, zwei Leibwächter sterben. Er verfehlt den General, einer seiner Mitverschwörer trifft Qassim, der jedoch überlebt schwer verletzt. In dem allgemeinen Chaos erleidet auch Saddam eine Schußwunde, wahrscheinlich aus dem Gewehr eines Freundes. Er blutet aus dem Bein. Man schleppt ihn zur nächsten Straßenecke, wo ein Mitstreiter mit einem Rasiermesser die Kugel ohne Betäubung entfernt. Saddam fällt in Ohnmacht, rafft sich wieder auf, zeigt seine Nervenstärke. Nach nur kurzer Rast in einem der »Safe Houses« der Baath-Partei verkleidet er sich als Beduine und flieht über die Grenze nach Syrien. Eine Heldentat, wenngleich nicht ganz so »übermenschlich«, wie die offizielle Parteipropaganda heute berichtet: Danach soll Saddam mit seiner schweren Schußwunde sogar noch durch den Tigris geschwommen und auf einem gestohlenen Esel tagelang durch die Wüste geritten sein.

Über Syrien kam Saddam nach Ägypten, wo er, durch die Vermittlung von Freunden, ein kleines Regierungsstipendium erhielt. Er nahm an der Kairo-Universtität ein Jurastudium auf, beschäftigte sich aber weiter mit politischen Intrigen, warb für die Ideen der einen, großen, zusammengehörigen arabischen Nation. Ob er die persönliche Bekanntschaft Nassers machte, ist fraglich. Überliefert dagegen sind Auseinandersetzungen mit anderen Studenten, die ein bezeichnendes Licht auf Saddams Charakter und seine Einstellung werfen. Einmal diskutierten seine Freunde stundenlang im Café mit einem Kommilitonen, den sie von der Sache des Panarabismus überzeugen wollten. »Hört schon auf!« rief da Saddam, »warum nehmen wir nicht unsere Pistolen raus und schießen ihn über den Haufen?«[6] Ein anderes Mal beteiligte er sich an einer Schlägerei mit anderen Studenten, saß für einige Wochen im Gefängnis. Aber seine ägyptische Zeit war nicht nur von Brutalität, sondern auch von Romanze geprägt. Er heiratete 1963 in Kairo Sajida, mit der er später zwei Söhne und zwei Töchter haben sollte. Es war, wenn auch fern der Heimat, eine Ehe im Familienrahmen der Takriti: Sajida gehörte als Tochter seines Onkels Khayrallah zum engsten Clan.

Saddam kam nicht dazu, sein Studium abzuschließen. Aus Bagdad kamen gute Nachrichten. 1963 war es seinen Freunden von der Baath zusammen mit Armeekräften doch gelungen, den General zu stürzen. Weil es noch Tage nach dem erfolgreichen Staatsstreich Gerüchte gab, Qassim halte sich nur versteckt und komme wieder zurück an die Macht, entschlossen sich die Putschisten zu einem makabren Schauspiel: Sie präsentierten Abend für Abend im Fernsehen den Leichnam des Generals, ließen die Kameras in Nahaufnahme zum Gesicht der Leiche schwenken, zeigten, wie ein Soldat ihn an den Haaren zog und aus nächster Nähe bespuckte. Das waren Saddams Freunde, das war Saddams Welt – begeistert eilte er nach Bagdad zurück.

Doch wieder einmal wurden die Baathisten ausgetrickst. Zwar beteiligte sie Oberst Arif an der Macht, Saddams entfernter Verwandter Hassan al-Bakr wurde Ministerpräsident, er selbst erhielt eine verantwortungsvolle, wenngleich blutig-grausame Aufgabe als höchster Vernehmungsoffizier und »Chef-Folterer« im berüchtigten »Qasr-al-Nihayyah«, dem »Palast, wo alles endet«, dem Gefängnis für »Politische«. Aber als der Oberst merkte, daß ihn die Baath-Leute nur als Übergangspräsidenten planten, schlug er lieber gleich selber zu: 1963 wurden, nach nur neun Monaten im Zentrum der Macht, alle Baathisten aus der Regierung entfernt und verfolgt. Der kurzfristige Traum, man könnte zusammen mit Syrien, wo wenige Monate zuvor die Baath an die Macht gekommen war, beginnen, ein »großarabisches Reich« aufzubauen, war zerschlagen. (Im folgenden sollten sich die beiden Baath-Gruppierungen tödlich verfeinden, was sich bis zum Krieg 1991 verfolgen läßt: Syriens Baath-Chef Assad stellte Truppen gegen Iraks Baath-Chef Hussein.)

Saddam mußte untertauchen. Die Baath-Partei zerfiel in mehrere Fraktionen. Einer seiner innerparteilichen Feinde verriet ihn, es kam zum »Shoot-out« mit der Polizei, bei dem sich Saddam bis zur letzten Kugel verteidigte. Man warf ihn ins Gefängnis, erlaubte ihm aber immerhin, sein Jurastudium weiterzuführen. Er bestand sein Examen, wurde zur Prüfung in Handschellen geführt. Abends ging's zurück in die Zelle. Aber vor allem las er Politisches, Lenin, de Gaulle, Bismarck, auch Hitlers »Mein Kampf«. Und er machte sich Gedanken, was schiefgelaufen war bei der Machtergreifung, bei dem verfehlten Machterhalt. Saddam Hussein kam zu der Überzeugung, er müsse einen Sicherheitsapparat innerhalb der Partei aufbauen, jede Diskussion innerhalb der Baath brutal unterdrücken. Und er sah nur einen, der dazu fähig war: sich selbst. Damals beschloß er in seiner Zelle, einen bewaffneten Geheimdienst aufzubauen.

1966 kam Saddam Hussein frei und begann im Untergrund sofort mit dem Putsch gegen die Regierung, aber auch mit der Vorbereitung der parteiinternen Säuberungen. Im Juli 1968 ergriff die Baath-Partei in einem Staatsstreich endgültig die Macht im Irak; es war eine Verschwörung in zwei Phasen. In der ersten Phase, am 17. Juli, stürzten die Baath-Offiziere gemeinsam mit einer Koalition anderer nationaler Kräfte die Regierung, in der zweiten Phase trat Saddams neuer Sicherheitsapparat, die »Jihaz Haneen« (»Instrument der Sehnsucht«), auf den Plan und säuberte das neue Regime von allen Nicht-Baathisten und unzuverlässigen Kandidaten in den eigenen Reihen. Saddam wurde – mit 31 Jahren – der einzige Stellvertreter des Präsidenten und der in Wahrheit starke Mann des »Revolutionsrats«. Als Präsident fungierte General Hassan al-Bakr, sein Freund und Verwandter.

Ein ganzes Jahrzehnt lang arbeitete Saddam Hussein el-Takriti nun überwiegend im Hintergrund, zügelte seinen Ehrgeiz bis zur »freiwilligen« Abdankung seines Verwandten im Jahre 1979. Schon wenige Monate nach dem Coup ließ er einen »zionistischen Spionagering« auffliegen und 14 der »Spione«, darunter elf Juden, auf dem Marktplatz von Bagdad öffentlich erhängen. Mit dem brutalen Akt schlug der Vize gleich zwei Fliegen mit einer Klappe: Er machte seine Feindschaft gegenüber Israel und dem »Zionismus« klar, und er schüchterte jede Form der inneren Opposition ein. Nach den Juden nahm er sich die »militanten« Schiiten vor – Saddam stammt aus einer sunnitisch geprägten Region des Irak, die ihnen traditionell mit Mißtrauen gegenüberstehenden Schiiten stellen mit 60 Prozent die Mehrheit der irakischen Bevölkerung. Dann räumte Saddam mit jeder Form tatsächlicher oder auch nur vermuteter Opposition auf, überzog sein 17-Millionen-Volk mit einem Sicherheits- und Spitzelapparat, der weltweit seinesgleichen suchte. Manche Schätzungen sprechen davon, jeder Dritte im Irak könnte zum Informanten geworden sein. KGB-Ausbilder, vor allem aber Stasi-

Experten aus der DDR halfen ihm dabei, ein immer perfekteres, engmaschigeres Netz über das Land zu werfen.

1972 ließ Saddam Hussein die bis dahin westlich beherrschte Erdölindustrie verstaatlichen und schuf so die Voraussetzung für einen schnellen wirtschaftlichen Aufstieg. Neue Straßen, Wohnquartiere, auch Schulen und Krankenhäuser entstanden – aber vor allem steckte der Mann, der aus dem Hintergrund alle Fäden zog, die Milliarden in die Rüstung. 1972 unterzeichneten der Irak und die Sowjetunion einen »Freundschaftsvertrag«, der riesige Waffenlieferungen vorsah, was Saddam aber keineswegs daran hinderte, intern alle »Kommunisten« oder auch nur als »kommunistische Sympathisanten« bekannten Iraker brutal auszuschalten.

Bagdads starker Mann versuchte auch schon in jenen Tagen, seine regionale Vormachtstellung auszubauen: Er unterstützte die Belutschen im Kampf gegen die pakistanische Zentralregierung, gab iranischen Widerstandskämpfern Geld und Ausrüstung. Einer der schlimmsten, wenngleich damals im Westen noch weitgehend unbekannten Feinde des Schah-Regimes, Ayatollah Khomeini, hatte schon 1964 politisches Asyl im Irak erhalten und durfte unter Iraks neuem Regime zunächst verstärkt gegen Teheran agitieren. Saddam Hussein unterstützte auch den internationalen Terrorismus, vor allem die Gruppe um den besonders radikalen Palästinenserführer Abu Nidal, der ursprünglich aus der Bewegung der Baath-Partei kam und Saddam persönlich gut kennt. Abu Nidals Anschläge richteten sich gegen Israel, gegen den Westen, aber auch gegen die palästinensischen Politiker, die ihm wie Saddam in ihrem Kampf um Jersualem als zu »gemäßigt« vorkamen, allen voran PLO-Chef Arafat.[7]

Saddam Hussein bewies in seinen jungen Jahren an der Macht aber auch Flexibilität. Er war in der Lage, zumindest vorübergehend zurückzuweichen, wenn er erkannt hatte, daß er einen Konflikt nicht sofort gewinnen konnte. Zum Beispiel den Krieg gegen die Kurden. Dieser Volksstamm, dessen Ursprünge sich in der Geschichte verlieren – vielleicht sind sie mit den Karduchen identisch, die der griechische Schriftsteller Xenophon im 5. Jahrhundert vor Christus erwähnt –, lebt im Staatsgebiet des Irak, des Iran, der UdSSR, Syriens und der Türkei. Die Kurden, die überall unterdrückt werden, haben nirgendwo einen so hohen Bevölkerungsanteil wie im Irak – fast jeder fünfte irakische Staatsbürger ist Kurde. Auch Bagdad bekämpfte ihre Autonomiebestrebungen. Aber 1970, als erkennbar war, daß die Kurden militärisch nicht so leicht zu schlagen sein würden, machte sich Saddam persönlich zum Kurden-Führer Barzani auf, um einen Handel einzugehen. Eine Weile sah es so aus, als könnte diesmal aus der versprochenen »Autonomie« etwas werden. Doch Saddam spielte falsch. Schickte nach Informationen des Irak-Experten, Professor Baram, eine Gruppe religiöser Führer zu Barzani, die heimlich Tonbandgeräte bei sich führen sollten, um ihre Gespräche aufzunehmen. Als einer der Scheichs das unterm Mantel versteckte Gerät bei Barzani im Zelt anschaltete, flog er in die Luft: Es hatte sich um eine Bombe gehandelt, die Saddam »pflanzen« ließ. Barzani entkam dem Attentat unverletzt.

Um dem Kurden-Problem Herr zu werden, sei er sogar bereit, »mit dem Teufel« einen Pakt einzugehen, sagte Saddam. 1975 verhandelte er tatsächlich mit dem Schah-Regime, seinem schlimmsten Feind in der Region. Im »Algier-Vertrag« verzichtete Bagdad auf die linke Seite der umstrittenen Shatt-al-Arab-Wasserstraße, im Gegenzug versprach der Schah, nicht mehr den Kurden auf irakischem Gebiet mit Waffen zu helfen. Deren Aufstand brach daraufhin zusammen. (Als die Separatisten-Bewegung 1988 wieder von sich reden machte, sollte Saddam dann die teuflischste aller Waffen einsetzen, die er entwickelt hatte: Gas. Tausende Kurden, alte Männer, Frauen, Kinder, erstickten unter fürchterlichen Qualen.)

Saddam und die Seinen wurden in den siebziger Jahren zu Aufsteigern auch im sozialen Leben des Irak. Der starke Mann des Regimes machte seinen Halbbruder Barzan zum neuen Direktor des vornehmsten Clubs der Stadt, und im »Aliwwiya« protzten die beiden mit neu erworbenen Juwelen und Goldringen. Saddam trug nur noch Seidenjacketts und ließ sich seine Hosen von einem nur für ihn abgestellten armenischen Schneider maßarbeiten. Trotz seiner damals schon etwas fülligen Figur und seines schwabbeligen Doppelkinns versuchte sich der Bauernsohn nun als Playboy. Er umwarb ein blondes Mädchen namens Samira, das sich freilich als verheiratet herausstellte. Doch ihr Mann, bei der staatlichen »Iraqi Airways« angestellt, trennte sich schnell von ihr und gab sie für den politischen Führer frei – er hatte gehört, nur so könne er seinen Posten sichern.(Er wurde später Direktor der Luftfahrtgesellschaft.)

Samira, Tochter einer hochstehenden Bagdader Handelsfamilie, wurde Saddams Frau Nummer zwei.

Doch das hieß keineswegs, daß Saddam Hussein seinen Takriti-Clan vernachlässigte. Er hatte bald einen Großteil seiner Neffen, Halbbrüder und sonstigen auch nur irgendwie verwendbaren Clan-Angehörigen in wichtige Positionen untergebracht. Als er 1976 per Gesetz verbot, daß die Familiennamen bei offiziellen Gelegenheiten und in den Staatspapieren genannt würden, so tat er das offiziell mit der Begründung, die frühere Regelung sei eine »Sitte imperialistischer Mächte«; aber der wahre Grund dürfte gewesen sein, daß er nicht bekanntmachen wollte, wie vollständig die Staatsspitze schon in der Hand einer Großfamilie war.

Der »Don« von Takrit, wie die Harvard-Forscherin Laurie Mylroie ihr Forschungsobjekt Saddam nach dessen Vorliebe für den Mafia-Film nennt, tat alles für die Seinen – doch wehe, sie verletzten ihrerseits die Loyalität. Das ließ seinen Zorn ins Unermeßliche wachsen, das stimmte ihn ob der Undankbarkeit auch traurig. Wie damals, als er zum zweitenmal so hemmungslos weinte wie beim Verlust seines Lieblingstiers, als er zehn Jahre alt war.

Die allgegenwärtigen Geheimdienstbeamten hatten einen Takriti-Verwandten, den Obersten Omar al-Hazzah, beim Tête-à-tête mit seiner Freundin abgehört und das Band pflichtgemäß Saddam vorgelegt. Der Mann hatte gegenüber seiner Liebsten geprahlt, er habe früher auch mal mit Saddams Mutter geschlafen. Saddam wußte, daß sich die Information im Bekanntenkreis schon herumgesprochen hatte, so daß er die Affäre nicht mehr vertuschen konnte. Er berief eine »erweiterte Familiensitzung« ein, zu der er auch die Verwandtschaft des Militärs einlud. Er brach vor dem ganzen Clan in einen Weinkrampf aus, als er die Geschichte erzählte und das »Dokument« vorspielte. »Was soll ich nur mit einem solchen Mann machen, was soll ich tun?« rief er immer wieder in scheinbar tief empfundener Verzweiflung. »Was für eine Schande für unsere Familie!«

Keiner wagte, ihm einen Rat zu geben. Die Frage war auch nur rhetorisch gemeint. Als der Clan auseinanderging, hatte sich Saddam längst wieder gefaßt, und er mußte gar nicht erläutern, welche Rache er plante. Wie einer der Teilnehmer an der Sitzung später erzählte, hätten sie alle die Entschlossenheit im Gesicht Saddams gesehen, »diese furchtbare Ruhe« (so der Zeuge), die auf den tränenreichen Zusammenbruch gefolgt war: die Ruhe vor dem Wüstensturm, den der selbsternannte »Naturbursche« nun wie ein Naturereignis hereinbrechen ließ.

Der Ehebrecher Hazzah wurde standrechtlich erschossen. Sein Sohn, der mit der Sache gar nichts zu tun hatte, aber als Mitglied der Präsidenten-Palastwache Gelegenheit gehabt hätte, die »Schande« wichtigen Leuten weiterzuerzählen, wurde ebenfalls hingerichtet. Ihre Häuser ließ Saddam Hussein von Bulldozern einreißen und anschließend die ganze Gegend dem Erdboden gleichmachen. Die unbeteiligte Frau, gegenüber der Hazzah von seinem »Abenteuer« geprahlt hatte, wurde im Folterkeller des Präsidentenhauses gehängt. Anschließend ging Saddam wieder befriedigt zur »Normalität«, zum Alltag über, mit sich und der Natur so im Einklang, wie er es in seiner Autobiographie über die »strenge, gerechte Wüste« geschrieben hat: »Glorreich und ruhig und befriedet nimmt sie unter blauem Himmel ihr Leben wieder auf.«

Im Februar 1979 übernahm Ayatollah Khomeini im Iran die Macht. Offiziell begrüßte die irakische Führung den Sturz des Schahs und das neue theokratische Regime im Nachbarland, aber ganz wohl wird es Saddam Hussein bei diesen Vorgängen schon damals nicht gewesen sein. Er mußte befürchten, daß die schiitische Mehrheit in seinem eigenen Land den schiitischen Gottesstaat nebenan attraktiv finden würde, daß radikale Gläubige auch im Irak politische Macht anstreben wollten. Es kam noch schlimmer: Der Ayatollah zeigte sich keinesfalls dankbar für das ihm lange Zeit im Irak gewährte Exil, sondern verkündete seinen Willen zum Export der Revolution. Saddam begann heimlich, aber für Khomeini unübersehbar, den Widerstand gegen ihn in der hauptsächlich von Arabern bewohnten iranischen Erdölprovinz Khuzistan (»Arabistan« im irakischen Sprachgebrauch) zu schüren. Im Gegenzug förderten die Perser die radikale irakische Schiiten-Partei al-Daawa, die Anfang April 1979 einen Mordanschlag auf Außenminister Tariq Aziz ausführte, dem dieser nur knapp entging.

Saddam ging mit unbarmherziger Härte vor. Ein neues Gesetz bedrohte jedes Daawa-Mitglied und sogar jeden Sympathisanten mit dem Tod. Der geistige und politische Führer der Schiiten, Ayatollah Baqr el-Sadr, kam im Gefängnis um. Seine Anhänger behaupten bis heute, Saddam Hussein habe ihn eigenhändig erwürgt. Während dafür der letzte Beweis fehlt, weiß man unzweifelhaft, daß der Ayatollah und seine Schwester gefoltert wurden. Auch der Name des Folterknechts ist bekannt: Barzan Ibrahim, der Halbbruder Saddams und Chef des Geheimdienstes, der inzwischen »Mukhabarat« hieß. Zehntausende »verdächtiger« Schiiten wurden von den Großstädten aufs Land deportiert oder des Landes verwiesen. Und doch hielt sich der schlaue Saddam ein Hintertürchen offen: Der weltlich ausgerichtete Politiker pilgerte nach Mekka und besuchte auch, inbrünstig mit den Gläubigen betend, Nadschef und Kerbela, die bedeutendsten Schiiten-Schreine im eigenen Land.

Saddam Hussein sah bald keinen Grund mehr, der Welt und seinem Volk zu verheimlichen, daß er die Nummer eins des Irak war. Staatschef Bakr, der während der Übergriffe gegen die Schiiten für einen vorsichtigeren Umgang mit Oppositionellen eingetreten war, hatte seine Schuldigkeit getan. Saddam pensionierte ihn am 16. Juli 1979 »aus Gesundheitsgründen«, stellte ihn praktisch unter Hausarrest. Saddam war nun Generalsekretär der regierenden Baath-Partei, Regierungschef, Vorsitzender des Revolutionskomitees und Kommandierender der Streitkräfte. Der 42jährige Bauernsohn hatte die höchsten Stufen der Macht erklommen.

Er zeigte schon in den ersten Wochen, wie gnadenlos er von der absoluten Macht Gebrauch zu machen gedachte. Er berief eine spektakuläre Parteikonferenz der Top-Kader ein, bei der er die Spreu vom Weizen trennte. Dutzende bisheriger Minister und Spitzenfunktionäre ließ er »Geständnisse« verlesen, die seine Folterer vorher erpreßt hatten. Andere beschuldigte er selbst des »Verrats«. Keiner fand Gnade: In einer einzigen »Nacht der langen Messer« wurden 300, nach manchen Schätzungen sogar 500 der bisherigen Führungskräfte des Landes hingerichtet. Nach mehreren Zeugenberichten forderte Saddam seine neuen Mitstreiter dazu auf, mit ihm gemeinsam die »Verräter« zu exekutieren. Die Liste der Hingerichteten liest sich wie ein »Who is who» derjenigen Politiker und Militärs, die Saddam hätten gefährlich werden können: Muhyi Abdul Hussein, Sekretär des Revolutionskomitees; Mohammed Ayesh, Chef der Gewerkschaftsbewegung; General Walid Mahmoud Sirat, Armeeoffizier; Adnan Hamdani, stellvertretender Premierminister; Ghanim Abdul Jalil, Komiteemitglied.

Selbst vor Folterungen an Kindern schreckte Saddam nicht zurück, um so von deren Eltern Geständnisse zu erpressen. Zugleich forderte er Kinder auf, ihre Eltern auszuspionieren und sie im Falle entdeckter »Unzuverlässigkeit« den Behörden zu verraten. Aus Saddams erster offizieller Schrift nach der Machtübernahme (bis heute sollten 132 folgen): »Man muß Erwachsene durch ihre Söhne einkreisen, Vater und Mutter dürfen den Haushalt nicht durch ihre Rückständigkeit beherrschen ... Die Kinder müssen den Eltern widersprechen, wenn sie Staatsgeheimnisse ausplaudern ... Man muß in jede Ecke des Landes einen Sohn der Revolution stellen, der die Augen und Ohren offenhält.«[8]

Saddam sammelte Waffen, und er war bei der Wahl seiner Zulieferer nicht wählerisch. Vor allem aber ließ er sich international nicht von einem einzigen Verbündeten abhängig machen. Bagdad unterhielt engste Beziehungen zu Moskau, als aber Außenminister Andrej Gromyko unter Hinweis auf diese »Brüderlichkeit« bei einem Besuch im Irak Saddam aufforderte, doch gegen die Kommunisten nicht so brutal vorzugehen, antwortete der nur kühl: »Das ist unser internes Problem. Im übrigen interessiert mich nicht, woher unsere Waffen kommen, sondern nur, wozu ich sie einsetzen kann.« Der Präsident konnte sich solche brüskierenden Worte erlauben. Alle Exportländer standen Schlange, um den Irak mit Todesmaschinen zu versorgen. Frankreich lieferte modernste »Mirage«-Bomber, die USA, von Khomeinis »Verteufelung« geschockt, technisches Know-how, bundesrepublikanische Firmen, denen der Waffenexport offiziell verboten ist, auf allerlei Umwegen Material für die Giftgas-Produktion.[9] Im September 1980 fühlte sich Saddam Hussein so stark, glaubte sein Nachbarland Iran durch innere Unruhen so geschwächt, daß er angriff. Das Ziel sollte zunächst die reiche iranische Ölprovinz Khuzistan sein, angesagt war ein »genialer Blitzkrieg«, wie Saddam vorlaut tönte.

Wie der irakische Diktator vorausgesehen hatte, hielt der Westen still, in Washington brach sogar mehr als klammheimliche Freude aus. Auch Kuwait, Saudi-Arabien und die Golfstaaten befürworteten Saddams Aggression, sie hatten Angst vor Khomeinis Revolutionsexport, übersahen dabei, daß sich da jemand als ihr Beschützer aufzuspielen begann, den sie nicht darum gebeten hatten, und daß der Iraki bald einen Preis für diese »Wohltat« verlangen würde.

Doch Saddam Hussein verrechnete sich gründlich. In Persien gab es, trotz der chaotischen Wirren, ein ausgeprägtes Nationalgefühl, einen starken Willen zur Verteidigung. Khomeini scheute sich nicht, Zehntausende von »Kindersoldaten« an die vorderste Front zu schicken und damit in den sicheren Tod. Er sprach bald vom »Jihad«, vom »Heiligen Krieg«, der nach dem Koran jedem gefallenen Kämpfer den sofortigen Eintritt ins Paradies garantierte. Irakische Truppen wurden zurückgedrängt. Sie waren schlecht geführt – trotz seiner absoluten militärischen Unerfahrenheit hatte Saddam selbst auf den Oberbefehl bestanden. Obwohl die Amerikaner sogar geheime CIA-Satellitenfotos von Teherans Stellungen lieferten, stand der Irak vor einer verheerenden Niederlage.

Auch diesmal, wie gegenüber den Kurden, zeigte sich Saddam Hussein flexibel. Er streckte Friedensfühler Richtung Teheran aus, ohne auch nur eines seiner Kriegsziele erreicht zu haben – es schien ihm die einzige Möglichkeit, seine eigene Haut zu retten. Doch der Ayatollah machte es seinem Gegenspieler schwer: Er stellte die Vorbedingung, daß Saddam zurücktrete.

Der Diktator bat in einer dramatischen Kabinettssitzung um die Meinung seiner Minister, vermittelte laut späterer Zeugenaussagen den Eindruck, er ließe selbst über diese Bedingung mit sich reden. Alle Minister flehten Saddam an, im Amt zu bleiben – ob aus Überzeugung oder weil sie eine Falle witterten, wird sich wohl nie mehr feststellen lassen. Nur Gesundheitsmininister Rijad Ibrahim äußerte eine andere Meinung: »Genosse Präsident, Sie sollten formell zurücktreten, damit wir den Irak jetzt vor einer totalen Zerstörung retten. Danach können Sie ja wieder an die Macht kommen.« Der Staatschef bedankte sich für den Beitrag, weinte dann vor versammelter Mannschaft bitterlich, völlig in sich zusammengefallen. Es dauerte Minuten, bis Saddam wieder die Fassung erlangte.

Der Präsident bat den Minister zu einer Aussprache unter vier Augen in einen Nebenraum. Hinter geschlossenen Türen hörten die Kabinettskollegen einen kurzen Wortwechsel, dann fiel ein Schuß. Saddam kam, wie zumindest zwei der damaligen Sitzungsteilnehmer beschwören wollen, kühl bis an die Haarwurzeln an den Konferenztisch zurück, seine Pistole, die er immer trug, korrekt im Halfter. Zwei Tage später wurde die Leiche des Ministers dessen Frau mit der Erklärung überstellt, er habe einen »Unfall« erlitten.

Es war Saddams Weinkrampf Nummer drei: erst der persönliche Rückschlag in der Jugend durch den Tod des Lieblingspferdes; dann die Demütigung durch die »Enthüllungen« über den Lebenswandel der Mutter; zuletzt die politische Herausforderung in der Kabinettssitzung. Alle Reaktionen auf diese Ereignisse liefen nach dem gleichen Schema ab: Saddam Hussein trieb ein traumatisches Erlebnis in ein kurzfristiges, emotionales Tief, das er jedoch schnell überwand. Jedesmal wirkte die von ihm anschließend ausgeübte Gewalt »reinigend«, als könne er böse Geister durch einen Blutrausch austreiben. Als müsse er – seine persönliche Form von Katharsis, von Exorzismus – töten, um zu überleben.

Nach der dramatischen Sitzung fand Saddam plötzlich die Souveränität, den Oberbefehl für den Krieg an die militärischen Experten abzugeben. Sie rieten ihm zu einer Internationalisierung des Krieges, weil der Kampf im direkten Vergleich mit dem Iran nicht zu gewinnen war. Bagdads Kampfflugzeuge bombardierten daraufhin Supertanker in den Häfen am Persischen Golf. Die Iraner schlugen zurück und verminten den Golf, für den Westen eine Lebensader seiner Industrie und des Öl-Nachschubs. Das Kalkül ging auf: Die US-Flotte gab den Schiffen anschließend Geleitschutz, war damit indirekt am Krieg beteiligt und mußte deshalb dringend daran interessiert sein, den Waffengang zwischen dem Iran und dem Irak zu beenden.

»Die Erinnerung an die Teheraner Botschaftsgeiseln war bei uns noch frisch, und der Ayatollah nannte die USA immer noch den ›großen Satan‹«, sagte Geoffrey Kemp, unter Präsident Reagan Chef der »Middle East«-Abteilung des Nationalen Sicherheitsrats, später zur »New York Times«. »Wir wollten nicht, daß der Irak den Krieg gewinnt, wir wollten, daß er ihn nicht verliert. Und was Saddam Hussein anbetrift: Ich denke nicht, daß wir in bezug auf seine Person naiv waren. Wir wußten, daß er ein S. O. B. (›son of a bitch‹, ein ›Hurensohn‹) war, aber er war unser S. O. B.«[10] Mit diesem Spruch zeigte Kemp die – traurige – Kontinuität der amerikanischen Außenpolitik der letzten Jahrzehnte: Es war Präsident Franklin D. Roosevelt, der mehr als 50 Jahre zuvor den zynischen, Diktatoren beruhigenden Spruch von »unserem Hurensohn« erfunden hatte.

Wäre sich Saddam der westlichen Unterstützung nicht sicher gewesen, hätte er wohl kaum riskiert, auch seine schrecklichste, international geächtete Waffe einzusetzen. Nicht nur gegenüber seiner eigenen kurdischen Minderheit, sondern Anfang 1988 auch gegen die Angriffswellen der iranischen Freiwilligen ließ er Senfgas versprühen. Die weltweite Empörung über diesen unmenschlichen Einsatz hielt sich in Grenzen.

Im August 1988 willigte Khomeini in einen Waffenstillstand ein, nach eigenen Worten fiel ihm das schwerer, als einen Becher Gift zu leeren. Das Kriegsende, in Bagdad wie ein Sieg gefeiert, war nicht viel mehr als ein Patt. Acht Jahre lang, und damit länger als der Zweite Weltkrieg, hatte der Krieg gewütet; mehr als eine Million Menschen bezahlten ihn mit ihrem Leben; »bewirkt« hatte er nichts, nur ein weitergestärktes Selbstvertrauen eines furchtbaren Diktators, auf der Suche nach neuem Ruhm, nach noch größeren Zielen, nach einem herausragenden Platz in den Geschichtsbüchern.

Noch einmal eine »Säuberung« in den eigenen Reihen: Adnan Khayrallah, der Neffe, der Saddam als Zehnjährigen die ersten arabischen Schriftzeichen beibrachte, war als Verteidigungsminister und neuer Kriegsherr gegen den Iran zu populär bei der Armee geworden und hatte despektierliche Äußerungen über den »Chef« gemacht. Er fiel im Mai 1989 einem Attentat zum Opfer, bei dem eine Bombe den Hubschrauber des Militärs zerriß. Saddam Hussein gab den Mord an seinem Freund nie zu, sagte aber im kleinen Kreis: »Die mir am nächsten stehen, entfernen sich von meinem Herzen am weitesten, wenn sie unloyal handeln.« Ein weiterer Kriegsheld verschwand vor den Augen der Öffentlichkeit: Maher Abdul Rashid, dessen Tochter mit Saddams Sohn Qusay verheiratet war. Iraks Nummer eins duldete keine »fremden Götter« neben sich und achtete eifersüchtig darauf, daß er – und nur er – im Heldenkranz des »Sieges« über den Iran erstrahlte.

Der Personenkult um Saddam Hussein hatte Ende der achtziger Jahre schon bizarre Züge angenommen. Da hieß einer nicht mehr nur schlicht »Retter seines Volkes« in der offiziellen Staatspresse, die 312 seiner Reden und 132 »seiner» Bücher veröffentlichte und ihm jeden Tag mindestens die Hälfte der Fernsehzeit einräumte. Der Staatschef war auch »Weiser Führer der revolutionären Massen«, »Schwert der arabischen Welt«, »Retter der Habenichtse«, »Unser aller Sonnenschein«. Die Titel klangen, als hätte sich Diktator Saddam mit Diktator Ceauşescu von Rumänien oder Diktator Kim von Nordkorea ausgetauscht und abgesprochen. »Du bist unübertrefflich wie der höchste Gipfel der Welt«, dichteten Iraks Schriftsteller. »Du bist der Anker der Hoffnung für alle Schwachen«, intonierten Iraks Schlagersänger. Maler pinselten sein Porträt mit ihrem eigenen Blut als Farbe.

Je weniger sich Saddam in der Öffentlichkeit zeigte – aus Angst vor Attentaten ließ er sich nur mehr in einer Kolonne von zehn identischen, gepanzerten schwarzen Mercedes-Limousinen chauffieren, ein Sanitätswagen mit OP-Einrichtungen mußte ständig folgen, fast jede Nacht wurde der »Schlafbunker« gewechselt –, desto allgegenwärtiger wurde der Staatschef als Plakat und Statue: Saddam satt im ganzen Land. Mal ritt der Despot in Napoleon-Manier auf einem Schimmel, mal hielt er als Feldherr ein Gewehr im Anschlag, mal winkte er als guter Onkel, mal balzte er playboylike im weißen Seidenanzug, mal verhieß der hervorgehobene stechende Blick mit den nachgezogenen, dichten Augenbrauen nichts Gutes und gemahnte Gehorsam. Auf manchen der überlebensgroßen Plakate zierte den Allmächtigen Beduinentuch, öfter der Kurdenwams und gelegentlich sogar ein Tirolerhütchen. Keine Amtsstube, kein Restaurant, keine Schule ohne Saddam-Porträt, selbst auf Armbanduhren zeigte der erste Mann im Staat, wann es fünf vor zwölf war: Millionen Zifferblätter schmückten sein Konterfei. Von Millionen Schlüsselanhängern baumelte auch sein Bärtchen-Bild, von Millionen Kopftüchern lächelte sein weicher, fast femininer Mund.

Ein Tollkühner, der sich über den Kult um den »Gipfel der Welt« lustig zu machen wagte, wie jener Bagdader Bürger, der sagte: »Man wundert sich ja beim Rasieren morgens direkt, daß man sich selbst im Spiegel sieht und nicht den geliebten Führer.« Die Bemerkung brachte dem Witzbold eine Gefängnisstrafe. Als einmal in einer Freundesrunde ein Scherz über Saddam erzählt wurde, kam anschließend nicht nur der Erzähler vor Gericht, sondern auch jeder andere, der den »Frevel« nicht gemeldet hatte, und die besonders vorlauten Lacher erhielten doppelt so hohe Geldstrafen wie die anderen. Sie können noch von Glück sagen, daß sie einen so gnädigen Richter fanden: Auf Kritik am Staatschef, auf Spott über ihn steht die Todesstrafe.

Weil jedes Wort des Staatschefs so wichtig ist, jede Nichtbefolgung so fatale Folgen haben kann, kam es in Bagdad zu absurden Szenen. Beispielsweise, als Saddam in einer öffentlichen Rede anmerkte, er habe Übergewicht und wolle nun dringend mit einer Nur-Datteln-Kur Pfunde abnehmen: Die Diktatorendeuter werteten die Worte so, daß der Boß auch von allen Untergebenen Idealgewicht verlange. Wochenlang war das halbe Land auf Saddam-Diät, ernährten sich hohe Beamte nur von Datteln und Wasser, bis das Thema sich im Sande verlief und Saddam im Fernsehen von der »besten Methode des Zähneputzens« fabulierte, die über Nacht wiederum viele treue Anhänger fand.

Wer Ende 1988, in den Tagen nach Kriegsschluß, durch Bagdad fuhr, erlebte eine Stadt wie im Karneval: Das Volk feierte, tanzte auf den Straßen. Die Vorfreude auf den kommenden Frieden war überall zu spüren. Die Menschen träumten für kurze Zeit von einem besseren, freieren Leben, auch von größeren demokratischen Mitspracherechten. Saddam versprach ihnen das Blaue vom Himmel, ein staatliches Aufbauprogramm, einen großzügig bezahlten Job für jeden Soldaten; dabei klaffte in seinen Staatskassen ein riesiges Loch. Die Menschen wollten glauben, obwohl sie hätten wissen müssen, daß ihr »Retter« sie wieder einmal schamlos belog.

Wie schamlos, das bewies schon allein das neue »Siegesmonument«. Bagdads »Arc de Triomphe« sind die »Hände des Triumphs«, die sich 45 Meter hoch am Ende einer neuen Prachtstraße vereinigen. Zwei gekreuzte Säbel im Griff riesiger Unterarme, die fingerabdruckgenaue Nachbildungen der Saddamschen Unterarme sein sollen; von den beiden Schwertscheiden hängen Netzbeutel mit Hunderten erbeuteter iranischer Helme. Alles an diesem Monument ist erlogen: Der Irak hat den Krieg nie gewonnen, was immer Bagdad an unbedeutenden Territorien eroberte, sollte Saddam 1990 seinem »Bruder Rafsandschani« (». . . alles, was du verlangt hast, ist erfüllt worden«) zurückgeben, um sich diese Front freizuhalten. Selbst die Helme sind nicht die von Iranern: Weil es schnell gehen mußte bei Fertigstellung des »Siegesdenkmals«, wurden rasch noch irakische Helme untergemischt, die Armee hatte die Feindesbeute verbummelt. 120 Millionen Dollar sollen die »Siegeshände« gekostet haben.

Der Diktator steigerte sich aus Angst vor der Zukunft immer mehr in eine Flucht in die Vergangenheit und »irakische Größe«.

Aus dem Vermächtnis der großen Vorfahren im Zweistromland versuchte sich Saddam Hussein el-Takriti ein eigenes Programm der Größe zu basteln. »Von uns ist die Menschheit ausgegangen, wir waren das Licht der Welt!« rief er bei einem seiner seltener werdenden öffentlichen Auftritte. »Wir waren in unserer Geschichte entweder unterdrückt, wie in langen Perioden des Kolonialismus, oder wir waren führend. Laßt uns wieder ein Zeitalter beginnen, in dem alle zu uns aufsehen wie einst zu Nebukadnezar!«

Der dramatische Appell sollte an die unbestreitbar ruhmreiche Geschichte der Region erinnern, die freilich mit dem heutigen Irak in seinen jetzigen Landesgrenzen, in seiner jetzigen völkischen Zusammensetzung nicht mehr viel zu tun hat. Die Sumerer, die im dritten Jahrtausend vor Christus in Mesopotamien südlich des heutigen Bagdad lebten, entwickelten die erste Schrift und die erste Stadt mit einer geordneten Verwaltung. Ein Jahrtausend später konkurrierten die Babylonier und die Assyrer im Zweistromland. Der große babylonische König Hammurabi entwickelte im 18. Jahrhundert vor Christus das erste Rechtssystem einer Gesellschaft, hielt auf Keilschrift in seinem berühmten »Kodex« seinen sozialen Gesetzesrahmen fest. Babylons Rivalen, die Assyrer, machten sich einige Jahrhunderte später als brutale, aber besonders disziplinierte Eroberer einen Namen, sie entwickelten die ersten Militärstrategien, die manche bis heute »Militärkultur« nennen. Nebukadnezar II., den Saddam so oft erwähnte, hatte eine besondere historische Rolle gespielt: Er nahm 597 vor Christus zum erstenmal Jerusalem ein und löschte es zusammen mit dem Staat Juda im Jahre 586 aus. Die Juden wurden in siebzigjährige Knechtschaft vertrieben.

Dieser überragenden Persönlichkeit wollte Saddam nacheifern, und manchmal sah es schon geradezu so aus, als fühlte er sich als deren »Wiedergeburt«. Daß Nebukadnezar und Saddam – buchstäblich – nur zwei Seiten einer Münze seien, wurde durch ein frischgeprägtes Geldstück mit den Porträts beider gezeigt. Saddam ließ sich außerdem in einer Kopie von Nebukadnezars Kriegswagen in Feldherrnpose fotografieren. Saddam befahl, eine – wie Historiker geringschätzig meinen, Disneyland-artige – Version des antiken Babylon nachzubauen. Jeder der mehr als 100 000 neugebrannten Backsteine trägt die Inschrift: »Das Babylon Nebukadnezars wurde zu den Zeiten des Saddam Hussein rekonstruiert.«

Geistige Verwandtschaft sucht der irakische Despot noch mit einer anderen historischen Figur: mit Salah ad-Din, und da kann er immerhin mit einer verblüffenden Parallele aufwarten – der Sultan war ein »Takriti«, wurde wie Saddam in der kleinen Provinz-Stadt nördlich Bagdads geboren. Es ist offensichtlich, weshalb sich der heutige irakische Oberbefehlshaber auch mit dem Moslem-Kriegsherrn in Verbindung bringen will: Wie Nebukadnezar hat auch Salah ad-Din Jerusalem erobert, im Jahre 1187 schlug er die Kreuzfahrer-Heere in die Flucht. Doch der mittelalterliche Held, übrigens von kurdischer Abstammung, hat wenig mit dem Tyrannen dieser Tage gemein: »Vergießt kein unnötiges Blut, versucht statt dessen, die Zuneigung eurer Untertanen zu gewinnen«, lehrte Salah ad-Din, der später von Lessing in seinem »Nathan der Weise« als gütiger und großmütiger Gläubiger ein literarisches Denkmal gesetzt bekam. Er predigte Vergebung und Nachsicht gegenüber seinen Gegnern – und würde sich wohl im Grabe herumdrehen, wüßte er, daß sich da einer 800 Jahre nach seiner Zeit zum »zweiten Saladin« machen läßt, der die kurdischen Brüder zu Tausenden vergast hat, ein moslemisches Nachbarland überfiel und christliche Frauen und Kinder als Geiseln hielt.

Die westlichen »Imperialisten« sind für Saddam die »Kreuzritter« der Neuzeit: die Briten, die den Irak so lange beherrschten und seine Grenzen nach eigenem Gutdünken zogen, die Amerikaner, die Bagdad nur solange aufrüsteten und Regionalmacht spielen ließen, wie es in ihre Pläne paßte, und die den »zionistischen Feindesstaat Israel« mit Geld und Waffen vollpumpten.

Nachdem Saddam den Iran in seine Schranken verwiesen sah, konnte er sich nun verstärkt dem Ziel der arabischen Einheit widmen – der irakische Staatschef sah sich als den Mann, der die »Umma-el-Arabiya«, die arabische Glaubensgemeinschaft, zusammenfügen konnte.[11] Und weil den verfeindeten Staaten von Libyen bis zu Syrien und dem Irak nur ein gemeinsamer Nenner zur Verfügung stand, auf den sie sich nach Saddams Meinung einigen konnten, beschloß er, diesen ins Zentrum seiner Politik zu rücken. Es war der Nenner, das Ziel, das Saddam Hussein auch mit seinen historischen Vorbildern verband: die Eroberung Jerusalems.

Zuvor mußte er sich noch mit einem privaten Problem herumschlagen. Wieder einmal zeigte sich, daß die Familie nicht nur Segen, sondern auch Fluch sein konnte. Sohn Udai machte Schwierigkeiten. Saddam Hussein hatte dem schwarzen Schaf der Familie jede Menge lukrativer Geschäfte zugeschanzt – unter anderem eine Fast-food-Kette zu einem staatlich verordneten Spottpreis –, aber Udai konnte das Spielen, das Trinken und das Herumhuren nicht sein lassen. Ende 1988 erschlug er auf einer Party in Bagdad im Streit vor Dutzenden von Zeugen einen anderen Gast mit einer Eisenstange – ausgerechnet Kamil Hanna, einen Freund und Leibwächter des Staatspräsidenten. Saddam tobte, wollte den mißratenen Sohn erst eigenhändig niederschießen, besann sich dann doch eines Besseren. Udai blieb von Justizverfolgung und Strafe verschont; auch hier drängt sich, merkwürdige Parallele wie beim Personenkult und der »Familienregierung«, ein Vergleich mit der Ceauşescu-Diktatur in Rumänien auf: Auch der Ceauşescu-Sohn Nicu machte mit Rauf- und Saufgelagen sowie zweifachem Totschlag von sich reden, kam mit Vaters Hilfe um Vergeltung herum (jedenfalls solange der an der Macht blieb). Wie empfindlich Iraks Diktator allerdings darauf reagierte, wenn man ihn in einem Atemzug mit dem rumänischen Tyrannen nannte, erfuhr ein amerikanisches Fernsehteam beim Interview: »Ich bin kein Ceauşescu! Ich habe mit Ceauşescu nichts zu tun!« rief er zornig in die Mikrofone. Daß er aber zumindest dessen Schicksal genau beobachtete, daß er es als warnendes Zeichen an der Wand sah, wird dadurch belegt, daß Saddam sich das Video vom rumänischen Geheimprozeß und der Hinrichtung immer wieder ansah und seinen Geheimdienst um einen genauen Bericht bat, was da bei der Absicherung der Machtstrukturen schiefgelaufen war.

Saddams außenpolitischen Ambitionen fehlte eine wesentliche Grundlage: Geld. 1989 war der Irak eines der Länder mit der höchsten Pro-Kopf-Verschuldung der Welt. Die Situation wurde durch die Erwartungen der Bevölkerung erschwert, die sich nach dem achtjährigen, opferreichen Krieg gegen den Iran nun eine »Friedensdividende«, ein besseres Leben erhoffte. Bagdads Diktator aber konnte schlecht bei den Nachbarn als Bettler auftreten, wollte er nicht sein Gesicht, seinen Führungsanspruch in der arabischen Welt verlieren. Nicht schnorren, sondern fordern, hieß darum Saddam Husseins Devise. Er machte sich auf, die Millionen einzutreiben, die ihm seiner Meinung nach zustanden: Der Irak hatte, in Saddams

Selbstverständnis, stellvertretend für die anderen Länder am Golf einen Krieg gegen die Khomeini-Bedrohung geführt; er hatte dafür zwar Gelder aus Kuwait, aus den Emiraten, auch aus Saudi-Arabien erhalten, doch deckten die lange nicht die Kriegskosten. Und jetzt, da der Iran am Boden lag, die Gefahr eines Revolutionsexports aus Teheran zumindest vorübergehend gebannt schien, wollten sich die Scheichs plötzlich gar nicht mehr großzügig zeigen.

Saddam Hussein konzentrierte seinen Zorn, sein Hauptaugenmerk auf das Emirat Kuwait, seinen südlichen Nachbarn. Er verlangte von Kuwaits Herrschern ultimativ zehn Milliarden Dollar, nicht als Kredit, sondern als nachträglichen Kriegsbeitrag. Die Kuwaitis boten 500 Millionen, wollten über weitere Gelder allenfalls »mit sich diskutieren« lassen, verwiesen darauf, sie hätten Bagdad doch gerade erst Schulden erlassen. Mitte Juli 1990 spitzte sich der Konflikt zu: Saddam warf Kuwait vor, weit mehr als die vertraglich geregelte Menge Erdöl zu fördern und so die internationalen Preise zu drücken. Außerdem beschuldigte er den Nachbarn, im Ölfeld Rumailah an der gemeinsamen Grenze das schwarze Gold von der irakischen Seite »gestohlen« zu haben.

Der irakische Diktator hatte mehrere gute Gründe, sich ausgerechnet das Emirat Kuwait vorzuknöpfen. Da war einmal der unermeßliche Öl-Reichtum der herrschenden Sabah-Familie, die sich gemeinsam mit einem »Beduinen-Adel« von rund 100 000 Mann und noch einmal knapp 400 000 Staatsbürgern von mehr als einer Million Gastarbeitern bedienen und verwöhnen ließ. Dann die Arroganz, mit der die Milliardäre auftraten, und ihre offensichtliche »Anpassung« an westliche Gewohnheiten und »gottlose« Vergnügungen. Vor allem aber die ungeklärte Geschichte zwischen den Nachbarstaaten, gekennzeichnet von Grenzstreitigkeiten und dem langjährigen Anspruch Bagdads, Kuwait »gehöre« dem Irak.

Bis zum Ersten Weltkrieg war Kuwait tatsächlich, wie die Irakis argumentieren, unter der nominellen Kontrolle des Ottomanischen Reiches, Teil der »wilaya«, des Verwaltungsdistrikts von Basra, der heute zweitgrößten Stadt des Irak. Doch die Herrscherfamilie der Sabahs hatte sich ein hohes Maß an Selbständigkeit erhalten, das sie auch unter britischer Besatzung pflegte. Im Juli 1913 hatten die Briten und Türken eine Vereinbarung unterzeichnet, die Kuwaits Status als den einer »autonomen Region« definierte; als der Irak 1932 unabhängig wurde, blieben die Grenzen zum Scheichtum intakt. Im Juni 1961 entließ Großbritannien Kuwait in die Unabhängigkeit, was den damals in Bagdad regierenden General Qassim zu scharfen Reaktionen veranlaßte: Das Gebiet gehöre dem Irak, es müsse zur Not militärisch eingegliedert werden. Erst als die Baath-Partei mit an die Macht kam, als der Mann, den Saddam zu erschießen versucht hatte, gestürzt war, versöhnte man sich mit dem südlichen Nachbarn. Der Grenzkonflikt wurde beigelegt, offensichtlich erhielt Bagdad von Kuwait als Kompensation eine größere Geldsumme. Der Irak erhielt nicht, was er am meisten begehrte: einen adäquaten Zugang zum Golf.

Noch einmal, in den siebziger Jahren, gab es Spannungen zwischen den beiden Staaten. Saddam Hussein sagte 1974 dazu in einer Rede vor einem Parteigremium: »Die Frage soll zu keinem Schreckgespenst für Kuwait werden. Wir sind fest entschlossen, zu einer Regelung zu gelangen, die zum Vorteil der beiden selbständigen Staaten Irak und Kuwait ausfällt.« 1977 wurde der Zwist beigelegt, und noch im Februar 1989 hielt Saddam gegenüber einer kuwaitischen Delegation in Bagdad fest: »Wir und Kuwait sind Brüder, und wir handeln, als wären wir eine Familie – aber in zwei verschiedenen Staaten, von denen jeder die Unabhängigkeit und Souveränität des anderen achtet.«

Keine 18 Monate später schritt Saddam Hussein zum Brudermord. Er hatte seine Truppen schon Ende Juli an der gemeinsamen Grenze aufmarschieren lassen, aber die Kuwaitis hatten das nur als Drohgebärde verstanden, bei den anstehenden Verhandlungen die eine oder andere Milliarde mehr herauszuschlagen. Der irakische Diktator fühlte sich bei seiner Aggression durch die Haltung der Vereinigten Staaten eher ermutigt. Zwar hatte die US-Regierung am 24. Juli 1990 »jede Form der militärischen Erpressung (von Kuwait)« als unmoralisch verurteilt, aber Margaret Tutwiler, die Sprecherin des US-Außenministeriums, hatte auch gesagt: »Wir haben keine Verteidigungsverträge mit Kuwait, und es gibt keine besonderen (amerikanischen) Sicherheitsverpflichtungen gegenüber diesem Land.« Gegenüber der US-Botschafterin in Bagdad, April Glaspie, wurde Saddam ziemlich deutlich: »Wenn sich der Konflikt nicht mit friedlichen Mitteln lösen läßt, müssen wir auch an andere denken.« Die Diplomatin hielt das für Theaterdonner und sprach die verhängnisvollen Worte: »Wir haben keine Meinung zu innerarabischen Konflikten wie Ihrem Grenzdisput mit Kuwait.«

Der Rest ist Geschichte: Am 2. August 1990 Überfall im Morgengrauen mit 100 000 Mann. Flucht des Scheichs in letzter Minute. Eroberung des Landes in wenigen Stunden. Verurteilung des Irak im Weltsicherheitsrat und Wirtschaftssanktionen. Am 8. August auf saudischen Wunsch Entsendung amerikanischer Truppen. Knappe Mehrheit in der Arabischen Liga für die Entsendung einer arabischen Streitmacht gegen den Irak, die gemeinsam mit einem UNO-Kontingent von mehreren Nationen kämpfen will. Die Geiselnahme Tausender im Irak verbliebener Ausländer, die als »Gäste« im Land bleiben sollen und dann vor Weihnachten freigelassen werden. Verschärfung der UNO-Sanktionen, zunächst mit Seeblockade, dann mit der Ermächtigung an jedes Mitglied der Weltgemeinschaft, den UNO-Beschluß zum Rückzug des Irak aus Kuwait auch militärisch durchzusetzen. Saddams Schachzug, über Kuwait nur im Kontext mit der Palästinenserfrage zu reden. Die dramatischen diplomatischen Bemühungen bis zum letzten Moment, dem 15. Januar 1991, 0.00 Uhr New-York-, 6.00 Uhr Bagdad-Zeit. Das »Versprechen« Saddams, die Amerikaner würden in Wellen von eigenem Blut schwimmen. Das »Versprechen« George Bushs, es werde »schnell, entscheidend und hart« zugeschlagen. Der Kriegsbeginn einen Tag nach Ablauf des Ultimatums.

Mit der internationalen Reaktion auf seine Aggression gegen Kuwait hatte sich Saddam Hussein gründlich verrechnet: Er nahm nicht an, daß Washington der Souveränität Kuwaits soviel Bedeutung schenkte, er kalkulierte vor allem Moskaus Reaktion falsch; von Gorbatschow hatte sich Saddam zumindest Neutralität versprochen – ein weiterer Beweis dafür, wie einseitig und falsch der Diktator informiert war, denn mit dem Ende des Kalten Kriegs, mit Gorbatschows zunehmender wirtschaftlicher Abhängigkeit vom Westen war Moskaus Schulterschluß mit Washington vorhersehbar. Saddam rechnete sicher auch nicht damit, daß arabische Staatsmänner Truppen gegen ihn aufstellen würden. Aber mit seinen Erwartungen gegenüber den arabischen Volksmassen in Ägypten wie in Syrien, in Jordanien wie in Algerien lag er richtig: Sie jubelten ihm als »Batal«, als Helden der arabischen Sache, als »neuem Nasser« zu. Das lag vor allem daran, daß Saddam mit seiner Forderung nach einer »gerechteren Verteilung der Öl-Reichtümer in der arabischen Welt« den Nerv der verarmten Slumbewohner von Kairo, Damaskus und Amman traf; unterhalb der Regierungsebene mochte sich kaum eine Hand für die Kuwaitis rühren. »Die huren mit ihrem Öl-Geld herum und mästen sich die Bäuche. Sie sind die Juden des Golfs. Wenn sie können, verkaufen sie auch noch die goldenen Zähne ihrer Großmütter, um Geschäfte zu machen.« So sprach Saddam, und so dachte eine große Mehrheit der Araber.[12]

Aber was dem irakischen Diktator entscheidend die Sympathien der Massen zutrug, war seine Verknüpfung der Kuwait-Frage mit dem Palästinenser- und Israelproblem. Als wäre Saddam nicht in Kuwait eingefallen, um dessen Öl und Gold zu stehlen, sondern um den unterdrückten Palästinensern endlich zu ihrem Recht auf eine nationale Heimstatt zu verhelfen, so hörte sich das an. »Laßt uns den Krieg in die Schlafzimmer der Prinzen tragen«, rief Saddam, ein von seinem Erzfeind Assad geklauter Satz. Und bewies damit seinen brillanten Instinkt für die Stimmungslage der unterprivilegierten arabischen Mehrheit: Die Palästinenser wollten nicht länger auf Versprechungen warten, die sie schon jahrzehntelang gehört hatten. Saddam war der neue Held der »Intifada« in den von Israel besetzten Gebieten, und hätte sich PLO-Chef Arafat nicht schleunigst bei ihm angebiedert, hätte ihn der Druck der Straße aus dem Amt gejagt (und doch heißen die Babys von Gaza und Nablus jetzt nicht mehr Yassir, sondern Saddam). Die einfachen Araber, die chancenlosen Studenten und Hilfsarbeiter in den überbevölkerten Ballungszentren, suchten nach einem neuen Idol, nach einer Möglichkeit, ihre Minderwertigkeitskomplexe abzustreifen, den Rausch der Größe und Weltbedeutung auszukosten – und sei es mit einem Märtyrertod in einem »heiligen Krieg«. Daß es der Agnostiker Saddam Hussein wagte, ohne Rücksprache und Einverständnis mit den religiösen Führern, einen »Jihad« gegen die Amerikaner auszurufen, mag ihn bei den Ayatollahs vom Iran für alle Zeiten in Mißkredit bringen, für die Straße war er der richtige, der zündende Ruf. Aber er setzte auch den Diktator selbst in Zugzwang. Der Mann, der immer kühl die richtigen Auswege kalkuliert hatte, der – um es mit einem Wort Stalins zu sagen – immer gewußt hatte, »um wieviel zu weit er gehen durfte«, der auch unbequeme Kompromisse eingegangen war, um seine Haut zu retten, sah sich zum Märtyrer, zum

»Schahid«, verdammt. Er mußte sich – und seinem Volk – einreden, der Krieg um Kuwait sei die »endgültige Schlacht gegen die Gottlosen«, und er könne gewonnen werden.

»Es hat in den letzten Monaten in Saddams Persönlichkeitsbild eine weitreichende Metamorphose stattgefunden«, meint der führende israelische Irak-Experte, Professor Amatzia Baram. Früher sei Saddam, den Vorbildern Nebukadnezar und Saladin zum Trotz, an das »Judenproblem« eher nüchtern herangegangen. Er habe sich mehrfach mit amerikanischen Senatoren jüdischer Abstammung sachlich über den Staat Israel auseinandergesetzt, wenngleich er dessen Existenzrecht nie akzeptierte. Er habe zwar als eine seiner ersten Amtshandlungen auf dem Bagdader Marktplatz elf Juden erhängt, aber dabei sei es weniger um Rassenhaß als um politisches Kalkül gegenüber der innenpolitischen Opposition gegangen. Anschließend habe es ein »Arrangement« mit den jüdischen Mitbürgern des Irak gegeben. Laurie Mylroie von der Harvard University will sogar von Geheimgesprächen während des Iran-Kriegs zwischen israelischen und irakischen Politikern wissen. Professor Jerrold Post, der für die US-Regierung »Psycho-Profile« von ausländischen politischen Führern anfertigt, sagte mir in Washington: »Saddam ist kein psychopathischer Irrer. Er ist ein hochgradig rationaler Politiker, sehr gefährlich, gerade weil er so zielgerichtet denkt. Er wird immer alle Waffen anwenden, die ihm zur Verfügung stehen – und er hat alle seine Energie in letzter Zeit auf eine Waffe konzentriert – die Atomwaffe. Dabei kamen ihm die Israelis in die Quere.«

Zum ersten Mal 1979. Da drangen israelische Agenten nachts in die Werft CNIM von Toulon ein, wo die Bauteile für die beiden Atomreaktoren »Tamuz I« und »Tamuz II« gelagert waren, die französische Firmen für Bagdad fertigstellen wollten. Sie sprengten das Werk in die Luft.[13] Ein Jahr später ermordete ein Kommando des israelischen Geheimdienstes »Mossad« (»Institut«) den »Vater des irakischen Atomprogramms«, Yahia El Meshad, in seinem Hotelzimmer. Doch Saddam gab sich nicht so schnell geschlagen, bastelte mit der Hilfe französischer und deutscher Wissenschaftler in der Nähe von Bagdad an neuen Atomanlagen.

Am 7. Juni 1981 schickte die Regierung in Jerusalem zwei F-16-Bomber zu einer der kühnsten Missionen in der Geheimdienst-Geschichte, zur »Operation Babylon«. Die Flugzeuge wurden in der Luft aufgetankt, flogen über jordanisches Gebiet und dann fast tausend Kilometer, immer unter dem feindlichen Radar, entlang der saudisch-irakischen Grenze. Dank präziser Vorinformationen fanden die Piloten die Nuklearanlage ohne Mühe und warfen ihre Bomben genau ins Ziel. Der Reaktor und der größte Teil des unterirdischen Forschungslabors wurden völlig zerstört. Die Aktion war eine flagrante Verletzung des Völkerrechts und führt zu weltweiten Protesten, doch Iraks Atomprogramm war für lange Zeit zurückgeworfen. (Zur großen Verbitterung der arabischen Welt hatte Israels Atomprogramm keinen großen internationalen Aufschrei ausgelöst. Die Israelis besitzen seit dem Ende der siebziger Jahre Atomwaffen, die in der Nähe von Dimona in der Negev-Wüste lagern – obwohl sie das offiziell immer noch bestreiten. »Wir werden nicht die ersten sein, die im Nahen Osten Atomwaffen einsetzen«, heißt dazu der Jerusalemer Standardspruch.)

Saddam Hussein vergaß die Schlappe nicht. Nach dem Ende des Golfkriegs glaubte er, im Frühjahr 1989, über feste Informationen zu verfügen, daß die Israelis einen weiteren Präventivschlag planten. Im August 1989 flog bei Bagdad ein riesiges Waffenarsenal in die Luft, das Werk von Mossad-Agenten, wie man ihn informierte. Im März 1990 stellten Saddams Leute einen Iraner vor Gericht, Journalist beim britischen »Observer«, der bei Nachforschungen nahe einer Bagdader Raketenfabrik aufgegriffen worden war; in Bagdad war man überzeugt, daß es sich bei diesem Farzad Bazoft um einen Spion für den Mossad handelte, verurteilte ihn zum Tode und vollstreckte den Schuldspruch trotz internationaler Proteste. Wenige Monate später wurde der schwedische Staatsbürger Jalil Neamy ebenfalls hingerichtet, wieder war für Saddam die Verbindung zum Mossad klar. Im März 1990 wurde in Brüssel Gerald Bull ermordet, ein amerikanischer Waffenexperte, der für den Irak eine »Superkanone« entwickelte, die angeblich mehrere tausend Meilen weit feuern konnte. Selbst die westliche Presse spekulierte, die Täter könnten Agenten aus Israel gewesen sein.

Saddam Hussein fühlte sich in die Ecke gedrängt, nirgendwo mehr sicher vor den Mossad-Kommandos, von denen er wohl zu Recht annahm, daß sie es nicht nur auf Bagdads Rüstungsprogramm abgesehen hatten, sondern auch ihm, dem Staatschef, nach dem Leben trachteten. »Ich schwöre bei Gott, unser Feuer wird die Hälfte Israels verschlingen, sollte es versuchen, irgend etwas gegen den Irak zu unternehmen«, rief ein erregter Saddam Hussein im April 1990 seinen Landsleuten zu. Der Diktator steigerte sich in die Wahnidee hinein, es sei allein ein Wettlauf mit der Zeit und der Zerstörung zwischen ihm und den Israelis – er wollte ihnen zuvorkommen. Auch deshalb paßte Saddam nach der Kuwait-Invasion das weiterführende Argument so gut, nun müsse die »arabische Welt« mit dem Judenstaat aufräumen und Jerusalem befreien. Nur in der Bewegung, im ständigen Weiterdrehen der Krise konnte der Tyrann überleben, wenn überhaupt.

Die Fixierung war gegenseitig. Tatsächlich verfolgten die Israelis seit Jahren ein Anti-Saddam-Programm; sie hielten den Iraki für ihren gefährlichsten, entschlossensten Feind. Und nach dem Kuwait-Überfall stellte der Mossad eine Spezialeinheit zusammen, die sich mit der Möglichkeit eines Kommmandounternehmens gegen Saddam Hussein befaßte. Irgendwo an einem geheimgehaltenen Ort in der Negev-Wüste saßen tagelang, eingeschlossen bei Kaffee und Sandwiches, zusammen: ein Professor für irakische Geschichte, auf »Saddam-Watching« spezialisiert; ein hochrangiger Militär, der in mehreren Nahostkriegen auch schon gegen die irakischen Streitkräfte gekämpft hatte; ein Geheimdienstprofi, Experte für Sprengstoff und andere, leisere Formen des Tötens; ein Psychologe, spezialisiert auf komplizierte Fälle; ein »Geschäftsmann«, dem erst wenige Tage zuvor die Flucht aus Bagdad gelungen war und der sich auffällig gut in den irakischen Zirkeln der Macht auskannte. Ihr Auftrag: alles über Saddam Hussein el-Takriti zusammenzutragen und seine Verhaltensmuster wie seine täglichen Gewohnheiten auszudiskutieren, Wege des »Zugangs« zu dem irakischen Präsidenten zu suchen, zu seiner Planung. Eine Reise in den Kopf eines Todfeindes.

Nur die Männer selbst und der Mossad-»Memune« (»Boß«), dem sie Bericht erstatteten, wissen von Ergebnissen des Brainstormings. Nimmt man den Verlauf der Geschichte bis zum Ablauf des UNO-Ultimatums am 15. Januar 1991 zum Maßstab, haben sie kein Rezept gefunden, den Despoten auszuschalten. Das System der »wataniyyah«, der Loyalität gegenüber Familie und Clan, des konsequenten Sich-Umgebens nur mit nahestehenden Anverwandten, erwies sich auch für die Israelis als undurchdringlich. Dabei verfügte der Mossad, anders als die CIA, über ein relativ weitverzweigtes Informantennetz in Bagdad, in Präsidenten-Nähe war aber offensichtlich keiner vorgedrungen. Die Israelis rechneten nicht damit, daß einer der Takritis um Saddam herum einen Putschversuch riskieren würde, schon die Kontaktaufnahme innerhalb dieser Gruppe mit einem zweiten Mitverschwörer hätte den sicheren Tod für jeden bedeutet; aber sie hofften auf einen Staatsstreich der Militärs: Der Diktator war mit seinem kapitulationsartigen Friedensschluß mit dem Iran nach der Kuwait-Invasion ein hohes Risiko eingegangen, spekulierten die Israelis. Er konnte seinen Militärs nun keinen einzigen noch so kleinen Erfolg des achtjährigen Golfkrieges mehr vorweisen. Aber das Szenario erfüllte nicht alle Mossad-Experten mit Befriedigung. Anders als die Amerikaner sahen die Israelis auch nach dem »Ausschalten« des Diktators düstere Wolken am Horizont. »Wir wissen, daß nach diesem Bastard nicht ein Vaclav Havel an die Spitze der irakischen Regierung kommen wird«, sagte mir in Tel Aviv ein hoher israelischer Funktionär. »Einige seiner feurigen Jungtürken sind genauso militant anti-westlich, anti-israelisch eingestellt wie er.«

Und so trieb die Welt auf eine Katastrophe zu. Auf der einen Seite ein amerikanischer Präsident, der es nicht dabei beließ, Saddams Aggressionen zu stoppen und den weltweiten Sanktionen noch mehr Zeit zur Wirkung zu geben, sondern die Demütigung des Gegners suchte. Der sich von seinen Beratern, fast alle nicht mit der arabischen Mentalität vertraut, einreden ließ, man müsse Saddam Hussein nur hart genug anpacken, im letzten Moment weiche der immer zurück. Der sich unter Zugzwang setzte, als er seine Truppen in Saudi-Arabien so verstärkte, daß die Absicht zum Krieg offensichtlich wurde. Der einmal davon sprach, es ginge ihm beim Kampf gegen Saddam um »Demokratie« (die in Kuwait nie existierte), dann um die »Sicherung unserer westlichen Lebensart« (die der Irak sicher nicht bedrohte), dann um die »Führerschaft der freien Welt gegen die Tyrannei« (die ihm niemand aufgetragen hatte und die glaubwürdiger zu vertreten gewesen wäre, hätten die Amerikaner nicht eben den Tyrannen, den sie nun vertreiben wollten, so lange gehätschelt und hätten sie sich bei ihrem Kampf gegen Saddam nicht auch wieder mit einem anderen Despoten, Präsident Assad von Syrien, zusammengetan).

Nie mochte US-Präsident Bush offen zugeben, daß es keinesfalls nur um die Person des »zweiten Hitler« (so Bush über Saddam) und um die Wiederherstellung der Souveränität eines UNO-Mitgliedsstaates ging. Hätte Kuwait nur Datteln exportiert und nicht Öl, wäre der Aggression wohl von Washington aus keine große Aufmerksamkeit geschenkt worden. So geschickt die amerikanische Diplomatie die Anti-Saddam-Koalition in der UNO zusammenschweißte, so unbedacht war der selbstverordnete Zwang zum militärischen Losschlagen. Vor allem wegen der menschlichen Verluste und der ökologischen Katastrophe, die der Krieg auslöste, aber auch, weil die erhoffte »Pax Americana« so nicht zu erreichen war: Haß schlug den Amerikanern in den Städten des Irak entgegen, und er wird sich wohl überall in der arabischen Welt weiterverbreiten wie ein Feuer. Eine überdimensionale »Intifada« gegen den Westen könnte eine der abschätzbaren Folgen sein.

Auf der anderen Seite der »gefährlichste Mann der Welt«, wie das US-Nachrichtenmagazin »U.S. News & World Report«, dann auch der »Spiegel« und der »Stern« den Diktator, sein Ego aufwertend, nannten. Ein skrupelloser Diktator, der seinem Volk verordnet, für die Sache Kuwaits und Großarabiens zu sterben. Der zynisch mit drei, ja, mit sechs Millionen Toten kalkuliert in einem Krieg, von dem er sich bis zu den letzten Stunden vor dem Ultimatum eingeredet hatte, er könne gar nicht kommen. »Sechs Millionen Tote stehe ich durch. Aber wie viele Tote halten die Amerikaner aus? Müssen die Amerikaner nicht schon bei 10 000 Toten zurückweichen?« fragte Saddam kurz vor der Stunde Null eine PLO-Delegation. Einer, der sich ohne Rücksicht auf Verluste ins Zentrum der Welt katapultieren will, vor keinem Verbrechen zurückschreckt, um sich als große historische Figur in den Geschichtsbüchern zu verewigen. Ein bösartiger Narziß, der nach dem »reinigenden Schwert Allahs« nur dann ruft, wenn es ihm in den Karriereplan paßt, ein Bedarfsgläubiger, der die große Weltreligion des Islam zur billigen Aufpeitschung der Volksmassen gebraucht und zur hysterischen Steigerung seiner eigenen Popularität. Einer, für den der Krieg kein Schrecken ist, sondern eine ganz normale Hilfe bei der Verwirklichung des persönlichen Ehrgeizes, ein Blutrausch, ohne den nichts vorangeht.

Gegenüber Freunden hat der Diktator früher einmal betont, man könne auch als militärischer Verlierer zum wahren Gewinner einer Schlacht werden. Er verwies auf den Kampf von Kerbela, in dem sich der Schwiegersohn des Propheten Mohammed, Hussein ben Ali, gegen die weit überlegenen Armeen seines Feindes Yazid schlug, eine furchtbare, aber »ruhmreiche« Niederlage der tapfer kämpfenden Underdogs. Saddam sagte: »Wer erinnert sich heute noch an den Sieger? Jeder hat nur den Namen des Märtyrers Hussein im Gedächtnis.« Das klingt wie eine vorweggenommene Rechtfertigung der »Mutter aller Schlachten« von 1991 gegen die Übermacht der Alliierten.

»Seltsam, ich hatte noch nie Angst vor dem Tod, auch wenn er nahe war«, schreibt Saddam Hussein el-Takriti in seiner Autobiographie. »Ich habe manchmal das Gefühl, daß man den Tod hinauszögern, ihn sogar überwinden kann, wenn man ein hohes Ziel verfolgt. Nicht das, was heute über mich gesagt wird, interessiert mich, sondern das, was man in 500 Jahren über Saddam sagen wird.«

DER GUTE MENSCH, DER ZUM DESPOTEN WURDE

FIDEL CASTRO, KUBA

Das kann doch nicht Fidel sein, dieser ältere Herr in olivgrüner Uniform, dessen Bauch sich unter dem straffgespannten Gürtel zu Rettungsringen wölbt. Dieser gebeugte Graubart, der sich bei seiner Rede immer mal wieder den Schweiß von der Stirn wischt und zwischen den einzelnen Sätzen, mit brüchiger, leiser Stimme vorgetragen, lange Pausen läßt. Dieser kurzsichtige Wortkrämer, der sich, wenn er nicht weiterweiß, an sein Manuskript und seine Brille klammert, die vor ihm auf dem Pult liegen, der Statistiken vorbetet, ideologischen Starrsinn festklopft und Versäumnisse bilanziert, als wäre er ein Buchhalter.

Wüßte man nicht, daß Fidel Castro, Kubas »Comandante en jefe«, der große Revolutionär, der wie kaum einer in diesem Jahrhundert die Menschen durch seine Persönlichkeit und durch seine Rhetorik mitzureißen vermochte, sich heute in einer verzweifelten Situation befindet – dieser Auftritt in Havannas »Karl-Marx-Halle« allein genügte als unumstößlicher Beweis: Einer der begnadetsten Redner unserer Zeit liest vom Blatt ab und ignoriert Zwischenrufe. Weigert sich, über Mehrparteiensystem oder Marktwirtschaft auch nur zu diskutieren. Begründet umständlich und unüberzeugend, warum er kritische Zeitungen, selbst die »Moscow News«, seinem Volk verbietet. Fidel im Spätherbst 1990 – das ist ein Breschnew mit Bart.

Was für eine Diskrepanz zwischen diesem Mann, der sich heute strikt jedem Interview mit einem westlichen Journalisten verweigert, und dem Mann, den ich 1978 kennengelernt hatte!

Es war bei den Weltjugendfestspielen in Havanna, in einer dieser feuchtheißen karibischen Nächte, die kaum einen ruhen ließen, ihn wohl am allerwenigsten, der seit den Zeiten des Guerillakampfs in den Bergen – jede Bewegung, jedes Geräusch konnte den Unterschied zwischen Leben und Tod bedeuten – an Schlafstörungen litt. Der »Maximo lider« hatte sich damals plötzlich entschlossen, morgens um zwei in seinen Jeep zu steigen und zur Schlafstatt der Studenten und Journalisten zu fahren. Da stand er nun am Universitätstor und schoß mit jungenhaft ungeduldiger Neugier Fragen ab wie aus einem Schnellfeuergewehr: Was wir von Kuba hielten? Von der Revolution? Und von ihm?

In dieser Nacht ohne Leibwächter, manche von uns nur in Schlafanzügen, »Montecristo«-Zigarren paffend, die der sportlich-hünenhafte Fidel verteilte, entwickelte sich eine Diskussion voll improvisiertem Schwung. Nichts wirkte einstudiert, nichts wirkte aufgesetzt, und es war schwer, sich dem Charisma des Revolutionärs zu entziehen, dieser Mischung aus einer überraschenden, manchmal fast unbeholfen wirkenden Schüchternheit, patriarchalischer Grandezza und felsenfestem Glauben an die eigene Berufung.

Schon damals war er, stets den belehrenden Zeigefinger kreisen lassend, besser im Austeilen als im Aufnehmen, wurde sein Dialog mit uns sehr schnell zu einem geschickt inszenierten Monolog, und über die von uns angesprochenen Probleme der Presse-Unfreiheit und die Gerüchte über politische Gefangene ging er souverän hinweg. Doch keiner wollte auch nur versuchen, ihm den Stolz auf die Erfolge seiner Revolution auszureden, auf die er uns immer wieder eindringlich verwies – denn die konnten in der Tat beeindrucken, vor allem im Vergleich mit der kubanischen Vergangenheit und der mittelamerikanischen »Umwelt« solcher Feudalstaaten wie Guatemala oder El Salvador: die kostenlose Schulbildung. Die gesicherte Versorgung mit Grundnahrungsmitteln und bescheidene Kleidung für jedermann. Die vorbildliche ärztliche Betreuung, die die Lebenserwartung der Kubaner auf über 74 Jahre (vor der Revolution: 66 Jahre) erhöht und die Säuglingssterblichkeit in Havanna sogar weit unter die in Washington D.C. gedrückt hatte.

Fidel fühlte sich als strahlender Held, als Führer der Dritten Welt, als Hoffnungsträger auch für die Jungen und Kritischen im Westen. Er nahm mit den Händen in den Hüften, einer Gestik wie einstudiert bei Mussolini, den spontanen Beifall entgegen. Fixierte mit seinem durchdringenden Blick, unterstrichen von dicken, schwarzen Augenbrauen, die hübschesten Mädchen in unserer Gruppe, stark in Ideologie wie im Flirt, und war selbstverständlich – ganz Machismo-Leninismo – davon überzeugt, daß er bei allen gut ankam. Eine amerikanische Studentin, die sich den Arm gebrochen hatte, bat damals den Comandante, ihr eine Widmung auf den Gips zu schreiben. Fidel zögerte keinen Moment und kritzelte ihr sein 1978er Manifest auf die harte, weiße Schale: »Keine Sorge, mein Kind – bald ist der Kapitalismus tot.«

Tot ist 1990, ganz im Gegenteil, der orthodoxe Kommunismus. Sieht man von der chinesischen Greisengarde um Deng Xiaoping ab, den Marxisten-Senilisten in Peking, daneben von den hilflos stalinistischen Nordkoreanern, ist alles zerbröselt, woran Kuba sich brüderlich aufrichten konnte: der Ostblock mit den besonderen Castro-Freunden ČSSR und Ungarn – verschwunden. Die DDR, zweitwichtigster Handelspartner Kubas – im wahrsten Sinn des Wortes von der Landkarte getilgt. Das marxistische Nicaragua, einziger ideologischer Freund in Mittelamerika – nach dem für Fidel so unverständlichen »Wahlexperiment« Daniel Ortegas und der Niederlage seiner Sandinisten seit 1989 wieder fest an der Seite der US-amerikanischen Erzfeinde.

Am schmerzlichsten für Kubas Staatschef, dem »Perestroika« von Anfang an ein schmutziges Wort, »Glasnost« ein Verrat an Prinzipien war – »Wir hatten auf Kuba schon immer unsere ›rectificación‹, die Berichtigung einzelner Fehlentwicklungen auf dem Weg zur Vervollkommnung des Sozialismus« –, setzt Fidel trotzig dagegen: Michail Gorbatschow hat die geheiligten Lehren der Planwirtschaft und des Einparteiensystems verlassen, sich mit den Amerikanern arrangiert, die seit nunmehr 28 Jahren Kubas Wirtschaft mit einem Handelsboykott strangulieren. Und er hat angekündigt, mit Ablauf des letzten, gemeinsam beschlossenen Fünfjahresplans für den Wirtschaftsaustausch, ab Anfang 1991 den Zucker von der Insel nur noch zu Weltmarktpreisen zu kaufen und russisches Erdöl zu Weltmarktpreisen zu verkaufen. Schluß mit dem »besonderen Handel« zwischen den beiden Staaten, der Moskau jährlich vier bis sechs Milliarden Dollar an Subventionen gekostet hat.

Eine Katastrophe für Kuba. Kein Land hängt so am Tropf, ist so auf Überlebenshilfe angewiesen wie die Karibikinsel: 70 Prozent des

Vom Revolutionsheld zum Verwalter des Mangels: Fidel Castro

gesamten Handels werden mit der UdSSR abgewickelt. 90 Prozent des Erdöls kommen aus Moskau, mit insgesamt 24 Milliarden Dollar ist Havanna der bei weitem größte Schuldner der Sowjetunion. In dieser Größenordnung pumpen selbst die USA Geld nur in einen »Bruderstaat«, nämlich nach Israel. Kuba aber hat keine Devisenreserven, um dringend benötigte Ressourcen im Westen oder sonstwo auf dem Weltmarkt einzukaufen. So verzweifelt ist die Finanzlage, daß Fidel Castro bereits heimlich darangegangen ist, nationale Schätze ans Ausland zu verscherbeln – für eine Handvoll Dollar. Die staatliche Agentur »Cubalse« verkaufte aus Havannas Nationalmuseum zwei der schönsten Bilder, Antonio Sorollas »Ochsen besteigen ein Boot« und »Der Strand von Valencia«; die Kunstwerke brachten bei einer Versteigerung in Londons Aktionshaus »Sotheby's« knapp fünf Millionen US-Dollar, angesichts der Probleme auf der Karibikinsel nicht einmal ein Tropfen auf den heißen Stein. Wenn kein Wunder geschieht, werden irgendwann im Verlauf des Jahres 1991 auf Kuba wegen der Energienot buchstäblich die Lichter ausgehen.

Es ist etwas schrecklich schiefgelaufen in diesem Land, das einmal für so viele eine revolutionäre Hoffnung, eine »Insel des Lichts« war, und mit dem Zusammenbruch des Kommunismus in Osteuropa und mit den neuen Spannungen im Verhältnis zur UdSSR allein kann es auch nicht annähernd erklärt werden. Überall zwischen Santa Clara und Santiago de Cuba, zwischen Camaguay und Cienfuegos sieht man, wie die Revolution unehrenhaft in die Jahre gekommen ist, wie Fidel Castros einst so euphorisch begonnener Sozialismus pervertiert ist. Doch am schmerzlichsten, am entwürdigendsten ist der Niedergang in Havanna.

Sie muß einmal ein versteinerter Traum gewesen sein, Kubas Hauptstadt, eine großartige Kreuzung von Kulturen, eine berauschende Mischung karibischen, europäischen, arabischen und afrikanischen Bluts. Doch heute verfällt »vieja Havanna«, die Altstadt, trotz verschiedener UNESCO-Versuche, ihre Bausubstanz zu erhalten und zu restaurieren, blättert ab, pockennarbig, dem Tod geweiht. Ganze Häuserzeilen drohen jeden Moment einzustürzen, in Hinterhöfen quellen Müllkübel über, die offensichtlich nie jemand abholt und deren Gestank keinen zu stören scheint. In den Neubauvierteln sieht es eher noch schlimmer aus. Was gerade erst lieblos hinzementiert wurde, erweist sich schnell als Pfusch, ganze Viertel mit ineinandergeschachtelten Wellblechhütten können beim nächsten stärkeren Regen einfach hinweggerissen werden.[1]

Der neue Treffpunkt des hinfälligen Havanna heißt »Funeralis« – die Leichenhalle. Jede Nacht kommen Hunderte von Menschen, um im pompösen hauptstädtischen Beerdigungsinstitut Abschied zu nehmen, Verwandte, Freunde, die sich um einen aufgebahrten Körper drängen. Aber auch viele andere, Neugierige, die sonst nicht wissen, was sie tun sollen. »Man stirbt hier vor Langeweile«, sagt ein 18jähriger, der sich mit seiner ganzen Clique auf dem Marmorfußboden der schönen alten Villa lümmelt, und das ist nicht so zynisch gemeint, wie es angesichts der Örtlichkeit klingen müßte. Wo sonst in Havanna gibt es ein öffentliches Haus, das so gepflegt wird, das für alle offensteht, wo auch nachts noch die Lichter, selbst die Kristall-Kronleuchter hell erstrahlen?

Noch gibt es zwar keine Obdachlosen auf den Straßen, und die ärztliche Versorgung bleibt gesichert. Aber die intellektuelle Unterdrückung ist mit Händen zu greifen, die versteckte Arbeitslosigkeit dramatisch im Steigen begriffen, die Versorgung kollabiert. Die Schlangen vor den Lebensmittelläden sind so lang, daß ein neuer Berufsstand entstand: der »Colero«, der professionelle Schlangesteher, der für ein paar Pesos Platz hält. Fleisch und Milch, Rasierklingen und Streichhölzer, ja, unglaublicherweise sogar Zucker sind auf der Zuckerinsel rationiert und – wenn überhaupt – nur noch auf Bezugsschein zu bekommen. Einheimische Tropenfrüchte, auf dem Land im Überfluß, bleiben auf den Hauptstadtmärkten rar. Zigarren, Kubas berühmte Zigarren – ein Luxus gegen Devisen. Autofahrer bringen ganze Nächte an den Tankstellen zu, in der vagen Hoffnung, daß es am nächsten Morgen Benzin geben könnte.

Den Mund halten und jeden »freiwilligen« Arbeitseinsatz mitmachen oder wenigstens so tun: Das ist die einzige Möglichkeit, zu einem klapprigen sowjetischen Kühlschrank oder zu einem schwindsüchtigen Ventilator »made in China« zu kommen. Die Partei-Gewerkschaft führt peinlich genau Buch über die »Verdienste« jedes einzelnen und entscheidet nach »Punkten«, die man sich auch erwerben kann, wenn man den »Straßenkomitees zur Verteidigung der Revolution«, an jeder Ecke vertreten, regimekritische »Umtriebe« und despektierliche Äußerungen meldet. Autos werden nach demselben Prinzip vergeben, normale Wartezeit für einen »Lada«: zehn Jahre, Preis: 5000 Pesos oder 25 durchschnittliche Monatsverdienste.

Bei solchen Aussichten haben die meisten Kubaner resigniert. »Der Staat gibt vor, uns zu bezahlen, und wir geben vor zu arbeiten«, sagen sie und machen sich, so gut es geht, einen schönen Lenz. In diesem permanenten Bummelstreik verschimmelt selbst der Teil der Ernte, der leicht zu retten wäre – er erreicht die Kühlhäuser und Lagerhallen einfach nicht früh genug. Es verdirbt die Milch, die pasteurisiert werden könnte. Es verkommt das Trinkwasser, das in neuen Rohren saubergehalten werden müßte. Die Nachlässigkeit ist der größte Feind des Castro-Regimes in den letzten Wochen des Jahres 1990, noch nicht so sehr die Aufsässigkeit, die sich erst hier und da regt. Aber bedeutet nicht die Resignation eine ebenso große Niederlage wie die offene Rebellion – für einen Revolutionär, der sich die »Erschaffung des neuen Menschen« zum Ziel gemacht hat? Für eine Utopie, die auf einen freiwilligen Einsatz für die Sache der Allgemeinheit, auf Solidarität statt auf Eigennutz setzt?

Der Stolz Fidels war immer, daß die Prostituierten des alten Sündenpfuhls Havanna, der früheren Sex- und Abtreibungshauptstadt der Welt, durch seine Revolution »resozialisiert« wurden. »Una chica?« raunen heute Hunderte hübscher junger Mädchen am Malecon-Ufer oder auf dem Rampa-Boulevard den Fremden zu, verkaufen sich für ein paar Dollar als Gelegenheitshuren, um mit dem »richtigen« Geld in den »Intur«-Geschäften der Touristen »richtige Ware« einkaufen zu können. Acht zu eins ist der Umtauschkurs, den jeder der offen operierenden Schwarzhändler für den Dollar bietet, achtmal so hoch wie der offizielle Kurs.

Nur wer Dollars hat, zählt in der kubanischen Zwei-Klassen-Gesellschaft; dem »Rest« bleibt ein Teil seiner »vom Kapitalismus befreiten« Heimat einfach versperrt. Denn im vornehmen Geschäftsviertel »Hemingway Marina« wie in den luxuriösen Urlaubshotels von Varadero mit den schönen Stränden oder im weltberühmten Nachtclub »Tropicana« lautete die Devise: Bitte nur Devisen! Offenbarungseid des Regimes – selbst in der »Bodeguita del Medio«, dieser schönen Kneipe von morbidem Charme, wo neben so vielen anderen Prominenten auch der chilenische Marxist Salvador Allende seinen »Mojito« aus Rum, Zitrone und Minze trank und sich an den Wänden mit einer Lobpreisung der kubanischen Revolution verewigte, läuft nichts ohne Kapitalistenwährung.

Es sind die Jungen, die das un-fidel macht, die gegen soviel sozialistische Scheinheiligkeit aufbegehren. Die Errungenschaften der Revolution sind ihnen selbstverständlich, ja gleichgültig geworden. Mehr als 60 Prozent der Bevölkerung sind nach 1959 geboren, dem Jahr, als Fidel Castro die Macht übernahm, und mehr als zwei Drittel aller Kubaner haben keine Erinnerung mehr an die heroischharte Aufbauzeit, die Solidarität der frühen Revolutionsjahre. Sie sind besser ausgebildet, weltoffener und kritischer als die ältere Generation, die den »Maximo lider« bei aller Unzufriedenheit mit der Regierung noch von der direkten Kritik ausspart und die Mißstände auf seine »schlechten Berater« schiebt. Die Jüngeren aber mögen sich nicht mehr mit El Salvador, Guatemala, Honduras vergleichen, ihr Maßstab sind die nahen USA, deren Radiosender sie hören, oder Westeuropa, mit dem sie durch die vielen Touristen in Kontakt kommen. Für sie sind die Plastik-Schweißperlen auf der Stirn der Plastik-Guerilleros im Revolutionsmuseum, die dort ausgestellten Kampfstiefel Fidel Castros nur noch ziemlich lächerliche Relikte einer vergangenen Epoche. Sie möchten Jeans und Walkmen und Rockkonzerte und endlich Reisefreiheit.

Und sie finden auch nichts dabei, als Schuldigen für die unhaltbaren Zustände den zu nennen, der in einer One-man-Show als furchtbarer Einzelgänger und heilloser Pädagoge, rund um die Uhr arbeitend, alle Entscheidungen selber trifft: ob das Krankenhaus von Santiago im Süden eine Herz-Lungen-Maschine erhalten soll; in welcher Reihenfolge die kubanischen »Freundschaftspanzer« aus Angola abziehen; wie lange im Büro des Touristikministeriums das Licht brennen darf; ob Havannas Buslinie tatsächlich vier-, fünf- oder sechsmal am Malalecon hält; welche Strafe ein Hühnerdieb bekommt (vier Monate Gefängnis), welche ein Dissident, der sich für eine Perestroika à la Gorbatschow auf der Insel einsetzt (neun Monate), oder ein prominenter Drogenhändler (Tod durch Erschießen). An Fidel Castro, Staatschef, Regierungsboß, Parteivorsitzender, Oberkommandierender der Streitkräfte, geht nichts vorbei – Kuba ist sein Leben und sein Leben. Selten in der Geschichte hat jemand ein Land so nach eigenen Vorstellungen geprägt wie er.

Fidel kann – oder will – heute seinen knapp elf Millionen Kubanern nichts anderes mehr bieten als Entbehrungen, als Blut, Schweiß und Tränen, und ich bin Zeuge, als er das allen unmißverständlich klarmacht. Er stimmt sie bei seiner programmatischen Rede in der Karl-Marx-Halle im Oktober 1990 darauf ein, daß wirtschaftlich »alles bald noch viel schlechter wird«, beschwört sie mit Durchhalteparolen zurück in eine kommunistische Steinzeit, die an Pol Pots Kambodscha erinnert.[2] Die Beamten sollen von ihren bequemen Amtsstuben Abschied nehmen und nach Möglichkeit zur körperlichen Arbeit hinaus auf die Felder, weil ein Bürokrat in seinem Büro nichts produziere, »kein einziges Bündel Bananen, kein einziges Pfund Süßkartoffeln«. Die Bauern sollen ihre Traktoren stehenlassen und statt dessen wieder »im Schweiße ihres Angesichts und mit Ochsen statt Maschinen« das Land bestellen; das devisenfressende Benzin sei zu kostbar für diese Art der Beschäftigung. Die Arbeiter sollen energiesparend mit Fahrrädern statt mit Sprit schluckenden Bussen in die Fabriken fahren; mehr als eine halbe Million Drahtesel würden jetzt importiert, in dieser »besonderen geschichtlichen Periode« müsse man sich an den Chinesen orientieren.

»Bei uns bricht jetzt das Zeitalter des Fahrrads an«, ruft Fidel in den Saal hinein, und nicht einmal die ganz Linientreuen unter den Genossen wissen, ob sie das belachen, beweinen oder tatsächlich beklatschen sollen.

Das einzige, womit Fidel solche Entbehrungen rechtfertigt, womit er jede Reform in Richtung freier Marktwirtschaft abblockt, ist sein Hinweis auf den »nationalen Stolz« Kubas. Die Rückkehr zum Kapitalismus würde unweigerlich Kubas Souveränität beenden, die Insel »zu einem Anhängsel der USA« machen, sie in eine »Verlängerung Miamis verwandeln«, behauptet er. »Wir können absolut nichts privatisieren, wir müssen im Gegenteil nach und nach noch mehr vergesellschaften«, prägt er seinen Zuhörern ein. Und verteilt immer wieder Seitenhiebe auf Gorbatschow und die UdSSR: »Andere mögen Lenin zum Müll werfen und seine Statuen zerstören, wir fühlen, wie Lenin in unseren Herzen und Gedanken wächst. Wenn uns das Schicksal zuschreibt, zu den letzten Verteidigern des Sozialismus zu gehören, in einer Welt, in der es dem US-Imperialismus gelingt, Hitlers Träume von der Weltherrschaft zu verwirklichen – dann werden wir bis zum letzten Blutstropfen diese Bastion verteidigen!«

Bei diesen martialischen Worten hat sich die gebückte, graue Gestalt aufgerichtet, als entfache das Pathos noch einmal das einstige revolutionäre Potential, die früheren Feuer, und Fidel Castro schleudert die letzten Sätze seiner Rede ins Auditorium hinunter wie Blitze. Fast wieder der alte, der Strafverteidiger, der ganz Kuba zu seinem Gerichtssaal macht, der Caudillo, der immer weiß, was am besten ist für seine Leute und das Land, das ihm gehört: »Vaterland oder Tod! Wir werden siegen!« Und zu den Parolen mit Ewigkeitswert die schreckliche neue: »Socialismo o muerte!« – »Sozialismus oder Tod!«

Der Beifall ist enden wollend. Erst als die Fernsehkameras in die Reihen des Karl-Marx-Theaters hineinfahren, schwillt er zur Ovation – wer läßt sich schon gern zu einem Gespräch mit den alles beobachtenden Partei-Blockwarten vorladen, weil es ihm an revolutionärem Eifer fehlt? Fidel verschwindet schnell durch einen Hintereingang. Vier kräftig gebaute Herren schirmen ihn ab, vier von insgesamt 9700 allein für seine persönliche Sicherheit Verantwortlichen im ganzen Land. Vor dem Gebäude warten drei identisch ausgestattete, schwarze Mercedes-Limousinen. Der Comandante entscheidet immer erst im letzten Augenblick, welche er nimmt, und ein Krankenwagen mit modernster Erste-Hilfe-Ausrüstung bleibt dann immer nahe dran. Selbst der Chauffeur weiß nicht, wohin es geht: Aus Angst vor Attentaten wechselt Fidel Castro fast jede Nacht das Domizil; 32 Häuser sowie zwei große unterirdische Bunker stehen ihm neben dem Regierungssitz zur ständigen Verfügung, wie ausgerechnet Moskaus Tageszeitung »Komsomolskaja Prawda« kürzlich genüßlich in einem Bericht über den »Polizeistaat Kuba« enthüllte.

Keine dieser Bleiben ist gemütlich oder gar verschwenderisch eingerichtet. Luxus hat der Revolutionär immer verabscheut, und in diesem einen Punkt wenigstens ist er sich treu geblieben. Aber vor allen seinen Häusern hat er Parabolantennen aufstellen lassen – Fidel genießt, was er seinem Volk verwehrt: Während das kubanische Fernsehen neben Aufzeichnungen von Fidel-Reden fast nur noch Endlosberichte über den angeblich so glanzvollen Aufbau des Sozialismus in Nordkorea bietet, sieht er, geradezu süchtig, Stunde über

Stunde jede Nacht das Programm des »Klassenfeindes«, den Kabel-Nachrichtensender CNN aus den USA. Und liest »verbotene« Bücher.

In den staatlichen Buchhandlungen Havannas sind neben »Der junge Erich«, einer Honecker-Biographie, und »Felix«, einer Lebensbeschreibung von Stalins Geheimdienstchef Dserschinski, kaum ausländische Bücher zu finden, schon gar keine amerikanischen Bestseller. Fidel Castro aber entspannt sich beim »Weißen Hai« und studiert, wie wir von einem seiner letzten internationalen Bewunderer, dem Literatur-Nobelpreisträger Gabriel García Marquez, wissen, die Empfehlungen des Chrysler-Chefs Lee Iacocca fürs Big Business der Vereinigten Staaten: Ausdruck von Fidels Haßliebe für ein Land, von dem er so krankhaft besessen ist wie dieses von ihm, wo er seine Flitterwochen verbrachte und wo er seine Feinde, seine Mörder sieht.

Kann nun also der Champagner in Miami, Florida, schon kaltgestellt werden, in jener Stadt, keine 200 Kilometer von Kuba entfernt, wo 700000 meist militant antikommunistische Exilkubaner leben und bei Demonstrationen »Nächste Weihnachten sind wir in Havanna!« rufen? Bereitet der 63jährige Revolutionsführer, der in seiner Herrschaftszeit sieben amerikanische Präsidenten und fünf sowjetische Generalsekretäre hat gehen sehen, in einsamen Nächten trotz aller markigen Sprüche heimlich seinen Rückzug vor? Oder sucht er den »Heldentod« und will, Geisel seiner eigenen Worte, Kuba in den Abgrund stürzen, in ein blutiges Ende à la Ceauşescu?

Nur wer Fidel Castros Persönlichkeit genau kennt, wer weiß, was ihn geformt, was ihn geprägt hat, wird seine Reaktion in der kommenden Krisensituation hochrechnen oder auch nur einigermaßen ernst zu nehmende Voraussagen riskieren können. Doch es sind erstaunlich wenige, denen sich Fidel geöffnet hat, denen er seine innersten Empfindungen und Gedankengänge anvertraute. Bei aller gespielten Extrovertiertheit blieb er stets ein verschlossener, oft isolierter, manchmal auch einsamer Mensch, und einige seiner besten Freunde, darunter seine langjährige Lebensgefährtin Celia Sanchez, sind längst gestorben.

Konzentrieren wir uns auf drei Augenzeugen für drei Epochen im Leben des Fidel Castro: für seine frühe Jugend auf Juanita Castro, 60, seine Schwester, die heute – nach ihrer Flucht aus Kuba im Jahre

1964 – als amerikanische Staatsbürgerin in Miami lebt und dort eine kleine Apotheke betreibt. Für die Revolutionsjahre auf seinen Mitstreiter an vorderster Front, Gustavo Arcos, 57, der an Fidels Seite verwundet wurde, mit ihm in den mexikanischen Bergen die Guerilla-Bewegung aufbaute und nach dem Sieg als Castros Diplomat um die Welt reiste, bevor er nach Kuba zurückging und dort heute, völlig desillusioniert, im Untergrund eine politische Gegenbewegung aufbaut. Für seine Zeit an der Macht auf Marita Lorenz, 60, seine deutschstämmige Geliebte, die später vom amerikanischen Geheimdienst den Auftrag erhielt, Fidel Castro zu ermorden, und jetzt in den USA mit einer neuen Identität lebt.

Fidel Alejandro Castro Ruz wurde seine Obsession mit Amerika 1927 in die Wiege gelegt, wie seine Schwester Juanita zu berichten weiß. Er sah die Ausbeutung durch die USA, die Ungerechtigkeit des Zuckerhandels, das elende Leben der Tagelöhner aus nächster Nähe – allerdings von privilegierter Warte: Sein Vater, aus dem spanischen Galizien stammend, arbeitete Hand in Hand mit dem US-Konzern »United Fruit Company«, bevor er sich nahe der Stadt Mayari in der Provinz Oriente, im »Wilden Osten« der Insel, selbständig machte und ein schwerreicher Großgrundbesitzer wurde.[3] »Unser Vater war ein Analphabet, er ist nie zur Schule gegangen«, sagt Juanita Castro. »Er war ein sehr harter, disziplinierter Arbeiter, streng gegen sich und andere, und er besaß soviel natürliche Intelligenz, daß er sich später Lesen und Schreiben selber beibrachte.«

Angel Castro galt zeitlebens als Führerpersönlichkeit, manchmal streitsüchtig, gelegentlich brutal und tyrannisch, immer gewohnt, seinen Kopf durchzusetzen – Eigenschaften, die er seinen Kindern vermachte. Aber er war kein unmenschlicher »Landlord« und gewährte seinen einheimischen Arbeitern faire Löhne und menschenwürdige Unterkünfte. Der Caudillo Castro senior, geprägt von bäuerlichen Werten wie Arbeitsethos, Gerechtigkeit und christlicher Nächstenliebe, wurde durch Zuckerrohranbau und Viehhandel reich, mit einem Besitz von 2000 Morgen eigenem Land und 25 000 Morgen Pachtland sogar zum Millionär. Aber das veränderte nicht seinen rustikalen Lebensstil, und das bremste nicht seinen Haß auf die Amerikaner, von denen er glaubte, sie hätten nichts auf der Insel verloren, und mit denen er, wie er einmal Freunden anvertraute, »nur Geschäfte machte, um sie übers Ohr zu hauen«.

Angel Castro war mit einem Mädchen aus der Nachbarschaft verheiratet und hatte zwei Kinder mit ihr, bis er ein Verhältnis mit dem Hausmädchen Lina anfing. Fidel kam unehelich, als »Bastard«, zur Welt. Ein Makel, an dem er in seiner streng katholischen Umgebung lange litt, auch noch, als Angel Castro sich scheiden ließ und Fidels Mutter heiratete (die beiden hatten insgesamt sieben Kinder, Juanita und Raul, der Liebling des Vaters, Mitrevolutionär und heutiger Stellvertreter Fidels, kamen schon »ehelich« zur Welt): vielleicht eine Erklärung für Fidels von frühester Jugend an überwältigend starkes Bedürfnis nach Anerkennung, nach Erfolg.

Als der dickköpfige Alte, der nicht viel von formeller Erziehung hielt, Fidel den Schulbesuch verbieten wollte, baute sich der neunjährige Knirps vor ihm auf und drohte, die ganze elterliche »Finca« abzubrennen. Er setzte seinen Kopf durch, wurde allerdings zu Pflegeeltern abgeschoben: ein traumatisches Erlebnis für den Jungen, der sich stark nach einer familiären Bindung sehnte, vor allem an seiner Mutter hing. Fidel kam für elf Jahre ins Internat, die meiste Zeit in Jesuitenschulen, an die er bis heute trotz der konservativen Ausrichtung der Patres mit Hochachtung zurückdenkt. »Ich habe dort strenge Disziplin gelernt, harte Arbeit, den Willen zur Selbstaufopferung«, sagte er einmal zu seiner Schwester Juanita, die immer seinen Ehrgeiz anstachelte, obwohl das gar nicht nötig war. Fidel war einer der besten Schulsportler Kubas, und es hätte nicht viel gefehlt und er wäre amerikanischen Talentsuchern in die US-Baseball-Profiliga gefolgt.

Trotz der gelegentlichen Reibereien mit dem Vater war Fidel »im Grunde ein verwöhnter Junge, der eine sorglose, finanziell gutgepolsterte Jugend erlebte«, wie seine Schwester sagt.

Sein erstes Auto war ein »Ford DeSoto«, ein feuerrotes Gefährt, das ihm der Vater zum Studienbeginn schenkte; sein erster Comic, den er in die Hände bekam, handelte von Donald Duck; sein erster und dann lebenslanger Lieblingsschriftsteller wurde Ernest Hemingway: Die Faszination von allem Amerikanischen wurde bei Fidel immer stärker, sie entwickelte sich zu einer Mischung aus Bewunderung und Abscheu, Sehnsucht und Abgestoßensein, die ihm ein Leben lang erhalten blieb. Er fand diese Haltung auch bei seinem Vorbild José Marti, dem kubanischen Freiheitskämpfer, den er zu seinem Idol erkor. Fidel Castro war als Gymnasiast und Student ein schwärmerischer Idealist, aber keinesfalls ein Kommunist – Marx, Engels und Lenin interessierten ihn bis in die Mitte seiner zwanziger Jahre nicht, sie waren für ihn Ideologen von einem anderen Stern, unbedeutend, irrelevant für die karibische Zuckerinsel.

Fidel Castro schrieb sich an der juristischen Fakultät der Universtität von Havanna ein, aber er beschäftigte sich auch sehr intensiv mit der Geschichte seines Landes.[4] Er las von Christoph Kolumbus, der 1492 als erster Europäer nach Kuba kam und die Insel beschrieb als »das lieblichste Land, das je des Menschen Auge erblickte«. Von Diego de Velázquez, der Kuba dem spanischen Kolonialreich eingliederte. Von den Siedlern, die unberührte Wälder mit Hölzern der besten Qualität niederbrannten, um das einträgliche Zuckerrohr im großen Ausmaß anzubauen, und für die Arbeit auf den Feldern afrikanische Sklaven »importierten«. Und er verschlang vor allem die Schriften des kubanischen Patrioten, Revolutionärs und Dichters José Marti, als dessen »Alter ego«, als dessen zweite Verkörperung er sich zeitlebens fühlte.

Marti, 1853 als Sohn spanischer Eltern auf Kuba geboren, hatte sein Leben ganz dem Unabhängigkeitskampf für sein Vaterland geweiht. Nachdem die Spanier mehrere Sklavenaufstände brutal niedergeschlagen hatten, war Marti 1895 aus dem amerikanischen Exil in die Heimat zurückgekehrt, um einen neuen Aufstand zu organisieren, der schließlich drei Jahre später zur Autonomie und 1902 zur formalen Selbständigkeit der Insel führte. Den Triumph hat Marti selbst nicht mehr miterlebt, weil er als tapfer kämpfender Held an vorderster Front, als legendärer Märtyrer bei einem der ersten Kämpfe – übrigens ganz in der Nähe von Fidel Castros Geburtsort – ums Leben kam.

Die Frage ist, ob Marti Kubas neue »Unabhängigkeit« wirklich als Sieg seiner Sache gesehen hätte, denn eingetreten war, was der Revolutionär vorhergesehen und befürchtet hatte: Die Amerikaner jagten dem verfallenden spanischen Kolonialreich die Beute ab. Bald hielten sie den neuen Staat im Würgegriff, seine Souveränität stand nur auf dem Papier; Kuba blieb eine De-facto-Kolonie, jetzt nicht mehr von Madrids, sondern von Washingtons Gnaden. Nach dem »Platt Amendment«, dessen Unterzeichnung die US-Regierung von Kuba ultimativ verlangte, konnten die Amerikaner bei »inneren Unruhen« jederzeit auf der Insel eingreifen, bekamen sie Militärstützpunkte in eigener Verwaltung (bis heute existiert im Südosten Kubas die amerikanische »naval base« Guantanamo, ein Relikt aus dem Jahre 1903) und machten es Havanna unmöglich, mit irgendeinem anderen Staat außer den USA Verträge abzuschließen oder Bündnisse einzugehen. Dieser Knebelvertrag wirkte bis in Castros Jugendjahre hinein und bedeutete nichts anderes, als daß der kubanische Präsident stets nur eine Marionette war, bestenfalls der zweitwichtigste Mann auf der Insel – nach dem amerikanischen Botschafter.[5]

Für solche Männer konnte Fidel Castro, Martis Mann in Havanna, nur Verachtung empfinden. Er geriet vom Beginn seiner Studentenjahre in natürlichen Gegensatz zu den herrschenden Autoritäten um den Präsidenten Grau, dessen korrupte Strohmänner auch an der Universität viel Einfluß hatten. Fidel hielt flammende Reden, hetzte gegen die »nationalen Verräter«, sammelte Anhänger um sich. Er war ein geborener Führertyp: groß und gutaussehend, schlagfertig und belesen, warmherzig und unternehmungslustig. Einer, der jede Ungerechtigkeit zu seiner Sache machte, den Kampf um eine Freiheitsglocke, gegen einen faschistoiden Professor, für die Pension der Bibliothekarinnen. Und er war im besten (und schlechtesten) Latino-Sinn ein Mann der Tat, wenn nötig, auch der Gewalt. Fand nichts dabei, politische Gegner auch handgreiflich anzugehen oder von seinen Anhängern niederschlagen zu lassen. (Bis heute gibt es unbewiesene Gerüchte, er sei während seiner Studentenjahre an einem politischen Mord beteiligt gewesen.) In der aufgeheizten Atmosphäre der späten vierziger Jahre in Havanna, besonders an der Universität, war Gewalt freilich eher die Regel als die Ausnahme – wer sich durchsetzen wollte, mußte nicht nur geliebt, sondern auch gefürchtet werden. Fidel Castro wurde beides.

Er schloß sich der linksliberalen Oppositionsgruppe der »Ortodoxos« an, ließ die Kommunisten, die sich damals schon längst organisiert hatten, links liegen. Noch setzte Castro auf die Reformierbarkeit des Systems, noch hatte sein Kampf außer dem schwärmerischen Glauben an nationale Unabhängigkeit und größere soziale Gerechtigkeit keinen konkreten ideologischen »Unterbau«. Und bei allem politischen Engagement vergaß der Student auch seine Examina nicht, schaffte seine Promotion. Professoren wie Kommilitonen sagten dem jungen Doktor Fidel Castro eine glänzende Karriere voraus, und die meisten dachten damals noch, wie auch Schwester Juanita, sie würde in bürgerlichen Bahnen verlaufen. Der erfolgversprechende Anwalt nahm sich dann auch bald eines der begehrtesten Mädchen der Stadt zur Frau – nicht nur besonders hübsch, sondern auch aus »gehobener« Familie, wie man bei den Castros auf der Farm mit Genugtuung zur Kenntnis nahm –, bekam bald einen Sohn (Fidelito, heute Direktor der Atomenergie-Behörde in Havanna). Als Fidel Castro 1952, trotz der begrenzten Möglichkeiten des kubanischen Parlaments, für einen Sitz im Kongreß kandidierte, galt er in allen Prognosen als sicherer Gewinner.

Doch dazu kam es nicht. Diktator Fulgencio Batista übernahm in einem Handstreich die Macht, überzog das Land mit Mord und Folter. Die Amerikaner störte das nicht weiter, sie wußten, daß sie sich auf Batista verlassen konnten. Für ihn traf zu, was Präsident Roosevelt einmal, gemünzt auf alle rechtsgerichteten, Amerika-freundlichen Diktatoren, sagen sollte: »Kann ja sein, daß er ein gottverdammter Hurensohn ist, aber er ist *unser* Hurensohn.«

»Das war ein Schlüsselerlebnis für Fidel«, sagt Juanita Castro. Er glaubte von da an nie mehr an Wahlen, es reifte seine Erkenntnis, daß Kuba nicht im Rahmen des Systems reformiert werden konnte, sondern daß man das ganze System sprengen mußte. Er ging in den Untergrund und bereitete seine erste Guerilla-Attacke vor, den Sturm auf die Moncada-Kaserne in Santiago de Cuba. Sein damaliger Mitkämpfer und heute prominentester Gegenspieler auf Kuba, Gustavo Arcos, glaubt, daß sich damals die Charakterzüge zeigten, die Castro bis heute prägen und die auf sein Verhalten in der jetzigen Krisensituation der neunziger Jahre schließen lassen.

»Wir waren nur einige Dutzend Leute, schlecht ausgerüstet, gegen eine zehnfache Übermacht – es war Wahnsin, einfach Wahnsinn«, erzählt Arcos, als wir uns im Oktober 1990 an einem geheimgehaltenen Platz in Havanna treffen. Der Revolutionsheld, der seit seinen Verletzungen im Kampf gegen die Diktatur hinkt, schaut sich dabei immer mal wieder um, ob uns nicht die Sicherheitskräfte des Präsidenten Castro gefolgt sind, um ihn einmal mehr wegen »regierungskritischer Umtriebe« zu verhören und festzunehmen. »Doch Fidel hatte früher diese Überredungsgabe, dieses revolutionäre Charisma, daß man für ihn jedes Opfer brachte. Wir würden alle in die Geschichte eingehen, ob als strahlende Sieger oder als ruhmreiche Märtyrer, beschwor er uns immer wieder. Ich saß beim Angriff neben Fidel im Auto, ein Armee-Jeep versperrte uns die Fahrt durchs Kasernentor, es wimmelte von Soldaten, und es gab eigentlich keine andere Möglichkeit als Rückzug. Aber Fidel akzeptiert niemals eine Niederlage, auch nicht in aussichtsloser Situation. Er stürmte aus dem Wagen, ich hinter ihm her. Und dann spürte ich schon die Kugel, die mir das Bein zerriß.«

Fidel Castro hatte an diesem Tag Glück, das unwahrscheinliche Glück des Revolutionärs, das ihn bis zur Machtübernahme nie mehr verlassen sollte. Er entkam nach dem Scheitern der Attacke, mit der die Rebellen die Verwundbarkeit der Diktatorenarmee hatten aufzeigen wollen und nach der sie sich einen allgemeinen Volksaufstand erhofften, in die Berge. Die meisten der gefangengenommenen Guerilleros wurden gefoltert, viele ermordet. Nirgendwo auf der Insel erhob sich das Volk in Solidärität mit den Rebellen. Aber gerade in ihrem Scheitern hatte die »wahnsinnige« Moncada-Attacke ihre Vorteile: Die Brutalität des Regimes bei der Verfolgung seiner Gegner wurde den Kubanern nun in aller Deutlichkeit bewußt. Als »Comandante« Castro schließlich später geschnappt wurde, konnte man mit ihm bereits keinen kurzen Prozeß mehr machen, sein Fall war zu bekannt. Er war in der Lage, sich selbst vor Gericht zu verteidigen, und hielt eine dramatische Rede. In eigener Sache und für die Revolution.

»Ich bringe in meinem Herzen die Lehren von Marti mit und in meinem Geist die vornehmen Ideen aller Menschen, die die Freiheit ihrer Völker verteidigt haben«, rief Castro aus. »Wir haben eine Rebellion gegen den schlimmsten Diktator der Weltgeschichte begonnen, der ungesetzlich die Macht an sich gerissen hat!« Dann zählte er vor Gericht die Leiden der Kubaner auf, sprach von den 600 000 Arbeitslosen, den 500 000 »Sklaven« auf dem Land in ihren elenden Hütten, der Unterernährung, der miserablen medizinischen Betreuuung, dem Analphabetentum. Als Gegenmittel schlug Castro in seiner Rede vor Gericht eine umfassende Landreform und eine Beschlagnahmung des »unrechtmäßig erworbenen Eigentums der Betrüger und Spekulanten vor«; die Verfassung des Jahres 1940 mit ihrer Trennung der Gewalten solle als demokratisches Grundgesetz gelten, bis das Volk eine Änderung beschließe. »Ich fürchte nicht den Zorn des verabscheuungswürdigen Tyrannen«, schloß er seine Zwei-Stunden-Rede und, an das Gericht gewandt: »Verurteilen Sie mich ruhig, das spielt für mich keine Rolle. Die Geschichte wird mich freisprechen!«

Die Richter sprachen ihn schuldig, verurteilten ihn zu 15 Jahren Gefängnis. In einem gesonderten Verfahren einige Wochen später wurde der immer noch bettlägrige Gustavo Arcos zu zehn Jahren Haft verdammt. Über Umwege erhielt er eine Kopie der Castro-Rede, die – von Freunden mitgeschrieben und vervielfältigt – in Tausenden von Exemplaren überall auf der Insel zirkulierte. »Die Geschichte wird mich freisprechen« wurde zum Manifest der Revolution. Arcos glaubte mehr denn je an die gerechte Sache, vor allem der Schwur auf die demokratische Verfassung hatte es ihm angetan.

Im Gefängnis las Fidel bis zu 20 Stunden am Tag: Sigmund Freud und Adolf Hitler, Dostojewski und Balzac und – zum erstenmal als 27jähriger – auch Marx und Lenin. Er organisierte die Mitgefangenen, schmuggelte Dossiers nach draußen, wenn er nicht gerade mal wieder zu verschärfter Einzelhaft verurteilt war. Es war eine glückliche Zeit, wie er später sagte, gekennzeichnet nur von einem Rückschlag: Seine Frau ließ sich von ihm scheiden und nahm, was Fidel fast noch mehr erbitterte, einen Job bei der Batista-Regierung an. Das bestärkte ihn in der Auffassung, daß ein Revolutionär kein Privatleben haben darf. Der amerikanischen Starjournalistin Barbara Walters wird er 1977 einmal sagen, Heirat sei nichts für ihn: »Ich bin ein vollkommmen freier Mensch, einer, der jede Macht über sein eigenes Leben besitzt.« Ebenfalls später, schon an der Regierung, sollte er nicht einmal eine öffentliche Rede unterbrechen, als man ihn davon informierte, daß sein Sohn bei einem Autounfall lebensgefährlich verletzt worden sei.

Schon nach zwei Jahren Haft wurde Fidel Castro im Rahmen einer allgemeinen Amnestie begnadigt, ging mit Freunden – unter ihnen Bruder Raoul Castro und Gustavo Arcos – ins mexikanische Exil, um eine Guerilla-Armee aufzubauen und in den Bergen zu trainieren. Seine Überzeugung, daß er den kubanischen Tyrannen stürzen könnte, daß er von der Geschichte und dem Schicksal dazu auserwählt sei, hatte sich im Gefängnis nur noch verstärkt. Fidels Glaube an sich und die Revolution war nun unerschütterlich.

Das hieß aber keinesfalls, daß es der »Comandante« in den mexikanischen Bergen langsam oder lax angehen ließ. Ganz im Gegenteil: Er verlangte seinen Mitstreitern alles ab, den gleichen bedingungslosen und unablässigen Einsatz, den er selbst einbrachte. Gustavo Arcos erinnert sich bei unserem Interview, daß einmal ein Kämpfer namens Calito Morales Hernandez seinem Guerilla-Befehlshaber nicht gehorchen wollte, weil er 13-Stunden-Märsche durch das Hochland für überflüssig hielt. Der Vorfall wurde Fidel gemeldet, der sofort ein Standgericht einberief, dem auch Raoul und Arcos angehörten. Solche Disziplinlosigkeit werde er nicht dulden, brüllte Fidel Castro und sprach nach wenigen Minuten das Urteil über den Mann: Tod durch Erschießen.

Das Exil in Mexiko brachte für Fidel eine schicksalhafte Begegnung, aus der eine lange und intensive Freundschaft werden sollte: Ihm wurde von Freunden der argentinische Arzt und Revolutionär Che Guevara vorgestellt, ein brillanter Kopf und glühender Kämpfer, der, anders als Castro, in marxistischer politischer Theorie bestens geschult war. Che wurde bald zur Nummer zwei hinter dem »Comandante« und, mehr noch, zum engen Vertrauten Castros.[6] Che hielt die Truppen zusammen, als Fidel zu einer Betteltour in die Vereinigten Staaten startete und – mit einigem Erfolg – die Kubaner im amerikanischen Exil um ihren Beitrag für »künftige revolutionäre Erhebungen« bat. Datum und Art des Angriffs behielt Castro selbstverständlich für sich: Er war gewarnt, daß sich selbst in seine Guerilla-Reihen Verräter eingeschlichen hatten, und im übrigen waren absolute Geheimhaltung, das Zusammenlaufen aller Fäden nur bei ihm längst sein Führungsprinzip geworden.

Am 26. November 1956 war es dann soweit: Bei Nacht und Nebel startete Fidel Castro sein Angriffsunternehmen auf die Diktatur Batistas mit einem Ausflugsboot, das an sich nur für acht Personen und für Küsten-Kreuzfahrten gedacht war. Fidel Castro aber nahm mit der gecharterten »Granma« (»Großmütterchen«) Kurs auf Kuba – mit 81 Getreuen an Bord, davon 19, die schon den Überfall auf die Moncada-Kaserne mitgemacht hatten. Mehr als 50 andere Guerilleros mußten wegen Überfüllung des Schiffes in Mexiko zurückbleiben, unter anderem Gustavo Arcos, der wichtige »kommunikative Aufgaben« in Mexiko ausführen sollte. Fast wären sie trotzdem untergegangen, so überladen war das Boot, und das schlechte Wetter ließ die meisten schrecklich seekrank werden. Als die Revolutionäre schließlich nach schweren Stürmen, später als erwartet und an unvorhergesehener Stelle, auf Kuba notlandeten, gerieten sie bald in eine Regierungsfalle nach der anderen. Die Truppe wurde schnell aufgerieben. Von den 82 Guerilleros überlebten schließlich nicht einmal zwei Dutzend.

Universo Sanchez erinnert sich, wie er einmal mit Fidel Castro und Faustino, abgeschnitten von den anderen, hungrig, durstig, körperlich am Ende, eine Rebellenarmee von drei Mann, in den Zuckerrohrfeldern der Attacke einer Batista-Einheit entgegenzitterte. Fidel flüsterte ihm in dieser Stunde absoluter Hoffnungslosigkeit triumphierend ins Ohr: »Wir sind dabei zu gewinnen. Bald ist Batista erledigt!«[7] Sanchez hielt ihn in diesem Moment für verrückt. Aber Fidel fühlte sich eben immer besonders wohl, wenn er mit dem Rücken zur Wand stand, wenn sich alles gegen ihn, den einsamen Wolf, und seine gerechte Sache verschworen zu haben schien. Auch das ein wichtiger Hinweis auf seine Reaktion in der heutigen verzweifelten Lage.

Die Bauern auf der Sierra Maestre halfen Fidel Castro. Er und seine Männer konnten sich unter den einfachen Leuten in den Dörfern bewegen wie Mao Tse-tungs Anhänger einst unter dem chinesischen Bauern, wie »Fische im Wasser«. Die Wende kam mit kleinen Erfolgen, hier ein erfolgreiches Scharmützel, da ein erfolgreicher Waffenraub. Die Studenten in den Städten unterstützten die Bewegung. Auch die ausländische Presse nahm positiv Notiz von den Freiheitskämpfern, und dabei konnte Fidel zeigen, was er bei seinen Amerikareisen über die Macht der Presse gelernt hatte: Er lud den Korrespondenten der »New York Times«, Herber L. Matthews, in sein geheimes Hauptquartier in den Bergen ein, erläuterte ihm in aller Aufrichtigkeit und Ausführlichkeit seine politischen Ziele – und führte ihn dabei an der Nase herum: Immer wieder schickte er bis an die Zähne bewaffnete Guerilleros im Hauptquartier vorbei, die dem Reporter während des Interviews den Eindruck vermitteln mußten, es stünde nicht schlecht um die Stärke und Bewaffnung der Aufständischen. In Wirklichkeit kamen immer dieselben Kämpfer ins Zelt, mal mit, mal ohne Sonnenbrille und gelegentlich in neuem Outfit. So standen dann in der »New York Times«, die natürlich auch von der Regierung und der geheimen Oppostion in Havanna gelesen wurden, eindrucksvolle, aber keinesfalls zutreffende Zahlen über die Guerilla-Truppe.

Es war nicht so sehr die militärische Stärke des Widerstands, die das Regime zusammenbrechen ließ, es war die Selbstauflösung einer korrupten, unfähigen und nicht mehr an sich glaubenden Feudaldiktatur, deren Haus, wie von Termiten angefressen und innerlich ausgehöhlt, zusammenkrachte. Der Tyrann Fulgencio Batista floh am Neujahrsmorgen 1959 in die Dominikanische Republik; die meisten der Damen in seiner Entourage trugen noch die langen Kleider und den Diamantenschmuck der Silvesterparty.

Fidel Castro, Che Guevara und die anderen zogen im Triumph in Havanna ein. Sie hatten eine der reichsten Städte Lateinamerikas erobert, eine Stadt der Villen, Spielcasinos und Cadillacs. Doch die Besitztümer waren höchst ungleich verteilt. Eine schmale kubanische Oberschicht, vor allem aber amerikanische Mafiosi kontrollierten den Tourismus und die Spielhöllen. In den Fabriken war Fronarbeit, auf dem Land krasse Ausbeutung der Arbeitssklaven an der Tagesordnung. Diese himmelschreiende Ungerechtigkeit wollten die Revolutionäre vor allem beseitigen – auch im Sieg hatte Fidel Castro noch keine andere, klare Ideologie. Juanita erinnert sich, daß sie damals ihrem Bruder zujubelte. »Es verbanden sich so viele Hoffnungen mit ihm«, sagt sie heute traurig in ihrer kleinen Apotheke von Miami. »Kaum je war eine Revolution populärer.«

Fidel Castro war zum Zeitpunkt seines Triumphes gerade 32 Jahre alt. Er verstand viel von Guerilla-Taktik, er hatte sich einiges an politischer Theorie angelesen, er besaß konkrete Vorstellungen von den Übeln Kubas. Doch er hatte keinerlei verwaltungstechnische Erfahrung, nicht den Schimmer davon, was nötig war, um eine Regierung zu leiten. Und er war – sein ganzes Leben übrigens – völlig ungeeignet zu delegieren, weil er immer annahm, daß er alles besser konnte, und weil er befürchtete, durch die Verteilung von Machtfunktionen die Kontrolle aus der Hand zu geben, wichtige »Geheimnisse« zu verraten. Er war ein perfekter Guerillero, aber ein lausiger politischer Führer in Friedenszeiten, jedenfalls, wenn man demokratische Kriterien ansetzt.

Er machte schon in den ersten Tagen schwere Fehler. Er gab dem Drang seiner Umgebung nach, viele »Batistanos«, Schergen des früheren Tyrannen-Regimes, exekutieren zu lassen. Er log bei seiner ersten Pressekonferenz, daß er überhaupt keine Kontakte zu den kubanischen Kommunisten hatte, was für die letzten sechs Monate des Kampfes nachweislich falsch war. Er prahlte öffentlich mit dem Satz, falls die USA ihre Marine-Infanteristen auf die Insel schickten, würden »mit Sicherheit 200 000 Gringos sterben«. Und er wählte als sein Hauptquartier ausgerechnet die Suiten im 22. Stock des »Havanna Hilton« (das schnell in »Havanna Libre« umgetauft wurde), dem Symbol der amerikanischen Präsenz in der Stadt.

Das alles hätte die Beziehungen zu den USA nicht gravierend belasten müssen, aber in Washington suchte man schon nach Vorwänden, sich auf den schwer berechenbaren Guerilla-Führer einzuschießen. Dabei setzte der »Comandante en jefe« durchaus auch auf die USA, um sein Land aufzubauen, denn es war ihm klar, daß diese gigantische Aufgabe nicht ohne ausländische Hilfe möglich sein würde, und eine Annäherung zur UdSSR stand damals noch längst nicht zur Debatte. Castro bewunderte – wie sein Idol Marti – vieles am übermächtigen Nachbarn, seine wirtschaftliche Dynamik, die zwischenmenschliche Hilfsbereitschaft, auch den lässigen Lebensstil, den er noch bei seiner Hochzeitsreise und bei seiner Betteltour für die Revolution genossen hatte. Aber er hatte – wie Marti – erhebliche Vorbehalte gegenüber dem »sozialen Gewissen« der USA und war sich darüber im klaren, daß Washington Kuba immer als sein »natürliches Interessengebiet« betrachtete, als den »Apfel, der nach den Gesetzen der Schwerkraft in die Hände der USA fallen müßte«, wie es im vergangenen Jahrhundert der US-Präsident John Quincey Adams ausgedrückt hatte.

Fidel Castros erste Reise führte ihn, keine vier Monate nach dem Sieg der Revolution, in die USA. Er zog überall große Menschenmengen an, wurde zum Darling der amerikanischen Presse. Aber politisch entwickelte sich der Erkundungstrip zur Pleite. US-Präsident Dwight D. Eisenhower ging ostentativ Golf spielen an dem Tag, als Castro in Washington eintraf. Sein rechtslastiger Vize Richard Nixon entwickelte schon vor der Ankunft Haßgefühle gegen den kubanischen Revolutionär, den er als »Bedrohung in unserem Hinterhof« sah, und so fiel auch sein Bericht an den Präsidenten aus: »Entweder ist dieser Castro ein Kommunist – ›Wir sind keine Kommunisten‹, hatte der Kubaner in jedem Interview immer wieder versichert –, oder er ist jedenfalls sehr naiv gegenüber der Gefahr des Kommunismus.« Die Amerikaner reagierten in jenen Jahren auf das Läuten jeder revolutionären Glocke wie der Pawlowsche Hund: Sie entschlossen sich, Castro zu bekämpfen, ohne ihm und seiner Politik eine ernsthafte Chance zu geben.

Der Kampf schloß bald Anschläge auf sein Leben ein, wie die deutschstämmige Ilona Martina Lorenz besonders gut weiß, die ihn damals auf der USA-Reise als seine Geliebte begleitete. Sie wurde vom amerikanischen Geheimdienst später auf den Revolutionsführer angesetzt und sollte ihn ermorden. Die Ex-Agentin, die sich inzwischen von der CIA losgesagt hat und an der amerikanischen Ostküste unter anderem Namen lebt, erzählt mir im Spätherbst 1990 in einem Washingtoner Hotelzimmer ihre abenteuerliche Geschichte.

»Ich lernte Fidel einen Monat nach dem Sieg der Revolution kennen, an Bord des Passagierdampfers ›Berlin‹, dessen Kapitän mein Vater war. Fidel kam unangemeldet zum Abendessen an Bord, als wir in Havanna lagen, erklärte, daß er alles Deutsche möge, Disziplin, Arbeitseifer, Bier und vor allem die Mädchen. Ich war damals 19 und verliebte mich sofort in ihn. Er fragte mich, ob ich nicht als Privatsekretärin bei ihm bleiben wollte. Ich lehnte ab, gab ihm aber die Nummer meines Bruders in New York, unserer nächsten Station, wo ich mich von meinem strengen Papa trennte. Fidel überredete mich telefonisch zurückzukommen, schickte mir persönliche Betreuer, ein Flugzeug. Ich wurde sofort in die Suite Nr. 2408 des ›Havanna Hilton‹ gebracht, Fidels Hauptquartier. Noch in meiner ersten kubanischen Nacht wurde ich seine Geliebte.«

Doch das Glück hielt nicht lange. »Ich fühlte mich bald wie eine Gefangene, weil mich Fidel kaum einmal das Hotel verlassen ließ. Er war total überarbeitet, mal euphorisch – ich bin wie Jesus, rief er einmal vor dem Spiegel, Jesus ist der einzige in der Geschichte, der sich mit mir vergleichen läßt –, dann wieder absolut am Boden zerstört, weil die Probleme über ihm zusammenschlugen. Eine Mischung aus Größenwahn und Einsicht in die eigene Überforderung. ›Wir verstehen doch nichts von Regierungsgeschäften‹, gestand er mir, wenn er sich nachts, völlig erschöpft, die Uniform und sogar noch die Stiefel an, zu mir legte, sein Gewehr stets unterm Bett. Er konnte nicht verstehen, daß andere nicht bereit waren, denselben 20-Stunden-pro-Tag-Arbeitseinsatz für das Land zu leisten, und war bald enttäuscht von den Kampfgefährten wie auch von seinem Volk, von dem er sprach wie von einer Familie, mal großzügig, mal streng, als seien ihm alle Kubaner zur Erziehung anvertraut.«

Marita wurde schwanger, erlitt eine Fehlgeburt, konnte schließlich mit Hilfe von Frank Fiorini alias Sturgis, eines in die kubanische Luftwaffe eingeschleusten amerikanischen Top-Spions, in die USA ausreisen. Dort schürte die CIA ihren Haß auf Fidel, überzeugte sie davon, der »Maximo lider« habe ihr Baby auf dem Gewissen. Aus der gutmütig-naiven Kapitänstochter wurde »la fria Alemaña«, die eiskalte deutsche Agentin, die sich vom Geheimdienst in mehreren Schulungslehrgängen in allen »Spezialitäten« des Tötens ausbilden ließ. Einmal ging sie nach Havanna zurück und drang in ihrer kubanischen Armeeuniform, die sie als Geschenk Fidels aufbewahrt hatte, mit einem mitgenommenen Schlüssel in Castros Allerheiligstes ein. Die Papiere, die sie dort stahl, brachten den Amerikanern erste Hinweise auf sowjetische Raketenstellungen auf Kuba. Ein anderes Mal lautete ihr Auftrag Mord: Betreuungsoffizier Sturgis, inzwischen in Miami, gab ihr zwei Giftampullen, die sie in Fidels Drink mischen sollte; es war einer von mindestens acht später von einem Untersuchungskomitee des amerikanischen Kongresses dokumentierten CIA-Mordkomplotten gegen Castro.

Marita Lorenz: »Die Kapseln waren in der Cremedose geschmolzen, wo ich sie aufbewahrt hatte. Aber ich hätte sie ohnehin in der Toilette hinuntergespült.« Und dann erzählt sie zum erstenmal Details über ihr damaliges Treffen mit Fidel. »Er kam ins Zimmer, sah mich an und sagte mir auf den Kopf zu, ich sei nur zurückgekommen, um ihn zu ermorden. Er zog seinen Revolver aus der Hüfttasche, gab ihn mir in die Hand und forderte mich mit ruhiger Stimme auf: ›Komm, drück ab!‹ Dann legte er sich hin und schloß die Augen, während ich mindestens zehn Minuten mit der Waffe vor ihm stand. Dann schrie er plötzlich los: ›Du kannst mich nicht umbringen! Keiner kann es, wenn ich es nicht selber tue! Und keiner verläßt mich ungestraft, so, wie du es getan hast!‹«

Fidel ließ seine Ex-Geliebte dann aber doch ziehen, wohl ahnend, welche Schwierigkeiten sie mit ihren Auftraggebern bekommen würde. (Marita Lorenz wurde später von der CIA in Unehren und ohne Mittel entlassen; für Recherchen zu ihrer Autobiographie durfte sie kürzlich mit Castros Einwilligung zurück nach Kuba.[8])

Die Hysterie zwischen den USA und Kuba hatte sich 1961 weiter hochgeschaukelt. Nach dem Besuch des stellvertretenden sowjetischen Ministerpräsidenten Anastas Mikojan, dem Abschluß eines umfangreichen Handelsabkommens und der Aufnahme diplomatischer Beziehungen zwischen Havanna und Moskau im Vorjahr begannen die Amerikaner einen Handelskrieg gegen Kuba zu eröffnen, und der neugewählte US-Präsident John F. Kennedy gab der CIA und den Exilkubanern von Florida sogar grünes Licht für eine Invasion, die in der Schweinebucht kläglich scheiterte.

Die Sowjets, die zunächst auf Fidel Castros Avancen nur sehr zögernd eingegangen waren – sie hielten ihn ideologisch, damals noch durchaus zu Recht, für einen unsicheren Kantonisten, fernab vom wahren Marxismus-Leninismus –, sahen nun ihre Chance, vor Amerikas Haustür einen Brückenkopf einzurichten. Sie übernahmen Kubas Zucker und lieferten, ab Frühjahr 1962, nicht nur Erdöl und technisches Know-how, sondern auch Waffen. KP-Generalsekretär Nikita Chruschtschow hatte den Eindruck gewonnen, daß der junge US-Präsident ein Weichling war, und entschloß sich zu einem riskanten Spiel: Er installierte auf Kuba Raketenstellungen, von denen aus alle amerikanischen Großstädte der Ostküste hätten zerstört werden können. Kennedy reagierte entschlossen und scharf: Er forderte die Russen ultimativ zum Abbau ihrer Raketen auf.

Für einige Tage stand die Welt im Oktober 1962 am Rande eines Atomkriegs zwischen den Supermächten, dann gab Chruschtschow nach – zum Ärger Castros, ohne ihn zu konsultieren oder ihn auch nur im voraus zu informieren. Wie wir erst aus Chruschtschows im Herbst 1990 posthum veröffentlichten Nachlaß wissen, hatte Fidel Castro ihn allen Ernstes dazu gedrängt, in einem Erstschlag Atomwaffen gegen die USA einzusetzen. (Castro bestreitet das in seiner Oktoberrede, Havanna 1990; gibt aber ohne nähere Erklärung zu, er könne »mißverstanden« worden sein.[9])

Spätestens Ende 1962 wird erkennbar, wohin Fidel Castros und Kubas Weg geht: in einen repressiven Staatssozialismus nach osteuropäischem Muster, in einen orthodoxen Marxismus-Leninismus. Nicht alles an der Bilanz der ersten drei Revolutionsjahre war negativ. So lief beispielsweise die Alphabetisierungskampagne mit großem Erfolg, die medizinische Versorgung vor allem auf dem Land hatte sich enorm verbessert, den einfachen Arbeitern wurden menschenwürdigere Lebensbedingungen geschaffen. Doch aus Angst vor dem Scheitern der Revolution ging Fidel daran, die heiligsten humanitären Ideale der Revolution zu verraten: Es gab schon bald keinen offenen Meinungsaustausch mehr, Hunderte wurden verhaftet, auch wenn sie noch so »loyale« Kritik am Regime geübt hatten. Journalisten und Künstler sollten nur noch »innerhalb der Revolution« kritisieren. Wo die Grenzen lagen, bestimmte selbstherrlich Fidel. Es kam zu Kampagnen gegen Homosexuelle, zur »Befreiung« der kubanischen Kunst von allen »konterrevolutionären Elementen«: Ein Klima der Repression und Angst legte sich wie ein Grauschleier über das Land, und es lag wohl an dem karibischen Charme der Insel, der Nonchalance und nicht ganz zu bändigenden Lebensfreude ihrer Bewohner, daß ausländische Besucher so wenig über die politische Unterdrückung schrieben. Kuba konnte nie ganz in osteuropäische Tristesse verfallen, auch dank des Klimas und Äußerlichkeiten wie der Sprache: Was in Bulgarien »Nationale Essensausgabestelle Nummer zwölf« hieß, war und blieb auf Kuba, bei vergleichbarem Mangelangebot, eben »Bodeguita del Medio« oder »Panaderias de los Milajeros«.

Der spontanen, chaotischen, aber sehr »menschlichen« Regierung der ersten Monate bemächtigte sich nach und nach ein durchkonstruierter Kaderapparat, der immer mehr den Kontakt zum Volk verlor. Ein zum »Schutz der Revolution« geschaffener Sicherheitsapparat erfaßte mit seinen »Nachbarschaftskomitees« bald jeden Bürger und war im Grunde nichts anderes als eine einzige Spitzel-Zentrale, ein Instrument zur allgemeinen Einschüchterung. Nur Fidels Persönlichkeit, seine Popularität hielt die Regierung zusammen. Gelegentlich stoppte er noch persönlich die übereifrigsten und exzessivsten seiner Kader, als könne er nicht glauben – und nicht tolerieren –, was da, in seinem Namen, aus der Revolution gemacht würde.

Aber immer seltener wollte er selbst von alten Freunden Kritik hören, konnte er andere Meinungen ertragen. Die Schwester Juanita wurde öfter bei ihm vorstellig, griff ihn scharf an wegen des Mangels an Toleranz, den sein Regime kennzeichnete. Er ließ sie dann gar nicht mehr zu sich vor, bis sie 1964 Kuba für immer den Rücken kehrte und, zunächst von Mexiko, dann von Miami aus, seine Regierung scharf verurteilte. Gustavo Arcos, der treue Mitstreiter, der an Fidels Seite bei der Moncada-Attacke für ein Leben lang zum Krüppel wurde, mahnte den »Maximo lider«, der sich 1965 nach sowjetischem Vorbild zum Generalsekretär einer neugegründeten Kommunistischen Partei machen ließ. Doch auch auf Arcos mochte Fidel nicht mehr hören, versuchte den Freund, der nach dem Sieg der Revolution Botschafter in Belgien geworden war, gleich nach der Rückkehr wieder irgendwohin ins Ausland abzuschieben. »Ich war ihm unbequem geworden«, sagt mir heute Arcos beim Gespräch und hat dabei Tränen in den Augen. Als Arcos in den siebziger Jahren mit seiner öffentlichen Kritik an Castros Kurs nicht zurückhielt, an dessen Versprechen vor Gericht erinnerte, die demokratische Verfassung von 1940 wiedereinzuführen, wanderte er wegen »konterrevolutionärer Umtriebe« für insgesamt acht Jahre ins Gefängnis. Hat er nicht versucht, Fidel Castro an Ihre persönliche Beziehung zu erinnern? »Ich habe ihm Dutzende Briefe geschrieben!« Kann es nicht sein, daß diese Briefe den »Maximo lider« nicht erreichten, daß er vielleicht gar nichts vom Schicksal des Freundes wußte? Da muß Gustavo Arcos lächeln, und es ist ein bitteres Lächeln. »Auf Kuba passierte nichts und geschieht auch heute nichts, was der ›Comandante en jefe‹ nicht selbst entscheidet.«

Die Regierung Fidel Castros konsolidierte sich weiter – doch der Preis war hoch. Der kubanische Revolutionär fühlte sich gezwungen, selbst die sowjetische Invasion 1968 in der Tschechoslowakei gutzuheißen – Offenbarungseid eines einst unabhängigen, aufrechten Revolutionärs, der ja gerade die nationale Unabhängigkeit auf seine Fahnen geschrieben hatte. Fidel ließ nichts und niemanden mehr an sich herankommen. Trotzig und zunehmend empfindlich, versuchte er sein Land zu einer einzigen großen Jesuitenschule zu machen, der er als Direktor Disziplin, Arbeitseinsatz und Gehorsam einbleute. Auch seinen einzigen Sohn »schenkte er der Sache«, wie er es einmal ausdrückte, schickte ihn zum Studium nach Moskau.

Je mehr Fidel Castro merkte, daß sein kubanisches Experiment auf Sand lief, desto mehr fühlte er sich zum »Welt-Politiker« berufen, zu einem, der seine Revolution weit über die Insel hinaus in andere Kontinente hineintragen mußte.

1975 schickte er, nach Rücksprache mit Agostinho Neto, dem Führer der angolanischen Volksbefreiungsbewegung MPLA, kubanische Truppen nach Afrika. Es waren Fidel Castros Idee und Initiative, keinesfalls die der Sowjets, wie es immer wieder heißen sollte. Über ein Jahrzehnt lang waren bis zu 200000 Kubaner in

Afrika stationiert, nicht nur Soldaten, sondern auch Militärberater, Ärzte und Lehrer. Diese Solidarität mit der Dritten Welt gab Fidels Popularität im eigenen Land noch einmal einen Aufschwung, jedenfalls so lange, bis die ersten Särge mit gefallenen Kubanern eintrafen. Es gelang dem Revolutionsführer, viele junge Leute von ihrem »internationalen Auftrag« zu überzeugen und ihnen den Stolz auf Kubas Rolle einzuimpfen. Die Weltjugendfestspiele von 1978 in Havanna und die Gipfelkonferenz der blockfreien Staaten ein Jahr später in der kubanischen Hauptstadt, die ihn, bis 1983, zu ihrem Vorsitzenden machte, waren die letzten großen Höhepunkte in Castros Karriere: Er war nun zweifelsohne ein Politiker von Weltformat, ein Mann, der weit über seine kubanische Heimat hinaus – und weit überproportional zu deren Gewicht in der Welt – Einfluß und Prestige besaß, der geliebt und gehaßt wurde.

Vielleicht wird man später einmal sagen, daß der Besuch Michail Gorbatschows im April 1989, anläßlich der Feier der 30jährigen Revolution, der Anfang vom Ende war. Es entbehrt nicht einer bitteren Ironie, daß ausgerechnet Fidel Castro, der verbal immer gegen jede Orthodoxie der marxistisch-leninistischen Lehre gekämpft hatte, der von der stets notwendigen »Anpassung« an neue Entwicklungen sprach, nun Gorbatschows Reformen so starrsinnig widersprach.

Keiner unserer drei Lebenszeugen, der einstigen engen Vertrauten Fidel Castros, glaubt daran, daß er angesichts der sich so dramatisch auftürmenden Probleme aufgeben oder auch nur sich mäßigen wird: »Er ist kein Mann, der sich einer sentimentalen Altersmilde hingibt« (Juanita Castro). »Er wird in keinem einzigen Punkt nachgeben, sondern seinen Kurs gegen Andersdenkende nur noch verschärfen, auch auf das Risiko eines Blutbades hin« (Gustavo Arcos). »Er hat ein messianisches Bedürfnis nach Ruhm, nach Größe, nach Heldentum, und ich denke, diese Träume verstärken sich bei ihm täglich« (Marita Lorenz).[10]

Aus dem Volkstribun, der einmal als Idealist gestartet war, der noch bei seinem Amtsantritt vom Wettbewerb der Ideen schwärmte, ist ohne Zweifel ein Diktator geworden, der heute jede abweichende Meinung gnadenlos verfolgen läßt. Einer, der sich an die Lebenslüge klammert, er habe seinem Volk die Unabhängigkeit gegeben, wo er doch nur die Abhängigkeit von den Amerikanern gegen die Abhängigkeit von den Sowjets eingetauscht hat. Einer, der glaubte, seine Revolution verraten zu müssen, um sie zu »retten«. Einer, der als Regierungschef nur sich selbst als Staatsoberhaupt verantwortlich ist, der als höchster Parteiboß seine eigene ideologische Festigkeit kontrolliert und als Oberkommandierer der Streitkräfte ausschließlich auf eigene Befehle hört – Fidel Castro lebt mit dem Mißverständnis und von dem Mißverständnis, er allein sei die Revolution, er sei Kuba, er sei der Sozialismus und damit am Ende auch der Herr über Leben und Tod.

Einsam ist er geworden, von der Krankheit aller Diktatoren befallen: In seinem Umfeld tummeln sich nur noch Jasager und Schmeichler. Schmerzlich fehlt ihm der mäßigende Rat seiner langjährigen Lebensgefährtin Celia Sanchez, die 1980 an Krebs starb, das Korrektiv seiner Mitkämpfer Haydee Santamaria und Osvaldo Dorticos, die beide Selbstmord begingen, mit denen ihn stets mehr verband als mit seinem Bruder Raoul, dem Verteidigungsminister, der ihm im Todesfalle nachfolgen würde.

Andere, die ihm einmal viel bedeutet hatten, ließ er einkerkern. Nicht nur Gustavo Arcos, der im kubanischen Untergrund eine unabhängige Menschenrechtsgruppe aufgebaut hat und an einer sozialdemokratischen Alternative zum Castro-Regime arbeitet, was ihn nicht nur in Gegensatz zum Comandante, sondern auch zu den rechtsmilitanten Exilkubanern bringt. Fidel ließ 1989 mit General Ochoa auch einen Vertrauten im höchsten militärischen Rang hinrichten, nachdem ihn ein Gericht illegaler Drogengeschäfte überführt hatte (von denen der Staatschef, der ja über jede Kleinigkeit auf der Insel Bescheid weiß, eigentlich schon lange hätte wissen müssen): vielleicht eine letzte Warnung an die Militärs, nicht zuviel »Eigenleben« zu entwickeln.

Krampfhaft klammert sich Fidel Castro an die Bedrohung aus Washington, sie ist der letzte Kitt für sein Regime. Hat nicht Außenminister James Baker – ausgerechnet in Moskau – noch im Februar 1990 eine amerikanische Invasion keinesfalls ausgeschlossen? Redete nicht US-Vizepräsident Dan Quayle noch im März einer »Contra«-ähnlichen Einsatztruppe gegen Kuba ausdrücklich das Wort und betonte seine Überzeugung, nur so sei Havanna »zur Raison« zu bringen? Hat nicht auch George Bush die Bedingung für eine Normalisierung der Beziehungen erst kürzlich verschärft, als er nicht nur freie Wahlen, sondern gleich auch noch eine freie Marktwirtschaft und eine erhebliche Reduzierung des kubanischen Militärs verlangte?

Fidel Castros kubanischer Kommunismus hält sich nicht aus eigener ideologischer Kraft aufrecht, sondern dadurch, daß er gegen etwas ist, das immer noch viele als schlimmer empfinden: eine brutale, arrogante amerikanische Dominanz. Der Comandante weiß wohl, daß er sein Regime, seine Partei kaum zusammenhalten könnte, beendeten die Amerikaner ihren Wirtschaftsboykott, streckten sie ernsthaft Friedensfühler Richtung Havanna aus; aber er spekuliert, vermutlich zu Recht, darauf, daß Washington ein blutiges, ein spektakuläres Ende auf Kuba einem friedlichen Wandel vorzieht. Und Castros letzter, zynischer Beweis für seine »Unabhängigkeit« ist, daß er Kuba ohne Washingtons Einwilligung, in eigener Souveränität zerstören kann. »Eher verschwindet die Insel im Meer, als daß wir unseren Sozialismus aufgeben«, sagt der Revolutionsführer bei seiner Rede 1990 in Havanna.

Ob sich Fidel Castro Ruz in den schlaflosen Nächten seiner 35 Verstecke wohl eingesteht, daß er gescheitert ist? Ob er wohl noch immer davon träumt, die Revolution permanent machen zu können, und die Stelle bei seinem geliebten Hemingway überschlägt, wo da steht: »Eine Revolution ist eine Katharsis, eine Ekstase, die nur die Tyrannei verlängern kann«? Ob er, wie der Schriftsteller John Kirch vermutet, tatsächlich mit dem Gedanken spielt, die Fernsehrechte an seinem Staatsbegräbnis exklusiv an eine amerikanische Fernsehgesellschaft zu vergeben, vorausgesetzt, der Preis stimmt, und sie übertragen zur besten Sendezeit?[11]

Fidel Castro hat einmal gesagt, Don Qichotte sei seine Lieblingsfigur in der Literatur.[12] Der Idealismus und der Wahn des Ritters von der traurigen Gestalt, der es auch mit Windmühlenflügeln aufnehmen wollte, gleichen für ihn »dem Wahn eines Revolutionärs«. Ein Ziel zu erreichen ist wichtig, ein Ziel zu verfolgen ist wichtiger – auch wenn es sich um ein zum Scheitern verurteiltes Unternehmen handelt, wie etwa das Schaffen eines »neuen Menschen«. Che Guevara, der Freund, hat es beim Guerilla-Einsatz in den bolivianischen Bergen 1967, José Marti, das Idol, beim Freiheitskampf 1895 vorgemacht: Der Opfertod kann eine letzte, die endgültige Propagandawaffe der Revolution sein. »Als ob man sinnlos stürbe, wenn man für eine gerechte Sache stirbt«, hat der Comandante dazu selber einmal gesagt.

Und so hat sich wohl auch Fidel entschlossen, der einzige Diktator der Welt, den sein Volk – trotz allem – beim Vornamen nennt, endgültig entschieden für einen blutigen Untergang, mit möglichst vielen Getreuen an seiner Seite. Für ein »ruhmreiches Vermächtnis«, einen Platz in den Büchern der Geschichte, die ihn dafür allerdings nicht freisprechen wird. Für Sozialismus *und* Tod.

DER BESESSENE DER WÜSTE

MUAMMAR AL-GADDAFI, LIBYEN

Gäbe es einen Preis unter Staatsmännern für exzentrisches Verhalten auf der internationalen Bühne, für die Bestätigung westlicher Vorurteile über Araber, Muammar al-Gaddafi hätte wenig ernsthafte Konkurrenz zu fürchten.

Nehmen wir zum Beispiel das Gipfeltreffen der blockfreien Staaten im September 1989, von 102 Regierungschefs in der jugoslawischen Hauptstadt Belgrad besucht. Gaddafi kam nicht nur mit 50 Leibwächtern, darunter seine waffenstarrende weibliche Prätorianergarde, nicht nur mit einem mit besonderem schußsicherem Glas ausgestatteten Cadillac – er brachte auch zwei edle Schimmel und sechs Kamele mit. Die stark irritierten Gastgeber legten ihr Veto ein, als der libysche Revolutionsführer allen Ernstes darum bat, an der Konferenzhalle vorreiten zu dürfen, doch sie hatten natürlich nichts dagegen, daß Gaddafi die gereichten Getränke schmähte und statt dessen auf die Milch seiner Kamelstuten auswich.

Seine Rede in Belgrad war die längste, und sie war so ungewöhnlich und farbig wie sein Outfit. Er trug eine weiße Seidentunika mit kostbaren Silber- und Goldstickereien, einen Turban auf dem Kopf und nichts an den Füßen. Er hatte einen Vorschlag, um »die Juden für alle Zeiten aus Palästina zu vertreiben«: »Sie könnten doch in Elsaß-Lothringen angesiedelt werden. In Europa gab es etliche Kriege wegen dieses Gebiets, bis heute weiß niemand so recht, wem die Region eigentlich gehört, Deutschland könnte noch einmal aufstehen und dort Rache üben. Ich sage: Gebt Elsaß-Lothringen den Juden! Laßt sie einen Pufferstaat zwischen Frankreich und Deutschland bilden!« Ersatzweise schlug Gaddafi noch ein anderes Aussiedlungsgebiet vor: Alaska, »da stören sie niemanden«. Und weil er nun schon einmal dabei war, die Weltkarte umzumodeln, überraschte er die Delegierten mit einer weiteren Idee: »Wir Moslems wollen New York haben. Wir mögen New York. Warum nicht? Die Juden mögen Palästina und sind dort eingedrungen, ich mag New York. Jawohl, eine Milliarde Moslems werden dort hingehen und die Stadt einnehmen. Die Vereinten Nationen sollten uns dabei unterstützen.«

Einige Staatschefs lachten, weil sie das für einen gelungenen Scherz hielten, doch die meisten schauten betreten bis ratlos zur Seite – sie waren sich durchaus nicht sicher, ob Muammer al-Gaddafi nicht jeden Satz, jedes Wort genauso gemeint wie gesagt hatte.

Unberechenbar. Eigenwillig. Sprunghaft. Überspannt. Das sind noch die freundlicheren Ausdrücke, mit denen man den libyschen Revolutionsführer bedacht hat. Einige fanden für seine so offensichtlichen Abweichungen von der Norm noch härtere Formulierungen, so beispielsweise der frühere ägyptische Staatschef und Friedensnobelpreisträger Anwar el-Sadat: »Der Kerl ist ein Psychopath, ein Fall fürs Irrenhaus – der ist total übergeschnappt!« So einer, meinte Sadat 1978, würde wohl bald einmal von einem Attentäter umgebracht werden. Doch da irrte der ägyptische »Rais«: Die Mörder kamen zu ihm, Muammar al-Gaddafi lebt, es geht ihm trotz eines halben Dutzends Attentate aus dem In- und Ausland sehr gut. Der Libyer konnte im September 1990 schon den 21. Jahrestag seiner Revolution feiern.

Er ist noch jederzeit für eine Überraschung gut. 1987 schwang er sich persönlich auf einen Raupenschlepper und riß damit die Gefängnistore ein: Künftig sollte Libyen das erste Land der Welt ohne Gefängnisse sein. Dann sprengte er die Grenzbefestigungen zu Tunesien und öffnete dieses lange mit ihm verfeindete Land für »die Brüder von beiden Seiten«. 1988 fiel er bei der Gipfelkonferenz der arabischen Staaten auf, als er einen einzelnen weißen Handschuh à la Michael Jackson trug: Er wolle sich, erklärte Muammar al-Gaddafi, nicht »anstecken«, wenn er solchen Staatsführern die Hand schütteln müsse, die auch schon Kontakt mit israelischen Offiziellen gehabt hatten. Im selben Jahr erlebten deutsche Eishockey-Fans eine Überraschung: Der libysche Revolutionschef kaufte für 5,8 Millionen Mark das Recht auf Trikotwerbung beim Bundesligaclub

ECD Iserlohn und ließ auf den Leibchen der Schlittschuhkünstler – Eishockey ist eine Sportart, die wegen der Temperaturen im Wüstenstaat Libyen nie so recht Fuß fassen konnte – für sein »Grünes Buch«, seine Revolutionsbibel, werben.

Gaddafi, der Exzentriker, ist aber nur die eine Seite seines weltweiten Images; die andere Seite: Gaddafi der Super-Terrorist. Das amerikanische Nachrichtenmagazin »Newsweek« nannte den libyschen Revolutionsführer einmal den »gefährlichsten Mann der Welt« (das war in einer Zeit, als der irakische Präsident Saddam Hussein in den USA Gaddafi noch nicht als Feind Nummer eins, noch nicht als Inbegriff alles Bösen, noch nicht als »Hitler der Stunde« abgelöst hatte). Für US-Präsident Ronald Reagan war Gaddafi »der tollwütige Hund, der verrückte Beduinen-Boy, dem man sein blutiges Handwerk legen« mußte. Der Chef der stärksten Militärmacht der Erde, der Repräsentant eines 245-Millionen-Volkes erklärte dem Führer eines Vier-Millionen-Volks am anderen Ende der Welt den Krieg und schickte im April 1986 seine modernsten Kampfflugzeuge, um sein Hauptquartier zu bombardieren und Gaddafi zu töten.

Weil Gaddafi freimütig zugibt, daß er »Befreiungsbewegungen« in aller Welt mit Waffen und Logistik unterstützte – darunter international anerkannte wie die SWAPO in Namibia oder die palästinensische Befreiungsbewegung PLO, aber auch solche eindeutigen Terrortrupps wie die ETA im Baskenland, die IRA in Nordirland und Italiens »Rote Brigaden« –, war er mit nahezu jedem internationalen Terroranschlag in Verbindung gebracht worden: mit dem Mord an den israelischen Sportlern bei den Olympischen Spielen 1972 in München wie mit Flugzeugattentaten, Sprengstoffanschlägen und Entführungen, die Hunderte Unschuldiger das Leben kosteten. Nicht immer existierten Beweise oder auch nur Anhaltspunkte für diese Anschuldigungen, im Fall München überhaupt keine, oft herrschte im Westen die Tendenz vor, Gaddafi einfach zum Prügelknaben für unaufgeklärte Fälle zu machen. »Irgend etwas« müsse der Mann ja damit zu tun haben, der zu unterschiedlichen Zeiten Terroristen wie Abu Nidal oder Carlos Unterschlupf gewährt und Terroristen-Ausbildungslager auf seinem Staatsgebiet geduldet hatte.

Aber in einigen Fällen gibt es schon erdrückende Beweise. Für die

Mordkampagne gegen die »streunenden Hunde«, wie Gaddafi libysche Dissidenten nannte, die er überall im Exil in Europa zwischen 1980 und 1982 verfolgen und skrupellos umbringen ließ. Für die Schüsse, die aus dem Libyschen Volksbüro, der Botschaft in London, 1984 auf Anti-Gaddafi-Demonstranten abgegeben wurden und bei denen auch eine englische Polizistin starb. Für den Anschlag auf die Westberliner Diskothek »La Belle«, bei der ein amerikanischer Soldat ums Leben kam. Es existierte in der DDR-Staatssicherheits-Hauptabteilung II, Spionageabwehr, eine Abteilung 15, spezialisiert auf Libyen; in einer Akte dort steht, daß ein staatenloser Palästinenser namens Jassir Chaidri »im Auftrag des libyschen Geheimdiensts als Organisator und Inspirator« der Aktion tätig war, unterstellt einem Kommandoführer Musbah Abu el-Kassim (Deckname: »Derwisch«), der für von Gaddafi befohlene Mordanschläge in ganz Europa verantwortlich zeichnete.

Und alle Anzeichen sprechen dafür, daß der Revolutionsführer sich aktiv um den Bau oder, mit pakistanischer Hilfe, den Anteil an einer »islamischen« Atombombe bemühte. Daß er 1989 mit aktiver Unterstützung deutscher Unternehmen in Rabita eine Chemiewaffenproduktion starten wollte. Daß er 1991 eine Fabrik für biologische Kampfstoffe nahe Sabha plant.[1]

Wenn man mit einfachen Libyern in Tripolis, Benghazi oder Sirt spricht, taucht da noch ein dritter, ganz anderer, viel positiverer Muammar al-Gaddafi auf: der Wohltäter seines Volkes. Sie erwähnen die kostenlose Schulbildung, die eigenen, staatszugeteilten Wohnungen, die unentgeltliche ärztliche Versorgung im ganzen Land; viele junge Frauen sehen in Gaddafi ihren »Befreier«, können sie heute doch, anders als in der Vergangenheit, anders aber auch als ihre Geschlechtsgenossinnen in den meisten Nachbarländern, Karriere im Busineß, in der Staatsverwaltung, in der Armee machen. Viele Ältere sind stolz darauf, daß Libyen »auf der internationalen Bühne eine große Rolle spielt« (und scheinen nicht besorgt darüber, welche), daß Gaddafi mit seiner Revolution die koloniale Unterdrückung abgestreift, die Ausländer »aus Libyen hinausgeworfen«, dem Land ein »neues Selbstbewußtsein« gegeben habe. Die Dutzende von Gaddafi-Postern in den Geschäften und Ämtern mögen auch aus Angst vor der alles kontrollierenden Geheimpolizei, als Beweis für »Loyalität« aufgehängt worden sein; die fast ebenso zahl-

Vom Wüstensohn zum Intimfeind der USA: Muammar al-Gaddafi

reichen Führerbilder in den Privathäusern sind offensichtlich oft auch Zeichen aufrichtiger Verehrung.

Muammar al-Gaddafi, der internationale Pausenclown und erratische Irrwisch; Muammar al-Gaddafi, das Terror-Monster und der Schrecken des Westens; Muammar al-Gaddafi, der gute Mensch, Wohltäter und Befreier am heimischen Herd. Kann der *wahre* Gaddafi bitte vortreten? Wer ist dieser Muammar, dessen Vorname »der Erbauer, der Erneuerer« bedeutet, denn nun wirklich?

Es gibt nicht viele, die Gaddafi gut kennen und bereit sind, über ihn offen zu sprechen. Das ist nicht weiter verwunderlich, wenn man bedenkt, daß auch schon vorsichtige Kritik manche das Leben oder zumindest den Job gekostet hat. Aber da führt auch noch etwas anderes zur Zurückhaltung, wie Omar el-Meheischi mir beim Interview anvertraute: »Der ›Kait‹, der Führer, ist ein sehr zurückgezogener, privater, asketisch lebender Mensch. Er öffnet sich auch den meisten Menschen in seiner unmittelbaren Umgebung nicht, er hat Angst davor, Geheimnisse oder gar seine tiefsten inneren Überlegungen mit anderen zu teilen. Was viele für ›baraka‹ halten, eine Art von Persönlichkeit, die weit über das Charisma hinaus in den Bereich des Mythischen hineingeht – es ist in Wahrheit nur eine Form von äußerster Einsamkeit.«

Unser Gespräch fand 1976 in Kairo statt, an einem geheimen Ort, irgendwo außerhalb der ägyptischen Hauptstadt, wo Meheischi im streng bewachten Exil lebte. Er war im Jahr zuvor Hals über Kopf aus Libyen geflohen, weil sein Versuch eines Staatsstreichs in der Heimat aufgeflogen war. Meheischi, einer der zwölf Offiziere, die zusammen mit Gaddafi den Coup von 1969 inszeniert und König Idris abgesetzt hatten, war zur Zeit seiner Flucht Planungsminister und einer der wichtigsten Politiker im Lande. »Ich sperrte mich gegen Gaddafis wirtschafliches Mißmanagement, gegen seine größenwahnsinnige Ideologie, mit der er glaubte, die ganze Welt erklären und sich ihm untertan machen zu können. Er hatte Angst vor mir, weil er wußte, daß ich ihn entlarvt, ihn durchschaut hatte – als einen Kaiser ohne Kleider, als einen ›Denker‹ ohne jeden ernst zu nehmenden intellektuellen Hintergrund.«

Ich fragte damals Omar el-Meheischi, ob er Angst habe, daß Gaddafi ihm eine Kommandoeinheit nachschicken würde, einen rächenden Terroristen-Trupp. Doch der ehemalige libysche Hauptmann und Minister zuckte nur die Schulter: »Ich weiß, er kann mich leiden, er mag mich, verdankt mir viel. Trotzdem hätte er keine Skrupel, mich zu töten – er würde mich umbringen und dann an meinem Grab weinen. So ist Gaddafi. Ich muß ihm zuvorkommen. Ich werde libysche Widerstandskämpfer um mich scharen und von hier aus den Kampf gegen ihn starten.« Im nächsten Jahr erhielt ich ein Pamphlet einer obskuren »libyschen Widerstandsregierung«, an deren Spitze Meheischi stand. Es ginge aufwärts mit der »Befreiung von Gaddafi«, verkündete ein Schrieb drei Jahre später, gezeichnet von ihm. Dann hörte ich lange nichts mehr von Omar el-Meheischi, bis 1984 eine Zeitung meldete, er sei verschwunden. Die amerikanische Professorin Lillian Craig Harris, durchaus keine blinde Gaddafi-Hasserin, fand später Details heraus: Es war der marokkanische Geheimdienst – ein Feind, mit dem Meheischi bestimmt nicht gerechnet hatte –, der ihn nach Tripolis verschleppte. »Dort wurde er in einem Gefängnis von Gaddafis Männern zu Tode getreten, während Gaddafi selbst in einem Nebenraum wartete, bis es vorbei war« (Harris).[2]

Solche Geschichten klingen so schauerlich, so abstoßend, so aufregend, daß alle Leute unweigerlich denken, Libyen müsse ein Land sein, das einen ständig in Atem hält: Panzerfaust schwingende Miliz auf den Straßen, martialische Soldatinnen mit Gewehr im Daueranschlag, Fahnen schwenkende und Slogan skandierende Jugendliche. Ganz im Gegenteil: Libyen ist eine einzige riesige, todlangweilige Sandbüchse, zweifellos die wahre Heimat des Sandmännchens. Tripolis, mit 400 000 Einwohnern Wohnort fast jedes zehnten Libyers, eine Stadt wie ein Sedativ. Eine Stadt, die spät aufsteht, früh schlafen geht und auch zwischendurch nie ganz wach wird. Ein Platz zum Auskurieren von Managerkrankheit und Workaholismus, über den sich gefängnisartige Eintönigkeit gelegt hat wie Mehltau. Ich war 1990 zu zehn Tagen Libyen verurteilt, zehn Tagen Tripolis ohne Bewährung.

Die Hauptstadt häßlich zu nennen wäre ungerecht. Es gibt da durchaus attraktive Häuser aus der italienischen Kolonialzeit mit schön verzierten Balkonen, Straßenzüge mit frisch weiß-grün getünchten Wänden, das Museum im Malteserritter-Fort aus dem 16. Jahrhundert. Aber die Menschen scheinen alle in den Dornröschenschlaf versetzt: die Taxifahrer, dösend in ihren Toyotas oder

Mercedessen. Die Frauen, vermummt in die Ecken der Parks gedrängt, wie reglos. Die Rentner, so ziemlich alle Männer zwischen 20 und 80 Jahren, an den Ufermauern oder in den Souks kartenspielend und offensichtlich uninteressiert an Gewinn oder Verlust. Ich sah in Libyen nur Ausländer arbeiten: Pechschwarze, zerlumpte Gestalten aus dem Tschad fegten die Straßen oder räumten den Müll weg. Zimmermädchen aus Ägypten und Pakistan machten mein Hotelbett. Der Koch stammte aus dem Sudan, der Kellner aus Tunesien, der Mann an der Rezeption aus Marokko. Gaddafis Revolution oder vielmehr die gigantischen Ölvorkommen des Landes, ausgebeutet von Engländern, Franzosen und Holländern, haben Libyen zu einem Nichtarbeiter-Paradies gemacht, die Libyer zu einem Volk untätiger Wohlstands-Scheckempfänger.

Ihre Tragik ist nur: Es fällt ihnen schwer, das gute Leben zu genießen. An Kneipen ist beim strikten islamischen Alkoholverbot sowieso nicht zu denken. Aber auch beim Shopping: weitgehend Fehlanzeige. Die meisten der Geschäfte an der Hauptstraße von Tripolis scheinen nie zu öffnen, schwere Gitter aus Eisen bleiben auf ewig heruntergelassen. In den wenigen offenen Läden enttäuscht, gemessen am Reichtum des Landes, das Warenangebot, es hat in seiner freudlos-lieblosen Präsentation einen bulgarisch-rumänischen Sozialismus-Touch – als wäre Tripolis Temesvar. Der Renner an den wenigen Zeitschriftenkiosken ist, bonjour, tristesse!, »Burda Moden« auf arabisch.

Es gibt so gut wie keine Unterhaltungsmöglichkeiten. Die beiden staatlichen Fernsehprogramme liefern endlose Koran-Interpretationen, Exegesen der Gaddafi-Schriften oder mal Kurznachrichten mit den Gaddafi-Unternehmungen des Tages sowie den jüngsten Untaten der »zionistischen Mörderbande« (Israels Regierung); dazwischen allenfalls mal so kurzweilige Sendungen wie »Die neuesten Erkenntnisse der Mumpsforschung« oder »Die letzten Geier-Brutplätze von Südspanien«. Daß sich dabei keine lustvolle Zerstreuung einstellt, ist durchaus gewollt und gehört zu den Eckpfeilern des Gaddafischen Regierungssystems. Der Revolutionsführer schreibt in seinem »Grünen Buch«, das in Libyen so allgegenwärtig ist wie Maos »Rotes Buch« einst in der Volksrepublik China: »Diejenigen, die ihr Leben aktiv selbst gestalten, brauchen es sich nicht von Schauspielern im Theater oder im Kino vorspielen zu lassen. Beduinenvölker schauen nicht Ausübenden zu, sondern nehmen selbst teil.«

Folglich sind auch Fußball-Länderspiele oder sonstige sportliche Großereignisse abgeschafft: »Die Tausende, die die Stadien füllen, um zu schauen und zu applaudieren, sind dumme Menschen, da sie die sportliche Tätigkeit nicht selbst gestalten . . . Die Haupttribüne, dazu da, die Massen am Zugang zum Spielfeld zu hindern, wird verschwinden, wenn niemand mehr auf ihr Platz nimmt«, prophezeit und verordnet der »Große Führer« seinem Volk.

Doch so weit ist der neue arabische Mensch, den Gaddafi schaffen will, von dem er erwartet, daß er sich selbst organisiert und regiert und erzieht und zügelt, noch lange nicht. Die bourgeoisen Gelüste der real existierenden Libyer fallen selbst dem flüchtigsten Besucher nach wenigen Stunden auf. Da sind die Autowettrennen, die quer durch die Städte, aber auch quer durch die Wüste ausgetragen werden, als eine Art Ersatzbefriedigung für ansonsten untersagte Entspannung; sie machen Zufußgehen in Tripolis bei jeder Tages- und Nachtzeit zu einem riskanten Unterfangen. Und dann kommt noch eine andere Variante ins Spiel, das dröge Revolutionsgesetz durch Lustgewinn zu betrügen: Video. Fast jede Familie besitzt ein Abspielgerät, die Nation sammelt sich Abend für Abend in Tausenden kleiner Videotheken, in den eigenen vier Wänden, angesagt ist eher Krimi oder Karate als Koran. Das Angebot in den einschlägigen Ausleihen kann sich durchaus am internationalen Standard messen: Schwarzenegger-stallonisch kommt es daher, natürlich ohne Pornos oder auch nur Softsex-Streifen. Auch in Sachen Poster präsentiert sich die libysche Fangemeinde auf Weltniveau: Über die Ladentische geht der übliche Madonna-Maradonna-Mischmasch der Fußball- und Pop-Fans.

Das Hotel »Al Kabir« im Zentrum von Tripolis wird meine zweite Heimat beim Warten auf das Gaddafi-Interview. Solche Wartezeiten sind ein libysches Ritual – gleichgültig, ob der Revolutionsführer viel oder wenig zu tun hat, muß dem anreisenden Journalisten seine eigene Bedeutungslosigkeit klargemacht werden, ebenso wie die zentrale Stellung des libyschen Führers. Drei Tage Wartezeit gilt als Minimum, eine Woche als Schnitt. Es gab aber auch schon einmal vierzig von Gaddafi eingeladene Journalisten, die alle gleichzeitig in Tripolis ankamen, weil sie dachten, sie hätten ein

Exklusivinterview mit dem »Kait«. Nachdem sie sich grummelnd mit einer Pressekonferenz abgefunden hatten, beschloß Gaddafi nach einigen Tagen, daß er doch lieber vor den einheimischen Fernsehkameras und ohne ausländische Beteiligung auftreten wollte, und warf die vierzig kurzerhand wieder aus dem Land.

Jedes Gaddafi-Interview birgt also, auch nach der prinzipiellen Zusage des »Führers«, einen Nervenkitzel, eine spannende Ungewißheit in sich, Mischung aus »Warten auf Godot« und »Hitchcock-Open-end«. Das Ritual gibt dem Reporter – da es schließlich jeden Moment losgehen kann und man sich von seinem Aufenthaltsort bei diesem »Leben auf Abruf« nie lange entfernen darf – aber gute Chancen, Menschen im Hotel zu studieren.

Im »Al Kabir« von Tripolis treffen sich alle möglichen Menschen, die nicht so recht sagen wollen, was sie eigentlich in Libyen machen. Zum Beispiel der nette ältere Herr mit dem Musterkoffer am dritten Tag, zu dem ich mich beim Frühstück an den Tisch setze: Er mache Geschäfte, sagt er. Aha. Bitte um weitere Auskünfte. Er stamme aus dem Westfälischen, murmelt er etwas vage. Er vertrete einen Arzneimittel-Konzern, flüstert er schließlich, schon etwas ungehalten über das neuerliche Nachbohren und in einer Lautstärke, als sollte das doch bitte unter uns bleiben. Nun brauchen natürlich auch die Libyer Aspirin und andere Tabletten und haben dazu, wie Muammar al-Gaddafi immer wieder betont, gerade eine neue Fabrik in Rabita eingerichtet. Doch die Amerikaner behaupten eben von jener Fabrik in Rabita, und andere Geheimdienste sowie Satellitenaufnahmen scheinen diese Behauptung zu bestätigen, sie diene zur Herstellung hochgiftiger chemischer Kampfstoffe. Deutsche Firmen – allen voran Imhausen und Co. – haben dabei an vorderster Front mitgewirkt, sind auch schon »aufgeflogen«, aber Washington will wissen, andere Unternehmen aus der Bundesrepublik seien nach wie vor an dem Giftgas-Projekt beteiligt.

Wie einer der »Merchants of Death«, der skrupellosen Todeskrämer, wirkt der nette ältere Herr aus dem Westfälischen nun wirklich nicht. Er zeigt mir ein Familienbild, zwei kleine Töchter vor einem Bungalow auf einer Hollywoodschaukel, sehr beschaulich, sehr niedlich; aber weiß einer denn, wie »Todeskrämer« aussehen?

Dann sind da noch die Herren aus Kuwait im »Al Kabir«. Alle mit Übergewicht, alle mit dicken Goldringen an den Fingern, alle mit BMWs, in denen Chauffeure warten: Exilanten erster Klasse; keine panikgebeutelten »Boat People«, die in letzter Not vor den irakischen Truppen in Nußschalen aufs Meer hinausflohen, sondern kühl rechnende Experten, die wußten, wann es die Reichtümer – und sich – zu transferieren galt: »Yacht People«. Die Kuwaitis verstehen sich offensichtlich glänzend mit den einheimischen Geschäftsleuten und Regierungsbeamten, sitzen stundenlang mit ihnen in der Lobby oder der »Bar« und schlürfen den wunderbar starken, Kardamom-gewürzten Kaffee.

Meine Favoritin im Hotel aber ist eine blonde Engländerin unbestimmten Alters, die mit ihrem Mann, einem Archäologen, ein Ausgrabungsprojekt in der Wüste betreut und jedermann mit ihrer Gaddafi-Vernarrtheit auf die Nerven geht. Sie fragt in jedem der Hotel-Shops nach Postern und ersteht Gaddafi betend, Gaddafi hoch zu Roß und Gaddafi mit ordensgeschmückter Brust. Doch das reicht ihr bei weitem nicht, und am Abend Nummer sechs im »Al Kabir« macht sie mich mit allen ihren Schätzen vertraut, darunter solch seltene Stücke wie Gaddafi mit zwei seiner Kinder, Gaddafi vor dem Wüstenzelt, Gaddafi im Anzug, in der traditionellen Abbaya, und Porträts von vorne wie Profile von rechts und links. Er guckt auf den Bildern immer sehr nachdenklich; aber die englische Lady ist glücklich.

Ich mochte ihr nicht sagen, daß ich demnächst ihren Helden interviewen würde, weil ich Angst hatte, daß sie mir aufgelauert hätte und darauf bestanden, »nur für ein Autogramm« mitzukommen. Außerdem glaubte ich auch langsam nicht mehr an meinen Gesprächstermin. Zeit zum Kofferpacken, auch unverrichteter Dinge. Ich kannte inzwischen jeden libyschen Geheimdienstbeamten im Hotel und, wie mir schien, selbst ihre Dienstpläne; ich wußte, wer die Kindersendungen im libyschen Fernsehen ansagte und zu welcher Zeit; ich vermochte sogar vorauszusagen – kurz nach Sonnenuntergang –, wann die Tausende von Spatzen vor meinem Balkon ihre Kunstflugübungen starten, sich gleitend zu schwarzen Drachen oder seidigen Ziehharmonikas zusammenfügen und dann in der Himmelshöhe auseinanderstieben würden wie explodierende Feuerwerkskörper.

Die Nacht, in der sie mich dann abholen und zur Audienz mit Oberst Muammar al-Gaddafi bringen, ist samtweich und sternenklar, eine Nacht wie die im April 1986, als amerikanische F-111-Bomber das Hauptquartier des libyschen Revolutionsführers angriffen und dabei mehr als 50 unschuldige Zivilisten töteten. Die Blicke meiner Begleiter gehen, so kommt es mir jedenfalls vor, immer wieder besorgt gen Himmel, als suchten sie ihn angestrengt ab nach verdächtigen Lichtpunkten. Und tatsächlich blinkt dann irgend etwas in der Ferne, irgendwo am Rande der Hauptstadt Tripolis, durch die wir auf breiten, menschen- und fahrzeuglosen Straßen Richtung Wüste rollen: Rot aus, Rot an, Rot aus, Rot an.

Als wir uns der Lichtquelle nähern, sehe ich, daß es sich um einen riesigen, über 50 Meter hohen Stahlturm handelt, dessen Spitze rotiert und blitzt und glitzert wie eine wildgewordene Christbaumkugel. Übermannshohe Antennen, ausladende Parabolschüsseln bündeln Signale, die der Tower in eine mit modernster Elektronik vollgestopfte Kommunikationszentrale einspeist: Gaddafis Cap Canaveral. Noch einmal will Libyens Nummer eins wohl nicht mehr überrascht werden wie damals, als er – durch die Nachlässigkeit seiner Militärs und die Inkompetenz seines Frühwarnsystems – im Schlaf überrascht wurde, nur um Haaresbreite dem Tode entging. Als bei dem Bombardement, ihm von den Amerikanern völkerrechtswidrig ganz persönlich zugedacht, seine kleine Tochter im Nebenzimmer von den einstürzenden Decken und herumfliegenden Trümmern zu Tode gedrückt wurde. Als er mit zwei seiner kleinen Söhne im Arm in blinder Panik, wie Augenzeugen sagen, beziehungsweise in heldenhafter Kaltblütigkeit, wie die offizielle libysche Geschichtsschreibung berichtet, ins Freie stürzte.

Dicke weiße Mauern umschließen ein riesiges Areal. Ein großes Tor. Uniformierte mit Kalaschnikows im Anschlag. Erste Kontrollen, das Austauschen von Codewörtern, surrende Elektronik, die Wände beiseite schiebt. Ein zweites Tor. Tonbandprobe mit Kameratest, alles sehr gründlich. Dann, eskortiert von einem halben Dutzend Bewaffneten, weiter zu Fuß, an einem nagelneuen BMW 735i vorbei, an zwei modernen Bungalows, auf einen großen Innenhof. Dort ein riesiges Zelt, aufgebaut wie für eine große Party: Muammar al-Gaddafis neues Tripolis-Hauptquartier – ein Stück in die Großstadt verpflanzte Beduinenwelt.

Wie um diesen Beduineneffekt noch zusätzlich zu unterstreichen, trägt er die Abbaya der Nomaden, einen Mantelumhang aus braunem, fest gewebtem Kamelhaar, über einem weitärmeligen, gegürteten Hemd, dazu ein verwegenes schwarzes Käppi, unter dem die langen, leichtgelockten, in ihrer Pechschwärze nachgefärbt wirkenden Haare hervorquellen. Er ist groß und schlank und von eindrucksvoller Ausstrahlung: Fest der Händedruck, entschlossen der Blickkontakt, nur das Gesicht mit den Augenrändern und den tiefen Wüstencañon-Furchen sieht müde, verbraucht, geschafft aus. Seine Begleiter hatten mir gesagt, der »Kait« schlafe durchschnittlich nur vier Stunden pro Nacht, dazu noch selten zweimal hintereinander im selben Bett.

Das Abgespannte, das Gehetzte paßt auf seltsame Weise zu diesem Muammar al-Gaddafi, seine tiefe, brüchige Stimme, die herrischen Bewegungen seiner langgliedrigen Finger verstärken seine revolutionäre Aura, seinen charismatischen Guerilla-Flair. Jede Minute des Zwei-Stunden-Gesprächs bekräftigte den Eindruck: Dies ist der Mann, von dem man eine gebrauchte Bazooka kaufen würde. Dies ist die Idealbesetzung für Hollywoods Drehbuch zum »Gefährlichsten Mann der Welt«, die abschreckend-anziehende Mischung aus Lawrence of Arabia, Jack Nicholson und Carlos: wohlmeinender Wüstenheld, ehrlich überzeugt vom edlen Auftrag für seine Nation, genialer Schauspieler mit einem Hang zum Flug übers Kuckucksnest, eiskalter, der »Sache« ergebener, für die »Sache« auch terroristische Mittel einsetzender Diktator.

Zunächst lädt er mich ein, auf dem Korbstuhl neben sich Platz zu nehmen. Vor uns, auf dem niedrigen Tisch, hat er zur Kontrolle neben meinem Tonband sein eigenes aufgestellt. Der Boden des 30-Meter-Durchmesser-Zeltes ist mit Strohmatten ausgelegt, in der rechten Hälfte steht eine leicht angestaubte Polstergarnitur, auf einem Regal türmen sich, durcheinandergewürfelt, Bücher und Videobänder. Bunte Zeltstangen halten grün-weiß-rote Planen zusammen, durch die der Wind pfeift; traditionelle Öfen, mit schwarzen, großen Tellern, auf denen glühende Kohlestückchen glimmen, sorgen für ein bißchen Wärme. Doch auch die Moderne ist im Beduinenzelt vertreten: In Blickweite Gaddafis steht ein Sony-Farbfernsehgerät, der Ton ist leise gestellt. Das Programm ist unverkennbar »westlich« – eine blonde Schönheit moderiert gerade Nachrichten, angesagt wird ein Korrespondentenbericht vom Krisenherd am Golf: Der arabische Revolutionär und Amerika-Hasser Muammar al-Gaddafi sieht den Klassenfeind, das Programm des US-Kabelsenders CNN.

»Exzellenz Revolutionsführer«, sage ich, denn diese Anrede hat man mir, neben dem schlichteren »Colonel«, im Informationsministerium empfohlen, »glauben Sie denn den amerikanischen Nachrichtensendungen mehr als Ihrem libyschen Programm?« Gaddafi deutet ein Lächeln an. »Ich informiere mich gern aus allen Quellen«, sagt der Mann, der es gar nicht so lustig fände, wenn jemand außer ihm eine solche »Abweichung« wagte – es kostete jeden außer ihm den Job, und vermutlich noch ein bißchen mehr.

Mit einer Handbewegung, die eine »Rolex Oyster« an seinem Handgelenk freilegt, beschließt Libyens Diktator einen Themenwechsel: »Wissen Sie, dieses Zelt, aber vor allem meine wirkliche nomadische Heimat bedeuten mir viel mehr als jeder ausländische technische Fortschritt. Aus der Einsamkeit, aus der Reinheit der Wüste schöpfe ich meine Kraft. Dort empfinde ich die Wahrheit, nicht bei CNN, dort kann ich mir fast wie der erste und einzige Mensch der Schöpfung vorkommen.«

Dann stimmt es also, daß er sich bei den meisten wichtigen Entscheidungen aus der Stadt in die Wüste zurückzieht und dort seine Beschlüsse trifft? Gaddafi nickt. Hat er dort auch an seinem »Grünen Buch« gearbeitet, an seiner »Dritten Universaltheorie«, die Grundlage für alles ist in seinem Land? »Die Grundlage ist für alles in der arabischen, ja in der islamischen Welt«, verbessert er. »Mit meinem ›Grünen Buch‹ habe ich die endgültige Lösung der Regierungsproblematik gefunden und den Menschen den Weg aus den Zeiten der Diktatur in die Zeiten der wahren Demokratie gezeigt, und ich habe alle ökonomischen und sozialen Probleme gelöst. Das ›Grüne Buch‹ und die libysche Revolution sind für unsere Epoche, was die Französische Revolution für die damalige Zeit war. Und jede Idee dazu ist mir in der Wüste gekommen, jede Zeile schrieb ich in einem Nomadenzelt.«

Es kommt fast eine Art Zärtlichkeit in seine rauhe Stimme, wenn er über »früher«, über die »Wurzeln« spricht, und »Wüste« wird nicht nur zum Synonym für seine Jugend, sondern auch für die Geschichte seines Landes.

Libyen lag seit Urzeiten im Schnittpunkt zwischen Europa, Afrika und dem Nahen Osten. Es ist einfach, die dominierenden

Grundzüge seiner Historie aufzuzeigen: eine Aneinanderreihung von Invasionen, von Armeen, die durch den Sand aus Richtung Osten nach Westen marschierten, von Kriegsschiffen, die über das Meer aus dem Norden einfielen. Selbst die Berber, die vielen als die »ursprünglichen Libyer« gelten, waren Eindringlinge, die vermutlich um 3000 vor Christus aus Südwestasien in dieses Gebiet vorstießen.

Die frühesten, heute noch erhaltenen Zeugnisse stammen aus der Zeit der Pharaonen des Alten Ägyptischen Reiches von 2700 bis 2200 vor Christus. Später schufen Griechen und Römer monumentale Bauwerke, von denen noch heute die großartigen Säulen von Leptis Magna erzählen. Mit der arabischen Eroberung Nordafrikas um 650 nach Christus geriet das Land endgültig in den Bereich der islamischen Staatenwelt, fiel im 16. Jahrhundert dann an das Osmanische Reich. Als sich in den Anfangsjahren unseres Jahrhunderts so etwas wie ein libysches Nationalbewußtsein zu bilden begann, standen dem regional unterschiedliche Auffassungen im Wege: Das Gebiet von Tripolitania, einschließlich der wichtigsten Hafenstadt Tripolis, sah seine Zukunft im Seehandel, hatte gewachsene Bindungen auch kultureller Art an den Westen. Die Cyrenaica war ostwärts ausgerichtet, unter starkem ägyptischem Einfluß. Der Fezzan fühlte sich dem Süden verbunden, dem schwarzen Herzen Afrikas. Weiteren Konfliktstoff lieferten die Spannungen zwischen den städtischen Eliten der Küstenregion und den »Stämmen« des Hinterlands.

Die Schaffung eines unabhängigen Staates Libyen würde eine schwere Geburt werden, das war unter dem Joch aller Okkupanten klar und auch, daß es einer besonders starken, charismatischen Persönlichkeit bedürfen würde, dieses Land eines Tages zu einigen und von Fremdbestimmung freizuhalten.

1911 marschierten die Italiener ein, und ein Jahr später zogen sich die letzten osmanischen Truppen zurück. Obwohl die Eroberer aus dem Norden – Libyens nächstliegender Punkt ist vom italienischen Stiefel kaum mehr als 500 Kilometer entfernt – nun freie Hand zu haben schienen, dauerte es mehr als 20 Jahre, bis sie das Land einigermaßen unter Kontrolle hatten. Vor allem aber: Es forderte Tausende Tote. Die Italiener führten einen der schmutzigsten und brutalsten Kolonisationskriege aller Zeiten, und daß über ihre unmenschlichen Ausschreitungen so wenig geschrieben wurde, liegt nur daran, daß diese »riesige Büchse Sand« (wie Mussolini später einmal Libyen nennen sollte) die Weltmeinung so wenig interessierte. Sie knallten aus tieffliegenden Propellermaschinen die Nomaden ab wie Hasen; sie füsilierten, zerstückelten, vierteilten jeden Rebellen, den sie zu fassen kriegten, und hatten es doch mit einem unheimlich hartnäckigen, todesmutigen Widerstand zu tun; besonders die fundamentalistisch-islamische Sanussi-Sekte tat sich hervor. Mehr als 400 000 der 1,2 Millionen Libyer starben in diesem Wüstenkrieg, darunter auch Muammar al-Gaddafis Großvater.

1932 wurde die »Befriedung« Libyens offiziell verkündet. 1937 erklärte sich Benito Mussolini in einer Zeremonie in Tripolis zum »Schutzherrn über den Islam«. Die einverleibte Provinz wurde gezielt »italienisiert«: Bis 1940 waren mehr als 120 000 Siedler aus dem Norden eingewandert, damals mehr als ein Siebtel der Gesamtbevölkerung. Es gab wirtschaftliche Fortschritte, vor allem beim Akkerbau in den Küstenregionen, aber die kamen fast nur den ausländischen Herren zugute und einer sehr, sehr schmalen arabischen Elite. Den meisten Libyern wurde ihr Land einfach weggenommen, die traditionellen Stammesgerichte, bei denen man es hätte einklagen können, waren abgeschafft. Die Kolonialisten verhinderten gezielt, daß Einheimische in Führungspositionen nachrücken konnten, indem sie höhere Schulen und Universitäten für sie sperrten.[4]

Dafür bekamen die Libyer die volle Wucht des Zweiten Weltkriegs zu spüren, und dabei kaum jemand so wie Gaddafis Clan.

Die Nomaden der Syrte, auf halbem Weg zwischen den größten libyschen Städten Tripolis und Benghazi gelegen, litten schwer unter den italienischen Truppen. Sie gingen den dröhnenden Panzern der Briten aus dem Weg, die von den deutschen Truppen unter dem »Wüstenfuchs« Rommel verjagt wurden. Sie suchten unter ihren armseligen Zelten, in Fünfergruppen zusammengestellt, zusammengeduckt Schutz vor den zurückkehrenden Briten und dann nochmals vor den Deutschen. Sie waren im Zentrum eines Konflikts, für den sie nichts konnten, der sie nichts anging und unter dem sie doch leiden mußten. Und es war schwierig, sich zu verstekken: Die Wüste von Syrte besteht nicht aus Sanddünen, es ist eher eine weite gelbliche Steppe mit kleinen grünen Büschen und kristallklarer Luft, die kilometerweite, gute Sicht gewährt.

Mitten hinein in die epischen Panzerschlachten der Montgomerys und Rommels, in die Kämpfe einer anderen Welt, wurde irgendwann im Verlauf des Jahres 1942 – ganz sicher ist nicht einmal das Jahr – in einem Ziegenlederzelt dem Nomadenhirten Mohammed Abdel Salam ein Sohn geboren – eine große Freude für den alten Mann, der damals schon auf die Sechzig zuging und bis dahin »nur« drei Töchter hatte.

Niemand in der Familie konnte lesen und schreiben, niemand wußte, woher die fremden Herren kamen oder warum sie Krieg führten – Deutschland, England, ja selbst Italien waren für die Menschen vom armen Clan der berberischen Kadhadefah Begriffe, mit denen sie nichts verbinden konnten. Obwohl der Platz von Muammars Geburt nur wenig mehr als 20 Kilometer vom Meer entfernt lag, hatte der Clan auch mit diesem »Element« – im Gegensatz zur Steppe, wo man jeden Grasbüschel, jede Mulde, jedes Wasserloch kannte – nichts zu schaffen: Gaddafi sah zum ersten Mal in seinem Leben eine Garnele bei einem Staatsdinner, das der ägyptische Präsident Nasser knapp 30 Jahre später zu seinen Ehren gab, und er weigerte sich damals, das seltsame Ding zu essen, weil er es für einen Grashüpfer hielt.

So eng war sein Horizont, so frei war sein Leben. Der Himmel über der Syrte hat, wie Gaddafi am Rande unsers Gesprächs schwärmt, eine »eigene Transzendenz«, vermittelt eine »unantastbare Freiheit«, aber auch den festen »Glauben an Gott«, der alles kontrolliert, dem alles untersteht, dem jeder zu dienen hat. Die Kadhadefah waren bei all ihrer Armut sehr stolze Menschen, weil sie sich für die direktesten Nachfahren des Propheten Mohammed hielten.

Muammar hütete die Ziegen, die Kamele des Familienclans, schon als er sechs Jahre alt war. Er wollte ständig »wahre« historische Geschichten hören, wie seine Biographin Mirella Bianco schreibt, die noch seinen Vater interviewen konnte. (Er wurde angeblich 100 Jahre alt, starb 1985.[5]) Immer wieder ließ er sich erzählen, wie sein Großvater im Widerstand gegen die italienischen Kolonialisten gefallen war, ließ sich vom Vater die längst verheilte Verletzung an der Schulter zeigen, die er erlitt, als er zwischen die Schußlinien geriet. Der Haß gegen jegliche Form von Fremdherrschaft, die Rachegelüste gegen die Italiener müssen sich schon damals tief in das Bewußtsein des Jungen eingegraben haben: Sie sind bis heute ein vordringliches Motiv im Denken des Revolutionsführers, das auch noch von der Beduinen-Idee der Blutrache, der Vergeltung gegenüber jeder Form der Erniedrigung, geprägt ist. »Die Italiener müssen uns Reparationen zahlen«, fordert er bei unserem Gespräch im Jahr 1990. »Sie haben ihre Schuld noch lange nicht abgetragen.«

Muammar al-Gaddafi lernte frühzeitig, sich durchzusetzen. Da der Vater oft auf den Märkten war, um Schafwolle und Kamelmilch oder auch junge Tiere zu verkaufen, fiel dem Jungen in dem »weiblichen« Haushalt frühzeitig eine zentrale Rolle zu. Er war der Mittelpunkt, er war der Bestimmer, und er duldete keinen Widerspruch; während bei seinen Schwestern selbstverständlich nie zur Diskussion stand, daß sie eine Schule besuchen sollten, verkündete Muammer mit neun, nun sei es für ihn an der Zeit, etwas zu lernen. Er fand bei seinem Vater wenig Widerstand vor, denn der mochte den intelligenten, aber auch schweigsamen und träumerischen Jungen gern unter Leuten sehen: Er sollte etwas Besseres werden, nicht nur auf dem Feld bei der Schaf- und Kamelherde sein Leben verbringen.

1951 ging Muammar in der Kleinstadt Syrte zur Grundschule, schlief die Woche über in der Moschee, weil seine Eltern kein Geld hatten, ihm eine Logis zu bezahlen. Jeden Donnerstagabend marschierte er zu Fuß die 30 Kilometer zum Familienzelt, jeden Samstagmorgen stapfte er zurück. Es war ein hartes, entbehrungsreiches Leben für den Kleinen, nicht nur wegen der physischen Strapazen: Die anderen Schüler, fast alles Städter, hänselten ihn als »ungewaschenen Beduinenjungen« und verspotteten ihn, weil er in seinem Alter noch so wenig wußte – die anderen waren alle sieben, als sie in die Grundschule eintraten.

Das Jahr, in dem Gaddafi zum erstenmal die Schulbank drückte, war auch das Jahr, in dem Libyen unabhängig wurde – jedenfalls dem Namen nach. Das Land lag nach dem Sieg der Alliierten am Boden, physisch und moralisch zerstört, verarmt und mit einer Bevölkerung, die zu 90 Prozent aus Analphabeten bestand. Die Vereinten Nationen wollten Libyen für mindestens zehn Jahre unter ihre Treuhandverwaltung stellen, weil sie keinen anderen Staat Nordafrikas für so unvorbereitet hielten, sich selbständig zu regieren.

Statt dessen bekam Libyen die Unabhängigkeit nachgeworfen,

auch darin ein Spielball der Großmachtinteressen: Der Kalte Krieg hatte begonnen, und Briten wie Amerikaner wollten Militärbasen in Libyen einrichten, die unter UN-Aufsicht verboten gewesen wären. Sie setzten als »ihren Mann« König Idris an die Spitze des neuen Staates, einen ehemaligen Senussi-Häuptling, der damals allerdings schon bald 30 Jahre im Exil gelebt hatte und damit seinem Volk ein Unbekannter war.

Als Idris der Erste (er war auch der letzte) im Schutz westlicher Kanonen den Thron bestieg, konnte er sich nur auf eine ausländische Elite stützen: 1951 gab es gerade 16 libysche Universitätsabsolventen. Die fremden Herren bekamen in dem »unabhängigen« Land, das sie begehrt hatten, ihre Militärbasen; die größte bauten die Amerikaner mit dem »Wheelus«-Luftwaffenstützpunkt, samt einer eigenen Kleinstadt, einer eigenen Welt, zu der die Einheimischen selbstverständlich keinen Zutritt hatten.

Muammar al-Gaddafi blieb bis zu seinem 14. Lebensjahr in Syrte, doch er mochte die Kleinstadt und seine – trotz der guten schulischen Leistungen des »Berbers« – immer noch arroganten Mitschüler nicht. Er versuchte ihnen von der »Reinheit der Wüste«, von der »Freiheit des Nomadenlebens« zu erzählen und erntete dabei nur Spott. Schon aus der Zeit stammt seine Überzeugung, daß das »verweichlichte«, das »verwestlichte« Bürgertum der Städte wieder an die Ideale der Wüstenbevölkerung herangeführt werden müsse, auch an den absoluten Primat der Religion. »Die Freiheit ist bedroht, solange die Gesellschaft kein geheiligtes Gesetz hat, das auf festen Regeln und Traditionen beruht«, sollte er später in seinem »Grünen Buch« schreiben.

Drei Jahre lang ging Muammar al-Gaddafi in der Oasenstadt Sebha im Fezzan zur höheren Schule. Es war die Zeit, die ihn zum jugendlichen Revolutionär, zum Aufrührer, zum schulischen Störenfried machte. Sein neues Bewußtsein hatte ein Medium: das Radio. Schulkameraden erinnern sich, daß der Gymnasiast Muammar zehn Stunden täglich an seinem primitiven Apparat hing und vor allem stets fasziniert den Worten eines Mannes lauschte: den Reden Gamal Abd el-Nassers. Nach der vernichtenden Niederlage der Araber gegen die Israelis im Jahr 1948 hatte Nasser 1952 in Ägypten die Macht übernommen und mit seinen panarabischen Ideen die Massen auch in den Nachbarländern mitgerissen. Das »Voice of the

Arabs«-Programm von »Radio Cairo« wurde zum zentralen Lebensinhalt des Oberschülers Muammar, und auch in unserem Interview, mehr als drei Jahrzehnte später, gibt er zu, daß kein Staatsmann ihn je so beeindruckte, so beeinflußte wie der ägyptische Revolutionär.

Gaddafi entwickelte sich zum Schrecken der Lehrer. Organisierte Demonstrationen auf dem Schulhof. Forderte Diskussionen über »die Fremdherrschaft in unserer Heimat«. Verteilte Flugblätter gegen die französische Atombombe wie für Fidel Castros kubanische Revolution, und immer wieder Reden von Nasser, Nasser, Nasser. Bezog öffentlich Prügel von einem Lehrer, was ihn für sein ganzes Leben gegen aufgezwungene Autorität einnahm. Er flog von der Schule und konnte von Glück sagen, daß er – auch ohne die notwendigen »Transfer-Papiere« – in Masrata, einer Stadt in der Nähe von Tripolis, die Oberschule weiterbesuchen und schließlich 1963 sein Abitur ablegen konnte. Noch im selben Jahr trat Muammar al-Gaddafi in die Armee ein, und keine sechs Jahre später übernahm er als Führer eines »Bundes der Freien Offiziere« die Macht im Lande.

Er sagt, er sei etwa 15 Jahre alt gewesen, als er den Coup gegen den König plante. Fest steht tatsächlich, daß er ab dieser Zeit alles in seinem Leben diesem Ziel unterordnete. Er rauchte nicht, er spielte nicht, er hatte keine Freundin – Privatleben wie Zerstreuung erschienen ihm, wie persönlicher Besitz oder Komfort, als überflüssiger Luxus (eine Haltung, die er heute noch einnimmt und die er ebenso hartnäckig wie erfolglos seinem ganzen Volk einzuimpfen versucht). Es ging um die »Sache«. Um persönliche Bestätigung nach den Erniedrigungen seiner Jugend. Um die Rache an den Kolonialherren und die Befreiung von ihren Militärbasen und den »Marionetten«, die sie als Regierung eingesetzt hatten. Um die Verfolgung der von Nasser angeregten »panarabischen« Idee, einer auf Religion und auf – angeblich zusammengehörige – Rassen beruhenden Weltmacht.

Das wäre vermutlich für immer die Spinnerei eines idealistisch angehauchten, asketischen, selbsternannten Propheten geblieben, hätten nicht die Ausländer – ausgerechnet wieder die Ausländer – 1959 bei Zaltan in der libyschen Provinz Cyrenaica eine wichtige Entdeckung gemacht: riesige Erdölvorkommen. Bald sprudelte das schwarze Gold noch an weiteren Stellen, und es wurde klar, das zurückgebliebene Wüstenland würde sich bald eine Menge Wünsche erfüllen können. Es saß im wahrsten Sinn des Wortes auf einem Batzen Geld. Ein Land, in dem – damals wie heute – weniger Menschen als in Rom oder Detroit leben, das die Heimat von weniger als zwei Prozent aller Araber war (und ist), in dem gerade mal das Viertel von einem einzigen Prozent aller Moslems zu Mohammed betet, begann aus seiner totalen Bedeutungslosigkeit heraus Gewicht und Stimme in der Welt zu bekommen.

Gaddafis Stimme. Denn Nassers Demütigung durch die Israelis von 1967, sein früher Tod nur drei Jahre später ließen in der Meinung des libyschen Funktionärs nur einen zurück, der die Schmach der arabischen Welt rächen, ihre »Ehre« wiederherstellen konnte: ihn selbst. Er fühlte den göttlichen Auftrag zu handeln. Wenig spricht dafür, daß Gaddafi sich besonders für die Militärlaufbahn interessierte, die er einschlug. Er sah die Armee nur als Instrument, als die einzige Institution, die den Fall der Feudalmonarchie schnell herbeiführen konnte. Er war sich – wie er sagt – der Ironie bewußt, die in dieser Entscheidung lag, denn die Engländer hatten die libysche Armee nur deshalb so stark gemacht, um König Idris vor seinem Volk zu schützen. Britische »Militärberater« trafen die meisten wichtigen Entscheidungen, die aufstrebenden einheimischen Offiziere wurden als »Bonus« auf die Militärakademien der Insel geschickt.

Gaddafi kam für einige Monate nach Beaconsfield in Buckinghamshire, und wenn seine Gastgeber gedacht hatten, der Aufenthalt könne ihn westlichen Werten und klassischen Karrierevorstellungen näherbringen, so hatten sie sich gründlich getäuscht. Der heißblütige junge Revolutionär fand Großbritannien grau und schrecklich, »seelenlos« ist sein eigenes Wort für die Erfahrung. Es war, neben einem kurzen Trip in die Türkei, sein einziger Auslandsaufenthalt, bis er die Macht in Libyen übernahm.

Am 1. September 1969 wurde ein 27jähriger Mann, der keinerlei nennenswerte politische Bildung, keinerlei administrative Erfahrung und eine ausschließlich Beduinen-orientierte Weltsicht hatte, Chef eines der potentiell reichsten Länder der Erde. Außerhalb Libyens war er so gut wie unbekannt, in Libyen selbst dürften zum Zeitpunkt seiner Machtübernahme weniger als tausend Leute seinen Namen gekannt haben.

Daß es überhaupt klappte mit dem Staatsstreich, ist mehr dem Zufall zu verdanken als genialer Planung, und es zeigt, wie verrottet das Regime des alten Königs damals schon gewesen sein muß. Selbst viele seiner Mitoffiziere hielten Muammar al-Gaddafi für einen Hitzkopf, für einen Träumer, für einen Phantasten. Doch er war ein guter Rechner, und er konnte artikulieren, was sie dachten, was sie am Regime des Königs und dem »Ausverkauf« ihres Landes störte. Ein Organisationstalent war Gaddafi nie, ein ums andere Mal verschob er das Datum des Putsches, und einer seiner damaligen Mitstreiter formulierte es seufzend so: »Das ist der Typ Mann, der eine in der Wüste verirrte Karawane wohlbehalten zurückbringen kann, aber eine Revolution organisieren ...« Selbst in der Nacht der Nächte – der König weilte zur Kur im türkischen Bursa, der Termin war ideal – gab nicht Gaddafis Entschlossenheit den Ausschlag, sondern der Mut seiner Freunde in Tripolis: Gaddafi hatte in Benghazi stundenlang gezögert, sich in der Kaserne auf Diskussionen eingelassen und erst zugeschlagen, als die Freunde vorpreschten und die Hauptstadt in die Hand der Rebellen gefallen war. So zog der Beduinensohn auf den Schultern seiner Kameraden in den Präsidentenpalast ein, der unblutige Coup – Codewort »el-Kuds« (arabisch für Jerusalem) – hatte viel von einer Operettenrevolution.[6]

Ich frage Muammar al-Gaddafi bei unserem Gespräch im »modernen« Beduinenzelt von Tripolis, was denn damals bei der Regierungsübernahme seine Hauptziele gewesen seien, seine zentrale Motivation. Wann immer wir über konkrete Dinge reden, fällt mir auf, fixiert er mich: bei der Frage zur deutschen Einheit beispielsweise (er war immer dafür, hat schon 1980 die Mauer in Berlin »unnatürlich« genannt und die Feierlichkeiten aus Deutschland zu ihrem Fall vom libyschen Fernsehen live übertragen lassen). Bei den Auswirkungen der derzeitigen Golfkrise (»Langfristig hilft das der arabischen Einheit«, sagt er, »denn die Ölscheichs sind bald erledigt, und auch die saudischen, die ägyptischen und die syrischen Herrscher werden sich nicht lange halten können, wenn sie an der Seite der Amerikaner kämpfen sollten«). Bei der Frage nach dem »Jihad«, dem Heiligen Krieg, gegen den Westen (er will dazu aufrufen, »sobald klar ist, daß die Amerikaner planen, für längere Zeit in Saudi-Arabien Militär zu stationieren«). Wenn wir aber über »Geistiges«, über seine Visionen sprechen, dann geht sein Blick an mir vorbei, starr wie auf einen imaginären Fixpunkt, den er sich schon seit Urzeiten gesetzt hat, irgendwo über die Öffnung des Beduinenzelts hinaus, hinauf in den Nachthimmel. Dann wird Gaddafi der Politiker zu Gaddafi dem Propheten.

Der Islam, sagt »Exzellenz Revolutionsführer«, sei für ihn der Leitstern aller Dinge, er sei mit »allem Idealismus dieser Welt«, mit dem »heiligsten aller Glaubensfieber« an seine neue Aufgabe herangegangen. So sahen es auch andere. »Damals, als wir putschten, war er eher ein Mönch als ein Diktator, eher ein Engel als ein Tyrann«, befand in meinem Interview Omar el-Meheischi, der später Verfemte, Verfolgte und Ermordete, der an Gaddafis Seite als sein »Fan« und »Gläubiger« den Staatsstreich inszeniert hatte. Mohammed Heikal, der berühmte ägyptische Journalist und einflußreiche »Al-Ahram«-Chefredakteur, war bei seinem ersten Treffen mit Muammar al-Gaddafi ebenso fasziniert wie entsetzt über den neuen starken Mann des Nachbarlandes. In seinen Lebenserinnerungen beschreibt der Journalist den Revolutionär als »geradezu schockierend unschuldig«, als einen Mann von »skandalöser Lauterkeit«; einem Politiker von solch naiver »Herzensreinheit«, stand bei Heikal zwischen den Zeilen, sei wohl keine lange Regierungszeit vergönnt.[7]

Gaddafis »weiche« Seite zeigte sich auch bei seiner Heirat. (Er war vor der Revolution mit einer Generalstochter verehelicht, mit der er eine gemeinsame Tochter hat, doch scheint es sich dabei um eine Zweckverbindung gehandelt zu haben, die nach einem Jahr in der Trennung endete.) Der Revolutionsführer erlitt eine akute Blinddarmreizung und mußte operiert werden; er fühlte sich von einer Krankenschwester besonders liebevoll betreut, war aus Dankbarkeit, wie das Hotelpersonal erzählt, zu Tränen gerührt. Er nahm die Samariterin namens Safiya zur Frau, sollte mit ihr sechs Kinder bekommen und trotz gelegentlicher späterer Affären zusammenbleiben.[8]

Doch da gab es noch eine andere, die entscheidendere Seite des Muammar al-Gaddafi: seine skrupellose Härte sich selbst, vor allem aber die geradezu wahnhafte Verpflichtung seinen Zielen gegenüber. Er erkannte bald, daß seine revolutionären Vorstellungen eine lange und »absolute« Regierungszeit voraussetzten und daß er dazu all diejenigen ausschalten mußte, die ihm im Wege standen. Innerhalb weniger Jahre waren sechs der zwölf Mitglieder des Revolutionären Kommandorats, mit denen er geputscht hatte, entweder tot, im Gefängnis oder im ausländischen Exil. Als sich Studentenorganisationen gegen ihn zu richten begannen, ließ Gaddafi deren Führer für immer verschwinden. Und als sich 1975 zum ersten Mal innerhalb der Armee Offiziere gegen ihn richteten, befahl er nicht nur, die 22 Aufständischen zum Tode zu verurteilen, sondern auch, die Urteile zu vollstrecken. Er selbst und andere hatten sich Zielen unterzuordnen. Brutalität war für Gaddafi Mittel zum Zweck, nicht Machtrausch oder gar Lustgewinn, und das unterscheidet ihn von vielen anderen Tyrannen.

Trotz seiner unstrittigen Frömmigkeit geriet der Revolutionsführer bald in Gegensatz zum religiösen Establishment seines Landes. Gaddafi schwebte für Libyen nie eine allumfassende Theokratie vor, wie etwa dem Ayatollah Khomeini für den Iran. Er tolerierte zumindest noch zeitweise andere Religionen und erlaubte beispielsweise den Katholiken in der prächtigen Kathedrale von Tripolis, ihre heiligen Messen abzuhalten. Er sieht den Islam als Anleitung zum Handeln, als moralischen Leitfaden und als göttliches Werkzeug zum Erreichen seiner Ziele. Seine Regierung ist aber nicht wie die Khomeinis nur ein Instrument des Islam. Gaddafi warnte bald die »ulama«, die kirchlichen Würdenträger, kein Gegengewicht zu seiner Herrschaft zu bilden. Als er den Eindruck hatte, daß sie nicht hören wollten, ging er auch gegen sie in aller Härte vor.

Den Großmufti von Libyen, Scheich Tahir al-Zawi, zwang Gaddafi zum Rücktritt und verhinderte, daß der Posten neu besetzt wurde. Dann forderte er die von ihm initiierten jugendlichen »Volkskomitees« auf, Moscheen mit »heidnischen Tendenzen« zu stürmen und »ketzerische Imame« zu entfernen – welche das waren, bestimmte selbstverständlich Muammar al-Gaddafi. Der Scheich Mohammad al-Bushti, einer der ältesten und angesehensten Würdenträger, wurde bei dem Volkssturm sogar getötet. Auch anreisende ausländische Spitzenkleriker waren ihres Lebens in Libyen nicht mehr sicher: Imam Musa Sadr, das Oberhaupt der moslemischen Schiiten im Libanon, verschwand bei einem Besuch in Tripolis spurlos und tauchte nie wieder auf. Nach übereinstimmenden Berichten von Diplomaten hatte er mit Gaddafi einen Streit angezettelt und ihn als »Ungläubigen« beschimpft, außerdem darauf bestanden, beim Besuch in Gaddafis Regierungssitz einen höheren

Stuhl als der Revolutionsführer zu erhalten – offensichtlich genug Anmaßung, um seinen Tod herbeizuführen.

Gaddafi untergrub die Autorität der »ulama«, indem er das traditionelle islamische System der Stipendien für die Koranschulen abschaffte. Er verärgerte das Establishment dadurch, daß er den islamischen Kalender revidierte (und dabei den Tod des Propheten, nicht mehr die »hegira«, den Umzug von Mekka nach Medina, zum Beginn der islamischen Ära deklarierte). Er ging so weit, in einer öffentlichen Diskussion anzuzweifeln, daß sich die Gläubigen strikt an den Wortlaut der »hadith«, den dem Propheten Mohammed zugeschriebenen Aussprüchen, halten müßten, und regte statt dessen an, den Text immer wieder neu auszulegen. Für Gaddafi stellt der Koran ein Dokument dar, das innerhalb der jeweiligen politischen Entwicklungen interpretiert werden muß – und zwar ohne eine Priesterschaft, die den Zugang zu Gott »kontrolliert«.

Er argumentiert, »darin besonders ähnlich einem Protestanten«, wie die amerikanische Professorin Lillian Craig Harris meint[9], daß der Mensch keinen Mittler zwischen sich und Gott brauche, so, wie er auch keinen gewählten oder sonstwie bestimmten Vertreter zwischen sich und der höchsten staatlichen Autorität benötigt: In einer idealen Religion wie in einem idealen Staat sind alle Menschen frei und selbstbestimmt. Gaddafis Glaubens- und Regierungstheorie würde im Endeffekt auch Gaddafi überflüssig machen, und so sieht es auch Gaddafi selbst, der längst alle Regierungsämter abgegeben und in die Hand des »Volkes« und dessen »Direktregierung« übergeben hat, freilich alle Fäden weiter selber zieht.

»Glauben Sie eigentlich wirklich, daß es eine Demokratie ohne gewählten Repräsentanten geben kann?« frage ich den starken Mann ohne Amt, in seinem so gut bewachten Hauptquartier. »Glauben Sie, daß das Wort jedes einzelnen Bauern, jedes Nomaden, jedes Ingenieurs dasselbe Gewicht haben kann wie Ihres? Widerspricht das nicht – entschuldigen Sie – jedem gesunden Menschenverstand?« Der Übersetzer räuspert sich, und ich würde manches dafür geben, wüßte ich, wie höflich er diese Frage umschrieben hat. Doch Gaddafi ist weder empört noch beleidigt. Er sagt, es sei wohl das Schicksal jedes Revolutionärs, daß er nicht mit dem Tempo und der Intensität zufrieden sein könne, mit denen seine Ideen aufgenommen würden. Manches liege noch im argen in Libyen, aber im Prinzip seien seine Vorstellungen durchgesetzt. »Wir sind das erste Land der Welt, in dem sich die Volksmassen selbst regieren, und damit ein Vorbild für andere. Sie finden in meinem ›Grünen Buch‹ alle Lösungen zur Frage der Demokratie, der wirtschaftlichen Gerechtigkeit, zum sozialen Zusammenleben.«

Er sagt es mit einem Brustton der Überzeugung, daß ich keinen Moment an seiner Aufrichtigkeit und seinem Sendungsbewußtsein zweifle. Muammar al-Gaddafi glaubt, daß er sein Volk befreit hat, er glaubt, daß ihm auch für den Rest der Erde gültige Regeln eingefallen sind. Da ist sie wieder, die ihn ganz durchdringende Nomadenwelt von Syrte, die Welt ohne nagende Zweifel und voller absoluter Wahrheiten, die er auch zwischen CNN und Chemiewaffenfabriken, zwischen BMW und Bio-Bomben nie abgestreift hat. In der großen Leere der Libyschen Wüste hat Gaddafi nur sich selbst und Gott gefunden und nichts dazwischen: Allah drückt sich durch Gaddafi aus, und damit ist Gaddafis Wille Allahs Wille, und wer sich Gaddafi widersetzt, legt sich an mit Gott.

Was der libysche Revolutionsführer nie zugeben würde, daß er ein Häretiker ist, entlarvt sich in seiner eigenen Bewertung des »Grünen Buchs«: »Es ist das neue Evangelium. Das Evangelium eines neuen Zeitalters, der Ära der Massen. Im (biblischen) Testament heißt es: ›Am Anfang war das Wort.‹ Das ›Grüne Buch‹ ist das Wort. Es kann die Welt zerstören – oder sie retten.«[10]

1973 entwickelte Gaddafi die Ursprünge dieser grünen »Dritten Universaltheorie« zwischen Kapitalismus und Kommunismus und stürzte Libyen in eine »Kulturrevolution«. Was im Ausland wirkte, als sei da nun einer völlig übergeschnappt, was selbst in Libyen zunächst mit ungläubigem Staunen, mit Verblüffung aufgenommen wurde, hatte auch ganz realpolitische Hintergründe. Der Revolutionschef konnte auf beachtliche Erfolge seiner ersten Regierungsjahre hinweisen: Er hatte die Minimallöhne verdoppelt, die ärztliche Versorgung verbessert, eine beachtliche Anzahl Wohnungen gebaut. Er hatte die »italienische Kolonie« zur Abwanderung veranlaßt, Banken und Ölgesellschaften verstaatlicht. Er hatte die »nationale Ehre« wiederhergestellt und die ausländischen Stützpunkte geschlossen. Aber die eigene Bevölkerung zog nicht so mit, wie Gaddafi das erwartet hatte – es muß eine furchtbare Enttäuschung für den immer noch idealistischen Obersten gewesen sein.

Er beklagte die »Bakschisch-Mentalität von Hunderten, ja Tausenden, die nur etwas gegen extra Belohnung tun«, sich nicht für eine aktive Beteiligung an Regierung und Verwaltung interessierten. Er versprach, ihnen Beine zu machen. Ähnlich wie Mao Tse-tung in China kam auch Gaddafi zu der Überzeugung, daß man das revolutionäre Feuer permanent am Lodern halten müßte.

Er drohte der »bürokratischen Klasse« damit, sie könne nicht länger in ihrer Lethargie verharren, weil die »Volksherrschaft von unten« sie bald überflüssig machen würde. Er verkündete die Abschaffung aller weltlichen Gesetze und die Einführung der islamischen »Schari'a«, mit dem Abhacken der Hand als Strafe für Diebe. Er versprach die »Säuberung des Landes von allen politisch Kranken... Jeder, der vom Kommunismus oder Atheismus spricht, wird entfernt und ins Gefängnis gesteckt werden.« Ein Jahr später zog sich der Revolutionsführer für längere Zeit in die Wüste zur endgültigen Formulierung seiner revolutionären Theorie zurück, die er ab 1975 in drei Teilen als »Das Grüne Buch« herausgab. Seit 1977 ist Libyen offiziell der weltweit erste »Jamahiriyyah, der Staat der sich selbst regierenden Massen«, gestaltet auf der Grundlage von Gaddafis Theorien.

Die »Grüne Bibel« ist nicht sehr umfangreich – knapp über 18 000 Wörter, etwa so lang wie dieses Gaddafi-Porträt. Gaddafi verwirft die im Westen übliche Form der Regierung »über das Volk« durch »Vertreter des Volkes«, diese Repräsentation sei Betrug, weil sie einen Großteil der Wähler (nämlich die für andere Kandidaten als den Sieger Stimmenden) unbefriedigt lasse und außerdem keine effektive Kontrolle der Parlamentsabgeordneten ermögliche. Statt dessen soll sich das Volk auf Volkskongressen an der Basis organisieren, in einer Art »Stammesrat«, der wiederum im ständigen Kontakt mit Verwaltungskomitees, Gewerkschaften und Berufsverbänden gemeinsam alle lokalen, regionalen und, in jährlichem Abstand, auch nationalen Angelegenheiten regeln soll – nicht »Kontrolle der Regierung durch das Volk«, sondern »Kontrolle des Volkes durch das Volk«.

In seiner wirtschaftlichen Theorie plädiert Gaddafi dafür, daß nur derjenige, der Wohlstand produziert, ihn auch verbrauchen darf. Niemand soll mehr »im Auftrage eines anderen arbeiten«, aus »Lohnempfängern« sollen Partner werden. Profit und letztlich auch

Geld würden verschwinden. Jeder soll ein Haus, ein Auto, das Recht auf Bestellung des Bodens bekommen, aber keiner soll Privateigentum vermieten und daraus Gewinn ziehen können.

Im dritten Teil des »Grünen Buchs« nimmt sich der Revolutionär der sozialen Probleme im familiären, Stammes- und internationalen Rahmen an. Er befürwortet den Nationalismus, ohne den »Nationen dem Untergang ausgeliefert« sind, und erklärt sie aus ihrer religiösen Homogenität. Er definiert »nationale Befreiungsbewegungen« als »soziale Bewegungen« und prophezeit einen Aufstand der Dritten Welt gegen die Industrienationen. »Die Farbigen werden (ihre Ausbeutung) nicht vergessen ... sie sind psychologisch für Rache und Herrschaft motiviert.«

Aus dem Westen schlugen Hohn und Spott über den »Möchtegern-Philosophen Gaddafi« zusammen. »Absolut hohl« (»Vanity Fair«), »schwarzweiß-simplifizierend« (»Time«), »beschränkt« (»Le Monde«), »bizarr« (»Die Zeit«) schrieben die internationalen Kritiker. Angesichts einiger Formulierungen (»Die Frau ist weiblichen Geschlechts, der Mann männlichen, und es ist heute wohl unbestritten, daß beide menschliche Wesen sind«) fällt es leicht, sich über das Traktat lustig zu machen, es als eine Art Weiterführung der Großen Libyschen Leere mit schreiberischen Mitteln zu sehen. Ich denke, das ist ein Fehler. Ich denke, das »Grüne Buch« liefert den Schlüssel zu Gaddafis Persönlichkeit, zu seiner bedrohlichen, aber auch berechenbaren Politik.

Da ist einmal sein Hang, seine Erkenntnisse zu verabsolutieren (»Damit ist das Demokratieproblem abschließend gelöst«), sowie sie aus seiner Beduinenwelt auf den Weltmaßstab zu übertagen (»Nach der Epoche der weißen Rasse folgt eine der farbigen«). Er stilisiert sich zur Oppositionsfigur gegenüber den kapitalistischen Ländern des Westens wie gegenüber den kommunistischen des Ostens und damit zu einem wahren Führer der Dritten Welt. Fast in jeder Zeile wird sein starkes Bedürfnis nach Rache gegenüber vergangenem Unrecht, vor allem aber nach Anerkennung deutlich, und diese Forderung nach Wertschätzung, nach persönlicher Würdigung entspringt nicht wie bei anderen Diktatoren einem Gefühl der Unterlegenheit, sondern einem Glauben an die eigene Überlegenheit. Muammar al-Gaddafi sucht zu seiner Selbstbestätigung, zur Durchsetzung seiner Ideen die Konfrontation mit den Mächtigen, vor allem mit Amerika, das ihm wegen seiner »Gottlosigkeit« und seinem »Materialismus« verhaßt ist.

Aber wenn auch seine Ungeduld wegen vieler Mißerfolge im nationalen wie im internationalen Maßstab über die Jahre zunahm und er auch zu terroristischen Mitteln Zuflucht nahm, so suchte er doch nie die Konfrontation um jeden Preis. Er wußte oder er ahnte immer, wie weit er bei seinen Provokationen gehen konnte – nur einmal hat er sich verschätzt, und unter diesem Trauma leidet er bis heute: als die Konfrontation mit Ronald Reagan 1986 zum amerikanischen Bombenangriff auf Tripolis und Benghazi führte.

»Wie konnte ich damit rechnen, daß eine Weltmacht mit all ihrer militärischen Gewalt gegen uns losschlagen könnte«, sagte er mir, heute noch wie in Trance, beim Interview und nannte die USA »den Inbegriff alles Bösen«. Reagan ist für ihn seit damals nur mehr »dieser Schauspieler«, dessen Namen er nicht mehr ausspricht und den er »kein menschliches Wesen, sondern eine neue Spezies, eine Kreuzung zwischen Mensch und Schwein« nennt. Nach der Attacke zog sich Gaddafi wochenlang in die Syrte zurück, nahm eine lange »Auszeit« in der Wüste und hatte auch, wie seine Umgebung bestätigt, mehrere Anfälle starker Depression. Doch die hat er heute überwunden, und er zwingt sich regelmäßig, mindestens einmal im Monat, das bombardierte Bab-al-Asisija-Hauptquartier zu besuchen, wo noch alle Trümmer wie damals gelassen wurden: die eingestürzten Decken, die umgefallenen Stühle, die Glassplitter, ja selbst das blutgetränkte Bett, in dem seine Tochter starb. Gaddafi macht den Besuch der Schreckensstätte auch zum Pflichtprogramm jedes Besuchers: Keine Politiker-Delegation, kein Journalist entkommt dem Grauen, der wie für die Ewigkeit eingefrorenen Sekunde der Brutalität. »Reagan, der wahre Terrorist«, ließ er auf Schautafeln eingravieren und die Aktion, da ein amerikanisches Kampfflugzeug abgeschossen worden war, im nachhinein zum »Sieg« erklären.

Gaddafi hat, um sich weltweit einen Ruf zu verschaffen, »Befreiungsbewegungen« wie »terroristische Vereinigungen« unterstützt, aber die bundesdeutsche »Rote Armee Fraktion« war nie dabei, mit ihr konnte er wenig anfangen. Er hat gnadenlos eigene Regimegegner im Ausland aufspüren und sie abknallen lassen wie Hasen, und er hat Terror gegen israelische wie amerikanische Militäreinrichtungen, auch gegen Soldaten gefördert. Das ist und bleibt unentschuldbar. Aber er stand keineswegs hinter jedem blindwütigen Mord an Unbeteiligten, den man ihm – mangels anderer Erkenntnisse – zuzuschreiben versuchte. Er hat meist nur dort mit seinen Militärberatern und Waffentransporten »gezündelt«, wo er sich in der Dritten Welt Freunde und Verbündete für seinen letzten Kampf gegen die Erste Welt glaubte machen zu können: in Angola, in Uganda, im Tschad, selbstverständlich in Palästina.

Muammar al-Gaddafi litt – und leidet bis heute – darunter, daß er nur der Herr über eine fast menschenleere Wüste ist, daß damit seine Bedeutung, bei aller finanziellen Potenz, doch begrenzt ist. Das Problem *dieses* »Führers« hieß nicht »Volk ohne Land«, sondern »Land ohne Volk«. So versuchte er schon frühzeitig, die »arabischen Massen« in den Nachbarländern an sich zu binden, Arabien zu vereinigen, dann vielleicht einmal alle islamischen Staaten, am Ende womöglich die ganze Dritte Welt. Dieses Ziel verfolgte er konsequent, verblüffte die Welt alle paar Jahre mit einem Vereinigungsprojekt. Aus der Liste der Versuche: 1969 Libyen-Sudan-Ägypten; 1971 Libyen-Ägypten-Syrien; 1972 Libyen-Ägypten; 1974 Libyen-Tunesien; 1980 Libyen-Syrien; 1981 Libyen-Tschad; 1985 Libyen-Marokko. Fast alle Verbindungen standen nur auf dem Papier, die realisierten zerschlugen sich schnell, die mit Tunesien brach an Kürze alle Rekorde: Staatspräsident Burgiba rückte schon nach zwei Tagen von der Fusion ab, die Gaddafi ihm mit Geschenken und guten Worten aufgeschwatzt hatte. Der Libyer nannte seinen tunesischen Kollegen dafür in aller Öffentlichkeit »einen Feigling«.

Er war auch sonst nicht gerade zurückhaltend, wenn er glaubte, ein arabischer Staatsmann verrate die gemeinsame Sache. Den ägyptischen Präsidenten Anwar el-Sadat belegte er nach dessen Besuch in Israel und der Aufnahme der diplomatischen Beziehungen mit dem Erzfeind mit einem Fluch – der Tod sei die einzige gerechte und angemessene Strafe für Sadats Frevel; die libysche Staatspresse wies Gaddafi an, nicht mehr von der »Volksrepublik Ägypten« zu schreiben, sondern nur noch den Namen »Amerikanische Kolonie Ägypten« zu verwenden.

Unter internationalem Druck war der libysche Revolutionsführer durchaus bereit zum Rückzug – aber es war immer ein taktischer

Rückzug. So brach er seinen Vormarsch in den Tschad ab, als er merkte, daß die internationale Staatengemeinschaft ernsthaft an einem Gegenschlag arbeitete. So ließ er von geplanten Aktionen gegen amerikanische Soldaten und Schiffe der Sechsten Flotte ab, als ihm über diplomatische Kanäle unmißverständlich klargemacht wurde, daß er mit einem Angriff auf Libyen zu rechnen habe. Aber nie verlor er seine Ziele aus den Augen, nie gab er etwa den Traum von der arabischen Einheit auf. 1989 gelang es ihm, eine lose »Maghreb-Union« mit ins Leben zu rufen, die fünf Staaten (neben Libyen noch Tunesien, Algerien, Marokko und Mauretanien) umfaßt und die zu halten scheint. Den Traum von der Waffe, die der arabischen oder der gesamten islamischen Welt ein Machtmittel im Konzert der Großmächte ermöglichen würde, verfolgt er nach wie vor mit fieberhaftem Eifer.

»Wollen Sie die Atombombe?« frage ich ihn bei unserem Gespräch. Fast verwundert entgegnet Muammar al-Gaddafi: »Aber natürlich, sie steht uns zu. Die Zionisten besitzen eine, also brauchen wir sie schon als Gegengewicht.« Und chemische Waffen, biologische Kampfstoffe, von denen alle Welt munkelt, läßt er die auch irgendwo in Libyen produzieren? Die Frage stört, er wischt sie mit einer Handbewegung weg. Aber soviel kann und will er sagen: Das Recht auf solche Waffen hätte Libyen, hätte die arabische Welt. Dabei sprühen Gaddafis Augen Feuer, und er sieht für einen Moment, nur für Sekunden, so aus, wie ihn die westlichen Karikaturisten immer sehen: wie ein Fanatiker am Rand des Wahnsinns, wie Jack Nicholson, wenn er den irren Bösen mimt. »Es ist absolut unmöglich, in einer kranken Welt den Gesunden zu spielen«, hat Gaddafi einmal gesagt.

Er kommt mir vor wie ein Sisyphus, der das Felsstück immer wieder auf den arabischen Berg wälzt und doch wissen muß, daß es im letzten Moment immer wieder hinabrollt. Wie ein Theaterdirektor, der glaubt, allein mit einem starken Skript die Welt aus den Angeln heben zu können, obwohl ihn doch die Erfahrung gelehrt haben könnte, daß nach dem Fall des Vorhangs wieder das wirkliche, normale Leben einsetzt. Wie ein Hyde-Park-Redner, der denkt, sein nächster bahnbrechender Gedankengang, seine nächste eindrucksvolle Ankündigung werde die Völker schon deshalb befreien, weil er ihn ausspreche.

Sein großes Vorbild, sein großer Mentor Gamal Abd el-Nasser hat zu Gaddafi gesagt, als er wieder einmal gar zu hitzköpfig und unrealistisch neue Theorien verkündete: »Du mußt nicht immer versuchen, die Elektrizität neu zu erfinden. Das ist schon geschehen. Du mußt sie nur sinnvoll anwenden.«[11]

Ob Muammar al-Gaddafi sich nachts, wenn er in einem seiner über hundert geheimen Schlafplätze nicht zur Ruhe kommt oder wenn er wieder einmal nachdenklich durch sein zerbombtes Hauptquartier wandert, manchmal eingesteht, daß er bisher gescheitert ist? Daß sein Volk sich nicht selbst regiert, murrend die »Volkskongresse« schwänzt, selbst die lokale Selbstverwaltung an Desinteresse scheitert und alles nur auf seine Befehle wartet? Daß seine Libyer nicht dem westlichen Konsum entsagen, sondern ganz im Gegenteil nach den amerikanischen Waren und Werten, nach westlichen Idolen gieren? Daß die islamischen Nationen, die Staaten der Dritten Welt in ihren Widersprüchen ersticken und durchaus nicht dabei sind, sich hinter einen Führer Gaddafi zu scharen?

Perioden resignativer Klarsicht wechseln bei dem Revolutionsführer mit euphorischen Zeitspannen, und daher stammt die wohl falsche, jedenfalls durch nichts bewiesene Behauptung amerikanischer Geheimdienstkreise, Gaddafi stehe unter Drogen. Er hat in den letzten Monaten die Beziehungen zu Ägypten erheblich verbessert – trotz Kairos fortgesetzter Kontakte mit Israel – und die Grenzen durchlässig gemacht. Er hat dem Kleinhandel wieder etwas größere Freiheiten gegeben und dessen »Profite«, ideologisch so verwerflich, einfach übersehen. Er gestand im März 1990 ein, daß die »Volkskongresse« die Basisdemokratie noch ungenügend verwirklichten: »Ihr dürft nicht denken, Bruder Muammar hat etwas unternommen, und euch erleichtert zurücklehnen – so geht das nicht«, zitierte ihn der staatliche Rundfunk mit einer Strafpredigt.[12]

Aber nimmt man unser Gespräch zum Maßstab, so ist von einem »geläuterten«, milderen Gaddafi nichts zu erkennen. Er droht dem Staat Israel (»Die besetzten Gebiete zu befreien lohnt sich nicht, der Staat muß ein für allemal verschwinden«). Er will die Armen der Welt gegen die Reichen aufstacheln (»Sie müssen in deren Luxus-Reservate eindringen, sie müssen sich in Massen aus ihren Hütten in die Paläste schieben und die alten Ausbeuter verjagen«). Er fordert die Deutschen nach ihrer Vereinigung auf, »nun endlich von der

Abhängigkeit gegenüber Washington loszukommen und das US-Militär zu verjagen – »ich bin überzeugt, die meisten Deutschen sehen die Amerikaner als Invasoren, als Besatzungsmacht«. Fast immer definiert er seine Politik – ja, sich selbst als Politiker – über und durch »den großen Teufel USA«.

Und immer wieder gibt es auch tatsächlich Anlässe für Muammar al-Gaddafi, die Bedrohung aus Amerika sehr ernst zu nehmen. Wenige Wochen vor unserem Gespräch wurde bekannt, daß der US-Geheimdienst CIA im libyschen Nachbarstaat Tschad 400 Exil-Libyer zu »Widerstandskämpfern« gegen das Gaddafi-Regime ausgebildet hat und, bevor es zum Machtwechsel in N'djamena kam, geplant hatte, sie »einsickern« und auf Gaddafis Leben ansetzen zu lassen. »Wir gehen deshalb vor den Sicherheitsrat der Vereinten Nationen«, sagt mir der Mann, der selbst so viele Terroristen losgeschickt hat, in ehrlicher Empörung. »Wir werden die Untaten der Vereinigten Staaten bloßstellen.« (Tatsächlich hat der amerikanische Geheimdienst im Dezember 1990 zugegeben, Libyer im Tschad »umgedreht« und an Waffen ausgebildet zu haben; sie wurden vor dem Zugriff der neuen, Gaddafi-freundlicheren Regierung im Tschad mit amerikanischen Militärmaschinen in Nachbarländer ausgeflogen.)

Was macht ein Revolutionär in der Freizeit, kennt er überhaupt so etwas wie Muße? Muammar al-Gaddafi sagt, er wandere oft durch die Wüste. Er schreibe auch gern mal Gedichte. Aus seiner näheren Umgebung haben wir erfahren, daß er an einem Buch arbeitet. Es soll ein Roman werden. Aber natürlich keine Liebes-, sondern eine Widerstandsgeschichte: ein Roman über den heldenhaften libyschen Kampf gegen die italienische Besatzungsmacht. Geplanter Titel: »Tod und Auferstehung«.

Viele Freunde haben mich nach der Rückkehr aus Tripolis gefragt, ob denn dieser Muammar al-Gaddafi tatsächlich ein Psychopath, ein Verrückter, eine Gefahr für den Weltfrieden sei, wie man überall lesen könne. Es ist schwer zu differenzieren. Wie alle Revolutionäre hat Muammar al-Gaddafi die ständige Umwälzung, das Chaos zu einem Regierungsprogramm gemacht und dabei feststellen müssen, daß zum Machterhalt Mittel nötig sind, die nicht seinen Idealen entsprechen. Wie alle Fundamentalisten ist er ein Unbelehrbarer – er geht aus von einem bestimmten Weltbild und findet für alle Ereignisse einen Platz, eine Bestätigung innerhalb dieses Orbits, was ihn übrigens wenig von anderen »Fundis« wie Khomeini oder Ronald Reagan (bevor er Gorbatschow traf) unterscheidet.

Gaddafi – ein Verrückter? Ganz im Gegenteil, ein besonders Klarsichtiger im Rahmen seiner Weltsicht, einer, der aus Überzeugung ein Ver-rückender sein will, die Grenzen, die Machtverhältnisse auf der Erde ändern will. Gaddafi – ein Gefährlicher? O ja. Weil er nie aufgeben und immer wieder, nach taktischen Pausen, alles zur Erreichung seiner Ziele einsetzen wird. Er hat die Mittel zum »weltweiten Störenfried«, und er ist bereit, sie von dem Zweck heiligen zu lassen.

Am Schluß unseres Gesprächs in dem Hauptstadt-Beduinenzelt habe ich ihn gefragt, wie er eines Tages von der Geschichte gesehen werden will, welches sein Vermächtnis sei. »In den Geschichtsbüchern soll stehen, daß ich mein Volk befreit und daß ich darüber hinaus die Welt entscheidend verändert habe«, sagt Muammar al-Gaddafi, ohne auch nur einen Augenblick zu zögern. Will er, nach dem Frieden zwischen Ost und West, die Völker des armen Südens in den Krieg gegen den reichen Norden führen? »Ich wäre gern der erste Führer in einem solchen Konflikt«, sagt er sehr schlicht und sehr bestimmt und sehr abschließend.

Da fällt mir wieder die Nachrichtensendung des libyschen Staatsfernsehens ein: Von einem »Grünen Buch«, das vom Himmel Strahlen aussendet wie eine Sonne, wird erst Libyen grün gefärbt; dann die gesamte arabische Welt einschließlich Palästinas. Und bevor die Nationalhymne einsetzt, schwappt das Grün über Afrika, dann über Lateinamerika und Asien, bevor es auch noch den »Rest«, Europa, die USA, die Sowjetunion, einfärbt: die Welt ein grüner Planet, Muammar al-Gaddafis Planet.

DER GOTT, DER AUCH GEDICHTE SCHREIBT

KIM IL SUNG, NORDKOREA

Dies ist die Geschichte von Kim Il Sung, offiziell »Großer Führer« genannt, der heute schon über 45 Jahre und damit länger als jeder andere auf der Welt diktatorisch regiert, der über sich selbst in der Parteizeitung schreiben läßt, »seine Taktik und Strategie versetzen immer wieder sogar Gott in Erstaunen«. Von Kim Jong Il, seinem Sohn, offiziell »Geliebter Führer« genannt, der – einmalige dynastische »Erbfolge« in einem kommunistischen Staat – zu seinem Nachfolger erkoren ist. Und von Kim Hyon Hui, weder verwandt noch verschwägert mit den Regierenden und doch Teil der »Familie«, der Religion, die jeden der gut 22 Millionen Menschen der Demokratischen Volksrepublik Korea umfaßt; einer jungen Frau, die den »Großen« und den »Geliebten« nie persönlich zu Gesicht bekommen hat, aber bereit war, für »die Sache Nordkoreas und seiner Ideologie« über hundert Menschen zu ermorden.

*

Kim Hyon Hui wird 1961 in der Nähe der nordkoreanischen Hauptstadt Pjöngjang als Tochter eines hohen Regierungsbeamten geboren. Sie verbringt ihre Schulzeit auf Kuba, wohin der Vater als Zweiter Sekretär der Botschaft der Volksrepublik Korea versetzt wird. Zu einem ihrer einschneidendsten Kindheitserlebnisse wird ein Ausflug zur Schweinebucht, wo der Vater ihr von der grausamen und nur mit Mühe erfolgreich abgewehrten Invasion der Amerikaner erzählt und immer wieder betont, der »kapitalistische Feind« könne jederzeit wieder zuschlagen. Das kleine Mädchen hat wochenlang Schlafstörungen, sie lernt die Amerikaner und den Westen hassen – noch mehr, als ihr im Unterricht und durch die Informationen ihrer Eltern bewußt wird, daß amerikanische Soldaten auch nahe ihrer Heimatstadt stehen, »auf der anderen Seite« des geteilten Koreas, im kapitalistischen Süden des Landes.

Als ihre Familie nach Pjöngjang zurückkehrt, ist Fräulein Kim schon eine überzeugte junge Kommunistin. Aber sie denkt nicht an eine Parteikarriere, sondern will möglichst bald heiraten und eine Familie gründen. Sie träumt von einem Leben als Lehrerin und Hausfrau. Da sie sehr sprachbegabt ist – Spanisch flog ihr auf Kuba fast zu, Japanisch lernte sie von Freunden –, beginnt sie ein Studium an der Fremdsprachen-Fakultät der Universität Pjöngjang.

Sie schließt ihre ersten Prüfungen alle mit Auszeichnung ab, konzentriert sich auf ein Examen im Japanischen. Sie beginnt gerade ihr drittes Jahr an der Universität, als sie, gemeinsam mit zwei Kommilitonen, im Februar 1980 unerwartet von einem Parteifunktionär Besuch erhält. Sie wird zu ihrer politischen »Standfestigkeit« interviewt, auch zu ihren persönlichen Lebensumständen. Sie hat während und nach dem Gespräch keine Ahnung, worauf der Offizielle hinauswill. Aber Nordkorea ist kein Land, in dem man hohe Regierungsbeamte unaufgefordert nach ihren Absichten fragt. Kim Hyon Hui schweigt über das Verhör, wie ihr aufgetragen wurde. Das eher schüchterne Mädchen hat auch wenig Freunde, schon gar keinen Liebhaber, dem sie sich anvertrauen könnte.

Drei Wochen später kommt der Funktionär wieder an die Hochschule, fordert sie auf, ihre entliehenen Bücher zurückzugeben und einen letzten Abend bei der Familie zu verbringen. Sie sei von der Partei »für eine besondere Aufgabe ausgewählt worden«. Der Vater ist beim Abschied hin- und hergerissen. Einerseits überwältigt ihn der Stolz auf die Ehre, die der Tochter zuteil wird, andererseits ahnt er wohl schon – im Gegensatz zu seiner Tochter –, daß es sich um einen gefährlichen Auftrag handeln wird. Kim Hyon Hui sollte sich später häufig an das Wort erinnern, das er ihr mit auf den Weg gibt: »Sei vorsichtig! Ein Tiger, der stirbt, läßt wenigstens seine Haut auf Erden zurück, ein Mensch dagegen nur seinen Namen.«[1]

Aber selbst ihren Namen sollte Kim Hyon Hui nun für lange Zeit nicht mehr hören: Sie wird zu einer Nummer, zu einer »Trainingseinheit«. Teilweise mit anderen zusammen, teilweise aber auch ganz allein, wird sie an der Kimsong-Politisch-Militärischen Fach-

Vom Verseschreiber zum Gottgleichen: Kim Il Sung

schule instruiert, der Ausbildungsstätte für Agenten. Von 1981 bis 1983 teilt sie ihren kleinen Raum mit einer Japanischlehrerin, die ihre Sprachkenntnisse noch weiter vertieft. Fräulein Kim erhält auch Unterricht in Wirtschaft und Geschichte, aber die meisten Kurse lehren ganz andere als akademische Fertigkeiten: Schußwaffengebrauch und Sprengstoffeinsatz, Verschlüsseln und Dekodieren von geheimen Botschaften. Ab 1984 teilt man ihr einen zweiten Agenten zu, einen Mann in den Sechzigern, der als ihr Vater posieren soll. Um den »Cover« zu testen, werden die beiden mit gefälschten japanischen Pässen auf eine Europareise geschickt. Sie bestehen die Probe, nicht einmal japanische Touristen schöpfen Verdacht, als sich die nordkoreanischen Spione in Wien und Rom unter sie mischen.

In der über siebenjährigen Ausbildungszeit zur Spezialagentin darf Kim Hyon Hui keine ihrer früheren Freundinnen sehen, selbst von ihrer Familie bleibt sie weitgehend isoliert. Die Ausbilder genehmigen ihr in diesen Jahren nur insgesamt drei »Hausbesuche«, nie länger als drei Tage, und sie erfährt erst Monate später, daß ihr 16jähriger Bruder bei einem Unfall ums Leben gekommen ist. Doch sie beklagt sich nicht. Sie glaubt inzwischen an ihre Bedeutung für das weitere Schicksal der Nation, an ihre »Aufgabe«. Worin die genau bestehen soll, erfährt sie im Oktober 1987: Der nordkoreanische Geheimdienst will die im nächsten Jahr anstehenden Olympischen Spiele in der südkoreanischen Hauptstadt Seoul durch Terror stören, Regierungen anderer Nationen sollen zumindest davon abgehalten werden, ihre Sportler oder Touristen mit der nationalen Fluglinie des verhaßten »anderen« Korea-Staates nach Seoul zu schicken: Eine »Korean Air« soll in der Luft verschwinden.

Genaues Angriffsziel: Flug »858«, der von Bagdad über Abu Dhabi nach Bangkok und Seoul führt.

Die Bombe besteht aus zwei Teilen, einem Zeitzünder und Plastiksprengstoff, die in einem Kofferradio der japanischen Marke »Panasonic« verborgen sind, dazu flüssiges Sprengmaterial, in eine Whiskyflasche abgefüllt. »Vater und Tochter« erhalten die Mordinstrumente von nordkoreanischen Agenten, die sie Mitte November 1987 in Budapest und Belgrad treffen. Das Paar fliegt mit japanischen Pässen unter dem Decknamen »Hachiya« aus der jugoslawischen Hauptstadt weiter nach Bagdad, wo die beiden den katastrophengeweihten Flug der »Korean Air« besteigen sollen.

Später wird man Kim Hyon Hui fragen, ob ihr denn angesichts der Grausamkeit ihres Auftrages, angesichts all der unschuldigen Menschen keine Bedenken gekommen seien. Sie wird sagen, Skrupel, ja, jede Form des Zweifels seien ihr von den Ausbildern »abtrainiert« worden: »Ich fühlte mich geehrt durch die Wichtigkeit des Auftrages.« Den letzten Schwur auf die Mission hat sie in Pjöngjang übrigens vor einem überlebensgroßen Bild des »Geliebten Führers« Kim Jong Il geleistet, der ihr als »Inspirator« der Aktion genannt wird. »Ich war mir sicher, daß damit auch sein Vater zugestimmt haben mußte, unser aller Vater, der Große Führer. Und daß damit alle meine Taten im Interesse unseres Landes liegen würden.«

*

Er ist »agil wie eine Gazelle«. Er ist »leuchtend wie ein Blitz«. Er ist »strahlend wie ein aufgehender Planet«. Er ist »schön und vorausschauend«, ausgestattet mit einem »Adlerblick«. »Die Vögel singen seinen Lobpreis, und die Rehlein tanzen als Anerkennung seiner Güte, Gnade und Weisheit.« So schreibt das offizielle nordkoreanische Parteiorgan »Rodong Sinmum« über den Präsidenten Kim Il Sung.

Er ist der »größte Marxist-Leninist unserer Zeit«. Er ist der »Führer der Weltrevolution«. Er ist »die rote Sonne, die ihr Licht über die ganze Erde wirft«. So sagt der Staatsrundfunk über den Präsidenten Kim Il Sung.

Er ist der »gütige Vater des koreanischen Volkes«. Er ist der »glühende Patriot und Nationalheld«. Er ist der »ewig siegreiche, unbeugsame, geniale Feldherr«, weiß die offizielle, staatlich herausgegebene Biographie über Kim Il Sung. »Nebenher« komponiert er noch, veröffentlicht eine auf 20 Bände angelegte »Sammlung koreanischer Musik«. Er malt begnadet, schreibt Gedichte. Und ist neuerdings auch aller Reporter Schutzpatron: »Großartiger Lehrer jedes Journalisten«, lautet sein letztveröffentlichter Titel.

Wie soll man einem mit Fairneß, mit offenem Blick auch für seine Leistungen, mit ganz normalen Journalistentugenden (die freilich im Land des Journalistenlehrers mit seiner gleichgeschalteten Presse nicht gelten) entgegentreten, der in einem derart maßlosen, Mao, Stalin, selbst Ceauşescu in den Schatten stellenden Kult um sich schwelgt? Wie nähert man sich einem solchen Pharao, einem solchen Richter über Leben und Tod, einem solchen Halbgott und seiner »heiligen Familie«?

Keine Sorge. ER nähert SICH. Es ist unmöglich, sich in der Demokratischen Volksrepublik Korea aufzuhalten und nicht von Kim Il Sung verfolgt zu werden. Wer von Peking aus mit der Eisenbahn nach Nordkorea kommt, sieht schon gleich an der Grenze die erste große Statue des »Großen Führers«. Wer am Flughafen Pjöngjang eintrifft, wird sofort mit einem Riesenbild des Staatschefs konfrontiert, auf der Fahrt in die Stadt gleich mit mehreren Stein- und Bronzeplastiken. Und dann bleibt es für jeden Nordkorea-Besucher während des Aufenthalts so wie in der Geschichte vom Hasen und dem Igel: Wo immer man hinkommt, Kim Il Sung ist schon da, hat sich eines der unzähligen Denkmäler setzen lassen oder blickt von einem Riesenbild, gütig lächelnd oder väterlich streng, auf die Szene hinunter. Keine Kooperative, kein Krankenhaus, keine Kinderkrippe, die er nicht initiiert oder gar daran mitgebaut hätte.

Lobpreisung im Gigantischen: in einem Triumphbogen aus Tausenden Granitsteinen, für jeden seiner Lebenstage einer. Ehrerbietung im Detail: ein weißes Spitzendeckchen am Platz in der Bibliothek, wo er einst studierte und jetzt niemand mehr sitzen darf. Noch immer sind alle Nordkoreaner angehalten, das Bildnis ihres »Großen Führers« als Ansteckknopf an der Kleidung zu tragen.

Pjöngjang ist auf den ersten Blick keine allzu deprimierende Stadt. Breite Boulevards führen an typisch sozialistischen Wohnmaschinen vorbei, riesigen, schmucklosen, aber sauberen und akkurat angelegten Hochhäusern. Gelegentlich hat man auch im traditionellen koreanischen Stil neu gebaut, und diese Mischung gibt der Hauptstadt ihre Attraktivität. Aber sie gibt ihr keinen Charme: Die Gerüche, das wuselige Treiben anderer ostasiatischer Metropolen fehlen hier völlig – Pjöngjang gleicht mehr Swerdlowsk als Seoul oder Shanghai.

Nirgendwo sind Slums zu sehen, auch in der vorbildlich sauberen und pünktlichen Untergrundbahn keine Bettler, keine Prostituierten, keine Rauschgiftsüchtigen, keine heruntergekommenen Gestalten. Die Menschen wirken gut angezogen, gesund, nicht wie panikerfüllte, graumäusige Skelette, als die sie die südkoreanische Progaganda gern beschreibt. Manche lächeln sogar. Sie leben im Paradies, suggerieren ihnen die Regierenden. »Paradies« heißt ein großer

Vorort der Hauptstadt, »Paradies« heißt eine der 17 marmornen U-Bahn-Stationen. Und falls irgend jemand immer noch nicht die Botschaft begriffen haben sollte, hämmert es ihm das Fernsehen jeden Abend zu Beginn der Sendungen ein: »Wir haben alle Probleme gelöst: Wohnung für jeden! Kleidung für jeden! Kostenlose Schulausbildung und ärztliche Versorgung für jeden!«

Kaum Autos in Pjöngjang, das ist wenig überraschend. Aber auch so gut wie keine Fahrräder auf den Straßen. »Wir fördern keinen Individualverkehr. Fahrräder stören nur die öffentliche Ordnung«, sagen die Fremdenführer ausweichend und wollen sich zu den Gründen nicht näher äußern. Die liegen auf der Hand: Das Fahrrad ist ein Stück persönlicher Freiheit, das Kim Il Sung überflüssig und gefährlich scheint: Wer radfährt, kann seinem Partei-Blockwart, seinem Nachbarschaftskomitee und damit der permanenten Überwachung entwischen – zwar für einige Stunden nur und auch lediglich in die unmittelbare Umgebung, aber eben doch »außer Reichweite«. Überlandfahrten, Besuche in anderen Städten sind genehmigungspflichtig und werden fast nur bei wichtigen Familienereignissen wie Hochzeiten oder Beerdigungen erteilt.

Die Verbindung zwischen Regierenden und Regierten reißt im wahrsten Sinn des Wortes nie ab: Überall in den Straßen hängen kleine Lautsprecher. Sie baumeln in jedem Restaurant, in jedem Geschäft, in jeder Untergrundstation und sind sogar auf den Feldern der Bauern und bei den Straßenbau-Brigaden installiert: eine permanente Nabelschnur zwischen »Mutter« Partei und »Baby« Bürger. Die Programme bestehen fast ausschließlich aus monotonen Erfolgsmeldungen der nordkoreanischen Wirtschaft, Hymnen auf den »Großen« und den »Geliebten«, Warnungen vor der Gefahr des »amerikanischen Imperialismus« und seiner »Marionetten in Südkorea«. Von Diskussionen innerhalb der Führung über den richtigen Weg oder gar von abweichenden Meinungen ist nie die Rede, auch nicht von sozialen Problemen wie etwa Kriminalität.

»In unserem Land gibt es keinen Mord und keine Vergewaltigung«, sagt allen Ernstes Li Chol Sin, Parteibeauftragter für »Kulturelle Beziehungen zum Westen«. Glaubt er das wirklich? Doch, der Funktionär besteht darauf, daß in Nordkorea keine Verbrechen und folglich auch keine Gefängnisse existieren. »Wenn der Große und der Geliebte Führer ›vorwärts‹ sagen, dann antwortet das Volk

›vorwärts‹. Sagen sie ›eins‹, antwortet das Volk ›eins‹. Niemand sagt ›zwei‹. Bei uns existieren keine Sektierer und Konterrevolutionäre.« Lediglich einige »verwirrte Jugendliche« befänden sich wegen Diebstahlsdelikten in »Umerziehungslagern«. Westliche Berichte über politische Dissidenten, die dort festgehalten würden, seien »nichts anderes als eine freche Lüge«, Nachrichten von 150 000 Menschen in Gulags »eine unglaubliche Verleumdung«. (Die Gefangenen-Hilfsorganisation »amnesty international« spricht von acht Camps, in denen etwa 110 000 »Umzuerziehende« festgehalten würden.[2])

Es gibt zweifellos Widerspruch zur Einfamilienherrschaft der Kims in Nordkorea: Im Frühjahr 1990 wurden Wandzeitungen an der Universität gesichtet, die wirtschaftliche Reformen forderten – man riß sie schnell wieder ab. Weit verbreitet ist solcher Widerspruch sicher nicht. Selbst die wenigen Abweichler, die den Sprung aus Nordkorea in den Westen geschafft haben und nun alle Möglichkeiten besitzen, das Regime zu kritisieren, geben zu, daß die überwiegende Mehrheit der Bevölkerung nicht unter der Unterdrükkung von freier Religionsausübung, Meinungs- und Versammlungsfreiheit leidet – sie haben von solchen Dingen nie etwas gehört.

Nordkorea ist nach der Öffnung Albaniens mit Abstand der von der Außenwelt abgeschlossenste Staat der Erde, der seine Bürger rigoroser kontrolliert und bevormundet als jeder andere. Kontakte mit Ausländern sind äußerst selten, westliche Publikationen nicht zu kaufen – anders als die Osteuropäer bleiben die Nordkoreaner von jeder Alternative zu ihrem Kommunismus abgeschnitten und können wegen der gekappten Informationskanäle auch die (langsamen) Fortschritte in Südkorea Richtung Demokratie und (die rapiden) bei der Verbesserung des Lebensstandards nicht beobachten: Sie fühlen sich privilegiert auf ihrer »roten Insel«, in einer Oase des Wohlstands inmitten einer grausamen und verarmten Wüstenwelt. Sie haben subjektiv wenig Grund, der offiziellen Botschaft zu mißtrauen, die ihnen ihr Land als Vorbild für den Rest der Völkergemeinschaft darstellt. »Die Menschen Nordkoreas sind so indoktriniert und so in eine straff organisierte Staatsorganisation eingebunden, daß sie nichts vermissen«, sagte einer, der abgesprungen war, im letzten Jahr zur amerikanischen Menschenrechtsorganisation »Asia Watch«. »Niemand ist unglücklich, weil ihm Menschenrechte verwehrt werden – man sieht die Gitterstäbe nicht, die das Gefängnis ausmachen.«

Die Bekenntnisse zum »Großen Führer«, das Vertrauen, das die Nordkoreaner in Kim Il Sung setzen und darin, daß er versucht, für sein Volk das Bestmögliche zu erreichen, wirken echt. »Ein westlicher Besucher kommt sich in Nordkorea unweigerlich vor wie ein Atheist bei einer Versammlung von Predigern. Der Glaube an den Großen Führer scheint so umfassend, exzessiv, so absolut, daß er eigentlich verfälscht sein müßte – und doch besteht jederman darauf, daß dem nicht so ist«, beobachtet fast verzweifelt der »New York Times«-Reporter Nicholas D. Kristof bei seinem Besuch vor einigen Monaten, einer der wenigen Journalisten, die in letzter Zeit ein Visum bekamen.[3] Nicht nur ihn erinnert Nordkorea an eine einzige gigantische Theateraufführung, die Bevölkerung an Schauspieler inmitten der unwirklichen Kulisse eines Film-Sets: Die Menschen sagen, nach der Meinung über ihre Lebensumstände befragt, ihre Texte so gekonnt und glaubwürdig, daß niemand wissen kann, ob die Worte aus ihrem Herzen oder von ihrem Souffleur kommen.

Zum Beispiel die junge Frau, die ihren Beruf als »Arbeiterin« angibt: »Erst der Große Führer gibt unserem Volk das Selbstvertrauen in die Zukunft, gibt unserem Leben Inhalt und Ziel. Er denkt Tag und Nacht daran, wie er unseren Alltag leichter machen kann – als einmal ein Journalist vor seinen Augen zusammenbrach, hat er sofort Blut für ihn gespendet.«

Zum Beispiel die beiden zwölfjährigen Schülerinnen: »Der Große Führer ist auf ewig unschlagbar, er hat für uns zwei mächtige Feinde in die Flucht gejagt, die japanischen und die amerikanischen Imperialisten.«

Oder der Oberschüler, 16 Jahre alt: »Einmal fuhr der Große Führer mit einem Auto übers Land, und da sah er, wie zwei Kinder herumtollten und die Knöpfe an ihrer Kleidung abrissen. Das ließ ihn nicht ruhen, und schon am nächsten Tag befahl er, daß jeder Schüler im Land zwei Knöpfe umsonst bekommen sollte. Er ließ auch die Produktion der Kinderkleidung verdoppeln und die Preise senken. Der Große Führer hat die Kinder einmal als die ›Könige des Landes‹ bezeichnet. Wir betrachten ihn als unseren wahren Vater.«

Mit welchen Mitteln schafft es Kim Il Sung, solchen absurden Geschichten Glaubwürdigkeit zu verleihen? Wie gelingt es ihm, die

Wirklichkeit so zu verzerren, daß für sein Volk eine neue, eine andere Realität entsteht?

Das typische Besuchsprogramm für Ausländer, das man uns 1982 vorführte, das bis heute unverändert ist, gibt einige Hinweise. Es enthält dieselben »Wallfahrten«, die nordkoreanische Bürger mindestens zweimal jährlich auf sich nehmen müssen.

Der erste Trip führt zum »Palast der Völkerfreundschaft« in einem schönen Tal außerhalb der Hauptstadt, in die nördlichen Berge. Der große Bau hat keine Fenster, dafür aber Marmorsäulen im Innern, kostbare Teppiche, die jeden Schritt und jedes Wort dämpfen. Ein Temperaturregler, permanent auf zwanzig Grad eingestellt, sorgt dafür, daß die Geschenke aus aller Welt an den »Großen Führer« keinen Schaden nehmen.

Stalin vermachte Kim Il Sung eine schwarze Limousine, PLO-Führer Arafat eine Kalaschnikow, eingesetzt im »palästinensischen Freiheitskampf«. Nicaraguas früherer marxistischer Staatschef Ortega präsentierte dem Nordkoreaner ein präpariertes Krokodil, das auf Hinterbeinen steht und mit seinen Vordertatzen ein Tablett mit Holzschalen und Tassen kredenzt. Rumäniens Ex-Diktator Ceauşescu, ein guter Jagdfreund des »Großen«, verehrte ihm selbstgeschossene Beute, einen Bären. Afrikanische Staatschefs aus »marxistisch-progressiven« Ländern sind mit Elfenbein und Rhinozeroshorn vertreten, Trophäen von Tieren, die seit Jahren geschützt sind. Ob goldener Modell-Panzer oder Draisine, ob persönlich gewidmetes Buch oder geschmackloser Steinkandelaber – alles ist sorgfältig katalogisiert, angeordnet, hinter Glas gestellt. Das Museum soll wohl sagen: Seht her, so anerkannt ist die Volksrepublik Korea draußen in der Welt, so beliebt unser Führer, daß wir nun all diese Kostbarkeiten unser eigen nennen können. Und Kim Il Sung teilt sie mit uns, wie Kim Il Sung eben alles mit uns teilt.

Aber diese Anerkennung ist Kim Il Sung nicht einfach in den Schoß gefallen, werden die Museumsführer nicht müde zu erklären. Die Achtung der Welt, das Gefühl für die Identität des eigenen Volkes haben ihren Ursprung in einer Art nordkoreanischer Dreifaltigkeit: in Kim Il Sung (Gottvater), Kim Jong Il (Gottsohn) und ihrer Religionslehre (dem Heiligen Geist), der »Juche«-Ideologie.

Das koreanische Wort bedeutet soviel wie »Selbstbestimmung« oder »Selbstverwirklichung«, im politischen Bereich könnte man es mit »Herr-über-das-eigene-Schicksal-Sein« übersetzen.[4] Juche ist allgegenwärtig, das meistgebrauchte Wort der nordkoreanischen Propaganda: Es gibt eine offizielle Juche-Außenpolitik, ein Juche-Erziehungswesen, eine Juche-Agrarmethode. Juche ist Staatsphilosophie, Schwur auf Nationalstolz und Eigenständigkeit, vor allem aber bedeutet sie nach offizieller Pjöngjanger Lesart eine, ja schlichtweg *die* »Weiterentwicklung des Marxismus-Leninismus«.

Nur Kim Il Sung hat ein solches eigenständiges, fortschrittliches Gedankengebäude entwickelt, läßt Kim Il Sung seinen Landsleuten einhämmern. Das macht ihn zu einem der ganz Großen der Geschichte, zu vergleichen allenfalls mit Religionsstiftern wie Jesus, Mohammed oder Buddha. Die Koreaner sind die auserwählten »Jünger« dieses Übermenschen, sie sind einmalig und privilegiert. Sie gehören zum unmittelbaren Dunstkreis des Erleuchteten, bilden seine Familie und können sich deshalb auch in seinem Glanze sonnen. Karl Marx und Wladimir Iljitsch Lenin sind vergleichsweise so unbedeutend, daß ihre politischen Schriften nirgendwo in Pjöngjang erhältlich sind, dagegen überall die 24 Werke von Kim Il Sung – Tendenz schnell steigend, denn der »Große Führer« regiert nicht nur, komponiert und malt nicht nur, er findet dabei auch noch Zeit, unendlich lange Traktate zu verfassen.

Daß der Kult um Kim von der nordkoreanischen Bevölkerung so klaglos, über weite Strecken mit natürlicher Begeisterung akzeptiert wird, läßt sich kaum allein durch die Abgeschlossenheit des roten »Einsiedler-Reiches« erklären. Es liegt auch an den tiefverwurzelten Wertvorstellungen, mit denen der chinesische Philosoph Konfuzius (551–479 v. Chr.) die Koreaner über die Jahrhunderte geprägt hat. Obwohl Konfuzius in Pjöngjang als »feudaler Denker« verfemt ist, lebt seine Lehre hier in reinerer, ursprünglicherer Form als selbst in Japan, China oder Singapur. Den Koreanern, die sich in ihrer Geschichte stets von mächtigen Nachbarn bedroht sahen, leuchtete es schon immer ein, daß dem unumschränkten Herrscher für seine Bemühungen um die bestmögliche Regierung Ehrfurcht, Respekt und unbedingte Loyalität zu zollen sind.

Und so kann der »Große Führer« seine absolutistische Staatslenkung auch heute auf die kulturellen Werte abstützen, die in Ostasien seit dem 6. Jahrhundert Gültigkeit haben. Er muß den Nordkoreanern allerdings weiterhin die Vorstellung vermitteln, daß sie, und nur sie, seine ureigenste Sippe sind und für diese »Gunst« Opfer zu bringen haben; er muß ihnen auf ewig die Gewißheit einimpfen, daß das Land von äußeren Feinden bedroht ist und diese Bedrohung nur durch unbedingten Zusammenhalt unter seiner Führung überstanden werden kann. Er muß, mit anderen Worten, die Vergangenheit und die Gegenwart manipulieren, die Geschichte – seine, die seines Volkes, die der ganzen Welt – neu schreiben. Und das macht Kim Il Sung mit einer Konsequenz und Skrupellosigkeit, die ihresgleichen suchen: Dem Diktator »gehört« eine eigene Wirklichkeit, er gestaltet, ja, er vereinnahmt Historie nach eigenem Gutdünken.

Nirgends wird das so deutlich wie an der zweiten unvermeidlichen Pilgerstätte aller Besucher, zu der jährlich über zwei Millionen Nordkoreaner hingekarrt werden und damit innerhalb eines Jahrzehnts die gesamte Bevölkerung. In Mangyundai, am Daidong-Fluß, an der Peripherie der Hauptstadt gelegen, befindet sich das strohgedeckte Geburtshaus von Kim Il Sung. Mangyundai ist der Wallfahrtsort des Kimilsungismus, dieser alt-neuen fernöstlichen Glaubenslehre. Es ist das Bethlehem Nordkoreas.

Eine Hütte, zusammengehalten von Strohbalken und getrocknetem Schlamm, ein Dach aus Gräsern, am Fuß eines Hügels. Aus unsichtbaren Lautsprechern sanfte, feierliche Orgelmusik. Gedenkstätten auch schon außerhalb des Allerheiligsten, durch vergoldete Ketten von den Besuchern getrennt: der Baum zum Beispiel, in den der Knabe Kim Il Sung kletterte, um »nach dem Regenbogen zu greifen«, wie die ergriffene Führerin sagt. Drinnen Reliquien, die durch die Berührung des »Großen Führers« offensichtlich zu segenbringenden Sakrimentalien geworden sind: ein Kochtopf, aus dem er früher Suppe aß, unter Glas; die Sandalen, mit denen er einst über die Berge zu immer neuen Heldentaten stapfte, die ihm einst die Großmutter mit eigenen Händen geflochten hat.[5]

Eine Familie wird vorgestellt, die es so nicht gegeben hat. Ein Leben wird erzählt, wie es so nie stattfand. Mangyundai ist Lüge und Legende – zu einem höheren Ziel.

Der Urgroßvater des »Großen Führers« soll sich von dem Gärtner und Grabwächter eines Großgrundbesitzers zum Revolutionär gewandelt haben und mit seinen Kumpels 1866 die über den Daidong-Fluß eingedrungenen amerikanischen Soldaten vom amerikanischen Kriegsschiff »General Sherman« in die Flucht geschlagen haben.

Der Opa hat angeblich die damaligen japanischen Besatzer »im Untergrundkampf energisch bekriegt« und sie immer wieder an der Nase herumgeführt. Der Vater stand nach offizieller Lesart »an der vordersten Front bei der Mobilisierung der Volksmassen zum antijapanischen Kampf« und starb, 32jährig, als Widerstandsheld in einem japanischen Gefängnis. »Auch die Mutter hatte ein gutes Herz und einen reinen Charakter«, heißt es in der offiziellen Biographie des »Großen Führers« weiter: Trotz tiefster Armut kämpfte sie im Untergrund. Der offizielle Glorienschein umfaßt praktisch die ganze Kim-Verwandtschaft, selbst die heroischen Onkel mütterlicherseits werden penibel genau aufgeführt: »Leidenschaftlich kämpften sie alle von Generation zu Generation für die Befreiung des Volkes und die Unabhängigkeit des Volkes.«

Kaum etwas davon ist wahr. Es gab ebensowenig den »tapferen« Urgroßvater wie ein amerikanisches Kriegsschiff (die »Sherman« war ein Handelsschiff). Von den Heldentaten des Großvaters und des Vaters liegen Historikern keinerlei verläßliche Zeugnisse vor. Nicht einmal Kim Il Sungs eigener Name ist echt: Er wurde als Kim Song Chu geboren, sein Vater war nicht Lehrer, wie die offizielle Biographie verkündet, sondern Bauer. Er wurde allerdings tatsächlich in Mangyundai geboren, am 15. April 1912, dem Tag übrigens, als die »Titanic« sank.

Schon als Vierzehnjähriger soll Kim Il Sung eine illegale revolutionäre Organisation »Nieder mit dem Imperialismus« gegründet haben und nach Nordostchina geflohen sein, mit dem Schwur auf den Lippen, als Revolutionär zurückzukehren und »Korea die Unabhängigkeit zu erringen«. Auch dafür lassen sich keine Anhaltspunkte finden, außer, daß der Kleine an der Seite seiner Mutter tatsächlich in die Mandschurei geriet, vermutlich durch Hunger aus seiner Heimat fortgetrieben.

Einer seiner ehemaligen Mitstreiter, der sich später in die Sowjetunion absetzte, widerlegt auch die Heldengeschichte, die sich um Kim Il Sungs »Wunder« von 1936 rankt und die auch im Westen noch in den Geschichtsbüchern steht: Kim will als Gründer der Guerilla-Bewegung »Revolutionäre Kraft« im genialen militärischen Handstreich den Japanern die Grenzstadt Hesandin abgenommen haben. Sein ehemaliger enger Vertrauter Lim Un: »Ich kann beweisen, daß er die Guerilla-Truppe weder gegründet hat, noch sie anführte – er war lediglich einer der Befehlshaber unter dem zweiten Armee-Kommandanten Wang Te-tai.«[6]

Von 1941 an soll Kim Il Sung, der offiziellen Geschichtsschreibung nach, die Japaner durch seine kühnen Attacken gejagt und schließlich am 15. Oktober 1945 zur Kapitulation getrieben haben. Auch das eine glatte Lüge. Er war, nach Aussagen von Freunden, zwischen 1941 und 1945 lediglich einer von fünf Offizieren einer Einheit, die von Russen befehligt wurde und die ihm keine Gelegenheit zum Kampf gegen die japanischen Besetzer gab: Kim Il Sung saß in einem Fischerdorf namens Byak in der Nähe von Khaborowsk fest, wurde als »Politruk« geschult. Als er schließlich nach dem durch die weltpolitischen Ereignisse des Zweiten Weltkriegs erzwungenen Zurückweichen der Japaner in Pjöngjang einzog, war er offiziell im Rang eines Majors der Roten Armee und trug sowjetische Uniform: der Protegé einer neuen Besatzungsmacht, kein glänzender Heerführer, der sein Land befreite. Kim Il Sungs erste Rede in Korea wurde ihm Wort für Wort vom sowjetischen Oberkommandanten vorgeschrieben, er durfte sie nur verlesen.

Doch die Sowjets unterschätzten den Mann, den sie nie als etwas anderes als Statthalter ihrer Interessen sahen. Stalin hatte nie vor, ganz Korea »frei und unabhängig« werden zu lassen und einer internationalen Treuhandschaft über Korea (1945 von den USA, von Großbritannien und der Sowjetunion offiziell beschlossen) eine faire Chance zu geben. Er bestand auf die Trennung der Halbinsel am 38. Breitengrad, auf ein Nord- und Südkorea. Die Amerikaner, die im Süden einmaschiert waren, drängten auf gleichzeitige Wahlen im ganzen Land, schienen sich dann aber mit dem Status quo abzufinden. In Seoul herrschte bald ein »unabhängiges« Marionettenregime von Washingtons Gnaden, das linke Politiker brutal verfolgen ließ. In Pjöngjang wurde Kim Il Sung Ministerpräsident eines «unabhängigen» Nordkorea. Doch das genügte Kim nicht. Er betrieb die Einverleibung des Südens.

Jeder nordkoreanische Schüler lernt, die Amerikaner hätten den Norden angegriffen, und das allein macht den Haß begreiflicher, der gegen die USA immer noch besteht. »Warum habt ihr das getan?« fragen heute noch vorwurfsvoll die Menschen durchreisende US-Reporter und fürchten sich vor ihnen als »Inbegriff des Imperialismus«. Eine groteske Verdrehung der Tatsachen: Es waren die nordkoreanischen Truppen Kim Il Sungs, die am 25. Juni 1950 die Aggression starteten – vermutlich ohne die Billigung Stalins, sicher ohne die Einwilligung der chinesischen Kommunisten.

Nach anfänglichen Erfolgen der Nordkoreaner, die schnell Seoul eroberten, beschlossen die Vereinten Nationen, Kim Il Sung Einhalt zu gebieten (die Sowjetunion fehlte bei der Abstimmung über den Truppeneinsatz der UNO). Unter dem Oberbefehl des amerikanischen Generals MacArthur eroberten die UNO-Truppen schnell Gelände zurück, die UdSSR beschränkte sich auf verbale und logistische Unterstützung Kim Il Sungs. Erst das Eingreifen von rotchinesischen Truppen rettete die Nordkoreaner. Nachdem sich die Front wieder am 38. Breitengrad stabilisiert hatte, kam es nach schwierigen Verhandlungen am 27. Juli 1953 in Panmunjon zum Waffenstillstandsabkommen.

Bis heute ist der Frontverlauf eine der am stärksten befestigten und »heißesten« Grenzen der Welt. Mehr als eineinhalb Millionen Soldaten stehen sich an der 240 Kilometer langen »demilitarisierten Zone« gegenüber, die fünftstärkste (Nordkorea) und die achtstärkste (Südkorea) Armee der Welt, die im Süden von mehr als 45 000 stationierten US-Soldaten unterstützt wird.

Kim Il Sung säuberte gnadenlos in den eigenen Reihen, ließ den im Süden geborenen Kommunistenführer Pak Honyong hinrichten, der ihm eingeredet hatte, die Menschen von Seoul würden sich begeistert den Soldaten aus dem Norden anschließen. Wütete aber vor allem unter seinen Freunden, die mit ihm zusammen in China und der Sowjetunion ausgebildet worden waren. Oft genügte auch nur der Hauch eines Verdachts, jemand habe den Führungsanspruch Kim Il Sungs angezweifelt. 70 Generäle wurden standrechtlich erschossen, mehr als 200 Parteikader mußten ihr Leben lassen, in Konzentrationslagern starben Zehntausende, vielleicht sogar Hunderttausende. Von den 22 Mitgliedern des ersten Kabinetts überlebte nur eine Frau neben Kim Il Sung. Seine Brutalität und sein Blutrausch konnten sich mit Stalins Wahn durchaus messen.

Es ging in der Demokratischen Volksrepublik in den ersten Jahren wirtschaftlich schnell aufwärts, dank der Bodenschätze wie Kohle, Eisenerz und Gold. Im Wettstreit mit dem Süden verzeichnete der Norden durch die eindrucksvolle Massenmobilisierung der Bevölkerung in den ersten Jahren höhere Wachstumsraten. Doch das änderte sich spätestens in den Sechzigern dramatisch: Nordkoreas Wachstum stagnierte, Südkorea wurde – lange Zeit weit davon entfernt, politisch eine Demokratie zu sein – zu einem der Wirtschaftswunderländer der Welt. Seoul baut heute, da auf dem Weltmarkt Semikonduktoren und nicht mehr Stahl, Computer und Kohle gefragt sind, seine Position weiter aus. Während der kommunistische Norden mit mehr als fünf Milliarden Dollar verschuldet ist und seit Jahren nicht einmal mehr die Zinsen seiner Kredite bezahlen kann, boomt der Süden, exportiert er Waren in mehr als fünfzigfachem Wert des Imports und kann seinen Bürgern ein etwa drei- bis fünffach höheres Pro-Kopf-Einkommen bieten.

Außenpolitisch hatte Kim Il Sungs »Juche«-Konzept der Eigenständigkeit größere Erfolge. Als die UdSSR und die Volksrepublik China zu bitteren Feinden und Konkurrenten wurden, ging der »Große Führer« geschickt auf Distanz zu beiden und behauptete durch seine Schaukelpolitik tatsächlich eine gewise Eigenständigkeit. In »progressiven« Ländern der Dritten Welt tat sich Pjöngjang als Waffenexporteur hervor. Vom Westen hielt sich der »Außenseiter« Nordkorea fern, so, als wolle er unter allen Umständen verhindern, sich mit neuen Ideen zu »infizieren«. Seltsame Aktivitäten von Kim Il Sungs Diplomaten machten das Land allerdings bald zu einem internationalen »Aussätzigen«.

Die Regierung Ceylons wies 1971 sämtliche nordkoreanischen Diplomaten aus dem Land, weil sie des Waffenschmuggels an eine Guerilla-Bewegung überführt waren. 1975 mußte der Militärattaché Pjöngjangs wegen Spionage innerhalb 24 Stunden Ägypten verlassen. 1976 wurden die Botschafter der Volksrepublik in Skandinavien und mit ihnen ein Großteil des übrigen nordkoreanischen Botschaftspersonals ausgewiesen: Sie hatten Rauschgift, Alkohol und Zigaretten geschmuggelt. In insgesamt 20 Ländern wurden die Vertreter der Demokratischen Volksrepublik wegen illegaler Aktivitäten in ihre Heimat zurückgeschickt.[7]

Am 9. Oktober 1983 explodierte in der birmanischen Hauptstadt Rangun eine Bombe und tötete 17 hohe südkoreanische Regierungsvertreter, darunter vier Minister, und verwundete Dutzende Birmanen, die meisten schwer. Der Anschlag galt eindeutig dem damaligen südkoreanischen Präsidenten Chun Doo-Hwan, der um einige Minuten verspätet am Ort der Tat, dem »Märtyrer-Monument«, ankam, wo er einen Kranz niederlegen wollte – der Zeitzünder war genau auf seine vorgesehene Ankunftsminute eingestellt.

Die Polizei in Rangun konnte drei Verdächtige festnehmen, die auf ihrer Flucht bis zuletzt Widerstand leisteten und versuchten, sich mit Handgranaten selbst in die Luft zu sprengen. In der Haft legte mindestens einer der drei ein Geständnis ab, das die birmanische Regierung fast genau einen Monat nach der Tat zu folgender öffentlicher Erklärung veranlaßte: »Unsere Untersuchungskommission hat die Täter als einen Major und zwei Hauptleute aus der Volksrepublik Korea identifiziert. Birma hat entschieden, die Regierung in Pjöngjang nicht länger anzuerkennen. Das diplomatische Personal der Demokratischen Volksrepublik Korea wurde aufgefordert, Birma innerhalb 48 Stunden zu verlassen. Die Beziehungen sind abgebrochen.«

Bleibt die Frage, ob Kim Il Sung persönlich für alle Übergriffe seiner Diplomaten und Agenten verantwortlich gemacht werden kann. Da muß man den Großen Führer an seinen eigenen Ansprüchen messen: Kim ist allgegenwärtig in Nordkorea, überläßt selbst seinen engsten Vertrauten keinerlei Entscheidungskompetenz. Und Kim kümmert sich nicht nur um die großen Richtlinien, Kim hat sogar die Geschwindigkeit der Aufzüge zu den U-Bahn-Stationen persönlich festgelegt, wie eine Tafel kundtut. »Schon 103mal war unser Großer Führer hier«, sagt der Leiter einer landwirtschaftlichen Versuchsstation außerhalb Pjöngjangs, der gehalten ist, genau Buch zu führen: »Und jedesmal hat er uns wertvolle Tips gegeben.«

Der Mann mit dem Doppelkinn, den stählernen Augen und der imposanten Denkmalsfigur, für dessen schwarze Mercedes-Limousine jede nordkoreanische Schnellstraße eine eigene Spur freiläßt, zeigt den Bauern, wie man am besten Reis erntet. Er berät die Näherinnen beim Kleiderschneidern. Er weist die Ärzte in bessere Gesundheitsfürsorge ein. Gerade weil Kim Il Sung den Anspruch stellt, alles zu können, alles zu wissen, alles zu entscheiden, muß er für alle Taten seiner Diplomaten und Agenten geradestehen. Auch für das Bombenattentat auf eine südkoreanische Verkehrsmaschine.

*

Als die nordkoreanische Agentin Kim Hyon Hui und ihr als »Vater« getarnter Mitterrorist am 29. November 1987 den Flug »Korean Air 858« besteigen wollen, haben sie an alles gedacht: Im Gepäck von Fräulein Kim, deren gefälschter Paß sie als Japanerin namens »Hachiya« ausweist, befinden sich japanische Zeitschriften und japanische Kosmetika – neben dem Sprengstoff, verborgen in einem japanischen Kofferradio. Doch die beiden haben nicht mit einer besonders gründlichen Gepäckkontrolleurin gerechnet, die mitten in der Nacht die in Bagdad zusteigenden Passagiere bis aufs kleinste Detail hin überprüft. Sie läßt Fräulein Kim das Kofferradio anstellen, und als es nicht funktioniert, nimmt sie die (Sprengstoff-) Batterien heraus und wirft sie in einen Papierkorb.

Jetzt zeigt sich die langjährige Erfahrung von Kims »Vater« und Mitagenten. Er schreit die irakische Flughafenbeamtin an, ob sie denn rassische Vorurteile habe oder warum sie sonst gerade Japaner so besonders »niederträchtig« verfolge, macht eine regelrechte Szene. Während er die Frau so ablenkt und aus der eigenen Tasche vorbereitete »echte« Batterien holt, mit denen das Radio tatsächlich spielt, gelingt es Fräulein Kim, unbemerkt die Explosiv-»Batterien« aus dem Papierkorb zu fischen und einzustecken. Das Paar passiert anschließend ohne weitere Zwischenfälle die Kontrollen.

Während des Drei-Stunden-Flugs bis zum nächsten Stop in Abu Dhabi präpariert der »Vater«-Agent die tödliche Waffe, verstaut Zeitzünder und alle Explosiva im Fach über den Sitzen. In neun Stunden, auf der Strecke von Abu Dhabi nach Bangkok, irgendwo über dem Indischen Ozean, soll die »Korean Air«-Maschine in der Luft zerrissen werden. Kim Hyon Hui, die 25jährige Mittäterin, die bei einem Ausfall ihres Partners auch in der Lage gewesen wäre, die tödliche Maschinerie zu programmieren, kann während des Fluges sogar ein wenig dösen. Sie ist ruhig. Sie ist überzeugt davon, der koreanischen Nation einen Dienst zu tun.

Wie geplant, verläßt das Terroristen-Paar in Abu Dhabi das Flugzeug. Es ist drei Uhr morgens, noch viel Zeit bis zur Explosion an Bord des Fluges 858.

Für die beiden heißt es nun, ihre Spuren zu verwischen. Die Fluchtroute sieht vor, daß sie in Abu Dhabi Tickets für einen Flug nach Rom kaufen, der wenige Stunden später starten soll. Doch was ihre Auftraggeber nicht beachtet haben: Die beiden müssen dazu durch die Paßkontrolle; sie benötigen als »Japaner« ein Visum für die Vereinigten Arabischen Emirate oder Tickets für einen Weiterflug. Um nicht noch mehr aufzufallen, als es nun schon ohnehin unvermeidlich ist, entschließen sich die beiden Spezialagenten dazu, die Flugscheine zu nutzen, die eigentlich nur als »falsche Fährte«, zur Irreführung späterer Nachforscher gedacht waren: Sie führen nach Bahrain. Dort finden die Agenten alle Flüge nach Rom über die nächsten beiden Tage ausgebucht. Sie müssen in ein Hotel einchecken. Sie sitzen fest, weil sie nur in Rom von Verbindungsleuten neue Papiere bekommen können.

Währenddessen hat der Flug »Korean Air 858« längst flugplanmäßig Richtung Bangkok abgehoben. Nichts deutet auf besondere Vorkommnisse. Die meisten Passagiere versuchen in diesen frühen Morgenstunden des Sonntags noch etwas Schlaf zu bekommen. Zu den Fluggästen gehören mehrere südkoreanische Regierungsbeamte, auch ein Diplomat aus Seoul, und Dutzende südkoreanischer Bauarbeiter, die im Nahen Osten als Gastarbeiter Dienst tun. Der Kapitän der »Korean Air« meldet sich programmgemäß beim Kontrollpunkt Rangun: Die Maschine habe »Urdis« erreicht, einen Kontrollpunkt im Indischen Ozean. Normalerweise sollte er sich nun zwanzig Minuten später über »Tavoy« melden. Doch Flug 858 verschwindet spurlos vom Himmel – und mit ihm 115 Menschen. Die nordkoreanischen Staatsterroristen haben präzise Arbeit geleistet, die Bombe hat die Maschine in der Luft zerrissen.

Schon eine knappe Stunde nach der ausbleibenden Meldung von Flug 858 telext der Thai-Manager der »Korean Airlines« von Bangkok aus die Behörden in Seoul an. Schnell verdichtet sich die Vermutung, es könne sich um ein Attentat gehandelt haben – weder war das Wetter in dem betreffenden Flugraum schlecht, noch hatte der Kapitän irgendeine Nachricht über technische Probleme durchgefunkt. Angestellte der »Korean Air« beginnen die Passagierlisten durchzugehen und konzentrieren ihre Nachforschungen bald auf die 15 Passagiere, die in Abu Dhabi, der letzten Station vor der Katastrophe, von Bord der Maschine gingen. Die »Hachiyas« fallen besonders auf, weil sie kein Gepäck eingecheckt haben und weil ihre Flugroute, vor ihrem Zusteigen in Bagdad, über Wien und Belgrad geführt hatte, zwei Städte, in denen der nordkoreanische Geheimdienst nach Informationen aus Seoul besonders stark vertreten war.

Der Rest ist Routine. Die Südkoreaner finden heraus, daß die »Hachiyas« nach Bahrain weitergeflogen waren; die Paßnummern, die bei den dortigen Stellen erfaßt wurden, erweisen sich nach Rücksprache mit der japanischen Botschaft als falsch; die »Hachiyas« haben Bahrain noch nicht verlassen, und eine eilige Überprüfung der Hotels ergibt, daß sie im »Regency« eingecheckt sind.

Ein japanischer Diplomat in Bahrain eilt am Dienstag morgen, rund vierzig Stunden nach dem Verschwinden des Flugzeugs, zu dem Hotel. Muß feststellen, daß die »Hachiyas« gerade ihre Zimmer verlassen haben, gebucht auf einen Flug um 8.30 Uhr nach Rom. Überredet am Flughafen die Behörden, das Paar, das gerade durch die Paßkontrolle geht, zu verhaften. Als die beiden abgeführt werden, reißt der Mann blitzschnell eine Kapsel aus seiner Jackentasche, beißt hinein und bricht tot zusammen – Zyanid, wird man später feststellen. Auch die junge Frau hat schon die Giftpille in der Hand. Im letzten Moment schafft es eine Polizistin, ihr die tödliche Ampulle aus der Hand zu schlagen.

*

Kim Il Sung hat die Geschichtsschreibung in seinem Land okkupiert und monopolisiert, ihm »gehört« die Vergangenheit, und er nutzt die manipulierten Fakten zu seinem Ruhm und zum Zusammenhalt der Nation. Gehört ihm deshalb auch schon die Zukunft?

Sollte der »Große Führer« politische Vorbilder in diesem Jahrhundert haben – er spricht in seinen Schriften nie davon –, dann sind es wohl Josef Wissarionowitsch Stalin und Mao Tse-tung. Mit ihnen verbindet Kim Il Sung eine Vision für das Volk, diktatorische Herrschaftsform, den auch gegenüber Freunden und Mitstreitern skrupellosen Einsatz von Gewalt. Das System Stalins hat dessen Tod nicht lange überstanden, was Mao aufgebaut hatte, wurde in wesentlich neue Bahnen gelenkt, als er gestorben war. Und auch ihre persönliche Reputation überlebte vor der Geschichte nicht ohne tiefe Narben. Kim Il Sung ist sich wohl bewußt, daß es ihm in Nordkorea ähnlich gehen könnte, und er hat versucht, Schutzwälle gegen diese Gefahr aufzubauen.

Der Personenkult ist ein solcher Damm gegen künftige Flutwellen der Kritik nach seinem Tod: Wer Kim Il Sungs Erbe eines Tages zerstören möchte, muß im wahrsten Sinne des Wortes das halbe

Land einreißen, die ganzen Kim-Il-Sung-Schulen, Kim-Il-Sung-Stadien, Kim-Il-Sung-Modellinsitute – ganz zu schweigen von den Kim-Il-Sung-Statuen und Kim-Il-Sung-Büsten, die so gut wie alle öffentlichen Plätze zupflastern. Ähnlich wie die ägyptischen Pharaonen, die Pyramiden zu ihrem eigenen ewigen Nachruhm bauten, hofft wohl auch dieser rote Pharao darauf, daß ihn die Monumente überdauern und zu einem Stück untilgbarer Landesgeschichte machen.

Doch das politische Erbe des Kimilsungismus ist noch nicht dadurch gesichert, daß die Figur des »Großen Führers« für »ewig« gegenwärtig bleibt. Er sah nur eine Möglichkeit, sein Vermächtnis abzusichern: indem er seine engsten Familienmitglieder mit den wichtigsten politischen Positionen des Landes betraute – die Politbüromitglieder Ho Tam und Kang Som San etwa sind, ebenso wie der Sekretär des Zentralkomitees der Partei, Hwang Jang Yop, Blutsverwandte des »Großen Führers«. Vor allem aber dadurch, daß er seinen leiblichen Sohn, Kim Jong Il, schon 1980 zu seinem alleinigen Nachfolger machte und den Personenkult auf ihn ausdehnte.

Für den »Geliebten Führer« wurde wieder die Historie gefälscht. Während er in Wirklichkeit 1942 in der Sowjetunion geboren wurde, versetzt die offizielle Propaganda seine Geburt in ein »geheimes Widerstandslager der antijapanischen Guerillas« auf den heiligen koreanischen Berg Paekdu, wo, der Volkssage nach, vor mehr als 5000 Jahren der mythische Urvater der Nation, Tangun, sein Reich gründete. Es gibt auch schon eine offizielle Biographie über den 48jährigen, dessen »erster Schrei bei der Geburt wie ein Signal war, daß nun die Wünsche des koreanischen Volkes in Erfüllung gehen werden«, wie es darin heißt. Angeblich war Kim Jong Il in der Jugend ein begeisterter Parteiführer, hat einige Semester in der DDR und dann in Pjöngjang Technik studiert.[8]

Die dynastische Erbfolge ist für ein sozialistisches Land einmalig, im ostasiatischen Umfeld der konfuzianisch geprägten Gesellschaften allerdings nicht ganz so sensationell. So folgte in Taiwan auf Chiang Kai-shek dessen Sohn als Regierungschef; in Singapur steht – nach einer Zwischenlösung – Lee Kuan Yews Sprößling auf dem Sprung zur Macht. Vorbilder liefert auch die eigene Landesgeschichte. In der koreanischen Yi-Dynastie (1392–1910) wurde der Thronfolger meist unter den Söhnen des Herrschers ausgewählt.

Doch einigermaßen bewähren kann sich ein solches System nur durch Glück, durch den Zufall, daß der Junior über Fähigkeiten verfügt, die den Senior prägten. Das ist bei Kim Jong Il fraglich – wenn ihn irgendwelche herausragenden Begabungen auszeichnen sollten, so sind die bis heute verborgen geblieben.

Keiner weiß, wie es bei Kims zu Hause zugeht, wie die Regierung durch »Familienrat« wirklich funktioniert. Die beiden sitzen in streng abgeschirmten, mit kugelsicherem Glas gesicherten Regierungsgebäuden im Zentrum der Stadt, in einem Komplex, vor dem ständig bewaffnete Einheiten patrouillieren. Es gibt Gerüchte, der »Große« sei mit dem »Geliebten«, den er nun schon über ein Jahrzehnt in Staatsgeschäften trainiert, nicht zufrieden. Er behalte sich deshalb, so erzählten mir Diplomaten in Pjöngjang, trotz seiner Krebserkrankung, auch die Tagesgeschäfte vor. Während Kim Il Sung als charismatischer Redner, als eindrucksvolle Persönlichkeit auffällt, gilt der Junior als farblos. Er ist etwas klein geraten, dicklich und wirkt arrogant. Noch schlimmer: Während man dem Vater keine Eskapaden nachsagt – er arbeitet tatsächlich rund um die Uhr, sein einzig bekannter Luxus ist eine Flotte von Mercedes-Limousinen und Volvos –, berichten zahlreiche unter den Diplomaten von Pjöngjang umlaufende Geschichten von Kim Jong Ils Extravaganz: Die Rede ist von aufwendiger Kleidung, von Modellanzügen und kubanischen Cowboy-Stiefeln, von einem Hang zu Sportwagen – und zu ausländischen, vor allem schwedischen Mädchen, die er angeblich regelmäßig zu seinem Vergnügen einfliegen läßt.

Belegt ist, daß der »Geliebte Führer« als begeisterter Film-Fan eine große Sammlung ausländischer Kinofilme besitzt, daß er sechs Fernsehgeräte in seinem Studio ständig auf – für das Volk verbotene – südkoreanische TV-Programme eingestellt hat.[9] Obwohl nun schon ein Jahrzehnt die »Nummer zwei«, hatte Kim Jong Il bis vor kurzem noch kein einziges offizielles Amt inne, wurde gerade erst mit dem Vize-Vorsitz der einflußreichen Militärkommission betraut. Das hatte den Vorteil, daß er bisher keine Fehler machen konnte und mit den wirtschaftlichen Mißerfolgen des Politbüros nicht zu identifizieren war. Das hatte aber auch den Nachteil, daß er keine Erfahrungen sammelte. So erscheint es höchst zweifelhaft, daß Kim Jong Il nach dem Tod seines Vaters genügend Hausmacht innerhalb der Partei und vor allem innerhalb des Militärs besitzt, um dessen Nachfolger zu werden. Deshalb versucht ihn Kim Il Sung noch zu seinen Lebzeiten zu installieren – spätestens zu seinem 80. und Kim Jong Ils 50. Geburtstag, zwei »runde« Lebensdaten, die 1992 zusammenfallen. Sicher ist nicht, daß das noch gelingt.

Der Zusammenbruch des Kommunismus in Osteuropa und die dramatischen Veränderungen durch Gorbatschows Reformkurs in der Sowjetunion haben auch die Führung im so hermetisch abgeriegelten Nordkorea geschockt. Zunächst wurden die Vorgänge bei den »Bruderländern« mit einer Nachrichtenquarantäne belegt, das blutige Ende Ceauşescus in Rumänien etwa mit keinem Wort erwähnt. Als dann nacheinander Ungarn, Polen, die ČSFR und im Herbst 1990 auch die Sowjetunion diplomatische Beziehungen mit Südkorea aufnahmen, als selbst die Volksrepublik China ein Handelsabkommen mit Seoul abschloß, das als wirtschaftliche Macht mit günstigen Geschäften lockte, da konnten die Machthaber in Pjöngjang nicht länger schweigen. Die sowjetische Führung habe »einen Verrat« begangen, kommentierte das Parteiblatt »Rodong Sinmum«, »die Polen und die Ungarn werden unsere Bitternis spüren, daß sie sich für eine Handvoll Dollar an die Kapitalisten verkauften«.

Wie um die eigene Verzweiflung zu übertünchen, behauptete das offizielle Organ trotzig: »Das sind verzweifelte Manöver der Imperialisten, den Sozialismus von innen aufzuweichen.« Man werde sich deshalb nicht vom »rechten sozialistischen Weg« abbringen lassen; Anerkennung in diesem Zusammenhang gebühre Fidel Castro für den »festen Kurs« der Kubaner: keine Rede von einer Perestroika in Pjöngjang. Bei den Wahlen zur obersten Volksversammlung gab man sich, ganz im Gegenteil, nicht mehr wie früher mit 99,5 Prozent der Stimmen zufrieden. Diesmal waren es exakt 100 Prozent Ja-Stimmen, bei exakt 100 Prozent Wahlbeteiligung – und das Ergebnis stand schon am Vormittag des Wahltages fest.[10]

Mit diesem neuen Blankoscheck ausgestattet, holte Kim Il Sung erst einmal sämtliche nordkoreanischen Studenten aus den osteuropäischen Ländern nach Pjöngjang zurück, fast 1500 an der Zahl: Sie sollten sich nicht mit den ketzerischen Reformideen anstecken und diese dann womöglich in die Gesellschaft der Volksrepublik hineintragen. Auch Kim Pyong Il, Sohn des »Großen Führers« aus zweiter Ehe und Botschafter in Budapest, wurde heimbeordert.

Aber andererseits entwickelte der »Große Führer« auch einige überraschende außenpolitische Initiativen – als wolle er gegenüber dem Westen andeuten, daß er sich mit der Tatsache abgefunden habe, daß in den neunziger Jahren auch sein Land nicht mehr in völliger Isolation verharren könnte. Er ließ Ende 1990 eine hochkarätige Delegation des japanischen »Erzfeindes« ins Land, buhlte in Gesprächen mit dem Tokioter Vizepremier Shin Kanemaru um Wirtschaftshilfe. Auch gegenüber einer deutschen Abordnung von Unternehmern zeigte er sich gesprächsbereit. Der »Große Führer« muß erkannt haben, daß Nordkoreas Wirtschaft ohne ausländische Hilfe der Zusammenbruch droht. Die Sowjets haben klargemacht, daß sie ab 1991 auf Weltmarktpreisen für ihr Erdöl bestehen, ähnlich wie gegenüber Kuba. Ohne den Kraftstoff aber kann Pjöngjang nur mehr wenige Monate das Lebensnotwendigste produzieren – und er muß zu 100 Prozent eingeführt werden.

Kim Il Sung sprach im Staatsrundfunk gar von »vorübergehenden Rückschlägen«, mit denen zu rechnen sei – unerhörte Töne eines Regimes, das bisher nur auf Erfolgsmeldungen geeicht war. Der Diktator schlug 1990 auch erstmals einen versöhnlichen Kurs gegenüber dem Süden an. Zwar betrachtet Pjöngjang Südkorea nach wie vor als eine »illegitime Kolonie, besetzt von den USA«, und machte klar, daß Korea wieder *ein* Staat werden müßte (der einzige Punkt, in dem man sich mit dem kapitalistischen Süden immer einig war). Aber der »Große Führer« sagte auch, er könne sich »innerhalb dieses einen Landes mit einem Volk zwei verschiedene (ideologische) Systeme vorstellen«. Zum erstenmal trafen sich im September und Oktober die Ministerpräsidenten des Nordens und des Südens, in Seoul wie in Pjöngjang, und obwohl die Fronten verhärtet blieben, durfte ein südkoreanisches Fußballteam im Norden spielen, reisten Musiker von Seoul über den Eisernen Vorhang, was kurz vorher noch mit Gefängnisstrafen belegt worden war.

Kim Junior, der kleine Tyrann, verschärfte die Position des Nordens wieder, so, als wolle er sich gegenüber seinem Vater durch noch »reinere« ideologische Ausrichtung profilieren: Von Kompromissen könne keine Rede sein, solange die Südkoreaner einen eigenen UNO-Sitz anstrebten. Der »Geliebte Führer« ist nach Diplomaten-Meinung auch der eigentliche Motor hinter dem Nuklearprogramm Nordkoreas, das Pjöngjang bald in die Lage versetzen könnte, seine erste Atombombe zu produzieren – für den stalinistischen Außenseiter eine letzte, eine große Trumpfkarte.

Der erste Hinweis, daß in Yongbyon, 90 Kilometer nördlich der nordkoreanischen Hauptstadt, etwas Geheimnisvolles vor sich ging, kam 1985: Amerikanische Regierungskreise behaupteten, dort werde ein Nuklearreaktor gebaut.[11] Im Juli 1989 berichtete dann die »Washington Post«, neue Satellitenfotos belegten, daß die Nordkoreaner neben dem Atomreaktor auch an einer Uranwiederaufbereitungsanlage arbeiteten. Im September 1989 legte die anerkannte Zeitschrift »Jane's Defense Weekly« nach: »Die Volksrepublik Korea kann nach unseren Erkenntnissen innerhalb von fünf Jahren einen Nuklearzünder und kurze Zeit später eine funktionsfähige Atombombe herstellen.« Und im Februar 1990 bestätigte der japanische Professor Toshibimi von der Tokai-Universität die amerikanischen und englischen Erkenntnisse nach einer Computerauswertung von Bildern des französischen Spionagesatelliten »Spot«. Unstrittig ist, daß Nordkorea über ausreichende Uranvorkommen verfügt und in den letzten zwanzig Jahren zahlreiche Atomwissenschaftler zur Ausbildung nach Moskau und Peking schickte.

Letzte Beiweise für ein aggressives nordkoreanisches Atomprogramm sind damit noch nicht erbracht, und Kim Il Sung ließ wütend solche Absichten dementieren. Obwohl Pjöngjang 1985 den Nichtverbreitungsvertrag für Atomwaffen unterzeichnete und sich damit verpflichtete, wie alle anderen Vertragspartner die Überprüfung seiner Reaktoren durch die Internationale Atomenergiebehörde zu akzeptieren, sperrten sich der »Große« und der »Geliebte Führer«. Solange die »amerikanischen Imperialisten mit ihrer Besatzungsarmee« in Südkorea mit atomaren Sprengköpfen ausgerüstet seien, solange es keine Garantie gebe, daß die Amerikaner abzögen, die Waffen aus dem Süden nie eingesetzt würden, könnte es keine internationale Überprüfung von Yongbyon geben. Diese Vorbedingungen machen die Situation verfahren: Ein Rückzug aus Korea, eine Entspannung in Fernost liegen auch im Interesse der Amerikaner, werden aber wohl so lange nicht stattfinden, bis die südkoreanische Regierung sich vor dem Norden sicher fühlt. Und sie wird sich nicht sicher fühlen, solange sie befürchtet, die Volksrepublik baue die Bombe.

Die Isolation Nordkoreas schafft zumindest eines für ihre Führer:

Zeitgewinn. Niemand, den ich traf, ist bereit, auf ein schnelles Ende der Kims, auf einen Zusammenbruch Nordkoreas zu setzen. Langfristig aber wird der Kimilsungismus eine vom Aussterben bedrohte Regierungsform sein, eine Ideologie, die mit dem Zusammenrücken der Erde, mit der wirtschaftlichen Interdependenz, mit dem Eindringen ausländischer Einflüsse nach Nordkorea dem Tode geweiht ist. Das System hat drei gravierende, immanente Mängel: Es tötet Kreativität. Es macht seine Bürger träge gegenüber Veränderungen in der Umwelt. Es verhindert Korrekturen von Fehleinschätzungen an der Staatsspitze.

Unabhängiges und kreatives Denken können sich in Nordkorea nicht entwickeln, weil kein Anreiz dazu besteht, weil praktisch unter Strafe gestellt ist, über den »bewährten Weg« hinaus neue Dinge zu versuchen. Die Politisierung der gesamten Umwelt führt zu totalem politischem Desinteresse und damit letztlich zur Entpolitisierung. Wer sich am Arbeitsplatz und in einem sozialen Umfeld keinen Herausforderungen ausgesetzt sieht, macht eine Entwicklung durch wie eine aussterbende Pflanzen- oder Tierart: Die »smarteren Lebensformen« kreisen ihn ein. Und wer kein »Feedback« von seinem Volk duldet, weil er, wie Kim Il Sung, immer behauptet, ohnehin immer »eins« mit den Bürgern zu sein, ohnehin immer die richtigen Entscheidungen zu treffen, wird unvermeidlich schwere Fehler nicht erkennen und korrigieren können.

Nordkorea treibt zwangsläufig darauf zu, zum letzten Ausstellungspark einer orthodoxen Ideologie zu werden, zu einer Art stalinistischem Disneyland. Damit die »Juche«-Ideologie des »Großen« und des »Geliebten« überleben kann, müßte sie sich zugleich weiter abkapseln, um die Menschen total im ungewissen zu lassen, wie sich zugleich radikal öffnen, um ihre Kreativität zu wecken: eine Quadratur des Kreises.

Pjöngjang 1990. Es läuft eine neue Kim-Il-Sung-Kampagne: »Laßt uns alle den Morgenhimmel sehen«, heißt sie und meint, man müsse morgens pünktlich bei der Arbeit erscheinen. Sie hat »die Bewegung, nicht zuviel Suppe zu essen«, abgelöst. Das hieß im Klartext, die arbeitende Bevölkerung solle während der Dienstzeit nicht zu oft auf die Toilette gehen. Doch seltsamerweise haben diese Kreuzzüge, die Bevölkerung zu noch mehr und noch schnellerer Arbeit anzuhalten – immer wieder wird die Legende von dem legendären koreanischen »Chollima«-Pferd bemüht, das tausend Ri (etwa 400 Kilometer) pro Tag galoppieren konnte –, der Gesellschaft nicht völlig Orwellsche Züge gegeben.[12] Es wird gemaßregelt, ja. Es wird überwacht, ja. Es wird aber auch gelebt, getratscht und gelacht. In der Bar des »Koryo«-Hotels (43 Stockwerke und damit, wieder ein »Sieg der Juche«, um ein Stockwerk höher als das höchste Hotel von Seoul) spielt eine Band jetzt amerikanische Schlager aus den Fünfzigern – wer weiß, wo sie die Noten herhaben.

Ob so das Ende des Kimilsungismus beginnt? Ob der »Große« es nicht mehr schaffen wird, dem »Geliebten« das Zepter in die Hand zu drücken? Ob Kim Il Sung ruhig schläft, wenn er an sein Lebenswerk, sein Vermächtnis denkt? Ob Kim Jong Il manchmal von den zerfetzten Menschen des Fluges »Korean Air 858« alpträumt?

Auf einigen der Riesenstatuen, von denen keiner weiß, ob sie innen hohl sind, scheint den Mund des »Großen Führers« ein Lächeln zu umspielen. Deuten läßt es sich nicht, doch um einen Zufall wird es sich kaum handeln: Auch Zufälle hat diese Mustergesellschaft einer schönen neuen Welt, wie so manches andere, abgeschafft.

*

Nachdem die »Korean Air«-Maschine am 29. November 1987 offensichtlich durch eine Bombe über dem Indischen Ozean in Stücke gerissen wurde und 115 Menschen im wahrsten Sinne des Wortes spurlos von der Erde verschwanden, haben die südkoreanischen Behörden die dringend der Tat verdächtige Miss »Hachiya« am Flughafen Bahrain mit ihrem gefälschten japanischen Paß festnehmen können, während ihr Komplize vor den Augen der Polizei Selbstmord beging. Seoul schickt ein Spezialteam in einem gecharterten Jet in das Scheichtum am Persischen Golf, Angehörige der südkoreanischen »Planungsagentur für nationale Sicherheit« (unter deren Ägide der ebenfalls für seine brutalen Methoden berüchtigte südkoreanische Geheimdienst KCIA steht). Die Behörden von Bahrain übergeben die junge Frau an die Koreaner, die sie – geknebelt und unter Drogen gesetzt – in dem Charter-Jet nach Seoul fliegen.

Dort wird sie von Spezialagenten endlosen Verhören unterzogen, angeblich ohne psychische oder gar körperliche Folter. Das geschieht nicht aus »Nächstenliebe«, wie südkoreanische Agenten in vertraulichen Gesprächen gegenüber mir und anderen Journalisten einräumen, sondern aus »Überlegungen der Praktikabilität«: »Wir mußten versuchen, ihr Vertrauen zu gewinnen. Hätten wir sie geschlagen oder sonstwie gequält, hätte sich ihre Haltung uns gegenüber nur verhärtet. Ihre Auftraggeber hatten ihr ganz offensichtlich eingetrichtert, sie würde gefoltert, wenn man sie erwischen würde – deshalb auch ihre Bereitschaft zum Selbstmord.«

Die Südkoreaner filmen die Verhöre heimlich mit, schneiden die vielen hundert Stunden langen »Interviews« dann zusammen und zeigen später die von ihnen editierte Fassung einem kleinen Kreis internationaler Beobachter.

Zunächst weigert sich die Angeklagte, überhaupt zu sprechen. Sie weint häufig. Sie will nicht essen und muß »künstlich« ernährt werden. Doch irgendwann weicht sie die »Netter-Polizist-böser-Polizist«-Routine der Geheimdienstler auf: Sie beginnt Vertrauen zu der »netten« Fragerin zu fassen, schweigt nur noch, wenn der »böse« Frager sie hart zur Sache vernimmt. Aber nach wie vor gibt sie nur zu Protokoll, daß sie als japanische Touristin nach Europa und in den Nahen Osten gereist sei und von einer Bombe nichts wisse. Den Selbstmord ihres »Vaters« könne sie auch nicht erklären. Sie bitte dringend, doch endlich in Ruhe gelassen zu werden.

Sie hält diese Taktik dann aber doch nicht durch. Zwei weitere Tage später fängt sie davon an, sie wolle »zurück nach Japan, ihr früheres Leben wiederaufnehmen«. Sie erzählt von einem Apartment in der Nähe des Flughafens von Tokio, das ihr gehöre. Doch ihre Auftraggeber haben sich keine besondere Mühe mit der »Legende« der Agentin gegeben – sie sollte ja eine Festnahme nicht überleben. So verwickelt sie sich unweigerlich in Widersprüche, in entlarvende Falschaussagen. Vertut sich bei der Beschreibung der Landschaft um den Flughafen Narita. Weiß nicht, auf welcher Seite sich der Fahrersitz in japanischen Autos befindet. Schließlich kreisen sie die Geheimdienstprofis von der »anderen« koreanischen Seite mit immer raffinierteren Fangfragen ein: Sie suchen nach dem endgültigen Beweis, daß die Terroristin aus dem Norden kommt – und geraten eher beiläufig ans Ziel.

Frage des Verhörenden: Gab es in Ihrem Apartment ein Fernsehgerät? Antwort: Ja. Frage: Farbe oder Schwarzweiß? Antwort: Farbe. Frage: Welchen Markennamen hatte Ihr TV-Gerät? Antwort, wie aus der Pistole geschossen: Azalea.

Es gibt nur ein Land, in dem »Azalea«-Fernsehgeräte hergestellt werden, und in diesem Land produziert nur ein Hersteller, weshalb die Befragte wohl so spontan und arglos reagieren konnte: Nordkorea.

Nachdem der Durchbruch geschafft ist, lassen es die Südkoreaner mit ihrem »Opfer« langsam angehen: Sie fahren die Angeklagte durch Seoul spazieren und versprechen ihr die Freiheit, wenn sie bei den weiteren Untersuchungen kooperiere. Sie taut auf, lacht auch schon einmal während des Verhörs. Gibt schließlich ihren richtigen Namen preis und gesteht auf Videoband, woher sie wirklich kommt.

Am neunten Tag der Befragungen haben die südkoreanischen Behörden alles erfahren, was sie über den Bombenanschlag wissen wollen. Am 15. Januar 1988 führen sie Kim Hyon Hui bei einer kurzen Pressekonferenz der Öffentlichkeit vor. Ohne alle Details preiszugeben und ohne auf Fragen zu antworten, gesteht Kim Hyon Hui ihre Verantwortung für den Anschlag auf »Korean Air«-Flug 858 und den Tod von 115 Menschen.

Zunächst – und ohne die Videos – bleiben Zweifel bei unabhängigen Beobachtern, zumal nordkoreanische Behörden den ganzen Vorgang als »schmutzige Fälschung« des Südens abtun, als Teil des Propagandakrieges, der ja in der Tat – von Nord- wie von Südkorea – oft mit unlauteren Mitteln geführt wird. Kim Hyon Hui, heißt es aus Pjöngjang, müsse eine südkoreanische Agentin sein, sie oder ihre Familie seien in der Demokratischen Volksrepublik unbekannt. Man halte, im Gegensatz zum berechtigten Befreiungskampf mit der Waffe, nichts von Terror gegen unbeteiligte Individuen, heißt es – als hätte es den Anschlag von Rangun nie gegeben.

Nicht nur die Bänder belegen die Geschichte der Kim Hyon Hui, nicht nur der Selbstmord ihres Agenten-»Vaters«, nicht nur der von ihr geschilderte, in allem stimmige Attentatsablauf, der die einzige logische Erklärung für das Verschwinden des Flugs 858 liefert. Die Amerikaner konnten Teile des Geständnisses und der Angaben verifizieren. So ist beispielsweise der Name des nordkoreanischen Agenten, den Kim Hyon Hui als Verbindungsmann in Budapest nannte, laut der Zeitung »Wall Street Journal« bei der CIA bekannt. Die Beschreibung seines Privathauses, das dem nordkoreanischen Team als Rückzugsort diente, stimmt haargenau mit den Observierungsfotos amerikanischer Quellen überein. Nach diesen Recherchen können keine Zweifel mehr bestehen: Nordkoreas Geheimdienst trägt die Verantwortung für das Flugzeugattentat, und da Dinge dieser Tragweite in Pjöngjang niemals ohne Wissen von Kim Il Sung oder Kim Jong Il abgewickelt werden, führt die Blutspur direkt zur Staatsspitze.

Die 27jährige Kim Hyon Hui wird 1989 zum Tode verurteilt, aber nicht hingerichtet. Sie interessiert sich in der Haft besonders für religiöse Schriften, liest die Bibel und buddhistische Werke. Wahrscheinlich wird sie in einigen Jahren begnadigt und muß – oder darf – im Gegengeschäft dafür Pressekonferenzen geben, ihre Memoiren schreiben oder sonst in irgendeiner Form der südkoreanischen Regierung als Propagandainstrument gegen den Norden zur Verfügung stehen.

Ob man ihr die Freiheit wünschen soll, ist aus verschiedenen Gründen zweifelhaft. Nicht auszuschließen, daß Fräulein Kim, wenn ihre »Nützlichkeit« für Seoul verblaßt, bei einem Verkehrsunfall stirbt oder sonst einen plötzlichen Tod erleidet, der sich wohl kaum direkt bis zum südkoreanischen Geheimdienst wird nachverfolgen lassen. Nicht auszuschließen auch, daß sie Besuch von einem eingeschleusten Agenten aus dem Norden bekommt, mit unfreundlichen Grüßen vom »Großen Führer« und vom »Geliebten Führer« in Pjöngjang.

DER KILLER VON WASHINGTONS GNADEN

MANUEL NORIEGA, PANAMA

Ein früherer enger Berater von Manuel Antonio Noriega, selbst panamaischer Ex-Minister, hat mir in einem Pariser Büro den Telefonhörer in die Hand gedrückt, nachdem er mit seinem Freund in der 8000 Kilometer entfernten Gefängniszelle stundenlang »finanzielle Transaktionen« durchgegangen war: »Sie können jetzt mit ihm sprechen, ich habe ihm von unseren Kontakten erzählt.« Also sage ich: »Guten Tag, Herr General. Ich hoffe, es geht Ihnen den Umständen entsprechend gut. Ich würde mit Ihnen gern einige Dinge diskutieren, weil ich plane, ein Porträt über Sie zu schreiben . . .«

Es knackt in der Leitung, irgendwo auf dem Weg zwischen der französischen Hauptstadt und dem Staatsgefängnis von Florida. Dann sagt Manuel Noriega, Ex-Diktator von Panama: »Ich möchte Ihnen zunächst einmal für Ihr Interesse an meinem Fall danken.«

Er. Mir. Danken für das Interesse an einem »Fall«, der die ganze Weltöffentlichkeit in Atem gehalten hat und immer noch hält. Als weltweit begehrtester und geheimnisvollster Interviewpartner gilt Noriega, seit die amerikanische Weltmacht in den Vorweihnachtstagen von 1989 nur seinetwegen mit ihrem Militär und modernsten Waffen in ein fremdes Land eindrang, einen Kampf mit mehr als tausend Toten in Kauf nahm, um ihn, das verhaßte »Ananasgesicht«, den »most wanted dictator«, zu schnappen, in die USA zu schaffen und dem langjährigen Verbündeten als internationalem Drogenboß den Prozeß zu machen. Dreizehn Jahre lang hat Noriega Panama tyrannisiert und in seiner Zeit als Gefangener der amerikanischen Bundesbehörden noch mit keinem Reporter gesprochen.

Ich war nicht gefaßt auf den Dankesspruch Noriegas. Aber schon nach wenigen Sekunden begann ich diese Äußerung, dann auch das ganze nachfolgende Gespräch als »normalen« Bestandteil des absurden Theaters meiner Noriega-Recherchen abzuhaken. Alle meine Erlebnisse, verbunden mit der Annäherung an sein Schicksal, hatten etwas Unwirkliches, etwas von einem Traum – allerdings war es eher ein Alptraum als eine Entspannung; sie umgab immer etwas Märchenhaftes – allerdings bestimmte dieses Märchen selten die gute Fee, sondern das Bizarre und Böse.

Schauplätze der Manuel-Noriega-Diktatorensaga: die sonnenüberfluteten Strände von Florida, mit schnellen, schnittigen Yachten, rosaroten Flamingos, schönen Mädchen und Kokain, viel Kokain. Die düsteren Bordelle und Slums von Colón und Panama City, wo Stadtviertel Namen haben wie »Hau ab, wenn du kannst«. Die prächtigen weißen Villen der mittelamerikanischen Banken- und Bananenrepublik im Schnittpunkt zwischen Medellin-Drogenkartell und hoher Washingtoner Politik, wo die Regierenden und die Reichen ein und aus gehen und um Macht und Milliarden pokern.

Hauptdarsteller der Manuel-Noriega-Diktatorensaga: ein skrupelloser Aufsteiger, der glaubt, alle gegeneinander ausspielen zu können. Mehrere Geheimdienstchefs einer Weltmacht, die beide Augen zudrücken, wenn es ihrem »Informationsvorsprung« dient. Skrupellose Drogenbosse und abgefeimte Rechtsanwälte. Eine keifende Ehefrau, eine treue Geliebte, ein brasilianischer Wunderheiler und ein Abgesandter des Papstes, der immer den »Advokat des Teufels« gespielt hat und plötzlich den Tyrannen-Teufel in seinem eigenen Haus austricksen soll. Kleindarsteller: amerikanische Soldaten und panamaische Zivilisten, die für ein »Prinzip« ihr Leben lassen.

Requisiten und Nebenrollen: ein Kanal für die Weltschiffahrt. Hitler-Bilder, Pornofilme und geheimnisvolle Voodoo-Zauber-Ingredienzien. Weißes Pulver, das »high« macht, und weißes Pulver, das Tortillas macht, was von den amerikanischen Invasoren in der Noriega-Villa verwechselt wird. Wenn das alles nach »Soap Opera« klingt, dann, weil es »Soap Opera« *ist* – die schmierigste Seifenoper, die in der internationalen Politik in den letzten Jahren gespielt worden ist.

Doch zurück zu jener Stunde des Telefongesprächs mit Manuel

Vom Spitzel zum verfolgten Betrüger: Manuel Noriega

Noriega im Herbst 1990. Da ich keine Ahnung habe, wie lange die Verbindung hält, wie lange der Gefangene Nummer 41568 des »Metropolitan Correction Center« (MCC), Miami, 15801 South West, 137. Straße, Telefon 001305-2534400, von seiner Zelle sprechen kann oder will, versuche ich es gleich mit »großkalibrigen« Fragen.

»Herr General, was meinen Sie eigentlich damit, wenn Sie immer wieder sagen, ›I've got Bush by the balls‹ (›Ich hab' Bush an seinen Eiern‹) – kennen Sie Geheimnisse, die dem amerikanischen Präsidenten peinlich werden könnten?« Noriega antwortet mit seiner leisen, fast schüchternen Stimme: »Ich kann Ihnen über Dinge, die dann beim Gerichtsverfahren gegen mich eine Rolle spielen werden, keine Auskunft geben – falls es die amerikanische Regierung wirklich wagt, mir den Prozeß zu machen.« Das heißt, er glaubt, belastendes Material über George Bush zu besitzen? Hat Bush als früherer CIA-Direktor Noriega zweimal getroffen, wie erwiesen ist, oder noch häufiger, und was für »Deals« wurden dabei besprochen? Was eigentlich genau hat Noriega für sein CIA-Jahresgehalt von 200000 Dollar – immerhin so hoch wie das Salär des US-Präsidenten – den Amerikanern »geliefert«? »Meine Anwälte bringen mich um, wenn ich Ihnen das alles beantworte«, sagt Noriega, nun zunehmend einsilbig. »Kein Kommentar.«

So lenke ich das Gespräch auf Unverfängliches: auf seinen Gemütszustand (als »tranquillo«, als »ruhig und ausgeglichen«, beschreibt er sich). Über seine Kontakte zur »alten Heimat Panama« (»Doch ja, sie sind vorhanden, es gibt da Leute, die ich anrufe«). Über seinen Gefängnisalltag im MCC, wo er angeblich eine »Diktatorensuite« bewohnen soll, wie sich andere Häftlinge beschweren, eine luxuriöse Sonderunterkunft. Er verfügt immerhin über ein Fitneß-Fahrrad zur Körperertüchtigung, ein eigenes Farbfernsehgerät, eine private Dusche, sogar über eine Papierzerkleinerungsmaschine, wie man sie eigentlich nur braucht, wenn man Dokumente vernichten will.

Noriega behauptet, diese Spezialbehandlung nicht verlangt zu haben. Auf Nachfrage bestätigt mir die Gefängnisverwaltung später diese Angabe: Er soll auf keinen Fall Kontakt mit anderen Sträflingen aufnehmen können, und vor allem nicht die mit ihm; darum geht es. Man befürchtet ein Attentat auf den Ex-Diktator auch hinter Gefängnismauern, vielleicht von einem eingeschleusten Ex-CIA-Mann oder irgend jemand anderem, der seine Gründe haben könnte, sich an dem »Verräter« zu rächen. Deshalb hat Noriega in Miamis Verwahrungsanstalt seinen eigenen Haustrakt, in dem früher ein Teil der Verwaltung saß; die Annehmlichkeiten wie Privat-TV oder Übungsfahrrad sollen ihm den Auslauf ersetzen, der anderen Gefangenen zusteht. Er darf nur nachts, wenn die übrigen 1200 MCC-Insassen schlafen, eine Runde drehen. Von Wächtern begleitet, um den kleinen Teich im Hof spazieren, den ein Plastikalligator schmückt.

Die übrigen Alltagsfreuden des Ex-Diktators sind eher bescheiden: Er kann sich so viele Lieblingsschokoladenkekse der Marke »Oreo« zu umgerechnet drei Mark dreißig die Packung aus dem Gefängnis-Shop kaufen, wie er will. Da ihm die amerikanische Regierung den Kriegsgefangenenstatus zubilligen mußte, steht ihm ohne Arbeitsleistung eine monatliche Zahlung von 95 Mark zu. Er ist berechtigt, wann immer er will, seine Vier-Sterne-Generalsuniform zu tragen. Besuche seiner Frau Felicidad wie seiner drei Töchter, die jetzt überwiegend in der Dominikanischen Republik leben, bleiben ihm allerdings versagt – sie bekamen von der US-Regierung kein Visum. Dagegen kann Manuel Antonio Noriega anrufen, wen er will. Mit meinem Bekannten, seinem Berater Juan C., sprach er bis Herbst 1990 mindestens einmal pro Woche, und als ich mich in Paris vom General in seinem Gefängnis verabschiede, verspricht er mir, demnächst noch weitere Fragen am Telefon zu beantworten. Auch gegen meinen Besuch im Gefängnis habe er nichts. »Es hat mich gefreut, Ihre Bekanntschaft zu machen, mein Herr«, sagt er förmlich zum Abschied.

Es ist dann zu einem nächsten Gespräch nicht mehr gekommen, weil Noriega die Ferngespräche ganz eingestellt hat – und das wiederum war auf einen bizarren Skandal zurückzuführen, der perfekt zu den bizarren Umständen der ganzen Noriega-Story paßt.

Der amerikanische Kabelsender CNN erhielt im Oktober 1990 ein Transkript von Telefonaten zugespielt, die Noriega aus der Zelle geführt hatte. Darunter befanden sich mehrere abgehörte Gespräche mit ehemaligen Freunden und jetzigen Oppositionellen in Panama City, vermutlich auch die Unterhaltungen mit meinem Pariser Kontaktmann (womöglich inklusive meines Telefonats). CNN veröffentlichte in seinen Nachrichtensendungen Ausschnitte aus den Noriega-Tapes – journalistisch verständlich, wie einige fanden, bedenklich, wie andere sagten.[1] Ein strafbarer Tatbestand war es von keiner Seite. Noriega stand zu, mit panamaischen Regimegegnern wie anderen Freunden zu telefonieren, ebenso, wie die amerikanische Gefängnisverwaltung diese Gespräche legal mitzuschneiden berechtigt war (wenngleich natürlich nicht zur Veröffentlichung). Das ist ein normales Vorgehen in allen US-Gefängnissen, um zu verhindern, daß Verbrecher hinter Gittern neue Untaten – oder etwa ihren Ausbruch – unbemerkt planen können.

Gesetzlich geschützt sind dagegen Gespräche zwischen Angeklagtem und Verteidiger, und mehrere solcher Unterhaltungen befanden sich ebenfalls auf den CNN-Bändern; die Fernsehanstalt sendete einen kurzen Ausschnitt auch aus diesem Material. Noriegas Verteidigung lief Sturm: Da der Staat die Vertraulichkeit zwischen Rechtsanwalt und Mandant verletzt habe, da Teile der Verteidigungsstrategie publik gemacht worden seien, müsse das ganze Verfahren gegen Noriega eingestellt werden. Der Streit zog sich hin bis Januar 1991. In Washington kamen Gerüchte auf, die zumindest nicht unlogisch klangen: daß es nämlich die amerikanische Regierung selber war, die über ihre Freunde in Panama das Noriega-Material der Presse zugespielt habe – um ihren selbstangestrengten Prozeß hinauszuzögern oder gar zu verhindern. Aus Verzweiflung über die Beweislage, die einen für Washington blamablen Freispruch wahrscheinlich machte. Aus »Angst« über Noriegas »Enthüllungen« betreffs »befreundeter« CIA- und Regierungsvertreter.

Das angesehene US-Nachrichtenmagazin »Newsweek« im November 1990: »So richtig scheint diesen Prozeß niemand mehr zu wollen.« Den Eindruck fand ich bei meinem Besuch in der mittelamerikanischen Republik bestätigt: Die »smoking gun«, die ganz heiße Spur zu den Drogenbossen, hatten die Ankläger auch in den Privatgemächern Noriegas in Panama City nicht gefunden, obwohl sie in Hundertschaften zur »Spurensicherung« angerückt waren und jeden Schrank, jede Schreibtischschublade, jeden Safe nach enthüllenden Beweisstücken durchwühlt hatten. »Der Kerl war cleverer, als wir dachten«, sagte mir zähneknirschend einer der amerikanischen »Rechercheure«. »Wir wissen genau, was dieses Schwein für Dreck am Stecken hat. Annahme von Bestechungsgeldern des kolumbianischen Medellin-Kartells in Höhe von mehr als vier Millionen Dollar, im Gegengeschäft für seinen Schutz von Kokaintransporten und Geldwaschoperationen. Rauschgiftschmuggel mit seiner Billigung in die USA. Mißbrauch seiner öffentlichen Ämter zum Schutz von Dealern. Und so weiter und so weiter – dabei sind seine Morde und Folterungen im eigenen Land gar nicht erwähnt, dafür steht er ja nicht vor Gericht. Aber allein für die genannten Anklagepunkte sollte er über hundert Jahre Gefängnis bekommen – wenn wir das Gericht überzeugen können. Bis jetzt aber haben wir praktisch nur ausgewiesene Drogenhändler, die gegen Noriega als Zeugen aussagen. Ob denen die Geschworenen wohl glauben?«

Der gute Noriega-Freund und Chefberater Romulo Escobar Betancourt gab sich beim Interview im »Marriott Cesar Park Hotel«, dem alten und neuen Treffpunkt der panamaischen Elite für den Ex-Diktator, siegesgewiß: »Noriega sagte mir immer, er hätte ›schmutzige Geschäfte‹ nur mit ausdrücklicher Billigung der Amerikaner abgewickelt. Jetzt bekommen manche in Washington Angst vor der eigenen Courage.« Manuel Antonio Noriega – »eine zum Explodieren bereite Bombe« (»Newsweek«), die keiner mehr zünden will?

Es ist, als läge ein Fluch über Amerikas Verhältnis zu Panama, als werde da nur der letzte Akt einer Tragödie in den Beziehungen zweier schicksalhaft miteinander verbundener Länder eingeläutet, der Showdown in einem schlechten Skript, das nur Schurken kennt. Die Noriega-Story treibt mit teuflischer Folgerichtigkeit in eine für alle Seiten unvermeidliche und peinliche Bloßstellung. Ein Lehrstück, wie leicht es für eine Weltmacht ist, sich in einer Bananenrepublik einen willfährigen Kontaktmann, einen »rent-a-colonel« zu Geheimdienstzwecken aufzubauen, sich mit ihm zu arrangieren, wenn er zum starken Mann und Diktator aufsteigt und als »unser Mann in Panama« amerikanische Interessen vertritt. Ein Lehrstück aber auch, wie schwer es ist, sich von einem solchen käuflichen Bettgenossen wieder zu trennen, wenn er sich gegen seine Förderer zu wenden beginnt und aus dem Monsterbaby, dessen düstere Charakterzüge man geflissentlich übersehen hat, ein wahres Monster geworden ist.

Ich bin gleich an meinem ersten Morgen in Panama dorthin gefahren, wo alles begonnen hat, nach Miraflores, zum Panamakanal.

Eindrucksvoll, wie sich der Mensch da in die Landschaft hineingeschnitten hat, wie er im wahrsten Sinne des Wortes Berge versetzte, um eine Passage zwischen zwei Meeren zu schaffen. Faszinierend, wie schlanke Yachten, aber auch bullige Ozeanriesen die 26 Meter hohe »Wasserleiter« hinaufgehoben werden und dann den manchmal nur 90 Meter breiten, über 80 Kilometer langen Kanal vom Pazifischen zum Atlantischen Ozean durchfahren. Mehr als 14000 Schiffe durchqueren Panama durchschnittlich pro Jahr, sie zahlen für ihre etwa neun Stunden lange Passage im Schnitt 27000 Dollar. Der Panamakanal mag ein technisches Wunderwerk sein, aber zuallererst ist er ein Geschäft, so war er immer gedacht, deshalb war er immer umkämpft.

Panama, was in den alten Eingeborenensprachen der Indianer »die Fischreiche« hieß, galt immer als ein Transit-Punkt, ein Platz zur Durchreise, nicht zum Verweilen. So sah es schon Vasco Nuñez de Balboa, der 1513 noch zu Fuß durch die Dschungel des Isthmus treckte und den Ozean entdeckte, dem er den Namen »Pazifik« gab. So dachten die Tausende von Goldsuchern und anderen Glücksrittern, die 1855 auf den Bau einer Eisenbahn drängten, um die enorm zeitsparende Passage kommerziell zu nutzen. Aber bald schon war auch die Eisenbahn hoffnungslos überlastet: Nur ein Kanal konnte große Gewinne – und strategische Überlegenheit – sichern; er war mithin eine Sache für Großmächte.

Zuerst versuchten es die Franzosen, unter ihnen Ferdinand de Lesseps, der Erbauer des Suezkanals. Aber Malaria und der Dschungel, Korruption und eine unentschlossene Heimatregierung trieben die Pariser Firma in den Ruin, mehr als 20000 Menschen ließen ihr Leben. Um die Jahrhundertwende war klar, daß nur die Amerikaner das Potential, die Finanzmittel und den Willen aufbringen konnten, einen Panamakanal zu bauen. Ein Mann! Ein Plan! Ein Kanal! So lautete bald ein berühmter Spruch in Washington.[2]

Der Mann hieß Theodore Roosevelt, Präsident der Vereinigten Staaten, und der beschloß, auf Nummer Sicher zu gehen, um den amerikanischen Einfluß auf das Bauwerk zumindest für die nächsten hundert Jahre zu sichern. Er kaufte den Franzosen den Vertrag ab, trickste die Kolumbianer aus, auf deren Staatsgebiet der Isthmus lag, und »erschuf« mit der Hilfe willfähriger einheimischer Politiker ein neues Land: die Republik Panama. Keine zwei Wochen nach der Staatsgründung schloß Panama am 18. November 1903 einen Vertrag mit Washington, der den USA gegen eine einmalige Zahlung von zehn Millionen Dollar und eine Jahrespacht von 250 000 Dollar eine rund zehn Meilen breite Zone quer durch das Land zum Kanalbau abtrat. Panama ist das einzige Land der Erde, das die USA »erfunden« haben, und zwar einzig und allein zur Ausbeutung ihrer Interessen. Eine Nation von Washingtons Gnaden, geschaffen aus Habgier, gebaut auf Diebstahl und ihre ganze Geschichte danach fast immer – folgerichtig – regiert von Dieben.

Die Verfassung Panamas von 1904 garantierte Washington ein weitgehendes Interventionsrecht, 1908 und 1912 machten sie Gebrauch davon. Im August 1914 durchfuhr das erste Schiff den neugeschaffenen Wasserweg zwischen den Ozeanen. Die Kanalzone blieb ein Staat im Staat, das ganze Land eine Quasi-Kolonie. »Wie haben wir das gemacht?« fragte Theodore Roosevelt einmal seinen als kritisch bekannten Kriegsminister Elihu Root. »Man hat Sie, Herr Präsident, der Verführung (Panamas) verdächtigt, aber Sie haben sich in Wahrheit der Vergewaltigung schuldig gemacht«, antwortete er.

Für den 11. Februar 1934 verzeichnet die Chronik der amerikanischen Kolonialzone »eine festliche Party zu Ehren der Ankunft von Mr. und Mrs. Colin Smith«, Smoking oder dunkler Anzug vorgeschrieben. Am selben Tag wird Manuel Antonio Noriega geboren. Die beiden Ereignisse spielten sich keine 15 Kilometer voneinander ab, und doch in zwei völlig verschiedenen Welten.

Da waren einmal die gepflegten, großzügigen Bungalows der Kanalzone, mit den fast manikürten Rasenflächen. Die vornehmen Ladys, die nur von importiertem Brot, Käse und Konserven lebten und kalifornischen Wein zum Abendessen tranken. Dann die selbstbewußten amerikanischen Ingenieure und Kanal-Administratoren, die sich bei amerikanischen Friseuren einen amerikanischen Haarschnitt verpassen ließen, in ihren Salons amerikanische Zeitungen studierten, amerikanisches Poolbillard spielten und dazu amerikanischen Bourbon schlürften. Sie wurden gut bezahlt und konnten sich einheimische Bedienstete leisten, die mit einem Sonderpaß die mit Stacheldraht und Zäunen abgetrennte Zone betreten durften. Aber die Amerikaner bevorzugten hellhäutiges Personal. Mestizen oder gar »Schwarze« kamen nicht über ihre Schwelle.

So dürfte auch Ricaurte Tomas Noriega, Manuels Vater, die fremde Welt vor seiner Haustür nie betreten haben. Er war ein »Mestizo«, eine »Mischung« aus schwarzem, indianischem, spanischem Blut, was die Panamaer »Creole« nennen, im übrigen nicht gerade das, was man sich »charakterlich« als Vater wünscht: Er hatte zwar einen Job als Regierungsangestellter, Bürobote der untersten Beamtenklasse, aber er ging selten zum Dienst. Er war ein Alkoholiker und Weiberheld, der nach dem Tod seiner ersten Frau (aus der Ehe überlebten drei Halbbrüder Manuels, Julio, Tomas und Ruben) völlig den Halt verlor. Ein armes Mädchen vom Lande namens Maria Moreno arbeitete als Köchin und Putzfrau für Ricaurte Noriega, auch sie machte er zu seiner Geliebten. Als Maria schwanger wurde, versprach er ihr Geld und wollte sie wegschicken. Doch als der Kleine geboren wurde, akzeptierte er ihn immerhin als seinen Sohn und ließ ihn mit seinem vollen Namen Manuel Antonio Noriega Moreno ins Geburtsregister eintragen.

Ein Fest aber gab es weder bei der Geburt noch bei den ersten Geburtstagen des Kleinen. Der Vater verschwand aus seinem Leben. Die Mutter erkrankte schwer und gab den Fünfjährigen ein Jahr vor ihrem Tod einer alleinstehenden Lehrerin aus der Nachbarschaft in Pflege: Luisa Sanchez, »Mutter Luisa«, wie er sie nannte, war die erste Bezugsperson in seinem Leben.

Ich gehe mit Fabio zu dem Haus, in dem Manuel Noriega aufgewachsen ist. Fabio kennt den Mann, der zum Diktator Panamas und zum Erzfeind der Weltmacht USA werden sollte, seit dessen Schulzeit. Er ist ein etwas undurchsichtiger, aber höchst intelligenter Mann, wie Noriega in seinen Mittfünfzigern, und meist trägt er maßgeschneiderte Anzüge. Nur für diesen »Ausflug in die Slums«, wie er es nennt, hat er sich Jeans und ein Polohemd übergestreift: »Wir wollen nicht auffallen«, sagt er. Fabio mag nirgendwo mehr auffallen, seit damals, seit dem Sturz seines Freundes, der ihm Schwierigkeiten bereitet, ihn aber nicht seine wichtige Stellung als einer der führenden Finanzverwalter in Panama City gekostet hat. Und so soll es bleiben. Deshalb ist Fabio nicht sein richtiger Name; er hat erst in die Unterhaltungen und Spaziergänge mit mir eingewilligt, als ich ihm den Brief von meinem französischen »Kontakt« vorgelegt habe: Vertrauen bedingt Verschwiegenheit, Empfehlungen von »Freunden« verschaffen Informationen; so funktioniert Panama 1990, so funktionierte es wahrscheinlich immer.

Mit Fabio also durch Terraplen. Das ist einer der ärmeren Teile der Panama-Altstadt, nahe des Hafens, nahe des Marktes; kein Slum, aber ein stickiges, stinkendes, lärmendes, ohrenbetäubendes, nasebeleidigendes, Schweiß aus den Poren treibendes Chaos. Auf Wellblechhütten hocken Pelikane, der salzige Geruch des Meeres mischt sich mit dem verrotteter, nicht mehr verkäuflicher Ananas. »Compra y vente« ist das allgegenwärtige Zeichen der steil zum Hügel aufsteigenden Straßen mit ihren windschiefen, buntbemalten Häusern, und gekauft und verkauft wird alles, was irgendwo zusammengenagelt, zusammengeklaut worden ist im Taschendieb-Traumterrain Terraplen: Schuhe und Schokolade, Radios und rostige Nägel, »Seco«, der weiße, billige Rum, und das »Coke« der Coca-Kolonisatoren.

Vorbei am Restaurant »Carlos«, die »Sal si puedes« (»Hau ab, wenn du kannst«) bis zu einer blauen, baufälligen Bruchbude in der Calle León A. Soto, Nummer 3–36. Hier im zweiten Stock hat Manuel Noriega lange mit seiner Adoptivmutter gewohnt. Auskunft will keiner der Hausbewohner geben. Unten am Eingang, wo die elektrischen Leitungen offen herunterbaumeln, hängt ein Plakat mit dem Gesicht des neuen Präsidenten von Washingtons Gnaden: Aus Noriega-Country ist Endara-Country geworden. »Man muß sich anpassen, verstehen Sie, Señor?« sagt ein alter Mann, schlurft weiter und läßt uns mit unseren Fragen stehen.

Manuel Noriega hat hier als kleiner Junge Zeitungen verkauft, Schuhe geputzt, Kisten getragen. Es war sicher keine problemlose, aber dafür eine höchst instruktive Jugend: In Terraplen, von dem die Leute sagen, es habe sich in den letzten 50 Jahren so gut wie gar nicht verändert, mußte man »street-smart« sein, um sich durchzusetzen. Nur wer den Polizisten davonlaufen, die Betrüger selbst betrügen und den Betrunkenen und Schlägern ausweichen konnte, hatte eine Chance. Manuel Noriega fiel in der Nachbarschaft schon frühzeitig auf als einer, der all das fertigbrachte. Er war ein guter Taschenspieler, und er entwickelte hier seine Fähigkeit, die ihn ein Leben lang begleitete und erst seinen Aufstieg ermöglichte: Er sammelte leidenschaftlich Informationen über andere.

Er hatte auch ein phänomenales Gedächtnis für Plätze, kannte jeden Laden in der Gegend, jede zu vermeidende Polizeistation, jeden Stand mit Süßigkeiten. Und er war ehrgeizig. Einmal merkte er in der Schule gegenüber Fabio an, daß alle Machtzentren des Landes

»im Einzugsbereich von einer Meile« um sein Haus herum lägen: der Präsidentenpalast, das Hauptquartier der Nationalgarde, der vornehme »Union Club«. Die Kanalzone erwähnte Noriega damals nicht, sie war nicht nur »off limits«, sondern auch jenseits aller Phantasien; die einzigen Amerikaner, die Noriega zwischen den Mestizen und Schwarzen von Terraplen gesehen hat, waren immer in Eile, verdeckten ihre Gesichter und versuchten schnell wegzukommen: Es waren die weißen Männer, die Terraplens Bordelle besuchten, auf verbotenen Ausflügen von ihren Familien, von ihrem sauberen Traumland des gediegenen Kanalzonen-Ambiente, wo jeder weiß und reich und zufrieden oder doch zumindest selbstzufrieden war.

Mama Luisa achtete darauf, daß Manuel Antonio immer fleißig lernte und zur Schule ging. Er war einer der Besten seiner Klasse und schaffte 1947 die Aufnahme in das »Instituto Nacional«, das als eine der angesehensten höheren Schulen des Landes galt. Dort interessierte er sich besonders für Geschichte und Politik, wobei ihm Hitler und Machiavelli imponierten, über die er mehrere Aufsätze schrieb. Er trat in die Jugendorganisation der »Sozialistischen Partei« ein und engagierte sich auch mit nationalistischen Gedichten und milder Amerika-Kritik für ein »wirklich selbständiges Panama«. (Das brachte ihm später in seiner ersten CIA-Akte den Vermerk »Vorsicht, möglicherweise marxistisch orientiert« ein.) Doch Schulfreund Fabio glaubt den wahren Grund für Noriegas damaliges »Sozialisten-Engagement« zu kennen: »Die gaben Stipendien von 15 Dollar im Monat aus, darauf war Manuel scharf, und die kriegte er auch.«

Im »High School Yearbook 1953«, von den Studenten selbst gestaltet, stand über den Absolventen Manuel Noriega: »Sein Ehrgeiz ist es, entweder Präsident der Republik oder Psychiater zu werden. Außerdem ist er ein potentieller Arbeiterführer und wie wahnsinnig hinter jedem Rock her.«

Noriega hätte alles gegeben, um Arzt zu werden, das mit der politischen Laufbahn, geschweige denn mit der militärischen, sei damals nicht so ausgeprägt gewesen, sagen übereinstimmend Fabio wie die amerikanischen Noriega-Biographen John Dinges und Frederick Kempe.[3] Aber es fehlte ihm an Geld. So jobbte er in einem medizinisch-technischen Laboratorium, um über die Runden zu kommen. Eine Karrierechance bot sich ihm dann durch seinen Halbbruder, von dessen Existenz er erst auf der Oberschule erfahren hatte; es war reiner Zufall, daß sie sich überhaupt trafen, beide hatten keinen Kontakt zum Papa. Luis Carlos Noriega, fünf Jahre älter als Manuel Antonio, bekam einen Job an der panamaischen Botschaft in Lima, Peru, konnte von dort aus seinem Verwandten ein Stipendium an der »Chorillos-Militärakademie« zuschanzen.

Das war Manuels Eintrittskarte in die Welt der Großen und Mächtigen, in die Welt von Verrat, Skrupellosigkeit und Durchsetzungsvermögen um jeden Preis. Aber es war keine Logenkarte, eher Stehplatz, letzte Reihe, hinten.

Manuel Noriega wurde in Lima zum CIA-Informanten. Die Zweigstelle des US-Geheimdienstes hatte sich ihn ausgeguckt, weil er offensichtlich intelligent war und viel mitbekam, aber auch wegen seiner spürbaren Abneigung gegenüber den peruanischen Mitstudenten. Die verspotteten den kleingewachsenen panamaischen »Bauern« mit den ungehobelten Manieren, den negroiden Zügen und dem pockennarbigen, Akne-gezeichneten »Ananasgesicht« (der Spitzname, den Noriega bis heute haßt, blieb haften). Sie machten sich über die offensichtliche Homosexualität seines Bruders lustig und hänselten Manuel damit, er habe wohl auch Schwierigkeiten, an Mädchen heranzukommen. Manuel Noriega rächte sich, indem er – über seinen Halbbruder mit dem idealen »Diplomaten-Cover« – genüßlich-ausführliche Berichte über beobachtete oder erfundene »kommunistische Umtriebe« seiner Kameraden anfertigte. Es war die Zeit unmittelbar nach Castros Machtübernahme auf Kuba, und in Washington herrschte eine geradezu panische Furcht vor der Ausbreitung dieses »Virus«. Da bemerkte man auch dankbar den Eifer des panamaischen Neu-Rekruten in Peru und gab ihm einen 50-Dollar-Informantenlohn pro Monat.

Noch ein Charakterzug prägte sich in jenen Jahren bei Manuel Noriega aus: seine Brutalität. Als ihn eine Prostituierte bei einem Bordellbesuch vor den Kameraden hänselte, schlug er sie mit der Faust ins Gesicht, immer wieder, und vergewaltigte sie anschließend, so daß das Mädchen fast gestorben wäre. Er wurde verhaftet, dann, vermutlich auf Intervention des Bruders oder seiner amerikanischen »Betreuer«, wieder entlassen. Die Geschichte kam in seine CIA-Akte. Es hätte das Ende seines Aufstiegs, seiner gesamten Karriere werden können, hätten die Verantwortlichen in Langley, Virginia, nicht eine solch übermäßige »Großzügigkeit« an den Tag gelegt. Daß Noriega sich nicht beherrschen konnte, obwohl ihm die möglichen Konsequenzen bewußt gewesen sein mußten, zeigt – neben seiner Menschenverachtung – eine große Schwäche, die ihn später noch verfolgen, zu seinem Sturz beitragen sollte: eine krankhaft ausgeprägte Egomanie, eine Geltungssucht, die er nicht steuern oder begrenzen konnte, ein unbezähmbarer Drang zur Überkompensation angeblich oder tatsächlich erlittenen Unrechts. Es galt für Sex wie Geld und Macht: Er konnte einfach nie genug kriegen.

1962 kehrte Manuel Antonio Noriega nach erfolgreichem Abschluß der Militärakademie in seine Heimat zurück, trat in die panamaische Nationalgarde ein und wurde noch im selben Jahr zum Leutnant zweiten Grades befördert. Man versetzte ihn nach Colón, in die zweitgrößte Stadt des Landes, was sich für ihn als einmaliger Glücksfall erwies: Sein Kommandant in Colón war ein 33jähriger ehrgeiziger Offizier mit einer großen Zukunft, Omar Torrijos. Außer Skrupellosigkeit, einem gewissen Hang zum Alkohol und zu leichten Mädchen verband die beiden noch etwas: Auch Torrijos stand auf der Gehaltsliste der CIA.

Die beiden wurden unzertrennlich. Als Torrijos Kommandant des Grenzgebiets zu Costa Rica wurde, nahm er Noriega mit. Als das unbeherrschte »Ananasgesicht« wieder einmal durch Brutalität gegenüber Frauen und Folter gegenüber Gefangenen aufgefallen war, deckte ihn der Chef, ebenso, als er die Tochter eines einflußreichen Großgrundbesitzers schwängerte und nicht vor den Traualtar wollte. Doch 1966 heiratete Noriega dann unter Vermittlung seines Freundes, und die Ehe sollte ihn wenigstens für einige Jahre auf die »normale« Bahn bringen. Er bekam mit seiner Frau Felicidad, einer Volksschullehrerin aus einer Kaufmannsfamilie, drei Töchter. Er wurde befördert, endlich in einen Job, der seinen wahren Fähigkeiten entsprach, nämlich zum Geheimdienstchef der Nordzone in der panamaischen Nationalgarde. Er hatte in Torrijos nicht nur einen Förderer, sondern, vielleicht wichtiger noch, jemanden, zu dem er aufblicken, an den er sich klammern konnte, wie in einer anderen Etappe seines Lebens an seinen älteren Halbbruder. Er hatte einen Vaterersatz.

Und er hatte immer noch die Amerikaner in der Hinterhand, die seinen Aufstieg mit großem Wohlwollen sahen: Es schien, als hätte die CIA bei der »Informantenauswahl« damals in Peru auf den Richtigen gesetzt. Man beschloß, Noriega den geheimdienstlichen Feinschliff zu geben. Er wurde im Juli 1967 von amerikanischen Offizieren in Fort Gulick, auf dem mittelamerikanischen Kanal-Gelände, in Bekämpfungsmethoden des Drogenschmuggels ausgebildet, vier Monate später in die amerikanische Eliteschule nach Fort Bragg geflogen. Dort erhielt er Spezialkurse in »psychologischer Kriegsführung«, was Kurse in »Medienmanipulation« und »Bekämpfung einer internen Guerilla-Bewegung« einschloß. Dem CIA-Abschlußbericht ist zu entnehmen, daß Manuel Noriega einen sehr guten Eindruck hinterließ. Er lernte, wie sich zeigen sollte, sogar besonders aufmerksam und vermochte bald praktisch anzuwenden, was man ihm da theoretisch beigebracht hatte.

Nach der Ausbildung tat er das, was er zeitlebens am besten konnte. Er horchte Freunde wie Gegner aus. Er analysierte die Fehler der anderen und legte sich Dossiers über ihre Schwächen an. Er wartete auf seine Stunde.

Sie kam, als Arnulfo Arias 1968 die Wahlen in Panama gewann und eine frontale Attacke gegen die Nationalgarde startete; Torrijos und Noriega, die gedacht hatten, sie würden an die Spitze der Garde und damit in die absolute Nähe zur Macht aufrücken, sahen sich plötzlich zurückgestellt. Es war sogar die Rede von der Auflösung der Truppe. Da half Noriega seinem Freund zu putschen und machte ihn, auch gegen Widerstände in den eigenen Reihen und Gegenputschversuche, zum starken Mann des Landes. Panama wurde zur offenen Militärdiktatur. »Brigadiergeneral Omar Torrijos Herrera, Chefkommandant der Nationalgarde, wird als Oberster Führer der Panamaischen Revolution anerkannt«, proklamierte die neue Verfassung von 1970. Dem Herrscher wurde ein Parlament ohne wesentliche Rechte zugeteilt, das bei monatlichen Sitzungen nicht viel mehr Einfluß hatte, als den Junta-Plänen zuzustimmen.

Manuel Antonio Noriega übernahm im August 1970, zum Major befördert, den mit neuen Machtbefugnissen ausgestatteten militärischen Geheimdienst »G-2«. Damit war das »Ananasgesicht«, noch nicht einmal 35 Jahre, in den Kreis der mächtigsten Männer Panamas vorgestoßen. Er gehörte fortan zu dem, was der Volksmund

»das dreckige Dutzend an der Staatsspitze« nannte. Bald schon wurde er die Nummer zwei – und sein Freund Torrijos ließ ihn schalten und walten, wie er wollte.

Der Jubel in Washington über den »zuverlässigen Mann«, der zu Panamas höchstem Geheimnisträger aufgestiegen war, nahm schnell ab. Das lag einmal an Staatschef Torrijos, der bald erkannt hatte, daß er sich international, aber auch bei seinem Volk beliebter machte, wenn er einen Amerika-kritischen Kurs steuerte. Er nahm Kontakte mit dem Kuba Fidel Castros, mit der Sowjetunion, mit dem »linken« Chile auf – meist ließ er sie von seinem Geheimdienstchef knüpfen, der in Washington bald im Verdacht stand, als Doppelspion auch für die Kubaner zu arbeiten. 1971 lagen den Amerikanern dann auch die ersten Hinweise dafür vor, daß Noriega beim Heroinhandel von Kolumbien über die Drehscheibe Panama nach Florida mitmischte und mitkassierte, daß er zumindest »aktiv zur Seite schaute«, wenn die großen Bosse der Drogenkartelle ihre Geschäfte abwickelten. US-Präsident Richard Nixon hat nach Recherchen des amerikanischen Starjournalisten Frederick Kempe 1972 zusammen mit seinen Geheimdienstleuten sogar erwogen, Torrijos und Noriega mit Gewalt auszuschalten. In einigen »White House Memos« war die Rede von möglichen »tödlichen Attentaten« durch die CIA.[4]

Dazu kam es dann nicht. Schuld daran war Nixons Verwicklung in den Watergate-Skandal, der alle anderen Probleme in den Hintergrund drängte. Torrijos ernannte Noriega zu seinem »Chief U.S. Liaison-Officer«, seinem höchsten Verbindungsmann zur amerikanischen Regierung, zu allen amerikanischen Stellen. Er konnte nun die US-Antidrogenbehörde (DEA) gegen die CIA, die CIA gegen den militärischen Geheimdienst der Amerikaner ausspielen. Er war nun die wahre Nummer eins in Panama und schaffte es, die Amerikaner zu einer Kehrtwendung um 180 Grad zu veranlassen: einige interessante Infos über Fidel Castro hier, über einige nicht so wichtige Drogendealer da – Manuel Antonio Noriega wurde vom »auszuschaltenden bösen Buben« wieder zum »Darling« der USA. »Panama für seine Drogenrazzien gepriesen«, schrieb die »New York Times« am 22. September 1973 und zitierte ausführlich die »höchste Befriedigung« amerikanischer Behörden darüber, daß es panamaischen Behörden gelungen sei, größere Mengen Kokain und Marihuana abzufangen. Es sollte gut 15 Jahre dauern, bis amerikanische Gerichte dann Anklage gegen Noriega als Drogenboß erhoben, 15 Jahre, in denen die DEA und die CIA – wider besseres Wissen – immer wieder vorgaben, Noriega stünde im Kampf gegen das Gift auf ihrer Seite.

Als George Bush im Januar 1976 Chef des amerikanischen Geheimdienstes wurde, sah er sich schnell mit Noriega konfrontiert, der wieder zu einem ernsten Problemfall geworden war. Lew Allen junior, der Chef der »National Security Agency« in Washington; schäumte: Er wollte ein öffentliches Verfahren gegen einige Verräter in den Reihen der amerikanischen Armee, und er wollte dabei auch die Rolle des panamaischen »G-2«-Chefs publik machen. Auslöser war ein klassisches Spionagedrama, dem die Amerikaner einen adäquaten Hollywood-Codenamen gegeben haben: »Der Fall der singenden Sergeanten«[5].

Manuel Noriega hatte herausgekriegt, daß die Amerikaner von ihren Spionageeinrichtungen in der Kanalzone aus den Präsidenten Torrijos, aber auch die meisten anderen mittelamerikanischen Staatsmänner belauschten. Er hätte sich nun in Washington über den »Vertrauensbruch« beschweren können, aber als manischer Informationssammler, als geschickter Ausspieler von Nachrichten wählte er eine ganz andere Variante: Er versuchte die Bänder zu bekommen, an Torrijos zu liefern, sie auch an die Kubaner zu verscherbeln. Er wollte alle Fäden ziehen. Es gelang seinen Mittelsleuten, von Mitgliedern der Abhörmannschaft, der »470. Military Intelligence Group« der Armee, einige der Bänder abzukaufen. Doch in Washington hatte man bald von den »singenden Sergeanten« Wind bekommen, Allen wollte sie nebst Noriega öffentlich an den Pranger stellen – doch der neue CIA-Chef Bush legte sein Veto ein. Er beließ seinen Mann in Panama auf der Gehaltsliste (damals 110 000 Dollar pro Jahr), kehrte die Anklagepunkte unter den Teppich. Er ließ Noriega erst dann zu einem ermahnenden Gespräch nach Washington kommen, als dessen Geheimdienstleute antiamerikanischen Terroristen Sprengstoff für Attentate gegen militärische Installationen in der Kanalzone verkauft hatten – daß der Mann, den die Amerikaner bezahlten, die Amerikaner bombardieren ließ, schien denn auch Bush zuviel.

Was die beiden bei ihrer Unterhaltung in der panamaischen Botschaft zu Washington im Dezember 1976 besprochen haben, weiß niemand genau. Bush hatte sogar die Existenz des Treffens »vergessen«, gab es öffentlich erst zu, als nichts mehr zu leugnen war. Das Gespräch kann aber nicht allzu unfreundlich gewesen sein, denn im Anschluß daran wurde Manuel Antonio Noriega noch zu einem längeren privaten Aufenthalt in Washington eingeladen – er durfte bei Bushs damaligem Vize (dem heutigen US-Botschafter in Bonn), Vernon Walters, privat übernachten.

Mein Kontaktmann Fabio sagt mir 1990 in Panama City, Noriega habe es ausgesprochen bedauert, als Bush Amerikas höchstes Geheimdienstamt aufgab. Das »Ananasgesicht« konnte mit der neuen amerikanischen Regierung unter Jimmy Carter und dessen CIA-Chef Stansfield Turner lange nicht so herzliche Beziehungen aufbauen wie mit Gerald Ford und George Bush. Er wurde sogar von der CIA-Gehaltsliste gestrichen. Doch auch die Regierung Carter packte das Problem Noriega nur mit Glacéhandschuhen an: Der neue amerikanische Präsident wollte seinen Vertrag über den Panamakanal ratifiziert haben, mit dem er vergangenes Unrecht wiedergutmachen, gleichzeitig aber die amerikanischen Interessen bis zum 31. Dezember 1999 sichern wollte; zu diesem Zeitpunkt sollten laut Vertragsentwurf die Zone und der ganze Kanal den Panamaern übergeben werden.

Bei der schwierigen Überzeugungsarbeit gegenüber skeptischen amerikanischen Parlamentariern, die einen »freiwilligen Verzicht« auf amerikanische Positionen erst einmal erklärt haben wollten, hätte ein Skandal um den zweiten Mann der Regierung von Panama City störend wirken müssen. Also ließ auch Carter unter den Teppich kehren, was ihn an Informationen über Noriega erreichte. Daß der seine Kontakte zu kolumbianischen Drogendealern weiter ausgebaut hatte, daß er am Waffenschmuggel beteiligt war, daß er für die internationale Mafia Panama zu einer gigantischen Geldwaschanlage gemacht hatte.

Noriega zeigte sich im übrigen auch ohne direkte finanzielle »Belohnung« Washington gegenüber dienstbereit: Er lieferte nach der Übernahme der nicaraguanischen Regierung durch die marxistischen Sandinisten Top-Geheimdienstmaterial aus Managua. Er nahm für gut hundert Tage, zwischen Dezember 1979 und März 1980, auf amerikanischen Wunsch den von der Macht verjagten, todkranken iranischen Diktator Schah Reza Pahlevi in Panama unter seine Fittiche. Er verschaffte ihm, gegen Bezahlung, eine noble Unterkunft, leistete dem Monarchen – nach Auskunft des damaligen amerikanischen Botschafters in Panama City – sogar Zuhälterdienste.

Panamas ehemaliger Minister Juan C., der mir später das Telefonat mit Noriega ermöglichte, sagt, die Gespräche mit dem Schah hätten Manuel Antonio Noriega »einen Knacks« gegeben: »Er sah, wie der Schah hin- und hergeschoben wurde, wie ihn nach seiner Vertreibung keiner mehr haben wollte, und das, nachdem ihn über Jahre die ganze Welt hofiert hatte. Manuel erkannte, daß es nicht so leicht ist, sich irgendwo ein neues Leben aufzubauen, wenn man sich an der Macht so viele Feinde gemacht, soviel Geld zur Seite geschafft hat. Ich glaube, er entschloß sich damals, unter keinen Umständen freiwillig ins Exil zu gehen.« Juan C. sollte es wissen: Er führte später, im Frühjahr 1989, als Kontaktmann zwischen Noriega und der US-Regierung wochenlang Vermittlungsgespräche, als Washington dem panamaischen Diktator noch einen »ehrenvollen Rückzug«, ein spanisches Exil, andienen wollte. »Einmal, als ich dachte, ich hätte Noriega so weit, als ich ihm zu den wirklich günstigen Bedingungen zuredete, brüllte er mich an: ›Du willst mich nur vor der Geschichte blamieren. Vergiß es!‹«

Doch dazwischen lag noch fast ein Jahrzehnt, Manuel Noriegas strahlendstes Jahrzehnt. Es begann mit einem bis heute ungeklärten Unfall: General Torrijos, Panamas formelle »Numero uno«, stürzte am 31. Juli 1981 mit einem Flugzeug ab und wurde tödlich verletzt. Jetzt konnte Noriega auf seine vielfältigen Kontakte, seine Dossiers zurückgreifen. Er schaltete innerhalb von zwei Jahren die letzten Rivalen in den Streitkräften aus, löste im August 1983 General Ruben Dario Paredes, einen Übergangskandidaten, als Kommandant der Nationalgarde ab und vereinigte kurz darauf diese mit den Marine- und Luftstreitkräften zur »Nationalen Verteidigung«, die über 15 000 Mann umfaßte. Doch immer noch wollte Noriega der »Mann im Schatten« bleiben, lieber andere als seine »Marionetten« im Scheinwerferlicht stehenlassen.

Im Mai 1984 verhalf Noriega seinem Präsidentschaftskandidaten Nicolas Ardito Barletta mit einem Vorsprung von 1713 Stimmen zum Sieg – es war eine so offensichtliche Wahlfälschung, daß internationale Zeitungen wie oppositionelle panamaische Blätter ungeschminkt von »Betrug« redeten. Ein altes Sprichwort der Bananen- und Bankenrepublik machte die Runde: »Bei uns zählt nicht, wer gewinnt, bei uns gewinnt, wer zählt.« Noriega konnte Kritik nicht beirren: Um zu zeigen, wer der wirklich starke Mann im Lande war, ließ er von seinen Soldaten am nächsten Tag die Börse schließen und sogar das Gebäude weitgehend zerstören. Die Amerikaner protestierten – so milde, daß Noriega es fast schon als Ermutigung aufgefaßt haben muß. Er kam mit Ronald Reagan weit besser zurecht als mit dessen Vorgänger Carter, war nach 1981 auch wieder auf die CIA-Liste der Gehaltsempfänger gesetzt worden.

»Ananasgesicht« half den Amerikanern mit Informationen über die »Sandinistas« und arrangierte auch bald schon den Waffennachschub für die von Florida operierenden »Contras«; die USA duldeten dafür seine dunklen Geschäfte oder wollten sie zumindest nicht zur Kenntnis nehmen. Oberstleutnant Oliver North, Spezialist für »schmutzigen Krieg« in der amerikanischen Regierung (und dafür später zu Gefängnisstrafen verurteilt), notierte mehrere persönliche »Spenden« Noriegas für die »Contras« – und eine erstaunliche Offerte. Der »Pate« aus Panama bot in einem Gespräch mit North an, die gesamte sandinistische Führung um den Comandante Daniel Ortega ermorden zu lassen: Da mußte selbst »Ollie«, ansonsten gewiß nicht zimperlich, ablehnen und auf bestehende amerikanische Gesetze hinweisen, die ihm einen solchen Deal verwehrten.

Fest steht, daß George Bush im Dezember 1983 zu Gesprächen mit Noriega nach Panama flog. Thema unbekannt. Nach Recherchen des Reporters Frederick Kempe kam es im Frühjahr 1985 dann zu einer blutigen Zusammenarbeit zwischen Noriega und North in Sachen Noriega[6]: Ein von den beiden gemeinsam organisierter Guerillatrupp sprengte einen Teil des militärischen Hauptquartiers in Managua in die Luft. Etwa zur selben Zeit erhielt der starke Mann Panamas eine ehrenvolle Einladung, die er gerne annahm: Er sprach als Gastredner vor der »John F. Kennedy School of Government« in Harvard. Thema: Der Friedensprozeß in Mittelamerika; angekündigt war er als Vertreter »eines der wenigen Länder in der Region, mit denen die USA keine Probleme haben«.

Da kam wieder der alte Charakterzug Manuel Antonio Noriegas durch, der ihm schon damals, beim Aufstieg in Peru, bei der brutalen Vergewaltigung von Lima wie bei den nachfolgenden Folterungen unter der schützenden Hand seines Gönners Torrijos zu schaffen gemacht hatte: Seine Egomanie steigerte sich ins Grenzenlose. Er dachte, er hätte Höhen erreicht, in denen er nichts mehr falsch machen konnte, auf nichts mehr Rücksicht nehmen mußte. Noriega ergab sich seinem größenwahnsinnigen Rausch: Er hielt sich für gottähnlich, und er beschloß, Gott zu spielen. War ihm nicht gelungen, was noch keiner geschafft hatte – die CIA, Fidel Castro und die kolumbianischen Drogenbosse mit Informationen zu versorgen, sie glücklich zu machen, *und zwar alle gleichzeitig?* Hatte er sich nicht eine wunderschöne Geliebte (namens Vicky Amado) an Land gezogen und dabei sogar seine keifende Frau in die Schranken gewiesen, die noch im Jahr zuvor einer anderen Geliebten so brutal zu Leibe gerückt war, daß man die Verletzte zum Plastikchirurgen nach Genf hatte ausfliegen müssen? Erzählte nicht der brasilianische Wunderheiler bei ihren schwarzen Zeremonien mit Rinderblut, daß er, Manuel Antonio Noriega, über besondere Voodoo-Zauberkräfte verfügte? Gab es, im Sinne dieser Rituale, eine andere Möglichkeit, den Geist eines Feindes zu bannen, als ihm den Kopf vom Körper zu trennen – und was sollte ihn daran hindern?

Am 15. September 1985 wurde an der Grenze zwischen Panama und Costa Rica der Rumpf eines Mannes gefunden, der in einem amerikanischen Postsack verpackt war; der Kopf des Ermordeten sollte für immer verschwunden bleiben. Dennoch konnte das Opfer bald identifiziert werden. Es handelte sich um Hugo Spadafora, einen prominenten Arzt und Regimegegner, von dem jedermann in Panama wußte, daß er der Intimfeind Noriegas war.

Spadafora wurde von mehreren Zeugen zuletzt im Gewahrsam von Armeeangehörigen der »Panama Defense Forces« gesehen. Der US-Botschafter in Managua schickte ein Telex nach Washington, in dem er feststellte, es gäbe nur zwei Möglichkeiten: »Entweder hat Noriega den Mord befohlen, oder die Soldaten, die Spadafora töteten, nahmen an, daß ein solcher Befehl irgendwo existiert.« Als daraufhin selbst der Marionetten-Präsident Barletta versprach, eine Untersuchungskommission zur Klärung des Falls einzurichten, setzte ihn Noriega kurzerhand ab. Oder legte ihm, um es korrekter zu sagen – es gab noch eine Verfassung –, den Rücktritt so überzeugend nahe, daß Barletta nicht um sein Amt kämpfen mochte.

Er regierte nun, trotz eines offiziell als »Präsident« fungierenden Politikers namens Delvalle, als unumschränkter Militärdiktator. Daß er damit, und mit der Vertuschung der Vorgänge um seinen Intimfeind Spadafora, bei den Amerikanern »durchzukommen« und auf ihre weitere Hilfe hoffen konnte – es mag nach all dem, was sich Noriega im Umgang mit den USA schon geleistet hatte und von Washington toleriert worden war, verständlich erscheinen. Daß er aber die »psychologische Kriegsführung«, die Rolle der Presse in den USA, so sträflich unterschätzte, ist für einen ausgebildeten Experten wie ihn unverzeihlich. »Die Massen haben eine große Schwäche, nämlich ihre kümmerliche oder gar nicht vorhandene Fähigkeit zu denken . . . Wir Eliten können sie denken machen, was wir wollen, und sie in jede beliebige, von uns gewünschte Richtung lenken«, hat Noriega arrogant in seinem einzigen der Nachwelt hinterlassenen Büchlein (»Psychologische Operationen«) geschrieben – ganz so einfach ist es denn doch nicht.

Die Massenblätter und Massenmagazine machten sich im Sommer 1986 in der bewährten Form des »investigativen« amerikanischen Journalismus ans Ausgraben von Fakten. »Washington Post«, »New York Times«, »Newsweek« und »Time« überboten sich an genau recherchierten Horror-Stories über Noriegas Drogen- und Mafiaverbindungen, über Korruption und Mißwirtschaft. Die Welle der Noriega-Kritik schwappte nach Panama zurück. Als dann der pensionierte Oberst Roberto Diaz Herrera offen über die Manipulationen Noriegas berichtete, der sich inzwischen zum General gemacht hatte, und dann unter dem Druck der von Noriega veranlaßten »Verhöre« alles widerrief, kam es zum »Bürgerkreuzzug« gegen das Regime.

»Ananasgesicht« ließ den Ausnahmezustand verhängen und schaltete nun um auf Amerika-Haß. In der Hoffnung, die Kritik von sich auf die »Kolonialmacht« abzuwälzen, hielt er dem Druck aus Washington lange erfolgreich stand. Noriega konnte sich auf seine Spezialeinsatztruppe, die brutalen, als »Dobermänner« bekannten Geheimpolizisten, verlassen und auf seine israelischen »Berater«, die er schon Ende der siebziger Jahre ins Land gerufen hatte. Ihr Chef (den mein Pariser Freund Juan C., neben sich selbst, als Noriegas »Chefberater« einschätzte) war Mike Harari, ein langjähriger hochrangiger Offizier des israelischen Geheimdienstes »Mossad«.

Er soll als Chef einer Kommandoeinheit die Münchner Olympia-Attentäter gejagt und einen nach dem anderen »ausgeschaltet« haben: ein Mann, ganz nach Noriegas Geschmack, der dem »Jefe« einen sinnigen Wandspruch ins Büro hängte: »Wenn dein Feind kapituliert, dann deswegen, weil er dich nicht töten konnte.«

Nach wochenlangen Ausschreitungen gegen amerikanische Militäreinrichtungen, gegen US-Soldaten und US-Zivilisten beendete Washington im Dezember 1987 seine Militär- und Wirtschaftshilfe für Panama. Doch Manuel Noriega hatte nur Hohn und Spott für die neue Politik der Gringos übrig. »Das einzige, was sich in Panama ändert, ist das Wetter«, sagte er westlichen Reportern, die ihn fragten, ob er an Aufgabe denke. Anfang Febraur 1988 erhoben die amerikanischen Bundesjustizbehörden in Miami und Tampa dann Anklage gegen Manuel Antonio Noriega – ein spektakulärer, in der neueren Geschichte einmaliger Akt des Vorgehens gegen einen Politiker, der in einem Staat außerhalb der USA noch an der Macht war. Seine Antwort: Er ließ Hunderte Regimegegner verhaften, Politiker, die ihm zu widersprechen wagten, auf der Straße von seinen »Dobermännern« blutig zusammenschlagen.

Als am 3. Oktober 1989 Mitglieder seiner Nationalgarde putschten, hielten sich die Amerikaner mit Hilfe für die Aufständischen zurück – der Aufstand scheiterte, General Noriega soll nach der Aussage mehrerer Zeugen ihren Anführer persönlich zu sich ins Amtszimmer geholt und dann erschossen haben. Am 15. Dezember erklärte die panamaische Nationalversammlung Noriega zum »maximum leader«, zum höchsten Führer des Landes, und sprach davon, zwischen Panama und den USA herrsche nun ein »Kriegszustand«. Am 16. und 18. Dezember kam es zu vereinzelten Ausschreitungen gegen amerikanische Soldaten; bei einem dieser Vorfälle wurde ein amerikanischer Marineleutnant getötet. Am 20. Dezember 1989 um ein Uhr morgens befahl US-Präsident George Bush den Angriff auf Panama.

Es war, bis zum Irakfeldzug, die bei weitem größte amerikanische Militäroperation nach Vietnam: 24 000 US-Soldaten waren darin verwickelt, 25 US-Soldaten, zwischen 800 und 1500 Panamaer, die meisten Zivilisten, kamen um. Die USA, 122mal so groß wie Panama, 107mal soviel Einwohner, zogen in den Krieg, nicht, um eine feindliche Armee zu schlagen, auch nicht, um eine kommunistische

Ideologie »abzustrafen«: Sie setzten die ganze Feuerkraft einer Großmacht zu einer persönlichen Vendetta ein – um einen einzigen Mann gefangenzusetzen, den sie als so teuflisch darstellten, daß seine Ergreifung angeblich jedes Mittel, auch die Invasion mit vielen Todesopfern, rechtfertigte. Die Militäraktion sollte als Befreiungsschlag wirken und war doch nur die letzte Etappe einer von Anfang an verfehlten Panama-Politik: Das Monster, das den mittelamerikanischen Staat tyrannisierte, hatten Washingtons Doktoren à la Frankenstein erst geschaffen.

Der amerikanische Präsident nannte später vier Gründe für die Invasion: Er wollte das Leben amerikanischer Bürger schützen. Er wollte die Demokratie in Panama verteidigen. Er wollte Noriega aufgreifen und ihn vor ein amerikanisches Gericht bringen. Er wollte die »Integrität der Panamakanal-Verträge« sichern. Staatsrechtler aus aller Welt, darunter auch die angesehensten amerikanischen, zerrissen Bushs Argumentation in der Luft. Professor Charles Maechling jr. von der »Brookings Institution«: »Es kann gar kein Zweifel daran bestehen, daß die Invasion in Panama sowohl dem Buchstaben als auch dem Geist der UN-Charta wie der inneramerikanischen Verträge widerspricht. Noriegas Status war legal nicht anders als der von Chiles Pinochet, Paraguays Stroessner oder einer ganzen Anzahl von anderen diktatorischen Dritte-Welt-Führern, die wir anerkannt haben.«

Daß die Amerikaner in Panama einfielen, um die »Demokratie zu verteidigen«, könnte man nach der Vorgeschichte der Beziehungen für einen schlechten Scherz halten – ein Argument nach dem internationalen Recht ist es ohnehin nicht. Die Verhaftung Noriegas mit 24000 Soldaten auf einem fremden Territorium unter solchen Menschenopfern zu erzwingen ließe sich mit dem freundlichsten Kommentar als unverhältnismäßig abtun; daß es die elementarsten Regeln staatlicher Souveränität sprengt, steht außer Zweifel. Die Behauptung, daß das winzige Panama amerikanische Soldaten und Zivilisten dauerhaft gefährden könnte, widerlegt sich von selbst; im übrigen hätten legal nur die Vereinten Nationen etwas gegen eine solche Bedrohung unternehmen können. Wenn der Panamakanal gefährdet war – Argument Nummer vier von George Bush –, so ist das jedenfalls außer dem amerikanischen Präsidenten keinem aufgefallen: Noriega hatte selbst in seinen wildesten Ausfällen gegen die

USA eine Kanal-Bedrohung vermieden, um eben diesen Vorwand für die Invasion nicht zu liefern.

»Operation Just Cause« (»Gerechte Sache«), wie der Codename für die Militäraktion hieß, hinterließ Tote und Trümmer und schuf Ungerechtigkeit. Die amerikanischen Bomben fielen nicht nur auf Armee-Installationen, sondern auch auf dichtbewohnte Arbeiterviertel wie Chorillo und San Miguelito. Mehr als 20 000 Menschen wurden obdachlos, ein großes Problem, das nicht dadurch gemildert wurde, daß die meisten Panamaer auf den Straßen den GIs zujubelten – und Noriegas Entmachtung feierten. Doch die dringlichste Sorge der Invasoren war eine ganz andere: Ihr »Subjekt der Begierde«, ihr »Kriegsziel Nummer eins«, der zu zügelnde »Ziehsohn« blieb tagelang wie vom Erdboden verschwunden. Es schien, als sei der Teufel Noriega tatsächlich mit den Mächten der Finsternis verbündet.

Der Presseattaché der Bundesrepublik in Panama, Klaus Meixner, sagt mir einige Monate nach der Invasion ganz ohne diplomatische Rücksichten: »Die Amerikaner haben versagt, und zwar in jeder Beziehung. Schon der Angriff war stümperhaft ausgeführt. Und dann befolgten sie nicht mal die elementarsten Regeln der Planung: Sie überwachten Noriegas Geliebte nicht. Ich weiß das, weil Vicky Amado in einem Apartment in unserem Haus lebt. Ihr Telefon war nicht angezapft.«

Noriega war zu Freunden geflohen, hatte Vicky tatsächlich mehrfach angerufen. Mario Rognoni, damaliger Handelsminister, schildert seine Gemütslage: »Er sagte, es gäbe für ihn nur zwei Möglichkeiten. Entweder in den Dschungel zu fliehen und einen lange Monate währenden Guerillakrieg zu beginnen oder sich zu erschießen. Und er entschloß sich zum Selbstmord. ›Besser, als von irgendeinem GI Joe aus Missouri erschossen zu werden‹, sagte er emotionslos.« Doch der Geliebten und dem Minister gelang es in langen Gesprächen, den Diktator »umzudrehen«; Rognoni weiß nicht mehr, von wem schließlich der Plan stammte, Noriega an den US-Truppen vorbei in die Botschaft des Vatikans in Panama City zu schleusen. Der General war sofort von dieser Idee angetan. »Der einzige Platz, den sie nicht zu stürmen wagen«, sagte er, nun wieder ganz obenauf, und stürzte sich in die »Logistik«: Wie konnte der meistgesuchte Mann des Landes an allen Straßensperren vorbei unbemerkt in eine Residenz gelangen, die mitten in Panama City liegt?[7]

Manuel Antonio Noriega war lange genug Geheimdienstmann, um zu wissen, womit der Feind ganz bestimmt nicht rechnete. Ihm gelang ein letztes Meisterstück der psychologischen »Kriegsführung«, auf das seine amerikanischen Ausbilder in Fort Bragg hätten stolz sein können: Er ließ sich von seinen Freunden den billigsten aller verfügbaren Mietwagen leihen, einen koreanischen »Hyundai«. Er zog Sonnenbrille, Jeans und eine tiefsitzende Schlägermütze an. Dann fuhr er erst einmal kreuz und quer durch die Vororte der Hauptstadt, um zu sehen, ob ihn jemand verfolgte und wo die Amerikaner Straßensperren errichtet hatten.

Keiner kümmerte sich um den »Ausflügler« in dem unscheinbaren Kleinwagen; aber an ein Durchkommen zur Vatikan-Botschaft war nicht zu denken, die Hauptstraßen Richtung Panama City wurden kontrolliert. Konnte er nicht zum Gesandten des Papstes, mußte der Gesandte des Papstes eben zu ihm: Noriega parkte seinen Wagen an einem Supermarkt, dem »Dairy Queen« in Campo Limberg außerhalb der Hauptstadt, und rief in der Botschaft an. Er verschwendete wenige Worte der Höflichkeit. Entweder hole ihn der Nuntius persönlich ab und bringe ihn in seine Residenz, oder er werde mit seinen verbliebenen Getreuen »ein Blutbad« anrichten, sagte er zu Monsignore Sebastian Laboa.

Der Nuntius entschloß sich, Noriega die Flucht in die Botschaft nicht eigenhändig zu ermöglichen, aber er war seit mehreren Jahren in Panama und hatte genug Geschichten gehört, um zu wissen, daß der Diktator, in die Ecke gedrängt, es mit seinen Drohungen ernst meinte. Also schickte er einen Priester in seinem Diplomatenwagen, der unkontrolliert alle Sperren passierte.

Um 14.00 Uhr am Heiligen Abend 1989, dem vierten Abend der Invasion, begab sich Manuel Antonio Noriega in die Obhut des Vatikans und trank in der päpstlichen Nuntiatur unter dem Kruzifix und einem Bild von Papst Johannes Paul II. zunächst einmal ein Bier. Erst da war für die Amerikaner richtig Weihnachten: »Alles hat sich gelohnt«, sagte ein euphorischer US-Präsident Bush im Fernsehen, als er von der Kapitulation des Erzfeindes hörte, auf den er inzwischen ein Kopfgeld von einer Million Dollar ausgesetzt hatte. »Die internationale Schlange steckt endlich im Käfig«, formulierte überschwenglich der demokratische Abgeordnete Ike Skelton.[8] Sie ahnten nicht, welche Schwierigkeiten ihnen Noriegas

Schachzug noch machen sollte – die Schlange, die die Amerikaner an ihrem Busen genährt hatten, war getroffen, aber nicht geschlagen. Sie wand sich noch, und wie.

Monsignore Laboa, in Spanien geboren, war in bestimmter Weise sehr gut auf seine jetzige Aufgabe vorberietet, die darin bestand, Noriega »weichzuklopfen«. Er hatte früher für die Inquisitionsbehörde des Vatikans gearbeitet, sein Auftrag als »Advokat des Teufels« bestand darin, mögliche »sündige« Charakterzüge im Leben der Menschen zu finden, die der Papst heiligsprechen wollte. Laboa war also, hauptberuflich sozusagen, Experte fürs Böse. Von Anfang an machte der Gottesmann dem General klar, daß er die Spielregeln bestimmte. Laboa ließ Noriega in ein Zimmer führen, dessen Klimaanlage nicht funktionierte, das stickig, heiß und ungemütlich war. Er verbot – nach dem ersten Bier – alle alkoholischen Getränke und schnitt seinen »Gast« von der Außenwelt ab: Der Fernsehapparat in Noriegas Zimmer war, glücklicher Zufall, am Vortag gerade kaputtgegangen, Zeitungen oder Zeitschriften waren nicht vorhanden, als einziger Wandschmuck hing ein Kruzifix an den weißgetünchten Wänden.

Der Nuntius informierte Noriega darüber, daß er den Amerikanern einen Brief geschrieben hatte, in dem er die US-Armee im Falle einer Geiselnahme innerhalb der Botschaft darum bat, sofort das Gebäude zu stürmen – und ließ dabei die Möglichkeit offen, daß die Soldaten jede Bewegung innerhalb der Nuntiatur so »deuten« könnten. Er gestattete nur einen einzigen Telefonanruf Noriegas, und zwar an seine Geliebte; auch den allerdings erst, nachdem er sich vorher überzeugt hatte, daß diese Noriega zur Aufgabe raten wollte. Im übrigen versuchte es Laboa mit subtilem psychologischem Druck, kratzte an Noriegas Macho-Image: »Wollen Sie denn, daß für den Rest Ihres Lebens Nonnen ihre Unterwäsche waschen?«

Doch der Ex-Diktator ließ nichts von einem bevorstehenden Zusammenbruch erkennen. Er steckte mit einem Lächeln die primitive amerikanische Einschüchterungstaktik weg, die darin bestand, daß US-Militärs vor der Nuntiatur stundenlang dröhnend laute, beziehungsreiche Rock-Musik erschallen ließen: »Your are the devil«, »Go to hell«, »I fought the law and the law won«.

»Der Nuntius konnte bei dem Lärm kein Auge zutun, Noriega aber schlief prächtig«, erzählt mir später der deutsche Diplomat

Meixner, der als einer der wenigen Ausländer vom Botschafter des Papstes vorgelassen wurde: Meixners Frau, mit Noriega-Freundin Vicky gut bekannt, bekochte den General, der auch gegenüber der Bekannten so mißtrauisch war, daß er immer alles von anderen vorkosten ließ. Meixner versuchte auf seine Art, den General mürbe zu machen. Vor Noriegas Zimmer führte er eine Diskussion mit einem Priester so laut, daß der Flüchtling mithören mußte. »Pater, sagen Sie dem General doch, er soll sich den Amerikanern ergeben. Er hat sonst keine Chance, mit dem Leben davonzukommen. Schauen Sie doch nur, was mit anderen Diktatoren im Exil passiert ist, die dachten, sie wären in Freiheit, und wurden doch, wie beispielsweise Somoza, schnell umgelegt.« Auch Meixner schaffte den »Durchbruch« nicht.

Der kam vermutlich am Silvesterabend. Der Nuntius hatte seinen »Gast« an diesem Abend aus der Isolation seines Zimmers herausgeholt, ihn mit dem Botschaftspersonal und mehreren, gleichfalls geflohenen Noriega-Freunden zum Abendessen geladen. Die Atmosphäre war gelockert, als der Nuntius seinen bis dahin härtesten »Schlag« ansetzte: Er informierte Noriega über einen Brief der panamaischen Bischöfe an den Papst, in dem diese ihn einen »Kriminellen« nannten, dem man kein politisches Asyl gewähren dürfe. Laboa drohte nicht direkt mit einer Auslieferung, aber er machte Noriega klar, daß mit einem weiteren Aufenthalt in der Botschaft nichts für ihn gewonnen war. Er berichtete vom Schicksal des rumänischen Diktators Ceauşescu, der nur Tage vorher hingerichtet worden war. »Eines Tages könnte man Sie umbringen wie Ceauşescu oder lynchen wie Mussolini und Ihre Leiche auf dem Marktplatz zum Gespött der Menschen ausstellen. Wäre das ein würdevolles Ende?«

Noriega antwortete nicht. Aber am 3. Januar nannte er dann seine »Bedingungen« für die Übergabe an die Amerikaner, und es war keine dabei, von der er nicht wußte, Washington würde sie erfüllen: Er wollte seine Uniform tragen. Er wollte die Gegenwart eines amerikanischen Generals bei seiner Kapitulation. Er wollte seine Familie anrufen. Und er wollte keine Fernsehbilder von seiner Aufgabe.

Nach elf Tagen in der Obhut des Vatikans, nach 13 Jahren als Tyrann in Panama, nach einem Leben an der Seite oder im Schatten amerikanischer Freunde ergab sich Manuel Antonio Noriega am

3. Januar 1990 um 20.44 Uhr der US-Militärmacht. Den Kopf gesenkt, seine Zahnbürste in der einen, eine Bibel, Laboas Abschiedsgeschenk, in der anderen Hand, stolperte er zum Helikopter, der ihn zur »Howard Air Force Base« brachte. Dort steckten ihn Beamte der amerikanischen Drogenpolizei in Anstaltskleidung, legten ihm Handschellen an und verlasen ihm seine Rechte als amerikanischer Untersuchungsgefangener. Wenige Stunde später war der »Höchste Führer« im Höchstsicherheitstrakt des Gefängnisses in Miami. Der Diktator Nummer eins hatte sich in den Häftling Nummer 41 586 verwandelt.

George Bush hatte gesiegt. Er hatte seine »Feuerprobe« bestanden, was viele amerikanische Politiker und die Öffentlichkeit offensichtlich für ihren Präsidenten als unerläßlichen »Mannbarkeitsritus« sehen. Seine Popularitätswerte schossen in die Höhe, ganz besonders noch, nachdem der »mug shot«, das Polizeifoto des Ex-Diktators, veröffentlicht wurde und tagelang über die amerikanischen Bildschirme flimmerte: Es zeigt den General als Gedemütigten, Geduckten; aus einem die Weltmacht USA bedrohenden Wüstling war ein ärmliches Würstchen geworden – genau, wie es sich die überwältigende Mehrheit der Amerikaner erträumt hatte. Wer konnte Bush künftig noch einen »wimp«, einen wankenden Weichling, nennen? Die intellektuellen Kritiker der Aktion wirkten wie Spielverderber, die einer großen Nation ihr großes Fest nicht gönnen mochten. Beispielsweise Professor Alfred Rubin, Völkerrechtler der »Fletcher School of Law and Diplomacy«: »Die Verhaftung Noriegas war ungefähr so legal, wie wenn der Ayatollah Khomeini die Festnahme des Schriftstellers Salman Rushdie auf dem Boden Großbritanniens angeordnet hätte.« Oder jener Anwalt vom Internationalen Gerichtshof in Den Haag: »Man muß 2000 Jahre zurückgehen, bis einem vergleichbare Beispiele einfallen. Zuletzt waren es die alten Römer, die die Führer der besiegten Völker mit nach Hause nahmen, um sie dann im Zirkus vorzuführen.«[9]

Genau das wollte Noriega vermeiden: sich vorführen zu lassen. Nach den ersten Stunden der Depression besann sich der Despot. Er hatte eine Schlacht verloren, vielleicht eine vorentscheidende Schlacht, aber noch nicht den Krieg. Von seiner Zelle aus plante er eine Fortsetzung des Kampfes. Er hatte die Macht verwirkt, aber noch nicht unbedingt, oder jedenfalls für lange, die Freiheit. Er verfügte über erhebliche finanzielle Mittel – unabhängige Schätzungen sprechen von 400 Millionen bis zu einer Milliarde Dollar –, die er in den Zeiten an der Staatsspitze auf verschiedene Konten verteilt hatte. Er besaß Apartments in Paris, Grundstücke in Spanien und Japan, etliche BMWs und drei Yachten, »Macho I«, »Macho II«, »Macho III«. Und er wußte viel, was bedeutenden amerikanischen Politikern peinlich werden konnte.

Manuel Antonio Noriega, der sich zeitlebens um Gesetzbücher keinen Deut geschert hatte, der sich rücksichtslos und brutal über jede legale Norm hinweggesetzt hatte, entschied, in seinem Fall das amerikanische Recht voll auszuschöpfen. Er bestellte sich schon am ersten Tag in Haft amerikanische Gesetzbücher und ließ sich Papier und Bleistift kommen: Der ewige Verschwörer plante, mit dem Rücken zur (Gefängnis-)Wand, eine neue Verschwörung.

Er fand die richtigen Gefolgsleute – nicht schwer in einer Stadt, die auf Drogendealer und deren »Rauspauken« vor Gericht spezialisiert ist. Er wählte ein ganzes Team von exzellenten Rechtsanwälten, die wegen ihrer Spezialisierung auf Rauschgiftfälle in Miami mit dem scherzhaften Spitznamen »Weißpulver-Mafia« genannt werden, zu seiner Verteidigung. Er erkor zum Chef dieses Teams Frank Rubino.

Noriega sagte mir am Telefon, er sei ganz begeistert von Rubino. Rubino war auf Anhieb angetan von Noriega: »Manchmal nenne ich ihn ›El Jefe‹ (spanischer Ausdruck für ›Boß‹) – er findet das richtig gut.« Rubino spricht auch sonst eine Sprache, die sein Klient versteht: Klartext. Als ich ihm am Telefon erzähle, Noriega habe mir ein Interview versprochen, wolle mich sogar in der Zelle sehen, ruft er mich ein paar Tage später an und sagt: »Vergessen Sie's. Ich hab' ihm gesagt, wenn er das mit Ihnen macht, was natürlich seine Entscheidung ist, dann muß er sich einen neuen Anwalt suchen.«

Der Starverteidiger ließ keinen legalen Trick aus, um den Anklägern das Leben schwerzumachen. »Wenn das kein politischer Prozeß ist, dann zeige man mir irgendeinen«, rief er mit geschickt gezügelter Empörung in die Fernsehkameras. Er verzögerte den Prozeß mit allerlei Verfahrenskniffen. Er stellte klar, daß er auch George Bush in den Zeugenstand zu rufen gedachte. Er ließ auf Kuba ein Videoband mit den Äußerungen Fidel Castros zum »Fall Noriega« erstellen. Er machte sich lustig über das, was die amerikanischen

Fahnder in Panama City »ausgegraben« hatten: die Kollektion der pornographischen Bilder, den angeblichen »Voodoo-Keller« mit allen möglichen »Hexerei«-Objekten, die 50 Kilo weißes Pulver in der Küche, das die Untersuchungsbehörden zunächst triumphierend als »Kokain« klassifiziert hatten, von dem sie aber – wenige Stunden später, doch etwas beschämt – zugeben mußten, es handle sich um Maismehl, aus dem Tortillas gebacken werden. Alles kaum »gerichtsrelevent«.

Der schnellste Weg von Europa nach Panama führt über Miami, und so hatte ich einige Zeit, mich mit Noriegas Staranwalt zu beschäftigen. Er kam mir nach einigen Tagen vor wie ein »Alter ego« des Diktators. Ich glaube, Manuel Antonio wäre gern so wie Frank Rubino geworden. Erfolgreich, ohne jemals mit dem Gesetz in Konflikt zu kommen und »häßliche Methoden« gegenüber Feinden anwenden zu müssen. Beliebt wegen seiner Sportlichkeit und seines guten Aussehens, begehrt bei den schönsten und anspruchsvollsten Frauen. Sicher in seinem Auftreten, gleichzeitig mit dicken Juwelen und dem Letzte-Mode-Tick überall extravagenter Mittelpunkt. Der heute 45jährige Rubino hatte auch so seine Geheimdiensterfahrungen. Er war »Secret Service«-Agent, schützend an der Seite des US-Präsidenten Richard Nixon, beispielsweise beim Besuch in Key Biscayne. Er galt als Sportas, gewann einmal sogar als Rennfahrer die schwierigen »24 Stunden von Daytona«. Ein Mann, der immer wußte, wie man sein Ego befriedigt.

Er arbeitete als Privatdetektiv und verschaffte sich bald nach seinem Rechtsanwaltsexamen einen glänzenden Ruf im Umgang mit schwierigen und ungewöhnlichen Fällen. Sein offizielles berufliches »Resümee« legt weniger Gewicht auf die Siege, die er vor Gericht errang, als auf publikumsträchtige »Superlative«: Er verteidigte »einen der ersten Kolumbianer, die an die USA ausgewiesen wurden«, im bis dahin »größten Fall von Kokainimport«. Er vertrat den bekanntesten aller bisher vom Drogenkartell geschnappten Rauschgifthändler, den (inzwischen verurteilten) Carlos Lehder Rivas.

Die »New York Times« fand heraus[10], daß Rubino einige der Finanz-Transaktionen des Lehder-Teilhabers Larry Greenberger tätigte und mit ihm zusammen eine Yacht besaß, der sie den Namen »Sleuth« (»Bluthund«) gaben. 1986 behauptete Rubino, daß er von Greenberger und dessen Freunden nach einem Streit mit dem Tode bedroht worden sei, wenn er ihnen nicht seinen Anteil an der Yacht überschreibe (Wert, laut »NYT«: etwa 100 000 Dollar). Er habe erst unter vorgehaltener Pistole unterschrieben, worauf ihm Greenberger & Co. noch seinen 60 000-Dollar-Ferrari und eine 18-Karat-Gold-»Rolex Oyster« gestohlen hätten. Greenberger konnte sich seiner, laut Rubino, so erpreßten Beute nicht lange erfreuen: Er kam im September auf ungeklärte Weise um.

Damit da nicht irgendwelche Zweifel aufkommen, sagt Frank Rubino: »Meine Beziehung zu Drogendealern sieht so aus: Wenn sie einen kompetenten Anwalt brauchen und mich auswählen, verteidige ich sie. An diesem Punkt fängt die Beziehung an, an diesem Punkt endet sie.« So wird es, betont der Jurist, auch im Fall Noriega sein. Für diesen Klienten, dessen Fall er sicher zu Recht für den »derzeit in Amerika begehrtesten« hält, arbeitet er schon seit Monaten bis zu 22 Stunden pro Tag: Es ist, sagen neidische Kollegen, der »Auftrag seines Lebens«, obwohl nach dem »Einfrieren« der Noriega-Konten unklar bleibt, ob es auch das »Geschäft« seines Lebens wird. Da bleibt nicht viel Zeit für Hobbys und Privatleben, und das wird wohl auch der Grund dafür sein, daß Rubino sein neues Rennboot – es heißt »El Jefe«, wie Noriega sich so gerne nennt – im Frühjahr 1990 zum Verkauf anbot; die »Chicago Tribune« wollte wissen, der Erlös solle vor allem dazu dienen, die damals noch ausstehenden 141 000 Dollar an Unterhaltsverpflichtungen für seine erste Frau zu zahlen. Rubino wurde 1985 von ihr geschieden, 1989 von seiner zweiten Frau.[11]

Weg von der Welt der Cadillacs und Yachten, der weißen Villen und weißen Pülverchen, vom glamourösen »Miami Vice«, hin zum schäbigen Panama-Alltag: Noriegas Vermächtnis ist in dem mittelamerikanischen Staat noch immer allgegenwärtig. Der Drogenhandel hat sich seit der Regierungsübernahme durch Präsident Guillermo Endara kein bißchen zurückentwickelt. Selbst US-Botschafter Deane Hinton gibt im November 1990 zu, daß die 6000 Kilogramm Kokain (Straßenwert in den USA: 153 Millionen Dollar), die seit Noriegas Sturz beschlagnahmt wurden, nur die Spitze eines Eisbergs sind.[12] Panamas Bankengesetze blieben unverändert, so daß keine der Geldwaschanlagen gestoppt werden konnte. Der Lebensstandard ist eher weiter zurückgegangen, von der versprochenen großzügigen US-Hilfe sind im Jahr 1990 gerade mal 70 Millionen Dollar angekommen – das deckt nicht einmal die Wiederaufbaukosten der durch die US-Invasion verursachten Zerstörungen.

In den Slums von San Miguelito am Rande der Hauptstadt regiert die Verzweiflung: keine Jobs, keine Zukunft. Und so wird mehr gefixt, mehr gedealt, mehr getrunken denn je. 6500 US-Dollar sollte jeder bekommen, dem die Amerikaner das Dach überm Kopf wegschossen; die meisten haben noch keinen einzigen Dollar gesehen, und skrupellose »Zwischenhändler« haben ihnen schon ihre »Berechtigungsscheine« auf das Geld für eine einmalige Barzahlung, die nicht einmal einen Bruchteil dessen ausmacht, abgeschwindelt. So sind die Armen, die alles verloren haben, schon bevor sie etwas zurückbekommen haben, wieder die Verlierer.

Sicher, die Menschenrechtssituation sei besser geworden, sagen meine Bekannten beim gemeinsamen Rundgang durch die Armenviertel der Hauptstadt (und das sind praktisch alle Viertel außerhalb der unmittelbaren Innenstadt mit dem Spargelwald der Banken-Wolkenkratzer). Es werde unter Endara nicht mehr gefoltert, nicht mehr ohne Gerichtsurteil hingerichtet. Aber dafür sei anderes sogar schlimmer geworden, der nationale Kitt des Landes zerbröckle. Während Diktator Noriega, selbst ein »Mestizo«, den 90 Prozent Farbigen der 2,5 Millionen Panamaer, wenn schon aus Eigennutz, doch Aufstiegschancen in Regierungsämter geboten hat, stützt sich der neue Präsident nur auf die »Rabiblancos«, die »Weißröcke«, und bringt so die ethnischen Gruppen Panamas gegeneinander auf. Niemand, den wir treffen, glaubt daran, daß Endara und seine Mannschaft es schaffen werden, aus der Bananen- und Bankenrepublik eine stabile Demokratie zu machen. Er kann sich nicht voll auf die 12 000-Mann-Polizei verlassen, deren Mitglieder meist als Soldaten unter Noriega gedient haben. Er kann aber auch nicht damit rechnen, daß die Amerikaner noch lange mehr als 10 000 Mann (und damit fast die Hälfte ihrer »Invasionsstärke«) im Land lassen: Washington hat 1991 dringendere Probleme und Sorgen als Panama.

Eine letzte Fahrt über Land, durch verfallende Dörfer, auf die andere Seite Panamas. Colón, die zweitgrößte Stadt des Landes, steht vor dem Kollaps. Mehr als jeder Dritte in der einst blühenden Hafenstadt ist arbeitslos. Der Müll verrottet auf den Straßen. Wenn es dunkel wird, übernehmen die Banden die Stadt, und keiner getraut sich mehr auf die Straßen, außer den Ratten, die sich mit den

Gangstern die Herrschaft teilen. Selbst Washingtons Panama-Botschafter Hinton nannte die 100 000-Einwohner-Stadt nach einem kürzlichen Besuch »ein Katastrophengebiet«.

Noch ist es viel Zeit bis zum 31. Dezember 1999, wenn die Amerikaner den Panamakanal an die panamaische Regierung zurückgeben müssen. Aber in diesen Monaten spricht wenig dafür, daß sie diese wertvolle, mit soviel Blut, Schweiß und Verbrechen gebaute und verteidigte Schiffspassage an eine demokratische Regierung übergeben, fast alles dafür, daß bis dahin wieder ein Diktator Panama beherrschen wird.

Vielleicht lacht sich dann, irgendwo in Freiheit, irgendwo in einem gemütlichen, luxuriösen Exil, Manuel Antonio Noriega ins Fäustchen, als letzter Sieger des letzten Panama-Komplotts. Nimmt darauf einen »Johnny Walker«, zwei Finger breit Alkohol, wenig Eis. So schmeckt er am besten – das haben ihm die Amerikaner beigebracht, wie sie ihm eben alles beigebracht haben.

DER FÜRST DER FINSTERNIS

POL POT, KAMBODSCHA

Augenzeugenberichte aus Pol Pots »Volksrepublik Kamputschea«, Zeitraum von April 1975 bis Januar 1979:

»Jeden Morgen um halb sechs führen sie Leute auf den Platz und befehlen ihnen, ihr eigenes Grab zu schaufeln. Um sechs werden sie umgebracht. Meist mit einem Axthieb über den Hinterkopf. Es klingt, als ob man eine Kokosnuß aufschlägt, nur dumpfer. Manchmal schlagen sie jemanden, und der ist nicht gleich tot. Sie begraben ihn trotzdem. Auch Kinder. Zwei Rote Khmer werfen sich ein Baby so lange zu, bis einer es fallen läßt. Oft zwingen sie die Kinder, bei Hinrichtungen dabeizusein. Man darf nicht sprechen, nicht aufschreien. Nur zusehen. Sie töten direkt vor meinen Augen. Meine Augen sehen, aber mein Geist ist anderswo. Mein Geist sorgt sich nur ums Essen, um die nächste Schale Reis. Wenn sie mir eine große Schüssel Reis geben, denke ich, können sie mich gerne nachher töten.« (Arn Chorn, buddhistischer Mönch, damals 31 Jahre)

»Chanta war eine Offizierstochter, elf Jahre alt, als die Roten Khmer kamen. Ihren Vater brachten sie sofort um. Sie kam ins Gefängnis, wo sie zwei Jahre blieb. Eines Tages forderte sie einer ihrer Wächter auf, ihm ihr Halstuch zu geben. Es war ein Geschenk des Vaters, das letzte, was geblieben war. Sie weigert sich. Da schlägt der Aufseher sie, bis sie tot ist. In seinem Bericht schreibt er, wie wir später erfahren, ›Hinrichtung wegen feudalistischen Benehmens‹.« (Mitgefangener Prath Khean, Lehrer, damals 52 Jahre)

»Pol-Pot-Soldaten und der kleine Bruder, sie spielen ein Spiel. Sie stoßen den großen Bruder vor und zurück, schlagen ihm mit Bambusstöcken auf den Kopf, viele Male. Sie sagen: ›Bitte um dein

Leben!‹ Der große Bruder schreit und betet. Ich bete auch. Ich kann nicht sprechen. Die Soldaten lachen. Und dann fällt der große Bruder um und liegt still. Sein kleiner Bruder stößt ihn ins Loch. Sie lassen ihn einfach so liegen. Am nächsten Morgen gehe ich zu dem Loch. Mit der Kuh. Gucke runter. Der Mann hat die Augen auf, weiß sind sie wie bei einem toten Fisch. Ich tue ein bißchen Erde auf ihn drauf. Dann gebe ich ihm ein paar Blumen. Vielleicht stirbt mein Vater auch so. Man sieht, wie Menschen totgemacht werden, und versucht, nicht zu denken. Tut so, als kümmert's einen nicht. Nichts geht besser, wenn ich weine oder traurig bin. Und für mich ist es nicht gut. Also drehe ich mich einfach um und gehe fort.« (Mom, Schülerin, damals zwölf Jahre)[1]

Das Grauen hatte für Arn, Prath und Mom wie für alle acht Millionen Khmer einen Namen; genauer gesagt, es waren zwei Namen, aber die wurden als Synonyme gebraucht: »Angka«, die »Organisation«, und Pol Pot. Als aus diesem einst so sanften, blühenden Land die »Killing Fields« wurden, der endlose Schreckensteppich, da sagten die Menschen: Angka hat das so bestimmt, Pol Pot hält das für nötig, Pol Pot läßt die Menschen sterben für einen höheren Zweck, Pol Pot ist unser grausamer Schicksalsgott.

1362 Tage, bis die Invasion aus dem benachbarten Vietnam Anfang Januar 1979 dem Schreckensregime ein Ende machte und Pol Pot in den Dschungel fliehen mußte, durfte der Tyrann Gott spielen und ein ganzes Volk terrorisieren. Konnte er, abgeschottet von der Außenwelt, ermutigt durch ihre unbegreifliche und bis heute so beschämende Gleichgültigkeit, das Nicht-wissen-Wollen und Nicht-wahrhaben-Wollen im Westen, das wahnwitzigste Experiment der Neuzeit durchführen: einen Staat ohne Geld, ohne Industrie, ohne Schulen aufbauen, die Städte von Menschen leerfegen, Millionen Intellektuelle unter primitivsten Lebensumständen zu Reisbauern »umerziehen« oder sie, wie 82 000 der 85 000 buddhistischen Mönche, einfach umbringen. »Die höchste Form des Klassenkampfes ist die Ausrottung des Klassenfeindes«, lautete Pol Pots Maxime; Steinzeitkommunismus heißt die untaugliche Vokabel, die man später im Westen dafür fand, daß da einer sein Land in ein riesiges Konzentrationslager verwandelte.

Durch jede Familie geht heute ein Riß. So gut wie keiner, der nicht in Pol Pots Jahren einen Bruder, eine Tante oder gar beide Eltern-

Vom Mönchszögling zum Massenmörder: Pol Pot

teile verloren hätte: Die Schätzungen belaufen sich auf 1,5 bis 2,5 Millionen Khmer, die in diesen Jahren durch Mord, durch Hunger und Erschöpfung umgekommen sind.[2] »Pol Pot war schlimmer noch als Hitler«, hören wir immer wieder bei unseren Gesprächen im heutigen Kambodscha. »Denn Pol Pot hat sein eigenes Volk hingerichtet.« Dann sagen wir hilflos, daß wir von solchen Vergleichen nichts halten; auch nichts von Vergleichen zwischen den Stätten des Schreckens, selbst wenn das Unfaßbare des Foltergefängnisses von Tuol Sleng in Phnom Penh so sehr an das Unfaßbare von Auschwitz erinnert. Denn Vergleiche relativieren, können entschuldigend wirken. Betrachtet man die Tyrannen dieses Jahrhunderts, nimmt man die planmäßige Ausrottung, die sie betrieben haben, und deren Umfang als Maßstab, wird man freilich drei Namen in einer Reihe nennen können: Hitler, Stalin, Pol Pot.

Über Hitler gibt es eine Geschichtsschreibung, die Bände füllt – Versuche, den Horror aus der Person wie aus den Umständen zu ergründen. Über Stalin wird, jetzt besonders auch in der Sowjetunion Gorbatschows, das meiste aufgearbeitet. Über Pol Pot weiß die Welt wenig, fast gar nichts Gesichertes. Bekannt ist, daß er, im Gegensatz zu den beiden Monstern Hitler und Stalin, noch lebt. Und daß auch seine »Roten Khmer« noch längst nicht aufgegeben haben. Im Gegenteil: Sie sind, von China ausgerüstet, im Jahre 1991 militärisch stärker denn je nach ihrer Vertreibung, die bei weitem schlagkräftigste der in einer »Widerstandskoalition« gegen Phnom Penh verbündeten Gruppierungen.[3] Ihre Rückkehr an die Macht scheint zumindest nicht mehr auszuschließen. Völkerrechtlich stellten sie für den Westen, so unglaublich das klingt, bis Mitte 1990 immer noch die legitime Regierung Kambodschas dar: Washington und auch Bonn unterstützten in den Vereinten Nationen noch ein Jahrzehnt nach seinem Sturz das Regime des Massenmörders. Die mit Hilfe Vietnams eingesetzte Hun-Sen-Regierung sei »illegitim«, lautete die legalistische Formel.

Zwölf Jahre lang hat sich Pol Pot nicht mehr in der Öffentlichkeit sehen lassen, kein Interview gegeben. Beim letzten Pressegespräch mit jugoslawischen Journalisten, dem einzigen, bei dem er über seine Herkunft und seine persönlichen Lebensumstände Auskunft erteilte, täuschte er in einigen Punkten die Welt bewußt. Denn schon in seiner Amtszeit liebte Pol Pot die Aura des Geheimnisvollen um sich, so, als bedeute sie für ihn einen Schutzschild vor politischen Gegnern oder vielleicht auch nur vor seiner Erinnerung. Lange galt es nicht einmal als absolut sicher, daß Pol Pot ein Pseudonym war, daß der Diktator identisch war mit einem ehemaligen Untergrundkämpfer und Mönchszögling namens Saloth Sar.

Die »Roten Khmer«, die jetzt im Rampenlicht der Weltöffentlichkeit stehen und Pressekonferenzen geben, sprechen nicht gern über Pol Pot alias Saloth Sar. Er sei längst zum »einfachen Mitglied der Partei« zurückgestuft worden, sagen sie widerwillig auf Nachfrage, er beschäftige sich mit »militärhistorischen Fragen«, verkündete beispielsweise Khieu Samphan, vielleicht der engste seiner früheren Mitarbeiter. Einer, der es gut wissen muß, widerspricht. Prinz Norodom Sihanouk, der mit den »Roten Khmer« unter Pekings Druck eine militärische Allianz eingegangen ist, bei einem Gespräch im Dezember 1989: »Ich habe keinen Zweifel, daß Pol Pot weiter die Armee der Roten Khmer führt. Er hat sich keinesfalls zur Ruhe gesetzt oder wurde pensioniert. Er ist noch immer der wahre Chef.«

Woher bezieht Pol Pot seine Magie über Menschen, selbst nach all diesen ungeheuerlichen Taten? Was hat den ehemaligen Mönchsschüler zum Massenmörder gemacht? Wer ist dieser Mann, der auf den alten Bildern mit seinem breiten Mondgesicht immer nur lacht und grinst, als gäbe es für ihn nichts Unvergnügliches auf der Welt?

Spurensuche. Reisen zu den Schnittpunkten eines Lebens. Zu den Menschen, die wichtige Stationen seiner »Karriere« gewesen sein könnten. Versuch der Annäherung an ein Monster.

Prek Sbauv, ein verschlafenes Dorf am Sen-Fluß unweit der Provinzhauptstadt Kompong Thom, 130 Kilometer nordöstlich der kambodschanischen Hauptstadt Phnom Penh. Hier wird Saloth Sar, so heißt es in seiner knappen offiziellen Biographie, am 19. Mai 1928 geboren, im asiatischen »Jahr des Drachens«.

Die freundlichen Menschen im Außenministerium in Phnom Penh wollen »Stern«-Fotograf Jay Ullal und mich im Frühjahr 1990 erst gar nicht fahren lassen. Zu gefährlich, sagen sie, erst kürzlich hätten die »Roten Khmer« auf der Straße vor Kompong Thom in der Abenddämmerung einen Lastwagen überfallen, den Fahrer getötet und seien dann wieder in die nahen Dschungelberge entflohen. Aber als wir uns bereit erklären, eine Militäreskorte zu bezahlen, lassen sie sich doch erweichen. Und so holpern wir in der ersten Morgensonne Richtung Geburtsort: ein Jeep mit Fahrer, ein sowjetischer LKW mit etwa 35 Soldaten, Kalaschnikows und Bazookas im Anschlag. Manchmal ist es nicht einmal mehr ein Holpern, und wir müssen stoppen, um den Kratern dieser unglaublich zerstörten Straße im Schrittempo auszuweichen und die wackligen Holzbrükken auf Minen abzusuchen. Auf der Karte sieht es nach einem Drei-Stunden-Trip aus; wir sind froh, daß wir schließlich nach neun Stunden, noch vor Einbruch der Dunkelheit, die Provinzstadt erreichen.

In Prek Sbauv finden wir mit Hilfe des Bürgermeisters drei der sechs Geschwister des Diktators, die Brüder Saloth Nhep, 64, und Saloth Seng, 76, sowie die Schwester Saloth Sarieng, 73. Sie sehen ihrem berühmt-berüchtigten Verwandten erstaunlich ähnlich, wie aus dem Gesicht geschnitten. Die Männer sind Bauern geblieben, verwachsen mit ihrer Scholle, spezialisiert auf den Reisanbau hinter dem einfachen, auf hölzernen Stelzen erbauten Strohhaus, die Fischerei am nahen Fluß; die Schwester hat die gepflegten Hände einer Städterin, eine Eleganz der Bewegungen, die auf Bildung und ein Leben am Hofe hindeutet, auch wenn sie jetzt mit uns auf einer einfachen Dorfbank sitzt und ein grunzendes Schwein verjagt. Sie haben noch nie mit Journalisten gesprochen, sagen sie und verlieren erst nach Stunden ihre Scheu. Doch als wir am nächsten Tag wiederkommen, begrüßen sie uns schon fast wie alte Bekannte.

Saloth Sar ist für sie gestorben, als er nach seinem Studium in Paris Ende der fünfziger Jahre in den kambodschanischen Untergrund ging; sie haben ihn als Pol Pot nie wiedergesehen. Bis zu dem Tag in den schrecklichen Zeiten der »Khmer Rouge«-Herrschaft auf der Kommune, zu der auch sie zwangseingeteilt wurden, als sie im Gemeinschaftsraum ein Bild aufhängten – und sie erkannten, daß der Mann auf dem Poster ihr verschollener Bruder war, der verhaßte Führer des Landes. Sie behielten es für sich, versuchten nicht einmal, Kontakt mit ihm aufzunehmen, auch, weil sie den Haß der anderen Zwangsarbeiter fürchteten. »Hätten wir als Familienangehörige Pol Pots Vorteile gehabt, etwa besseres Essen, wären wir umgebracht worden«, sagt Saloth Nhep. Seng ergänzt: »Es war uns klar, daß Pol Pot seine Familie absichtlich vergessen hat, daß er sie so brutal behandeln wollte wie alle anderen auch.« Der Bruder Saloth

Chhay, ein Journalist, sei bei der Deportation aus Phnom Penh, wie Zehntausende andere Khmer auch, vor Schwäche und Hunger gestorben; der engste Vertraute aus Jugendtagen, der Bruder Saloth Suong, habe, von den anderen getrennt, aber auch ohne Hilfe von »oben«, nur durch Glück und völlig geschwächt, den Terror überstanden.

Die überlebenden vier trafen sich 1989 zu einer Familienfeier im Geburtsort und erbaten bei einer buddhistischen Zeremonie von den Mönchen den Segen für die ganze Familie. »Für alle, außer Pol Pot«, sagt die Schwester. »Denn er hat für seine Greuel den Tod verdient. Er gehört nicht mehr zu uns.«

Die Pol-Pot-Geschwister behaupten, im Dorf habe man sie auch nach der »Befreiung« nie Haß oder Verachtung spüren lassen, aber das klingt wenig überzeugend, und schließlich gibt die Schwester zu: »Was sie hinter unserem Rücken reden, erfahren wir nicht.« Von anderen aus dem Dorf haben wir nach und nach herausgekriegt, daß es natürlich doch böses Blut gegenüber der Familie des Tyrannen gibt; und vielleicht sind die Saloths am Ende auch deshalb so redselig, kramen sie für uns so gern in ihrer Erinnerung, weil sie endlich einmal ihre Geschichte Menschen erzählen können, die sich nicht verächtlich wegdrehen und ausspucken, wenn es um ihr Elternhaus und die Jugendzeit geht.

Im Saloth-Sar-Geburtsjahr 1928 hat Kambodscha seine glanzvollen Tage hinter sich. Längst ist das Reich der Khmer mit seinem mächtigen Herrscher Suryavaram II., der um 1140 die großartigen Tempelanlagen von Angkor bauen ließ, nur mehr Geschichte. Seit dem Ende des 17. Jahrhunderts mußte sich Kambodscha stets an zwei Fronten verteidigen: gegen die Vietnamesen, die von einem Großindochina unter ihrer Führung träumten, im Osten und gegen die expansionistischen Thai im Westen. Dazu kam bald eine westliche Kolonialmacht: 1887 wurde das Land der französischen »Union Indochinoise« als Kolonie angegliedert. Die Franzosen preßten das Land aus, taten kaum etwas für Erziehungswesen und Infrastruktur. Aber sie ließen den Khmer ihre Klöster, sie änderten nichts an den traditionellen Strukturen. Im Jahr vor Saloth Sars Geburt wird Monivong in Phnom Penh feierlich zum König von Frankreichs Gnaden gekrönt.[4]

Es geht den Saloths in ihrem Dorf recht gut. Die Familie gehört zu den wenigen Großgrundbesitzern der Gegend, neun Hektar Reisfelder, drei Hektar für Gemüseanbau, ein Dutzend Büffel. Saloth Sen und seine Frau Sok Nem können sich viele Kinder leisten, auch Sar (»der Weiße, der Strahlende«), Sprößling Nummer sieben, wird im Haushalt mit großer Freude und einer buddhistischen Dankes-Zeremonie im nahen »Wat« (»Kloster«) begrüßt. Während andere im Dorf unter den hohen Steuern stöhnen, sich immer weiter verschulden müssen und schon einmal zur Demonstration in die Stadt ziehen, ist man im Hause Saloth ausgesprochen autoritätsgläubig, fühlt sich besonders dem Königshaus verpflichtet. Kein Wunder, bei verwandtschaftlich guten Beziehungen: Nichte Luk Khun Meak wird eine der Hauptfrauen des neuen Königs, Saloth Suong geht bald als höherer Protokollbeamter in den Palast, und die Schwester Saloth Sarieng, die mit den zarten Händen, erhält als eine von etwa 40 »offiziellen« Konkubinen des Monarchen immerhin einen niedrigen Adelstitel.

Sar ist das Nesthäkchen der Familie, wird von allen verhätschelt. Er gilt als besonders sanfter, umgänglicher Junge, als ein zarter, verschüchterter Einzelgänger, der auch in den Schulferien niemals wie die anderen auf den Feldern arbeiten muß. Man hat ihn schon in jungen Jahren nach Phnom Penh geschickt, und er wird schnell ein »Stadtmensch«. Das bäuerliche Leben ist für Sar, der später ein ganzes Volk auf die Felder zwingen und sie aus »erzieherischen Gründen« mit primitivsten Mitteln ihren Lebensunterhalt verdienen lassen wird, immer Urlaubssituation geblieben: Ferien auf dem Bauernhof, wenn er aus der Schule in Phnom Penh kommt, Ferien vom Kloster, in das er schon als Sechsjähriger für ein Jahr als Novize eintritt. Die Buddhisten von »Botumvodey«, die Lehrer an der katholischen »Ecole Miche« müssen Saloth Sars Sanftmut eher gestärkt haben. Suong, der Bruder, mit dem er gemeinsam bei einer Tante in der Hauptstadt wohnt, erinnert sich: »Er konnte kein Blut sehen. Wenn im Hinterhof die Hühner geschlachtet wurden, lief er immer weinend weg.«

Saloth Sar ist ein intelligenter, aber mäßig aufmerksamer Schüler. Mit 14 Jahren scheitert er bei der ersten Aufnahmeprüfung in ein Gymnasium, schafft es dann beim zweiten Anlauf. Die Tante und der ältere Bruder sind streng mit ihm: Er darf weder mit den anderen zum geliebten Fußballspiel noch bei den Hahnenkampfwetten mitmachen, wenn er die Schulaufgaben nicht beendet hat. Sar schließt dann 1948 das Gymnasium ab und beginnt in der Hauptstadt ein Studium an der Technischen Hochschule. Nach einem Jahr erhält er wegen guter Leistungen – und möglicherweise wegen der engen Verbindungen der Tante zum Palast – ein zweijähriges Stipendium für die »Ecole Française de Radioélectricité« in Paris. Bevor Sar fährt, kommt er wie jedes Jahr für mehrere Monate zurück in sein Heimatdorf, nimmt tränenreich Abschied von seinen Verwandten. Bruder Saloth Nhep erinnert sich bei unserem Gespräch: »Wir waren mächtig stolz auf ihn und ließen ihn das auch spüren.«

Zum Abschied trinkt man auf das Wohl des jungen Königs Sihanouk, der 1941 zum Nachfolger seines Großvaters Monivong berufen wurde. Wenn der 20jährige Sar damals schon politische Ambitionen hat, verrät er seiner Familie nichts davon. Seine Verwandten glauben, das sei eher unwahrscheinlich. Man fühlt sich dem Hofe nah, bewundert den Prunk des Palastes, »gehört dazu«. Daß in Phnom Penh schon damals die Chinesen und die Vietnamesen, teils seit Generationen als Händler in der Stadt, teils von der Kolonialmacht als willige Arbeitskräfte ins Land geholt, in der Mehrheit waren, ist den Saloths kaum aufgefallen: Sie leben in der kleinen Khmer-Welt rund um das feudalistische, dekadente Königshaus. Auch wenn man über die »große Politik« redete – Saloth Sar tat es gegenüber den Brüdern ganz selten –, ließ sich König Sihanouk Patriotismus und Regierungsgeschick nicht absprechen: 1945 paktierte er mit den in Indochina siegreichen Japanern und ließ sich von ihnen die Unabhängigkeit Kambodschas zusichern; 1946 handelte er mit den zurückgekehrten Franzosen Konzessionen aus, die 1949 schließlich zum Autonomiestatus für das Land führen – Vorstufe zur »endgültigen« Freiheit.

Paris, Rue Letellier, ein altes, schäbiges Mietshaus im 15. Arrondissement unweit der »Ecole Française de Radioélectricité«. »Saloth Sar suchen Sie?« fragt die alte Haushälterin, die man uns als die beste Kennerin der »alten Zeiten« empfohlen hat, und wiederholt immer wieder: »Saloth Sar, Saloth Sar ...« Wir müssen der fast blinden 80jährigen erst mal erklären, daß es uns um Informationen aus den frühen fünfziger Jahren geht. »Ach, wissen Sie, da waren so viele Studenten aus Indochina«, sagt sie schließlich und kann auf Anhieb auch niemanden auf den alten Bildern identifizieren. »Doch, der könnte hier gewohnt haben«, meint sie schließlich und zeigt auf Pol Pots Porträt als Regierungschef; vielleicht hat sie das Bild auch irgendwann einmal im Fernsehen gesehen – »es ist alles schon so lange her, Monsieur«. Aber in der Pariser Schule für Radioelektronik, da gibt es noch alte Unterlagen, und dann sind da noch die Briefe, die der Student an seinen Bruder in Phnom Penh geschrieben hat, die regelmäßigen, präzisen Berichte, an die sich Saloth Suong mit seinem fast fotografischen Gedächtnis erinnert. Auch wenn sie als Dokumente längst verbrannt sind, damals, als die großen Wirren begannen und der »Schicksalsgott« Phnom Penh evakuieren ließ.

Was für eine Stadt, dieses Paris von 1949! Im Vergleich dazu scheint Sar die kambodschanische Metropole »wie ein Provinznest«. Eiffelturm und Montmartre, Champs-Elysées und »Boule Miche«, Baguette und Käse und billiger Rotwein und ein freies Studentenleben ohne Aufsicht durch strenge Verwandte. »Es ist himmlisch«, schreibt Sar an den Bruder. »Aber auch wahnsinnig teuer. Kannst Du mir ein bißchen Geld schicken?«

Sar ist auf der Suche nach geistiger Anregung, nach Vorbildern. Er liest Paul Verlaine, den französischen Poeten der Sinnlichkeit und zarten Empfindung. Er beginnt, sich für Marx und Mao zu interessieren – und verliebt sich dann rettungslos. Khieu Ponnary heißt die Auserwählte, eine kambodschanische Mitstudentin aus einer Elite-Familie, acht Jahre älter als er. Deren jüngere Schwester ist bereits mit einem Kommunisten verlobt, Ieng Sary heißt der begeisterungsfähige, politisch engagierte junge Mann. Er führt die anderen in den »Marxistischen Zirkel« ein, eine Khmer-Organisation, die sich organisatorisch an die Kommunistische Partei Frankreichs bindet und mit ihr Veranstaltungen durchführt. Ieng Sary wird bald Saloth Sars bester Freund – eine Verbindung, die ein Leben lang halten wird: Aus den beiden und ihren Frauen, den Schwestern, sollte später die berüchtigte »Viererbande« der kambodschanischen Revolution werden. Auch Khieu Samphan, der heutige Vorzeigechef der »Roten Khmer«, ist damals in Paris schon dabei. Als der Intellektuellste der Gruppe schreibt er eine Dissertation über die Verarmung der Bauern in seiner Heimat, eine kritische und scharfsinnige, durchaus nicht radikal-steinzeitkommunistische Abrechnung mit den kambodschanischen Feudalverhältnissen.[5]

Saloth Sar geht kaum zur Schule. Er fährt 1950 zu einem Jugendlager nach Jugoslawien und begeistert sich für den dortigen Moskau-kritischen »eigenen Weg« zum Sozialismus. Er nimmt 1951 an den Weltjugendfestspielen in Ost-Berlin teil und trägt die Khmer-Fahne. Er schickt bunte Karten von einem Trip nach Spanien; Bruder Suong in Phnom Penh fragt sich langsam, ob Sar wohl richtig studiert, und mahnt ihn nach den ersten Kommunismus-schwärmerischen Briefen, sich »nicht um Politik zu kümmern und immer an die Familie zu denken«.

Doch wahrscheinlich hat Saloth Sar da schon seine neue «Familie« gefunden, den engen Zirkel von Revolutionären, zu dem auch die Frau gehört, die er erobern will. Er übt flammende kommunistische Reden vor dem Spiegel, immer wieder, bis er seine Scheu ablegt. Aus dem einst verschüchterten jungen Mann wird eine wortgewaltige Führungspersönlichkeit. Zunehmend prägt ihn Mao Tsetung, dessen Lehre von der Revolution, die auf dem Land bei den Bauern beginnen müsse, dessen Traum, einen »neuen Menschen« zu schaffen. Wahrscheinlich hat er sich damals seinen Kampfnamen »Pol Pot« ausgedacht, eine nie entschlüsselte Aneinanderreihung zweier bedeutungsloser Silben.

Auch wenn Pol Pot den chinesischen Revolutionär bewundert, bleibt er doch immer feuriger Nationalist. Seinen ersten Artikel für das hektographierte Blättchen der Pariser Gruppe unterzeichnet er mit »Khmaer daem« – »der Original-Kambodschaner«. Wie sein bester Freund Ieng Sary warnt er Kommilitoninnen sogar davor, »sich mit Ausländern einzulassen«, und fordert, unbedingt »reinrassig« zu bleiben. Pol Pot und seine Clique glauben, daß die Khmer ein auserwähltes Volk sind und sie die auserwählten Führer, um das Land – nach Jahrhunderten nationaler Demütigungen – zu seiner alten Größe zurückzuführen. Sie sehen sich als die legitimen Nachfahren der Gottkönige von Angkor Wat. Sie wollen, daß die Welt auf Kambodscha blickt, als ein Vorbild. Sie streben nach einem Idealkommunismus, koste es, was es wolle. Darüber reden sie sich in den kleinen Cafés am »Boule Miche« die Köpfe heiß, bei schwarzem Kaffee und Baguette und ganz selten mal einem warmem Essen – Geld ist immer knapp.

Sar fällt dreimal durch die Prüfung, sein Stipendium wird gestrichen. Er muß Frankreich verlassen und kauft sich im Dezember

1952 von den letzten Franc eine Schiffspassage nach Indochina. Seinem Bruder in Phnom Penh erzählt er nichts von seinem Versagen an der Uni, nichts von seinen großen Plänen, und doch fällt Saloth Suong »eine völlige Veränderung« auf: Der Heimkehrer ist verschlossen, kaum mehr an Fußball und »normalen, unpolitischen« Gesprächen interessiert. Immerhin lädt Sar den Bruder zu seiner Hochzeit ein. Er hat die glühende Revolutionärin und Freundin aus Pariser Zeiten für den gemeinsamen Kampf und die Ehe gewonnen. Als der Vater stirbt, fährt er noch einmal ins Heimatdorf und erweist ihm die letzte Ehre. Dann lehrt er für einige Zeit in Phnom Penh an einer Privatschule Französisch und ein Fach, das sich »Moralische Grundsätze« nennt – bevor er für mehr als ein Jahrzehnt in den Untergrund entschwindet, zu den Guerillas in die Dschungelberge, zur endgültigen Verwandlung des Saloth Sar in Pol Pot.

Nach der späteren offiziellen Biographie ist Pol Pot am 30. September 1960 eines der Gründungsmitglieder der geheimen »KP Kamputscheas« gewesen und ins Zentralkomitee gewählt worden.[6]

Doch wahrscheinlich war er schon bei einer Vorläuferorganisation aktiv, der »Pracheachon«, die sich 1955 an Wahlen beteiligt und dabei nur vier Prozent der Stimmen erringt. Und hat spätestens damals erkannt, daß die Kommunisten in Kambodscha per Stimmzettel nie an die Macht kommen. Prinz Sihanouk ist noch populär, obwohl unter seiner Führung damals schon die Korruption im Land überhandnimmt. »Papa Erlaucht«, wie er im Volk heißt, hat sein Land bei der Genfer Indochina-Konferenz vertreten und die endgültige Unabhängigkeit des Landes erreicht – neben Laos und dem mächtigen Nachbarn Vietnam. Sihanouks Partei erhält bei den Wahlen 1955 über 80 Prozent der Stimmen: Er sitzt fest im Sattel.

Wenn es denn Anfang der sechziger Jahre überhaupt ein »revolutionäres Potential« in Kambodscha gibt, dann auf dem abgelegen Land. In den Regionen des Kardamom-Gebirges und der Elefanten-Kette, wo völlig verarmte Bauern und nationale Minderheiten leben, von denen Prinz Sihanouk nichts wissen will. Sie werden allmählich zu Hochburgen der kommunistischen Guerillas, die anfangs kaum mehr als hundert Mann stark sind. Pol Pot und seine Pariser Freunde, von den anderen KP-Mitgliedern zunächst als »verweichlichte Städter« eingeschätzt, verschaffen sich schnell Respekt. Vor allem durch ihre Skrupellosigkeit, ihre Bereitschaft, im wahrsten Sinn des Wortes über Leichen zu gehen.

Die »unbedingte Anwendung revolutionärer Gewalt« (Pol Pot) gilt auch in den eigenen Reihen. Pol Pot, Ieng Sary und ihre beiden Frauen lassen den ersten KP-Generalsekretär, der ihnen zu gemäßigt und provietnamesisch scheint, hinterrücks ermorden.[7] 1963 wird Pol Pot zum neuen Parteichef gewählt. 1965 fährt er unter Geheimhaltung mit einigen Kampfgefährten für mehrere Monate nach China – der Revolutionsschüler holt sich letzte Anweisungen von seinem Idol und künftigen Lehrer. Mao empfängt Pol Pot, bestärkt den Genossen und preist vor allem dessen Entschlußkraft und Durchsetzungsvermögen. Er verspricht, die kambodschanischen Genossen nicht mehr aus den Augen zu lassen und sie mit allen Mitteln zu unterstützen.

Für Prinz Sihanouk wird es 1966 immer schwieriger, sein Land aus dem Vietnamkrieg herauszuhalten, seine lange Zeit so geschickte Neutralitätspolitik gerät zum Drahtseilakt ohne Netz und doppelten Boden. Der König hat berechtigten Grund zu der Annahme, daß der amerikanische Geheimdienst rechte Rebellen und Militärs zum Putsch gegen ihn aufstachelt, weil Washington einen »umgänglicheren« Khmer-Führer sucht. Sihanouk erlaubt in einer Geheimabsprache schließlich nach langem Zögern dem Vietcong, Waffennachschub auch über kambodschanisches Gebiet zu transportieren. So liefert er dem US-Präsidenten Richard Nixon und seinem Außenminister Henry Kissinger einen Vorwand für ein ebenso grausames wie ganz und gar unverhältnismäßiges Bombardement Kambodschas. Die »Operation Breakfast« (»Frühstück«) am 18. März 1969 ist der erste Einsatz der B-52-Bomber; bis zum Mai 1970 werden insgesamt 3630 Einsätze unter dem zynischen Codenamen »Menu« geflogen, allesamt ohne Einwilligung der amerikanischen Volksvertreter und der Öffentlichkeit, die über die Aktion im dunkeln gehalten werden. Auf das kleine »Land der Früchte« in Südostasien gehen mehr Bomben nieder als über Japan im gesamten Zweiten Weltkrieg: insgesamt 539 129 Tonnen. Hunderttausende Zivilisten kommen ums Leben, fast ausschließlich unbeteiligte Bauern, ihre Frauen und Kinder. Mindestens zwei Millionen Khmer, ein Viertel der Gesamtbevölkerung, geraten in Mitleidenschaft, müssen ihre Dörfer verlassen, werden entwurzelt.

Die Bauern haben schon ab 1966 mit den Kommunisten zu sympathisieren begonnen, weil ihr Lebensstandard immer weitersank, der König immer brutaler jegliche Opposition unterdrückte und die Vertrauten Sihanouks in der Hauptstadt sich immer schamloser bereicherten. Doch erst die amerikanischen Bomben und die Invasion der US-Truppen im April 1970 verschaffen den »Roten Khmer« endgültig ihr »revolutionäres Potential«. Keiner kann damals ahnen, daß Pol Pot einmal eine derartige Schreckensherrschaft errichten würde, Sihanouk nicht, Nixon und Kissinger auch nicht. Doch unstrittig ist, daß die amerikanische »Hilfe« und die Vetternwirtschaft des Prinzen den Monstern um Pol Pot ihre Machtübernahme wesentlich erleichtern, ihren Terror erst ermöglichen.[8]

Pol Pot prahlt Anfang 1970 in seinem Dschungelhauptquartier damit, er habe »neben 4000 Kämpfern noch über 50 000 Guerillas«. Damit meint er ganz offensichtlich die verbitterten Bauern, die zwar noch keine Waffen in den Händen halten, aber nichts mehr zu verlieren haben. Viele sind zum Kampf gegen Phnom Penh aber erst bereit, als dort der rechte General Lon Nol am 8. März 1970 – wohl mit Wissen des amerikanischen Geheimdienstes – die Macht an sich reißt: Sie haben den König in den letzten Jahren nicht mehr verstanden, sich aber in traditioneller Loyalität zu ihrem »Papa Durchlaucht« bekannt. Nun ist ihre Symbolfigur entthront und fordert sie in Radiosendungen aus der Ferne zum Widerstand auf. Sihanouk, der sich während des Putsches gerade zu einer Abmagerungskur in Frankreich befand, fliegt nach Peking, wo er die nächsten Jahre im Exil bleibt, und tritt mit Hilfe seiner chinesischen Gastgeber in Kontakt mit den »Roten Khmer«. Gemeinsam mit seinen bisherigen Feinden will er nun den »Todfeind« besiegen: die Amerikaner und ihre Marionette, den General in Phnom Penh.

Bald ist klar, wer in dem ungleichen Bündnis zwischen dem Maoisten und dem Monarchen das Sagen hat: Pol Pot benutzt Sihanouk. Geht mit ihm gemeinsam in eine »Exilregierung« und baut dabei auf Kosten der Sihanoukisten seine Machtposition im Land aus. Schickt als »Aufpasser« den Schwager Ieng Sary nach Peking, der von allen kommunistischen Führern das gestörteste Verhältnis zum Prinzen hat. Sihanouk wird zur Galionsfigur und Geisel der Radikalen, mit denen ihn ideologisch nichts verbindet. Nur einmal, 1973, lassen ihn Pol Pot und seine chinesischen »Sponsoren« für einige Wochen zurück ins Land. In »befreiten Gebieten« posiert er mit den »Roten Khmer« im Revolutionärslook. Und wird wieder ins Exil geschickt, bevor er auch nur in einem Dorf mit den Menschen reden kann.

Am 1. April 1975 fliegen die Amerikaner Lon Nol aus. Am 12. April ist die militärische Lage so hoffnungslos geworden, daß der amerikanische Botschafter, mit dem Sternenbanner unterm Arm, hastig das Land verläßt. Am selben Tag erobern die »Roten Khmer« den Flughafen von Phnom Penh und stellen sofort klar, daß sie auf jedes Flugzeug schießen werden, das zu landen versucht. So machen sie, in Absprache mit der Führung in Peking, auch die Ankunft Sihanouks vorläufig unmöglich. Am 17. April rücken die Truppen unter Pol Pots Führung in die Hauptstadt ein. Sie werden von den meisten mit Jubel oder zumindest mit Sympathie begrüßt – endlich ist der blutige Krieg um Phnom Penh zu Ende.

Die Hoffnung hält keine vier Stunden. Pol Pot verschwendet keine Zeit. Er besteht auf der zügigen Einhaltung des Tagesbefehls. Der lautet: »Erstens: alle Menschen aus der Stadt evakuieren. Zweitens: alle Märkte abschaffen und alles Geld einziehen. Drittens: alle Führer des alten Regimes liquidieren. Viertens: alle Mönche aus den Klöstern verjagen, ihnen die gelben Kutten ausziehen und sie beim Reisanbau einsetzen. Fünftens: sofort jeden erschießen, der sich diesen Befehlen widersetzt.«

Um 13.00 Uhr brechen die ersten Guerilleros, oft noch Kinder von 15 oder 16 Jahren, in Krankenhäuser, Schulen und Büros ein. Mit gezogenen Waffen zwingen sie die Menschen, sofort zu Fuß oder in Ochsenkarren die Stadt zu verlassen. Manche raffen noch einen Beutel Reis oder ein paar Decken zusammen, die meisten schaffen nicht einmal mehr das. Ärzte müssen ihre Notoperationen unterbrechen, Sterbende werden auf Krankenhausbetten geschoben: aus der Intensivstation direkt in den Reisanbau. Denn nur Landarbeit ist revolutionär, die Bauern sind die »neuen« Menschen, von denen die »alten Menschen«, die intellektuellen Volksschädlinge, zu lernen haben.[9]

Pol Pot ist am Ziel. Kambodscha steht wieder am »Jahr null« seiner Geschichte – aus den Trümmern des bisherigen Volkes soll ein großartiges anderes, noch nie dagewesenes entstehen: Die Welt, so will es der Führer, soll die Einzigartigkeit der Khmer-Nation bewundern lernen.

Aber es ist auch ein Menschenexperiment in eigener Sache: Pol Pot hat schließlich selbst die verführerische Anziehungskraft der Stadt erlebt, hat sich in Paris monatelang von der Fröhlichkeit, dem Müßiggang, der »zweckungebundenen« Lebenslust der Menschen anstecken und »verweichlichen« lassen. Er hat französisch gelernt und sich mit einem Dichter wie Verlaine der intellektuellen »Selbstbefriedigung« hingegeben. Die Stadt ist schlecht, glaubt Pol Pot zu wissen, denn in der Stadt herrscht das Geld; die Menschen kann man ändern, aber nicht die Stadt.

Pol Pots Revolution ähnelt seinem Charakter: Er kapselt das Land ab, wie er sich selbst abkapselt. Pol Pot ist zur Selbstreinigung bereit, ein Exorzist, ein Teufelsaustreiber am eigenen Leib und Geist. Für ihn ist klar: Nur der radikalste Bruch mit der Vergangenheit kann »heilen« – und so läßt er als erstes die Mönche töten, die ihn Sanftmut gelehrt haben, dann seine alten Lehrer, mit denen er das jetzt so verhaßte »Bildungsgut« paukte.

Er hätte in Erfahrung bringen können, daß auch seine Tante, der er viel von seiner Erziehung, wahrscheinlich auch das Paris-Stipendium zu verdanken hat, und sein Journalisten-Bruder beim großen, elenden Treck aus der Stadt unendlich leiden, schließlich an Erschöpfung sterben. Doch es »darf« ihn nicht interessieren: Längst sieht er sich nicht mehr der Familie verpflichtet, sondern nur noch der »Sache«, seiner alles überragenden Rolle in der Geschichte seines Heimatlandes, ja, der ganzen Welt. Pol Pot ist dem Wahn verfallen, auch noch sein Vorbild Mao und dessen Kulturrevolution zu übertreffen, im wahrsten Sinne des Wortes einmalig zu sein: ein Schicksalsgott.

Peking, die prächtige frühere Residenz des französischen Botschafters. Zwei Steinlöwen am Eingang, ein großer, gepflegter Park, rote Teppiche auf den Stufen, salutierende chinesische Soldaten: das Domizil des Prinzen Sihanouk im Exil.

Der Hausherr steht schon zum Empfang bereit am großen Tor, die inneren Handflächen zum »Sampeah« zusammengepreßt, dem traditionellen kambodschanischen Gruß. Doch Miki stört die würdevolle Szene, ein struppiger weißer Köter, der sich auf den Gast zustürzt. »Monseigneur« hält ihn zurück und bittet mich herein. Dann läßt Monseigneur Champagner reichen – »Bekomme ich von den Chinesen über Paris«, sagt er mit seiner Fistelstimme – und Kaviar – »den liefern meine nordkoreanischen Freunde aus Moskau an«. Monseigneur ist ein charmanter Plauderer und perfekter Gastgeber, denn Monseigneur will etwas: Er möchte mir erklären, warum er damals den »Roten Khmer« zur Macht verholfen hat und warum er bis heute, da er um ihre Greueltaten weiß und selbst ein Dutzend seiner engsten Verwandten durch Pol Pots Mörderbanden verloren hat, noch mit ihnen gemeinsame Sache macht. Und er will versuchen, seinen persönlichen Eindruck von Pol Pot möglichst präzise zusammenzufassen. Da scheint ein großer Schluck »Dom Pérignon« nur angemessen.

Sihanouk hatte 1975 in den Monaten vor der Machtübernahme Pol Pots verdrängt, was er, zumindest nach seinem Dschungel-Trip, schon spürte und in vertraulichen Gesprächen damals auch artikulierte: daß die »Roten Khmer« einen mörderischen Kurs einschlagen. Sein Haß gegen die Amerikaner (»Die Verbrecher Nixon und Kissinger haben den Völkermord zu verantworten, nicht ich«), sein gekränkter Stolz wegen Lon Nols Coup lassen ihn wider bessere Einsicht annehmen, »daß Khmer nicht gegen Khmer Krieg führen können«. Doch als ihn Pol Pot nach dem Sieg zunächst gar nicht ins Land läßt und ihn dann von 1976 bis 1978 drei Jahre lang in seinem Palast in Phnom Penh unter Hausarrest hält, weiß er endgültig: »Wenn die Roten Khmer mich nicht mehr brauchen, werden sie mich ausspucken wie einen Kirschkern.«

Schon zwei Monate nach der Machtübernahme fährt Pol Pot nach Peking und läßt sich von Mao belobigen wie ein Musterschüler von seinem Direktor: »Ihr habt einen großartigen Sieg errungen, der eure Gesellschaft mit einem Schlag klassenlos macht ... Für jeden Schritt voran in China legen unsere kambodschanischen Genossen zwei vor.«

Im April 1976 wird Pol Pot Ministerpräsident (die Welt hört damals zum ersten Mal diesen Namen), sein Freund Ieng Sary Außenminister. Im September aber verschwindet er von der Bildfläche und taucht fast ein ganzes Jahr nicht wieder auf. Prinz Sihanouk: »Pol Pot hat auch das bei Mao abgeguckt. Er wollte seine Truppen überall im Land auf sich einschwören und seine innerparteilichen Gegner ausschalten.« In der Tat läßt Pol Pot bald darauf prominente Kader liquidieren. Er geht dabei immer nach dem gleichen Muster vor: Die ahnungslosen Opfer werden zu »Studiengängen« oder

»dringlichen Sitzungen« eingeladen, dann verhört und brutal gefoltert, bis sie ein Geständnis als »CIA-Agent« oder »Vaterlandsverräter« unterschreiben. Anschließend folgt die Hinrichtung. So wird auch Informationsminister Hu Nim ausgeschaltet, einer der letzten Gemäßigten, der für einen weniger radikalen Kurs beim Umgang mit den Intellektuellen plädiert hat.

Pol Pot, der in seiner Jugend kein Huhn sterben sehen konnte, gibt höchstpersönlich präzise Anweisungen zum Foltern. »Erst leichte Fragen mit leichten Qualen wie Elektroschocks. Dann schwere Fragen mit gesteigerter Folter ...«

Das Regime des »Dracula« (so Sihanouk über Pol Pot) läßt sich in seinem Blutrausch nicht mehr bremsen. Die Nationalhymne wird neu geschrieben: »Leuchtend rotes Blut tränkt unsere Erde, Blut geopfert für die Befreiung des Volkes: Blut von Arbeitern, Bauern und Intellektuellen, Blut junger Männer, buddhistischer Mönche und Mädchen. Ihr Blut fließt in Strömen und steigt empor zum Himmel und verwandelt sich in die Rote Fahne der Revolution.« 1977 stehen auch Zärtlichkeiten unter strenger Strafe: Kinder müssen zusehen, wie unverheiratete Paare ausgepeitscht werden, die bei Küssen oder Umarmungen erwischt wurden. Der Besitz eines Radios wird mit der Todesstrafe geahndet.

Prinz Sihanouk will bei einem seiner wenigen, streng überwachten »Ausflüge« aus dem goldenen Käfig seines Palastes gehört haben, wie Pol Pot bewundernd über Adolf Hitler sprach. Die Megalomanie, der Größenwahn, die maßlos überzogene Selbstüberschätzung hat die beiden Tyrannen, bei allen ideologischen Unterschieden, sicherlich verbunden; ebenso übersteigerter Nationalismus und Sendungsbewußtsein – und ein gewisser persönlicher Charme, ein einnehmendes Wesen im Kreise der Vertrauten. Bis heute nennt der Monarch den Massenmörder den »sympathischsten aller Rote-Khmer-Führer«. Stets habe er gelächelt und immer die korrekte, ehrerbietige Anrede »Samdech« (»Hoheit«) ihm gegenüber gebraucht.

Solche Nettigkeiten hindern Pol Pot aber nicht daran, auf Sihanouk in den Jahren von 1975 bis 1978 einen »Kamaphibal«, einen Aufpasser, anzusetzen, dessen Wort über Leben und Tod des Überwachten entscheidet. Der Spion der Roten Khmer ist immer dabei: wenn Sihanouk im Garten Gemüse pflanzt, wenn er mit seiner Frau

Monique selbstkomponierte Liebeslieder einübt, an seinem Grundig-Radio herumspielt. Es wirft ein bezeichnendes Licht auf den Charakter Sihanouks, auf diesen kambodschanischen Mikrokosmos von Verrat und Verrücktheit, daß der König den Kommissar ins Herz schließt.[10] Daß dieser Chhorn Hay ihm unentbehrlich wird – »er kann nichts Wichtiges an Pol Pot weitergegeben haben, sonst wäre ich heute tot«. Daß Sihanouk in eine absurde Abhängigkeit gerät, die ihn den Mann bis heute als Privatsekretär beschäftigen läßt. Und jetzt spioniert Chhorn Hay nicht mehr für die Roten Khmer? »Halten Sie mich bloß nicht für naiv«, sagt Sihanouk fast beleidigt. »Natürlich tut er das.«

Kambodschas Holocaust sieht 1978 seinen Höhepunkt: Pol Pot läßt nun jeden blutig verfolgen, der ihm »intellektuell« erscheint; oft genügt es schon, wenn jemand dabei »ertappt« wird, daß er lesen und schreiben kann. Manche stellen sich taubstumm, um nur ja keinen Fehler zu machen, sprechen jahrelang kein Wort. Pol Pot gibt den Befehl, vor allem die Moslems in den Grenzregionen auszurotten und jeden, den er »provietnamesischer Umtriebe« verdächtigt. Er will sein Volk gänzlich »reinrassig« halten und ahnt, daß die Gefahr für sein Regime von dem mächtigen Nachbarn Vietnam und den noch in Kambodscha verbliebenen Vietnamesen ausgeht. Nach Jahren des »gesichtslosen Regimes«, in denen der Führer sich seinem Volk kaum gezeigt hat, setzt Pol Pot plötzlich auf Personenkult: Häftlinge müssen Büsten vom »Großen Bruder Nummer eins« anfertigen, Lieder preisen seine großen Taten, in den Konzentrationslagern auf dem Land wird sein Bild aufgehängt. Seine Frau, die ihn zu den schlimmsten Untaten angestachelt hat und Ministerin geworden war, fällt in geistige Umnachtung.

Pol Pot verliert jeden Maßstab. Er soll, so geht ein in jenen Tagen immer wiederkehrendes Gerücht, mit dem Fortgang seiner Revolution so unzufrieden sein, daß er den Gedanken der »Umschulung« aufgibt. Nun plant er, die gesamte Restbevölkerung im Alter von über 13 Jahren auszulöschen, alle Menschen, die noch eine bewußte Erinnerung an die »alte Zeit« haben. Nur noch der neue, der junge, der formbare Mensch soll in Kambodscha übrigbleiben.

Es kommt nicht so weit. Die Vietnamesen setzen Pol Pots grausamem Mord an seinem Volk mit der Invasion vom 7. Januar 1979 ein Ende, nachdem die Chinesen am Tag zuvor Sihanouk mit der letzten Maschine nach Peking geflogen haben. Es ist für die Kambodschaner eine Befreiung – auch wenn Vietnam mindestens ebensosehr von machtpolitischen wie von humanitären Motiven geleitet war, dem alten Traum von einem Indochina unter vietnamesischer Führung. Pol Pot können die vorrückenden Truppen nicht ergreifen. Er flieht mit seinen letzten Getreuen in die Dschungel der Berge. Und hätte dort wohl kaum eine längerfristige Überlebenschance, käme ihm nicht eine günstige internationale Situation zu Hilfe. Die Chinesen wollen, auch nach Maos Tod, ein Großvietnam an ihrer Südflanke um jeden Preis verhindern und setzen dabei auf eine Rückkehr der »Roten Khmer«; sie liefern der Pol-Pot-Clique, die bald im grenznahen Dschungel zu Thailand wieder erste Stellungen aufbaut, bis heute Waffen, Gold und Bargeld. Der Nachschub ist nur durch die stillschweigende Kooperation des thailändischen Militärs möglich – die korrupten Generäle von Bangkok verdienen an dem Hundert-Millionen-Dollar-Geschäft kräftig mit.

Die Amerikaner haben lange ihr »Vietnam-Syndron« nicht abgelegt. Sie können die Niederlage in Indochina auch den Erben des Ho Chi Minh nicht vergessen und ziehen sich deshalb bis zum Sommer 1990 auf eine formal-völkerrechtliche Position zurück. Danach war der befreiende Einmarsch der Vietnamesen, die Beendigung des Holocaust durch sie, ganz einfach eine ungesetzliche Invasion, also zu verurteilen. Auch Washington unterstützt den Widerstand gegen die Besatzer und stoppt ihn nicht einmal, als die Vietnamesen 1989 mit allen ihren Truppen das Land verlassen (nachdem sie in der Tat eine ihnen genehme kambodschanische Regierung installiert haben).[11] Die US-Regierung liefert offiziell keine Waffen, und sie verlegt sich bei ihrer »humanitären« Hilfe auf die »demokratischen« Widerstandsgruppen um Prinz Sihanouk und den Republikaner Son Sann. Doch auch in den USA weiß jeder Politiker, daß die »Roten Khmer« durch ihr militärisches Übergewicht im Widerstand die anderen Gruppen erpressen können – und so geraten auf Umwegen Medizin und Kleidung, sicher auch ab und zu ein bißchen Munition aus dem Westen an die schlimmsten aller kommunistischen Massenmörder.

Wie kommt Prinz Sihanouk mit dem Vorwurf zurecht, er habe seine Liebsten und die ihm ergebenen Landsleute wie ein Judas verraten, sie mit seinen beschwichtigenden, zur Zusammenarbeit mit

Pol Pot aufmunternden Worten 1975 persönlich »zur Schlachtbank geführt«? Wie verkraftet er es, heute wieder mit den Mördern seiner Kinder zu paktieren? Sihanouk, der so gern scherzt, so gern gestikuliert, die Show genießt, die er selbst inszeniert, der so gern redet, vor allem über Sihanouk redet – er verstummt. Blickt starr am Besucher vorbei in die Ferne. Sein Aufpasser von den »Roten Khmer«, der alles mitgeschrieben hat, versinkt bewegungslos im Sessel.

»Pol Pot ist der Totengräber meines Volkes«, sagt Sihanouk schließlich, mit hochrotem Kopf und in noch schrillerer Tonlage als sonst. »Ich werde nie ein Roter Khmer werden, nicht einmal ein rosa Khmer. Aber ich werde immer auf der Seite der kambodschanischen Patrioten sein und nicht bei den Vaterlandsverrätern von Vietnams Gnaden, die jetzt meine Heimat regieren. Eines unserer Sprichwörter sagt: Wenn du ins Wasser gehst, erwarten dich die Krokodile, wenn du ans Land steigst, fressen dich die Tiger – in dieser Hoffnungslosigkeit bin ich gefangen. Und meine einzige Hoffnung ist, daß sich die Roten Khmer einmal ändern werden, daß sie Pol Pot und Ieng Sary tatsächlich aufs Altenteil schieben.«

Es klingt nicht überzeugend, auch nicht nach einem zweiten Glas »Dom Pérignon«. Auch nicht, als »Monseigneur« wieder die Contenance gefunden hat (»Ich bin doch, politisch gesehen, der einzig vorzeigbare Kambodschaner«) und liebenswürdig über sein neuestes Filmprojekt plaudert, in dem er wieder Regie führen und eine Hauptrolle übernehmen will. »Kein politischer Streifen, ein Liebesfilm«, sagt er zum Abschied.

»Rote Khmer«, die ihren Charakter ändern; ein Pol Pot, von Altersmilde oder Einsicht gemäßigt, als Berater einer Koalitionsregierung unter Prinz Sihanouk zurück in Phnom Penh – was für Gedankenspiele! Zum wiederholten Male ein Blick auf das letzte bekannte Foto des Tyrannen, der ohnmächtige Versuch, in den Gesichtszügen zu lesen, ihnen wenigstens einen Teil des Rätsels zu entlocken.

Wie so häufig spielt ein leichtes, fast unmerkliches Lächeln um seinen Mund. Hohe Denkerstirn und schwarzes, volles Bürstenhaar. Dicke Lippen und der Ansatz eines Doppelkinns betonen das Mondhafte des Gesichts – abgemagert ist Pol Pot jedenfalls nicht während seiner schrecklichen Regierungsjahre. Schwarze, ausdrucksvolle Augen scheinen Willensstärke auszudrücken, Durchsetzungsvermögen, Brutalität. Aber es ist kein ganz und gar unsympathisches, »unmenschliches« Antlitz, eher das eines Intellektuellen, dessen Versuch, seine Intellektualität auszuradieren, gescheitert ist. Nicht an eine »Bestie im Busch« erinnert dieser Mann, sondern an die Götter von Angkor, an die feingeschnittenen, unergründlichen steinernen Zeugen einer großen Kultur, als deren würdiger Nachfolger sich dieser Pol Pot so gern hätte feiern lassen.

Was denkt man wohl im Kambodscha von heute über Pol Pots mögliche Rückkehr, über eine »zweite Chance« für ihn, über seine Fähigkeit, sich zu wandeln?

Phnom Penh, Frühjahr 1990, im Jahr elf nach der Rückkehr aus der Steinzeit: Manche Häuser, ja ganze Straßenzüge sehen immer noch aus wie ausgebrannt, aber in einigen Stadtteilen kehrt ein Hauch von altem Glanz zurück, wird restauriert und repariert und neu aufgebaut, was nicht mehr zu retten ist: Aus der Nekropolis ist wieder eine Metropole geworden, Heimat für mehr als 800 000 Menschen.

Die Märkte sind voll von Gemüse, Mangos, Blumen, und auch das Baguette, dieses Relikt aus der Kolonialzeit, feiert überall ein duftendes Comeback. Noch gibt es nicht viele Autos in der Stadt, aber Tausende von Mopeds, Fahrrädern und Rikschas, die sich an der einzigen funktionierenden Ampel am Hauptboulevard zur »Rush-hour« stauen. Der letzte Schrei sind indische Liebesfilme im Kino und englische Sprachschulen mit Video-Lehrmaterial. Am Sonntag zieht alles hinaus zum Picknick, an die idyllischen Wasser von Koki. Und an lauen Abenden drängen vorsichtig geschminkte Mädchen zur Disco auf eines der Restaurantschiffe unten am Mekong. Der letzte Tango spielt gegen acht, wenn die Sonne postkartenrot über dem Fluß untergegangen ist und die ersten Fischer ihre Netze auswerfen. Dann heißt es schnell nach Hause gehetzt: Noch immer ist von 21.00 Uhr bis 5.00 Uhr morgens Ausgangssperre.

Die Mönche sind zurück. Unverkennbar überall im Straßenbild in ihren safrangelben Roben haben sie mit Spenden von Gläubigen und dem Segen der Regierung die Klöster wiederaufgebaut, auch das »Botumvodey«, wo Pol Pot einst als Saloth Sar Novize war. Von den alten Mönchen hat keiner überlebt, und wenn man den Namen des früheren »Bruders Nummer eins« auch nur ausspricht, gefrieren die Mienen der heiligen Männer, und sie behaupten einfach, der könne nie im Kloster gelernt haben – »Monsieur, ein gottloserer Mensch hat nie existiert«.

Sie haben alle Angst vor der Rückkehr Pol Pots. Die Bibliothekarin in der Staatsbücherei, die er einst völlig zerstören ließ und zu einem Stall für Schweine machte: »Wir alle haben Waffen zu Hause, und wir werden uns wehren bis zum letzten Blutstropfen. Wir scheuen den Krieg nicht, obwohl wir nichts mehr brauchen als den Frieden.« Drei ihrer vier Kinder haben die »Roten Khmer« zu Tode geprügelt.

Der Übersetzer, der seinen Bruder verlor und heute trotz seines guten Jobs im Ministerium und seiner hervorragenden Deutschkenntnisse nicht mehr verdient als sieben Mark im Monat: »Die ganze Welt ist aufgefordert, die Rückkehr dieses Monsters zu verhindern.« Der Staatsminister und Präsidentenberater, dessen halbe Verwandtschaft vermißt ist: »Der Fürst der Finsternis zurück ins Scheinwerferlicht? Als Verteidigungsminister womöglich oder zuständig für Menschenrechte? Wir sind bereit, die Vereinten Nationen an der Regierungsgewalt zu beteiligen und uns freien Wahlen zu stellen, aber nur im Tausch für Garantien. Zurücktreten können wir nicht, wie es der UNO-Friedensplan vorsieht. Das würden die Roten Khmer ausnützen und ihre Stellungen im Land ausbauen. Hätten denn die Deutschen nach dem Zweiten Weltkrieg Hitlers Wiederkehr geduldet?«[12] Die Sihanouk-Verwandte, damals Dutzende Male als »Feudalistin« zusammengeschlagen und vergewaltigt: »Wir wollen diesen Schickeria-Prinzen nicht zurück, und Pol Pot – das steht ja wohl außer Frage. Er hat unsere Nation wieder geeint: gegen sich.«

Ein letzter Besuch bei Saloth Suong in Phnom Penh, dem einstigen Lieblingsbruder und »Erzieher« Sars. Er empfängt uns, schüchtern und freundlich wie die beiden letzten Male, wirkt aber kränklicher. Der frühere Protokollbeamte König Sihanouks kann seinen Job als Lagerverwalter nur noch gelegentlich ausüben. Doch bezieht er eine Rente, und für die einfache, aber saubere Mittelklasse-Wohnung in einem Hochhaus, für Eisschrank und Fernsehapparat und einen buddhistischen Altar hat es ja schon gereicht. Seine Frau Chea Samy, einst Ballerina am Hof und bis heute Professorin für klassischen Khmer-Tanz, serviert Tee. Sie rückt ihrem Mann das Kissen zurecht, kümmert sich rührend um den 79jährigen, dessen Leben so erkennbar zu Ende geht.

»Ich mag nicht mehr über Pol Pot sprechen. Ich habe abgeschlossen mit dieser Figur«, sagt er. »Ich kenne nur einen freundlichen Jungen namens Sar, der mir immer vom Markt Mangos oder sonst eine Aufmerksamkeit mitgebracht hat, der keiner Fliege etwas zuleide tun konnte. Der Respekt vor den alten Menschen hatte und der mir nie widersprach, wenn ich ihm etwas befahl.« Wir möchten ihn gern vor der einzigen Büste Pol Pots fotografieren, um die Ähnlichkeit zwischen beiden zu zeigen. Sie steht im Foltergefängnis von Tuol Sleng, diesem schrecklichen Ort, an dem den Frauen die Brustwarzen ausgerissen und blutsaugende Insekten an die Wunden gesetzt wurden. An dem auch der Pol-Pot-Freund Hu Nim, der Informationsminister, starb, nachdem man ihn mit Elektroschocks gequält, kopfüber in einen Bottich mit kochend heißem Wasser gesteckt und wie ein Stück Vieh aufgespießt hatte.

Saloth Suong kommt nicht mit dorthin. Er war nie da, sagt leise seine Frau, weil er es nicht ertragen konnte. Sie hat ihm von den Greueln erzählt, ist immer wieder zum Foltergefängnis gepilgert wie zu einem Wallfahrtsort. Sie hat nicht verstanden, wie Menschen Menschen so etwas antun können, und als sie ihrem Mann davon erzählte, hat er geweint. Und manchmal, sagt sie, schreie er im Schlaf den Namen, den er tagsüber nie in den Mund nähme: Pol Pot, Pol Pot, Pol Pot. Wie ein Papagei. Dann wache er auf, schweißgebadet, und sie lägen beide stundenlang wach, bis die Vögel ihr beruhigendes Morgenkonzert begännen.

Suong schweigt lange. Nur beim Aufbruch rafft er sich noch einmal zu einem Satz auf: »Sollten Sie ihn jemals sehen, sagen Sie ihm, ein ganzes Volk will ihn töten.«

»Site 6« an der thailändisch-kambodschanischen Grenze, 45 Kilometer südlich von Aranyaprathet, eine staubig-heiße Barackenstadt in steinigem, unzugänglichem Gelände: das Lager der »Roten Khmer«. Offiziell unterstehen die Flüchtlingsbaracken mit den über 35 000 Menschen einer Verwaltung der Vereinten Nationen und einer thailändischen Regierungsorganisation »Schutzeinheit der aus der Heimat verdrängten Personen«. Doch die wirkliche Macht im Lager – »die örtliche Selbstverwaltung«, wie es UNO-Camp-Offizier Mark DeGulio elegant umschreibt – liegt bei den »Roten Khmer«. Die »Ausländer« überwachen nur die ordentliche Ausgabe der Hilfsgüter, Reis und Trockenfisch, und achten darauf, daß tagsüber nirgendwo Waffen zu sehen oder Truppenbewegungen zu erkennen sind. Was nachts

passiert, wissen sie nicht und wollen sie wohl auch nicht wissen. Dann kommen die Kämpfer der »Roten Khmer« aus ihren nur wenige Kilometer entfernten Stellungen jenseits der Grenze, holen sich Munition und anderen Nachschub.

Die Lagerverwalter wie Saeng Sok und Oe Ee bekennen sich offen zu den »Roten Khmer«. Ihren militärischen Rang verraten sie allerdings nicht, und natürlich leugnen sie, daß das Camp den Guerillas als Etappe dient. Sie reden viel von »künftiger Verständigung«, von »Wahlen in Phnom Penh«, von »Versöhnung, wenn die Vietnamesen sie wollen«: Hier haben die Teufel Engelszungen. Stimmt es denn nicht, daß die Militärführung der »Roten Khmer« schon Tausende Flüchtlinge gegen ihren Willen zurück über die Grenze transportiert hat, sie dort zum Bruderkampf gegen die »Besatzer« zwingt? »Aber nein, wir forcieren niemanden, wir können doch aber auch keinen bremsen, der freiwillig in den Kampf ziehen will«, sagt Oe Ee, ein ausgebildeter Arzt, der auf wundersame Weise während Pol Pots Regierungszeit keinen einzigen Verwandten verloren hat und damals, wie er zugibt, in »führender Position« eine »Farm« leitete. Er verweist darauf, daß sich die Roten Khmer ja dem Friedensplan der UNO nicht mehr widersetzten, der eine Übernahme der Regierung in Phnom Penh durch die Vereinten Nationen vorsieht, es seien die vietnamesischen »Marionetten« um Hun Sen; jetzt müsse man den Kampf intensivieren, um ihn zur »Vernunft« zu bringen – und zu »freien Wahlen« unter Einschluß der »Roten Khmer«.

Von Pol Pot sprechen sie alle nicht gerne. Nicht einmal in ihrer »selbstverwalteten« Schule auf dem Gelände des Flüchtlingslagers. Da klammern sie seine Person im Geschichtsunterricht einfach aus – ab und zu kommt eine hochrangige UNO-Delegation zu Gast. Die vietnamesische »Okkupation« und die derzeitige »Verräter-Regierung« werden den Kindern dagegen ausführlich beigebracht. »Pol Pot hat sich meines Wissens aus dem aktiven Kampf zurückgezogen«, sagt Oe Ee schließlich widerwillig.

Da weiß aber nicht nur Prinz Sihanouk anderes zu berichten, der ihn nach wie vor für den »militärischen und politischen Führer der Roten Khmer« hält. Auch einige der jungen Kämpfer sind bereit, offener über den »Boß« zu reden, südlich von »Site 8« jenseits der Grenze, auf kambodschanischem, von ihnen »befreitem« Gebiet.

Ein vollständiges Bild über die letzten Jahre des Tyrannen läßt sich so nicht gewinnen, nachzuprüfen sind die meisten ihrer Angaben auch nicht – und doch decken sich viele ihrer Informationen mit den Erkenntnissen westlicher Geheimdienstkreise, verdichten sich zu einem Szenario.[13]

Pol Pot flieht demnach vor den Vietnamesen 1979 in die Provinz Battambang. Es gelingt ihm, Kontakt mit Peking aufzunehmen und über Thailand Waffennachschub für den Widerstand im Untergrund zu organisieren. Eine wichtige Rolle spielen dabei Gold und Diamanten, die ihm die chinesischen Freunde über thailändische Kanäle zukommen lassen: Pol Pot soll nach dem Willen der Mao-Nachfolger zwar gegen die Vietnamesen Krieg führen, gegenüber dem eigenen Volk aber einen weniger radikalen, einen »Schmusekurs« einschlagen. Die Roten Khmer bezahlen nun plötzlich die Bauern für die »Unterkunft« und die Nahrungsmittel in den Dörfern, und sie zahlen sogar sehr gute Preise. Pol Pot zieht sich auf Pekinger »Anregung« zunächst aus der politischen Führung der Roten Khmer zurück und bleibt nur oberster Militärkommandant. Dann gibt er auch noch diese Position formal auf und läßt sich international von Khieu Sampan vertreten, dem Gebildetsten und international Akzeptabelsten aus den eigenen Reihen. Doch mit der wirklichen Aufgabe von Machtpositionen hat das nichts zu tun.

Pol Pot erkrankt Anfang der achtziger Jahre schwer an Malaria. Mit hohen Bestechungsgeldern gelingt es den anderen aus der Führung der »Roten Khmer«, thailändische Generäle zu überreden, ihn per Armeehubschrauber zur Behandlung nach Bangkok zu fliegen. In einem streng abgeschirmten Privathaus, angeblich angemietet vom Chef des amerikanischen Geheimdienstes in der thailändischen Hauptstadt, behandeln ihn Militärärzte. Die Krankheit wird immer wiederkommen, doch nach wenigen Wochen ist Pol Pot so weit hergestellt, daß er in sein Dschungellager im thailändisch-kambodschanischen Grenzgebiet zurückkehren kann. In der Trockenzeit gelingen den »Roten Khmer« dank ihrer überlegenen Waffen, ihrer Guerilla-Erfahrung und der Strategie Pol Pots immer wieder Geländegewinne. Doch halten können sie, zumindest größere Orte, selten lange, und in das Gebiet jenseits der Dschungel- und Buschregionen oder gar noch Phnom Penh dringen sie höchstens mit kleinen Terrortrupps ein.

Dann trifft den Schicksalsgott der Kambodschaner ein persönlicher Schicksalsschlag. Seine Frau, die ihm, wenn nicht als Mensch, so doch als revolutionäre Mitkämpferin näherstand als jeder andere, wird immer depressiver und stirbt schließlich in völliger geistiger Umnachtung. Pol Pot heiratet Mitte der achtziger Jahre wieder und wird Vater zweier Kinder – jedenfalls will ihn ein ehemaliger Vertrauter in Peking gesehen haben, als er in einem Fotogeschäft ein Familienbild machen läßt. Pol Pot hält sich öfter in der chinesischen Hauptstadt auf, das bestätigt Prinz Sihanouk (»Die chinesische Führung erzählt mir nichts davon, aber glauben Sie mir, ich habe meine Quellen, das herauszufinden«). Gesehen wird er auch im thailändisch-kambodschanischen Grenzgelände bei Ban Chharat. Doch sein wirkliches Hauptquartier liegt nicht im Khmer-Gebiet, sondern auf der thailändischen Seite, und unser Informant bringt uns nach längerem Zögern dorthin.

Auf der »Nationalstraße 3« von der Provinzhauptstadt Trat Richtung Norden. Dann einige kleinere Sträßchen in ein Gebiet etwa drei Kilometer von der Grenze. Ein Ort namens Saphan Hin. Ein großes Landhaus auf einem Hügel: das geheime »Khmer Rouge Higher Institute for National Defense«. Thailändisches Militär hat, gemeinsam mit Soldaten der »Roten Khmer«, das Gelände weiträumig abgesperrt. Niemand ist zu Auskünften bereit. Das Haus sei in »Privatbesitz«, sagt man uns und bedeutet uns unmißverständlich zu verschwinden.

Der Informant weiß immerhin vom Tagesablauf im »Institut« zu berichten. Jeden Tag um elf »Konferenz« vor einer großen Tafel mit einer Karte der »Volksrepublik Kamputschea«, wie sie in Pol Pots Zeiten hieß: rote Punkte für die »Eroberungen«, gelbe für die »ständigen Stützpunkte«. Abends ab und zu Unterhaltung, auch Filme. Man habe neulich das Video »Killing Fields« gezeigt, jenen grausam-realistischen Film über die Herrschaft der »Roten Khmer«, über die schrecklichen Leiden der Zivilbevölkerung. Unserem Informanten verdanken wir auch, daß wir jetzt die Reaktion Pol Pots auf »Killing Fields« kennen: Er hat gelächelt, bei einigen Szenen auch laut gelacht.

DER GEBORENE DIKTATOR

JEAN-CLAUDE DUVALIER, HAITI

Es war einer jener Abende auf Haiti, an denen sich Traum und Realität zu vermischen scheinen, die von großer Politik handeln und von Teufelsbeschwörung, von Rumrezepten und Kokainschmuggel, von Foltergefängnissen und schönen Mädchen. Und natürlich begann und endete alles im »Oloffson«.

Vielleicht hätten die Brüder Grimm ein Hotel wie das »Oloffson« entworfen, wären sie Architekten gewesen und nicht Märchenerzähler. Mit seinen Türmchen und Erkern, mit seinen Holzbalkonen und weißen Gitterverzierungen sieht es im Sonnenschein sehr hübsch, sehr verspielt, sehr altväterlich aus, wie eine Mischung aus Schloß Neuschwanstein und Knusperknusperhäuschen. Mächtige Palmen werfen Schatten in die Richtung des Stadtzentrums von Port-au-Prince, das sich zu Füßen des Zuckerbäckerschlößchens ausbreitet und das von hier oben, wo man nur einen lichtüberfluteten Hafen und bunte Holzhäusr sieht und die Schwären und Pokkennarben dieses elenden Ortes nicht wahrnehmen kann, wirkt wie ein tropisches Idyll.

Doch nachts ist alles anders. Keine Spur mehr von Idyll. Dann sind unheimliche Geräusche da, schwer einzuordnen, schwer zu entschlüsseln. Ein seltsames Pfeifen, von dem die Leute sagen, Voodoo-Priester erzeugten es, wenn sie für ihre Zombie-Zeremonien in eine bestimmte Muschel bliesen; ein Krächzen, das von einem Raben stammen könnte oder auch von dem geistesgestörten Bettler, der sich immer an die Hotelmauern drängt. Bedrohliche Bilder flakkern auf im spärlichen Kerzenschein der Verandatische, Palmenschatten werden zu Gespenstern, und man mag gar nichts mehr ausschließen, auch nicht, »daß eine Hexe oder ein irrsinniger Butler einem die Tür auftut, hinter sich eine Fledermaus, die vom Lüster herabhängt«, wie der große Graham Greene diesen Platz einmal beschrieb. Nachts, kein Zweifel, verwandelt sich das »Oloffson« in ein Spukschloß.

Das Seltsame ist: Die gruselig-verwunschene Atmosphäre hält die Menschen nicht ab, sie zieht sie, im Gegenteil, besonders an. Das »Oloffson« ist gesellschaftlicher Treffpunkt der Elite von Port-au-Prince, bevorzugte Bühne für begabte haitianische Maler und Sänger, gesuchter Umschlagplatz für Nachrichten wie Gerüchte. Ein Platz, der Geschichte und Geschichten atmet: Sein erster Direktor machte 1934 aus dem ehemaligen Krankenhaus der amerikanischen Besatzer das »einzige Hotel von Exzentrikern für Exzentriker auf der Welt« und hielt Alligatoren im Swimmingpool; der Nachfolger aß, in geistiger Umnachtung, seine Zigarren auf. Aber bei all diesen merkwürdigen Marotten seiner Chefs spiegelte das Hotel doch immer auch die Situation des Landes wider, das Auf und meistens das Ab Haitis: erst die Hoffnungen, dann den ohnmächtigen Haß gegenüber dem Tyrannen »Papa Doc« Duvalier, der sein Land von 1957 bis 1971 in Blut ertränkte; die 15jährige Leidenszeit unter seinem Sohn »Baby Doc«, der Haiti weiterruinierte, bis ihn das Volk im Februar 1986 ins Exil jagte; die unruhige, immer noch verzweifelte Zeit »danach« – zerfallend, ausharrend, gegen jede Wahrscheinlichkeit überlebend, blieb das »Oloffson« Barometer für den Seelenzustand eines Volkes.

An jenem Abend also, Anfang des Jahres 1990, saß ich mit einem amerikanischen Ehepaar in den weißen Korbsesseln auf der »Oloffson«-Veranda beim Abendessen und diskutierte über die Duvaliers und ihr schreckliches Vermächtnis. Meine Gesprächspartner sagten, sie seien Touristen, aber ich glaubte ihnen kein Wort. Es gab wegen der permanenten Unruhen auf Haiti keinen organisierten Tourismus mehr, das Land stand auf dem »Gefahren-Index« der amerikanischen Reisebüros. Ich hielt die beiden für Journalisten oder Geheimagenten, weniger wegen ihrer allzu interessierten Nachfragen als vielmehr wegen unseres gemeinsamen Bekannten – ich hatte das Paar am Nachmittag beim Militärattaché der US-Botschaft gesehen, und von dem wußte die halbe Stadt, daß er der hiesige CIA-Chef war. Nach einer Weile gesellte sich noch ein bärtiger

Däne zu uns an den Tisch, »Kaufmann« von Beruf, wie er sagte, ein »Kaufmann« mit einem sehr teuren Hobby: Zwei »Nikkon F 4« – Profikameras – baumelten an seinem Arm. Er erzählte, daß die Duvaliers auf dem Lande nach seinem Eindruck immer noch sehr gefürchtet würden. Ein Haitianer, den »Baby Doc« so brutal hatte foltern lassen, daß ihm ein Bein abgenommen werden mußte, sang an der Bar traurige, schöne Lieder und begleitete sich auf der Gitarre.

Später schaute noch Aubelin Jouliceur vorbei, ganz nach seinem selbstverkündeten Motto, daß ein Abend ohne ihn kein richtig gelungener Abend sei. Ohne ihn, den berühmten Galeristen, Journalisten-Informanten und politischen Seiltänzer, von dem niemand so genau wußte, ob er nun eigentlich Duvalier-Freund oder Duvalier-Feind war, lange Zeit mutiger Kritiker seines Regimes wie – als Minister – auch sein gehorsamer Diener. Und wie er seinen Auftritt genoß! Handkuß hier, Verbeugung da, gekleidet in einen makellos weißen Leinenanzug mit Seidentüchlein, wie immer; seinen Spazierstock mit dem kostbaren Silberknauf in der Hand, wie immer; verzweifelt lustig, wie immer. Doch der alte Hofnarr der Diktatur hatte an diesem Abend weniger Zeit als sonst. Sechs reizende junge Damen tänzelten an seiner Seite, »Nichten«, wie er sie nannte, die er zu einem Fest und anschließend ins Casino ausführen wollte und nur schnell zu zwei Rum-Punsch – auf meine Rechnung – an der »Oloffson«-Bar vorbeibrachte.

Nach Mitternacht warf sich die Amerikanerin, ziemlich beschwipst, auf das buntbemalte Piano, versuchte, dem verstimmten Instrument einen Walzer zu entlocken. Eine der Hauskatzen sprang verschreckt auf den Tresen und stieß den Mixbecher des Barmanns um. Der Sänger hängte wortlos eines der großartigen »naiven« Bilder aus der Hotelhalle ab, blaue Hähne im Kampf vor einem zinnoberroten Zuckerrohr-Meer, und nahm es als Honorar mit nach Hause, während sich Aubelin an einem letzten Scherz versuchte. Es war, kurzum, einer dieser wahnsinnigen, ganz und gar normalen haitianischen Abende, bis wir uns trennten und ich über die knarrenden Treppen in mein Zimmer hinaufstieg – die Stunde der Komödianten.[1]

Die ersten Schüsse fielen, als ich gerade das Fenster des Hotelzimmers öffnete, und sie waren sehr nah. Es mochten drei, vielleicht

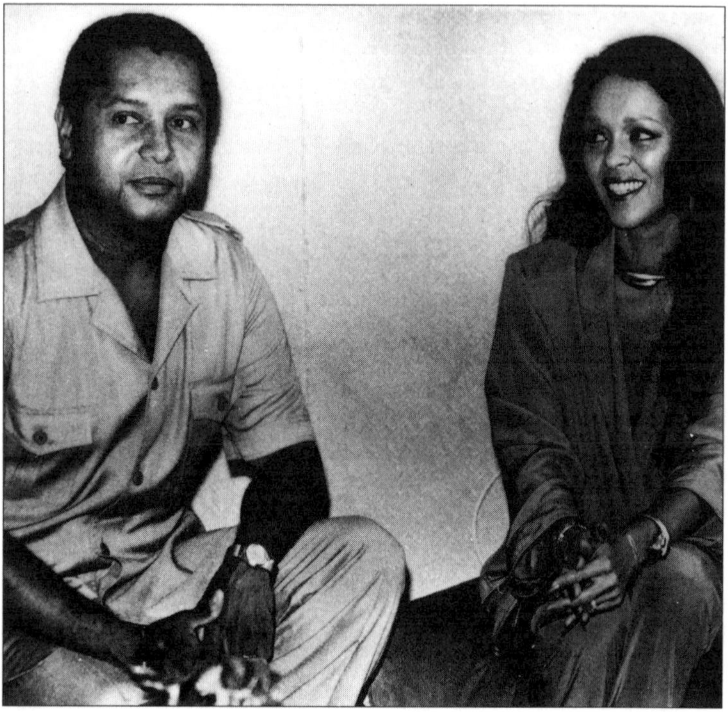

Vom Playboy zum Tyrannen: Jean-Claude und Michèle Duvalier

vier Einschläge sein, Irrtum ausgeschlossen. Diese Nachtgeräusche ließen sich unverkennbar aus den anderen heraushören und leicht »entschlüsseln«. Ich zögerte einen Moment, rannte dann hinunter, an der Rezeption vorbei über die Veranda, vom Swimmingpool ein Satz über die niedrige Mauer. Der Däne stand schon da mit seinen Fotoapparaten, vielleicht war er ja der Spion und nicht der Amerikaner oder auch ein Journalisten-Kollege, aber das blieb nun wirklich zweitrangig, denn wir wollten beide das gleiche, wir wollten zum Tatort. Wie durch ein Wunder tuckerte gerade ein »Tap-Tap« um die Ecke, eines der knallbunten, altersschwachen Lasttaxis, und es war leer, und der Fahrer begriff auch, was wir meinten, und wir konnten ihn in Richtung der Schüsse dirigieren – nur schnell, schnell, vielleicht war da ja noch einem Menschen zu helfen.

Wir mußten nicht weit fahren, vielleicht 300, vielleicht 500 Meter weg vom »Oloffson«, wo schon einer dieser Slums beginnt oder endet, die man hier »Bidonvilles«, »Blechbüchsenstädte« nennt, und die so schwer einzugrenzen sind – bis auf die Villenvororte und die halbe Meile um den weißen arroganten Diktatorenpalast im Zentrum ist die ganze Hauptstadt Port-au-Prince ein einziger Slum. Dieses Elendsviertel wirkte auf den ersten Blick nicht ganz so schlimm wie etwa »La Saline«, unten in den Mangrovensümpfen, wo mehr als 20 000 Menschen ohne eine Latrine vegetieren, wo nachts fette Ratten die Babys anfallen, wo manche nicht einmal eine Plastikplane haben, um sich vor der sengenden Sonne oder, in der Regenzeit, vor den Wassermassen zu schützen, und elendig verhungern, verbrennen, ertrinken. Aber natürlich existierten auch im Slum »Carrefour Feuilles« oberhalb des »Oloffson« keine befestigten Straßen, kein sauberes Trinkwasser, kein elektrisches Licht. Die Menschen hausen in erbärmlichen Wellblechhütten. Manchmal machen sie nachts ein Feuer, das hatten wir in einigen der letzten Nächte gesehen. Aber nur, wenn sich die Nachbarschaft etwas Besonderes zu sagen oder zu zeigen hat – Holz ist kostbar.

In dieser Nacht gab es ein Feuer, und es flackerte gerade lichterloh auf, als wir in halsbrecherischem Tempo um die Ecke bogen. Es galt, eine Leiche zu bestaunen, eine erfolgreiche Schlacht zu feiern – die Stunde der Kombattanten.

Der Tote mochte so um die 30 Jahre alt sein, und er war nicht durch Gewehrschüsse gestorben, sondern durch einige gezielte

Hiebe mit der Machete. Sie hatten seinen Kopf gespalten wie eine Kokosnuß, nach deren Inhalt man giert, mit dem Blut war ein Teil der Gehirnmasse ausgeflossen und schon an dem Lehmboden getrocknet. Trotz dieser grausamen Verstümmelung wirkte das Gesicht des Mannes seltsam entspannt, nichts deutete auf einen Kampf, nichts auf letzte Sekunden, in denen ihn Panik erfaßt hätte. Die Slumbewohner hatten ihrem Opfer aufgelauert und es in einem Moment der Überraschung mit der kalten Präzision und Mitleidlosigkeit exekutiert, die sonst nur professionelle Schlachter den Objekten ihrer Tötung entgegenbringen. Aber vor allem entstand der Eindruck eines fast friedlichen Endes durch das besondere Herrichten der Leiche.

Der Mann war an eine der Hütten gelehnt, in Sitzhaltung, ganz entkrampft. Die Mörder hatten dem Toten eine halbgerauchte Zigarette zwischen die Lippen geschoben, die ihm aus dem Mundwinkel hing wie einst bei Humphrey Bogart. Es war als Zeichen ihrer abgrundtiefen Verachtung gedacht. »Soll er auch noch an dem Glimmstengel ersticken!« schrie einer der Herumstehenden triumphierend. Die Leute schwatzten durcheinander, Kinder sprangen herum und fragten uns nach Kaugummi, die Alten schoben Scheite nach ins Feuer. Vor einer anderen Hütte, gerade gegenüber der Leiche, küßte sich ein grellgeschminktes junges Paar.

Es war eine heitere, eine festliche, eine Jahrmarktsatmosphäre, und sie hatte etwas von einer anderen Welt, einer Scheinwelt. Als wäre in Hollywood gerade ein Horrorstreifen abgedreht, als feierte die Filmcrew das Ende der Aufnahmen vor einer Slum-Kulisse, die Requisiten, die Schminke, die verdreckten Darsteller in ihren Elendskostümen – alle noch da. Aus irgendeinem Grund hatten sie nur vergessen, den Schauspieler zu wecken, der das Opfer spielte.

»Er war ein Tonton Macoute«, sagte schließlich einer der Männer zu uns, »er hat den Tod verdient, tausendmal den Tod verdient.« Die anderen nickten, und das allgemeine Gelächter erstarb, als hätte sie die Erwähnung dieses Namens auf einen Schlag ernüchtert. »Tonton Macoutes«, »Onkel Menschenfresser«, hießen die berüchtigten Geheimdienst-Milizionäre, mit deren Hilfe die Duvaliers ihre Schreckensherrschaft aufrechterhalten hatten; sie galten als Mörder, Vergewaltiger, Brandschatzer, Diebe. Zeitweise soll jeder zwanzigste Haitianer bei den »Tontons« mitgemacht haben.[2] Nach

»Baby Docs« Flucht ins Exil schlichen sich einige der schlimmsten »Menschenfresser« in die offizielle Armee ein, die meisten anderen tauchten unter, verbrannten ihren inoffiziellen »Einheitsdreß«, die roten Halstücher, den blauen Drillich, die Sonnenbrillen mit den besonders dunklen Gläsern. Die Jäger wurden zu Gejagten. Denn in den Slums hatte man den Peinigern nichts vergessen, und die »Brigades de Vigilances«, spontan gebildete »Nachbarschaftskomitees«, lauerten nun allen Duvalier-Milizionären auf, um in Selbstjustiz zu rächen, was der Staat nicht zu richten willens oder in der Lage war.

Und wenn der Mann, dessen Kopf sie gespalten hatten, gar kein »Tonton Macoute« war, vielleicht nur von Geschäftsfeinden denunziert? Da redeten sie alle durcheinander, erzählten von den Beweisen, die sie gesammelt hätten, von den wochenlangen Beobachtungen, nach denen »jeder, aber auch jeder« mit dem allgemeinen Urteil übereinstimmte.

Immer wieder fiel ein Ausdruck in dieser Nacht: »Déchoukay«. Es war eines der wenigen kreolischen Wörter, das ich kannte, weil es auf Haiti an jeder Straßenecke zu hören war, weil es immer wieder auftauchte wie ein nationaler Aufschrei, wie eine nationale Obsession: »entwurzeln«, bedeutete es, »mit Stumpf und Stiel ausrotten«, »exorzieren«. Die Menschen, die den Diktator davongejagt hatten, mußten erkennen, daß diese Tat ihnen noch nicht die Freiheit, den Fortschritt brachte. Das teuflische System des 30jährigen Duvalierismus war auch ohne die Duvaliers intakt geblieben, an die Spitze des verrotteten Staates hatten sich Militärs gestellt, die früher mit den Tyrannen paktierten. Vor allem aber die mittlere Ebene des Regimes mit den »Macoutes« war weitgehend unangetastet. Die Haitianer begriffen, daß sie nur den Baumstamm abgehackt hatten, aber an die Wurzeln nicht herangekommen waren – auch jetzt, vier Jahre nach der Vertreibung der Duvaliers, lastete das Erbe der Despotenfamilie auf dem Land, war die Entwurzelung, die »Déchoukay« der Diktatur, noch nicht vollzogen.

Die Slumbewohner von Port-au-Prince feierten die ganze Nacht, sie tanzten sich in einen Anti-Diktatorenrausch. Grölten ein Spottlied auf das »verfressene, schwachsinnige Riesenkind«, den »Baby Doc«, und die »verschwendungssüchtige, geile Hure«, seine Frau Michèle. Malten sich aus, was sie mit den beiden Duvaliers täten, wären sie jetzt hier in Port-au-Prince. Ihm den Penis abschlagen. Ihr den Goldschmuck in den Rachen stopfen. Die Slumbewohner redeten sich immer heißer, bis einer der Alten plötzlich zu mir sagte: »Du bist Journalist, du bist aus Europa, du kannst die Duvaliers in ihrem goldenen Exil doch besuchen. Spuck ihnen ins Gesicht für uns!« Dabei drückte er noch einmal die Pistole ab, die sie Duvaliers Geheimdienstmann abgenommen hatten, einfach so, um seine Worte zu unterstreichen, und erst jetzt fielen dem Dänen und mir auf, daß wir nur durch solche Freudenschüsse den Ort der Tat gefunden hatten.

Eine Nacht wie die von Port-au-Prince vergißt man nicht so schnell. Natürlich wollte ich »Baby Doc« im französischen Exil besuchen, nicht, um ihm ins Gesicht zu spucken, wie die aufgebrachte Menge in dem Slum gefordert hatte, sondern um ihn zu interviewen, um zu versuchen herauszubekommen, wie ein jetzt 38jähriger Mann, von seinem Vater als 18jähriger zum jüngsten Präsidenten der Welt gemacht und zum Erben der schlimmsten Tyrannei, heute über Haiti und seine Rolle dachte. War er wirklich ein »Schwachkopf«, nur »durch die Umstände« zu Exzessen getrieben von seinem alles dominierenden Vater und zu Morden aufgehetzt von seiner herrschsüchtigen, eitlen Frau? Oder genoß »Baby Doc«, von allen unterschätzt, den Taumel von absoluter Macht und Reichtum, ergötzte sich an Folter?

Jean-Claude und Michèle Duvalier scheuen die Öffentlichkeit, seit sie in der Nacht vom 6. auf den 7. Februar 1986 in ihrem BMW zum Flughafen von Port-au-Prince fuhren (»François Duvalier International« hieß der damals noch) und mit Dutzenden Geldkoffern in ein von den Amerikanern gestelltes C-141-Transportflugzeug stiegen. Sie suchten Anonymität, zunächst im »Hôtel de l'Abbaye« im ostfranzösischen Savoyen-Kurort Talloires, ihrer ersten Adresse im Exil; dann in ihrer nächsten Bleibe, der von dem Milliardär und saudischen Waffenhändler Adnan Kashoggi gemieteten »Villa Mohamedia« in Mougins, nahe der Côte d'Azur. Doch immer wieder wurden sie aufgespürt[3], so auch jetzt, im Mai 1990, als sie von Mougins nach Vallauris umzogen, in ein von einem schwarzafrikanischen Diplomaten übernommenes, noch herrschaftlicheres Anwesen.

»Baby Doc« wurde mal bei einer Ferrari-Ausstellung in Monte

Carlo gesehen, auch im Drei-Sterne-Restaurant »La Colombe d'or« in Cannes, begleitet nur von seinen Leibwächtern. Die schöne Michèle stand mal einen halben Tag dem Starfotografen Helmut Newton Modell und spottete über die Plumpheit ihres Gatten und dessen Schwierigkeiten, im Haus auch nur das Telefon zu finden; die Kinder Nicholas, acht Jahre, und Anja, vier, standen dabei.[4] Das Diktatorenpaar verweigerte jede politische Aussage – aus gutem Grund: Bis zur Stunde ist der legale Status der Duvaliers in Frankreich ungeklärt, kann ihre Aufenthaltsgenehmigung jederzeit aufgehoben, der Forderung von Haitis Regierung nach Sperrung aller Duvalier-Konten und der Rückzahlung von mindestens 120 Millionen US-Dollar gestohlener Staatsgelder nachgegeben werden. »Baby Doc« und Michèle können deshalb nicht ins Ausland reisen. Sie leben wie Gott in Frankreich – aber in einem goldenen Käfig.

Vallauris, Grand-Boulevard de Super-Cannes, Nr. 1000, »Villa Mélica« – die neue Adresse der Duvaliers. Es duftet nach Lavendel, sanft wölbt sich der »Hügel der Könige«, wie er im Volksmund wegen seiner Grundstückspreise heißt, über der blauen Bucht des Mittelmeers und der Stadt der Filmfestspiele an der Côte d'Azur: Hier ist Cannes wirklich noch »super«; von hier bis in die Slums von Port-au-Prince mögen es 9000 Kilometer sein, aber in Wirklichkeit trennen die Plätze Millionen von Lichtjahren.

Die Miete für die »Villa Mélica« liegt nach Makler-Auskunft um die 25 000 Mark monatlich. Eine Mauer und eine hohe Hecke versperren Neugierigen die Sicht; ein großes, schwarzes Tor, elektronisch kontrolliert, mit einer Gegensprechanlage und selbstverständlich ohne Namensschild, wahrt Anonymität. Meinen Wagen habe ich eine Querstraße weiter geparkt, falls es Kameras geben sollte; den Umschlag mit meinem »Gastgeschenk« – auf Gemäldegröße aufgezogene Privatbilder des Paares aus den siebziger Jahren – unter den Arm genommen. Ich klingle bei den Duvaliers. Unangemeldet. Es blieb keine andere Möglichkeit mehr als dieser »Überfall«, nachdem »Baby Doc« meine Briefe nicht beantwortet hatte, mehrere »Vermittlungsversuche« von Bekannten gescheitert waren.

Eine weibliche Stimme meldet sich, abweisend: »Was wollen Sie, wir erwarten niemanden.« Ich erzähle, ich sei ein alter Bekannter der Duvaliers auf Durchreise, hätte Privatfotos bei mir, die ich dem Hausherrn selbst übergeben müßte. Auf der anderen Seite der Gegensprechanlage Stille – man überlegt offensichtlich, was in einem solchen Fall zu tun ist. Schließlich öffnet sich wie von Geisterhand das große Tor, eine lange Auffahrt zu einer weißen Villa wird sichtbar, ein Parkplatz mit einem Jaguar und einem Mercedes, gepflegter Rasen, schräg hinter dem Haus ein Pool. Vor mir steht ein junger Mann, der so aussieht, als habe er gerade die Karate-Weltmeisterschaften gewonnen und wolle mir nun zeigen, warum; offensichtlich Duvaliers Bodyguard.

Ich hole die Fotos aus dem Umschlag, erkläre, wann und wo sie aufgenommen wurden. Der Leibwächter weiß nicht, was er tun soll, als ich wiederhole, ich wolle sie Jean-Claude persönlich übergeben. »Aber ich glaube, er ist gar nicht da, Monsieur!« Oh, doch, er ist. Er steht nämlich oben an der Tür zur Villa und möchte nun wissen, was da unten eigentlich los ist. Er wirkt noch immer massig, hat aber seit dem Abschied von Haiti deutlich abgenommen. Das einst so schwammige Babygesicht sieht strammer aus, die Koteletten, die früher bis zum Hals hingen, sind gestutzt – Jean-Claude Duvalier, im legeren Freizeitdreß, wirkt fast sportlich.

»Bedaure, keine Interviews«, sagt er, als er meine Visitenkarte sieht, und der Leibwächter mustert mich nun noch eine Spur grimmiger als am Anfang und überlegt sich ganz offensichtlich schon, wie er später seinem Boß erklären soll, daß er einen Journalisten hereingelassen hat. Einen von diesen »Parasiten«, wie »Baby Doc« früher die Reporterzunft pauschal bezeichnet hat. Doch der Chef scheint ganz entspannt, blättert die Bilder durch, die »Stern«-Fotograf Perry Kretz bei den Duvaliers zu Hause im weißen Palast von Port-au-Prince gemacht hat, verweilt lange bei einem Foto, das die Duvaliers Arm in Arm zeigt. Seufzt. Strahlt, als er sich beim Ausritt entdeckt und vor allem beim Motorradfahren – schnelle Pferde und viele PS unter der Motorhaube waren stets »Baby Docs« Leidenschaft. Und dann die Fotos von den Landpartien, bei denen Jean-Claude und Michèle Duvalier immer einen Sack Münzen und Bonbons mitnahmen, unters jubelnde Volk warfen. »Baby Doc« saß da meist selbst am Steuer eines seiner Sportwagen, und es war eine rechte Hatz über die Insel, bei der einmal, vor den Augen eines englischen Journalisten, einer aus dem Volk überfahren wurde, was aber keinen aus dem Präsidententroß, schon gar nicht Baby Doc selber, zum Anhalten bewogen hatte.

Ist Michèle Duvalier nicht da? frage ich und setze dann schnell hinzu: »Madame la Présidente«, weil sie auch im Exil auf dieser Anrede besteht. Da wechseln die beiden Männer vielsagende Blicke, und der Hausherr verabschiedet sich sehr abrupt, er habe nun wirklich keine Zeit mehr, er werde sich melden, vielen Dank für die Bilder.

Dann stimmt es wohl, was die Leute sagen, daß »Baby Doll«, gemeinsam mit ihren Kindern Nicholas und Anja, ihren »Baby Doc« verlassen hat. »Sie ist viel verreist«, sagt der Leibwächter. Und weiß noch zu berichten, daß Jean-Claude Duvalier sich überhaupt nichts vorzuwerfen habe, seine Regierungszeit als eine der »besten in der Geschichte Haitis« einschätze. Der Chef könne sein Land nie vergessen, er vertiefe sich, am Swimmingpool liegend, auch in den Tennispausen, in Bücher über die Historie Haitis. »Was für eine Geschichte unser Land doch hat, was für eine großartige Geschichte«, ruft »Baby Doc« Duvalier dann immer aus.

Eine »großartige« Geschichte – zweifellos, gesehen mit den Augen der Herren des Landes. Das einfache Volk erlebte Haiti immer als eine bittere Aneinanderreihung von Leiden.

So die einheimischen Arawak-Indianer, die von den Spaniern nach der Entdeckung der »Hispaniola« genannten Insel durch Kolumbus im Jahre 1492 (ihr westliches Drittel ist das heutige Haiti) systematisch ausgerottet wurden. Dann die afrikanischen Sklaven, die nach der französischen Eroberung der Insel zu Hunderttausenden als »Arbeitstiere« von Guinea, Dahomey, vom Kongo in die Karibik geholt wurden. Endlose, schneeweiße Strände, fruchtbares Land und grüne, tropische Hügel: Die Kolonie »Saint Domingue« wurde Frankreichs einträglichste Besitzung, Objekt des Neides und der Begierde für alle anderen europäischen Mächte. Eine »Exportfabrik«, die Ende des 18. Jahrhunderts zwei Drittel des Kaffees auf der Welt produzierte, fast die Hälfte allen Zuckers, riesige Quantitäten von Baumwolle, Kakao und Indigo.

Im französischen Revolutionsjahr der »Freiheit, Gleichheit und Brüderlichkeit« von 1789 herrschten knapp 40 000 Weiße über 500 000 afrikanische Sklaven. Es war eines der grausamsten aller Kolonialregime: Die Plantagenbesitzer ließen ihre Arbeiter, oft aneinandergebunden, mit Zinnmasken über den Mündern, damit sie nicht vom Zuckerrohr naschen konnten, 14 und manchmal auch 16

Stunden am Stück schuften, gaben ihnen nur minderwertiges Essen und dreckige, stickige Unterkünfte. Wer nicht spurte, wurde ausgepeitscht oder verstümmelt oder mit heißem Öl übergossen oder mit süßer Paste eingerieben und bei lebendigem Leib als Fressen für die Ameisen eingegraben oder mit Schießpulver gefüllt und einfach in die Luft gejagt.[5]

Die Kolonialisten schindenten ihre Sklaven lieber zu Tode, als ihnen ein menschenwürdiges Dasein zu bieten. Es war billiger, einen erwachsenen Afrikaner zu importieren, als einen Sklaven zu »brüten« und ihn von Geburt an aufzuziehen – eine simple Rechenaufgabe, da sich ein Sklave durch seine Arbeit, statistisch gesehen, nach fünf bis sechs Jahren »amortisierte«. Der Nachschub klappte problemlos, und kaum einer der Weißen sah die heraufziehende Gefahr, die eben gerade darin bestand, daß zwei von drei Arbeitskräften der Karibik-Kolonie in Afrika geboren und aufgewachsen waren, daß sie die Erinnerung an ein Leben in Freiheit nicht verloren hatten und mit ihrer Naturreligion des Voodoo, seinen Göttern, Geistern und Magien, ein mächtiges zusätzliches Bindeglied besaßen.

So war es kein Zufall, daß der erste große Revolutionär der Inselgeschichte ein »Houngan«, ein Voodoo-Priester, war. In der Nacht vom 14. August 1791 sammelte dieser Sklavenführer Boukman seine Vertrauten zu einer geheimnisvollen Zeremonie um sich, schlachtete mit ihnen unter einem heiligen Baum ein schwarzes Schwein und schwor sie beim Blutopfer auf den Kampf ein. Ein Wirbelsturm kam auf, den sie beim Angriff als Deckung nutzten. Sie brannten die Plantagen nieder, hackten mit ihren Macheten die weißen Peiniger in Stücke, zerstörten, was sie zerstört hatte.

Was in dieser Nacht begann, wurde zum einzigen erfolgreichen Sklavenaufstand der Geschichte, er dauerte 14 bittere Jahre. Die Revolutionäre schlugen die versammelten Flotten der europäischen Mächte in die Flucht: 1794 die Spanier und ein Jahr später die Engländer, die Frankreichs Kolonialherren gern abgelöst hätten, deren Schwäche nutzen wollten. Und in einer letzten großen Schlacht auch die neuformierten Truppen Napoleons, der seinen Generälen befohlen hatte, »die Haitianer bis auf den letzten Mann auszulöschen«.

Am 1. Januar 1804 erklärte Saint Domingue unter seinem analphabetischen, genialen Kriegsführer Jean-Jacques Dessalines seine

Unabhängigkeit und nahm den alten Namen an, den die Arawak-Indianer der Insel gegeben hatten: Haiti. Die erste schwarze Republik der Weltgeschichte war geboren, doch ihre Gründungsgeschichte war in Blut geschrieben. Nicht Versöhnung, sondern Haß stand auf den Fahnen des neuen Staates, belegt durch das böse Wort des Dessalines-Sekretärs Boisrond-Tonnere: »Wir bräuchten für unsere Unabhängigkeitserklärung die Haut eines Weißen als Pergament, seine Hirnschale als Schreibgefäß, sein Blut als Tinte.«

Der Befreiungsschlag gegen die Ausbeuter brachte den Inselsklaven nicht die wahre Freiheit, nicht gleiche Ausbildungschancen, vielen noch nicht einmal ein menschenwürdiges Auskommen. In den letzten Kolonialjahren war mit den gemischtrassigen Mulatten fast unbemerkt eine neue Klasse zwischen Schwarz und Weiß entstanden. Während der Revolution standen die »Braunen« an der Seite der Aufständischen, doch nun, nach dem gemeinsamen Sieg, zeigten sie den Schwarzen ihre Verachtung: Sie fühlten sich ihnen durch ihre hellere Hautfarbe überlegen, durch ihre oft höhere Bildung, den »feineren«, von den Franzosen abgeguckten Sitten. Und wieder führte Rassismus zu Blutvergießen und Verderben: Zwischen 1806 und 1811 spaltete sich das Land in eine Mulatten- und eine Schwarzenrepublik.

Doch daß Haiti nie eine echte Chance hatte, lag nicht nur an diesem internen Bruderkampf, sondern auch am Ausland, allen voran den Vereinigten Staaten, als revolutionäres Land an sich doch ein natürlicher Verbündeter der haitianischen Freiheitskämpfer. Die Politiker aus den Südstaaten verhinderten bis 1862 die Anerkennung Haitis durch Washington, weil sie fürchteten, das Beispiel der Inselsklaven könnte ansteckend wirken. Das amerikanische Handelsembargo hatte verheerende Folgen, veränderte die Wirtschaft Haitis von Grund auf. Weil keine Exportmärkte mehr da waren, fehlte der Anreiz zu einer landwirtschaftlichen Produktion im großen Stil. Das Land wurde bis auf Handtuchgröße parzelliert, jeder baute nur noch für den Eigenbedarf an. Die Böden waren bald ausgelaugt, die meisten Wälder abgehackt, es kam zu Landflucht und einer ungesunden Aufblähung des Beamtenapparates. Die Elite stürzte sich auf die Ministerposten: Korruption innerhalb des Regierungsapparats, »Umlenken« von öffentlichen Geldern in die eigene Tasche sahen viele als die einzige Chance, Geld in großem Stil zu machen.

So wurde die Saat gelegt für die Diktatur, für die Duvaliers, für alle Despoten danach.

François Duvalier, aus dem später der schreckliche »Papa Doc« werden sollte, der Vater des »Baby Doc«, wurde 1907 in einem bescheidenen Häuschen unweit des Nationalpalastes in Port-au-Prince geboren. Da war gerade der Militärdiktator Alexis an der Macht. François feierte seinen ersten Geburtstag, als General Simon den General Alexis stürzte. François wurde vier, als eine neue Revolution Simon wegfegte, und fünf, als eine Explosion den Nationalpalast in Stücke zerriß und mit ihm den frisch eingesetzten Staatschef Leconte. François kam mit sechs zur Schule, als Präsident Auguste vergiftet wurde; sein Begräbnis mußte unterbrochen werden, weil zwei Generäle bei den Trauerfeierlichkeiten die Pistolen zogen und um die Nachfolge zu kämpfen begannen. Ein Herr Oreste setzte sich durch, den im nächsten Jahr ein Herr Zamor ablöste, der wieder ein Jahr später einem Herrn Théodore Platz machen mußte. Jener brachte es nur auf drei Monate Amtszeit, um knapp die Hälfte weniger als ein gewisser Präsident Sam, den ein aufgebrachter Mob wegen eines von ihm befohlenen Massakers an Zivilisten auf den Eisenzaun der französischen Botschaft auspießte und ihn, nach seinem letzten Röcheln, in Stücke zerriß. Da war François Duvalier acht.

Auch daheim fehlten alle Voraussetzungen für eine glückliche Kindheit. Seine Mutter war dem Wahnsinn verfallen, er durfte sie vom Beginn seiner Schulzeit an nicht mehr sehen. Der Vater, ein kleiner Justizbeamter, ließ François von einer Tante aufziehen. Die Schulkameraden verspotteten den schwindsüchtigen Jungen, der wegen seiner Augenschwäche auch bald eine Brille brauchte. Aber er war ein guter Schüler, und ein Stipendium ermöglichte ihm, Medizin zu studieren.

Es war paradoxerweise die verhaßte amerikanische Besatzungsmacht, die mit ihrem großzügigen Ausbildungsprogramm Duvaliers Karriere förderte. Die USA hatten 1915 aus »strategischen« Gründen, vor allem aus Angst, die Deutschen könnten sich auf Haiti einen Stützpunkt sichern, dem ständigen Machtwechsel der einheimischen Politiker ein Ende gemacht und ihre Marines auf die Insel entsandt.[6] In fast seiner ganzen »bewußten« Jugend, vom neunten bis zum 27. Lebensjahr, wurde François Duvalier so von arroganten ausländischen Herren regiert und von der einheimischen Mulatten-Elite, auf die sie sich stützten. Das trug wesentlich dazu bei, aus dem jungen idealistischen Mediziner einen glühenden »Noiristen« zu machen, einen Kämpfer für Haitis schwarze Mehrheit, für die Rückbesinnung auf ihre afrikanischen Wurzeln. Und je häufiger er als Landarzt durch die völlig verarmten Dörfer fuhr, desto ausgeprägter wurde sein Interesse für die alte Kultur, für die Zauberer, Geschichtenerzähler und die Voodoo-Priester mit ihren seltsamen Riten. Doktor François Duvalier begann zu schreiben, Anthropologisches, Ethnologisches, Politisches – die Befreiung Haitis, so formulierte er in seinen Brandschriften, könne nur durch einen Aufstand der schwarzen Masse gegen die herrschende Elite erreicht werden.[7]

»Papa Doc« war 32, als er die Krankenschwester Ovide heiratete, wie er ein Kind der unteren Mittelschicht, wie er nicht bei den Eltern aufgewachsen. Freunden hat François Duvalier damals erzählt, wie sehr es ihn belastete, daß er von seiner Mutter, »der Verrückten«, nie sprechen durfte, sie außer in der frühesten Kindheit nie sehen durfte. Er schwor sich, später bei seinen Kindern besonders auf ein ausgeglichenes Familienleben und intakte Beziehungen zu beiden Elternteilen zu achten.

Duvalier machte sich bald im ganzen Land einen Namen als »der gute Doktor«. Er hatte sich an die Spitze einer von den Amerikanern initiierten Kampagne gegen Typhus gestellt und Tausenden in den Dörfern das Leben gerettet. Das erleichterte ihm, nach dem Abzug der Besatzer, den Aufstieg in Regierungsämter: Er wurde Direktor des Gesundheitswesens, Staatssekretär und später Minister für öffentliche Gesundheit und Arbeit. Er half mit, die Mindestlöhne zu erhöhen, brachte fortschrittliche Gesetzesvorlagen zum Schutz am Arbeitsplatz ein, Vorsorgeuntersuchungen für Mütter.

Aber da gab es auch schon damals die dunkle Seite im Charakter des François Duvalier: Er ließ Ausländern verbieten, haitianische Geschichte zu lehren, er hetzte Freunde gegen die »Gemäßigten« in der Regierung auf, er fraß Machiavellis »Il Principe« in sich hinein, bis er das Buch fast auswendig konnte – er begriff den »Fürsten« nicht als historisches Werk, sondern als praktische politische Anleitung.

1957 sah Duvalier seine Zeit gekommen. Er bewarb sich um das

Präsidentenamt und gewann, von den anderen Kandidaten lange unterschätzt, die Wahlen durch seine Popularität auf dem Lande. Bei der Amtseinführung sprang ein dreijähriger Junge zwischen den Beinen der Erwachsenen herum und amüsierte sich bei dem pompösen Zeremoniell ganz köstlich: So bekam das haitianische Volk erstmals Jean-Claude zu sehen, das »Baby«, das nach dem Vater ihr Leben so entscheidend bestimmen sollte.

Von Anfang an war die Regierung Duvalier gefährdet. Zwei der geschlagenen Kandidaten fochten die Wahl an und gingen mit ihren Gefolgsleuten in den Untergrung. Der Großteil der Mulatten-Elite beschloß, sich gegen Duvalier zu stellen – er konnte ihren Privilegien gefährlich werden, und sie hielten ihn ohnehin nur für einen Übergangspräsidenten. Die Armee wartete im Hintergrund, wer sich durchsetzen würde, einige Generäle spekulierten auf einen frühen Putsch. Duvalier, der mit seinen altmodischen runden Brillengläsern und den stets konservativ geschnittenen Anzügen wie ein weltfremder Intellektueller wirkte, stand gleich am Anfang seiner Amtszeit vor dem Problem, seine Macht zu konsolidieren. Er überraschte alle Beobachter durch seine brutale Entschlossenheit: Wenn es um »Größeres« ging, das hatte er bei seinem Machiavelli gelernt, mußte man manchmal über Leichen gehen.

»Papa Doc«, wie er zuerst noch liebevoll vom Volk genannt wurde, schuf sich, da er dem Militär mißtraute, einen eigenen Unterdrükkungsapparat. Die »Tonton Macoutes«, halb Miliz, halb Geheimpolizei, hatten nur eine Daseinsberechtigung: Sie sollten Duvalier an der Macht halten. Die »Onkel Menschenfresser« wurden vor allem aus den traditionell benachteiligten schwarzen Unterschichten rekrutiert, zu denen sich »Papa Doc« auch einmal gezählt hatte: Arbeitslose, Voodoo-Priester, abgesprungene Militärs. Der Staatschef stellte sie über das Gesetz und gab ihnen Waffen. Sie konnten plündern, vergewaltigen, sogar morden, wenn es nur einen Duvalier-Gegner erwischte. Gegen die furchtbaren »Macoutes« gab es nur einen Schutz – selbst ein »Macoute« zu werden, nicht notwendigerweise ein Messerheld oder Erpresser, »nur« ein Informant.

Duvalier saß bald fester im Sattel als jeder haitianische Präsident der Neuzeit. Er konnte sich nun erlauben, gegen den verhaßten ausländischen Einfluß im Land vorzugehen, und wies alle ausländischen katholischen Priester, später den gesamten Jesuitenorden aus. Die Gefängnisse füllten sich mit Regimegegnern, Menschenrechtsgruppen dokumentierten Folter und Hinrichtungen ohne jeden Prozeß. Doch die Amerikaner erhöhten ihre Hilfe für Port-au-Prince, finanzierten 1960 ein Drittel, 1961 sogar die Hälfte des haitianischen Haushalts. Duvalier spielte souverän Washingtons Kommunistenfurcht gegen die Amerikaner aus, die nach Fidel Castros Revolution auf Kuba traumatisch geworden war – nur er, »Papa Doc«, sei ein Bollwerk gegen den Marxismus-Leninismus in der Karibik, ein Garant gegen seine weitere Verbreitung. Bei soviel Unterstützung von außen konnte Duvalier es sich leisten, das Parlament aufzulösen und sich im April 1961 als einziger Kandidat zur Wahl zu stellen. Das Ergebnis von 1 320 748 Ja-Stimmen und null Gegenstimmen »überwältigte ihn«, wie er im Staatsrundfunk verkündete. 1964 ernannte er sich zum »Präsidenten auf Lebenszeit«.

Der Machiavelli im Weißen Haus von Port-au-Prince war besessen von seinem Amt. Vor allem das Aufspüren und Ausrotten politischer Gegner faszinierte ihn so sehr, daß er rund um die Uhr arbeitete. Für seine Frau, die drei Töchter und den kleinen Jean-Claude blieb ihm keine Zeit – ein Bruch seines Schwurs, den Kindern ein liebevolles Elternhaus zu geben. Vielleicht war es darum auch ein Stück schlechtes Gewissen, das ihn zum schlimmsten Exzeß seines diktatorischen Regimes veranlaßte, das Gefühl, seine Kinder rächen zu müssen, für einen Vorfall, der sie fast das Leben gekostet hätte.

Am 26. April 1963 holte ein Chauffeur, gemeinsam mit drei Leibwächtern, den elfjährigen Jean-Claude und seine vierzehnjährige Schwester Simone vom Palast zur Fahrt in die Schule ab. Die Attentäter warteten nur wenige Blocks vom Regierungssitz entfernt in einem Hinterhalt. Sie eröffneten ohne jede Vorwarnung das Feuer auf den Wagen. Der Chauffeur war sofort tot, auch alle Leibwächter starben – die beiden Duvalier-Kinder aber krochen aus dem Auto, unverletzt, bis auf ein paar Kratzer. »Papa Doc« lief Amok. Weil ihm eine Eingebung sagte, ein gewisser Ex-Leutnant Benoit steckte hinter dem Überfall, ließ er dessen Haus stürmen, die Eltern, ein Baby, Besucher und Diener über den Haufen schießen; sogar die Schoßhunde wurden niedergestreckt. Wochenlang hielt der blutige Terror in Port-au-Prince an, alle Verwandten, aber auch die zufälligen Namensvettern der Benoits wurden überfallen, getötet, zerstückelt, verbrannt.

Duvalier steigerte sich immer mehr in Wahnvorstellungen. »Ich bin die Personifizierung des haitianischen Vaterlandes!« schrie er bei einer Veranstaltung in die Menge. »Es gibt keine Gewehre, keine Kugeln, die mir etwas anhaben könnten! Ich bin schon heute ein körperloses Wesen!«

Sein Terror, seine Besessenheit waren tatsächlich kaum mehr von dieser Welt. Er setzte sich 1963 das perverse Ziel, jedes Jahr 300 politische Gegner umzubringen, und »schaffte« die Zahl 1964 schon monatlich. Er wollte immer öfter bei den Folterungen selbst dabeisein, richtete im Palast eine Folterkammer ein, die er aus dem Nebenzimmer per »Peep-Loch« nach Wunsch ständig einsehen konnte. Er ließ sich die abgehackten Köpfe tatsächlicher oder vermeintlicher Oppositioneller auf einem Tablett servieren, schleppte sie ins Badezimmer und hielt mit ihnen von der Wanne aus »Zwiesprache«. Er zwang alle Zeitungen, eine Zeichnung zu drucken, die zeigte, wie Jesus Christus vertrauensvoll die Hände auf »Papa Doc« legt, Bildzeile: »ICH HABE IHN ERWÄHLT!«

Daß sich nun selbst die Schutzmacht USA von ihm abwendete, kümmerte »Papa Doc« nicht weiter. Er hatte ja noch die Israelis, die ihm »Uzi«-Schnellfeuergewehre für seine »Tonton Macoutes« lieferten, ihm Geheimdienstberater schickten und sogar sein kleines rotes, in Anlehnung an die Mao-Bibel geschriebenes »Kursbuch für einen Revolutionär« ins Hebräische übersetzten. Und von Oppositionellen im Land gab es für François Duvalier bald gar nichts mehr zu fürchten – sie waren alle hingerichtet oder vegetierten unter unsäglichen Leiden in den Folterkerkern. Für die einfachen Leute war Duvalier tatsächlich zum »körperlosen Wesen«, zum Voodoo-Gott, geworden. Sie setzten ihn, den Namen »Papa Doc« nur mehr angstvoll flüsternd, mit dem »Baron Samedi« ihrer Volksreligion gleich, dem Mann, der im Voodoo-Glauben Samstag nachts, im Zylinder und schwarzgewandet, die Zigarre im Mund, über die Friedhöfe schleicht und über teuflische Zauberkräfte verfügt.[8] Duvalier tat alles, um über die von ihm hofierten und auf dem Land höchst einflußreichen Voodoo-Priester diesen Mythos zu verbreiten.

Nur etwas konnte auch »Duvalier der Allmächtige« nicht nach seinem Willen bestimmen: seine Gesundheit. 1970 ging es mit dem Diktator körperlich rapide bergab, die Herzanfälle häuften sich, das Ende war abzusehen. Wie alle Tyrannen hatte er sich während der

Hoch-Zeit seiner Macht nicht um die Nachfolge gekümmert, so, als gäbe es für ihn keine Sterblichkeit. Doch jetzt, dem Tode nahe, mochte er nicht darauf verzichten, die Geschichte seines Landes über sein Ableben hinaus weiterzubestimmen.

Da »Papa Doc« in den letzten Jahren keiner mehr nahegekommen war, da keiner sein Vertrauen genoß – »Loyalität ist Schwäche, Dankbarkeit etwas für Feiglinge«, kürte er zu seinem Lieblingsspruch –, blieb nur eine dynastische Erbfolge: Tochter Marie-Denise, eine gescheite, selbstbewußte Mittzwanzigerin, oder der einzige Sohn Jean-Claude, damals ganze 18 Jahre alt. Nach langem Zögern wählte Papa Doc seinen Sohn – eine Frau als Herrscherin, dafür schien ihm Haiti noch nicht reif, auch wenn es eine Duvalier war. Schnell wurde noch die Verfassung geändert, die für den Präsidenten ein Mindestalter von vierzig vorsah (jetzt 18, versteht sich).

Dann durften die Haitianer abstimmen, ob »Baby Doc« Jean-Claude Duvalier wirklich ihre Wahl war. Der Urnengang wurde von den »Onkel Menschenfressern« scharf überwacht, dementsprechend war das Ergebnis in dem von panischer Furcht geschüttelten Land: 2 391 916 Ja-Stimmen, keine Nein-Stimme. Und wieder erschien ein Bild in allen Zeitungen. Dieses Mal stand an Jesus' Stelle François Duvalier, er legte die Hände auf die Schulter seines Sohnes; die Bildzeile wie gehabt: »ICH HABE IHN ERWÄHLT!«

Am 21. April 1971, nach vierzehnjähriger Amtszeit, starb François Duvalier – friedlich, im Bett. Noch im Tod jagte er seinem Volk Schauder ein, denn während des Begräbnisses kam ein furchtbarer Wirbelsturm auf und fegte, Verderben und Zerstörung nach sich ziehend, über Port-au-Prince. Kaum jemand sah es als reinigendes Gewitter, fast alle nahmen es als böses Omen, als letzten Fluch des Alten, als wolle er sagen: Selbst im Sarg kann ich euch aufzwingen, was ich möchte, und ihr werdet es akzeptieren – sogar dieses plumpe, abgrundtief tumbe, unerfahrene Riesenbaby als euren Herrscher ...

Jean-Claude Duvalier konnte einem fast leid tun: Am Tag der Beerdigung war er so aufgeregt, daß ihn die Ärzte mit Valium vollpumpen mußten und er gar nicht zum Friedhof kam. Bei seiner Amtseinführung stotterte er und machte so ziemlich alles falsch, was man falsch machen konnte. Man mußte kein Psychologe sein, um zu erkennen, daß da einer einem Amt entgegenzitterte, dessen

Anforderungen er sich nicht gewachsen fühlte. Es läßt sich wohl behaupten, daß »Baby Doc« nicht nur der jüngste Staatschef der haitianischen Geschichte – und auf der ganzen Welt – war, sondern auch der uninformierteste, uninteressierteste, unbedarfteste.

Seine Schulfreunde hatten ihn »Tête Panier« getauft, »Hohlkopf«. Er war verwöhnt, durfte als Kleiner sogar mit seinem Fahrrad durch die Palasträume fahren, egal, ob da Kabinettssitzungen stattfanden. Der ungebremste Hang zu Süßigkeiten hatte seinen ohnehin unproportionierten Körper noch schwabbeliger und unansehnlicher gemacht, seine akademischen Leistungen waren indiskutabel, und er wäre, nach Aussagen von Schulkameraden, bestimmt mehrmals durchgefallen, hätten die Lehrer gewagt, ihn gerecht zu beurteilen. Politik interessierte ihn nie. Spaß machten ihm nur seine elektronischen Spielzeugautos, seine »Harley Davidson« – und hübsche, langhaarige Mädchen, die er konsumierte wie Pralinen. Mit seinen Gespielinnen hätte er gerne eine einzige, lange, womöglich sich über ein ganzes Leben erstreckende Party gefeiert. In einem Land, von dem er ganz selbstverständlich annahm, daß es ihm gehörte – von Kindheit an hatte man ihm nie etwas anderes gesagt.

»Mein Vater fand nie Zeit für mich. Er brachte mir nie bei, was beim Regieren wichtig ist«, gestand er Freunden. Er hätte wohl auch nicht zugehört oder wenig begriffen, wie beim Jurastudium, zu dem ihn die Mutter – nach seiner Regierungsübernahme – angemeldet hatte und bei dem er während der Vorlesungen regelmäßig wegdöste. Öffentliche Auftritte und andere Regierungsgeschäfte waren ihm ein Greuel. »Baby Doc« war ein großes, verwöhntes, nichtsnutziges Kind, das aus Versehen und gegen seinen Willen in die Erwachsenenwelt geraten war. Zum Diktator geboren, wurde zu seiner Hauptschuld, nie einen Ausbruch aus seiner kleinen, bösen Welt versucht zu haben – ein schuldlos-schuldiger Totengräber seiner Nation.

Er war kein skrupelloser Mörder wie sein Vater – zumindest am Anfang noch nicht. »Ich will kein Blut an meinen Händen«, sagte er in einem seiner wenigen hellsichtigen Momente, »denn wenn man Blut geschmeckt hat, kommt man nicht mehr davon los.« So schlug Jean-Claude Duvalier einen »weicheren« Kurs ein, pflegte zwar, von seiner Mutter angeregt, die Beziehungen zu seinen »Macoutes«-Truppen, stoppte aber ihre schlimmsten Exzesse.

Die Verbesserung der Menschenrechtssituation auf Haiti führte Mitte der siebziger Jahre zu amerikanischer Hilfe in bisher unbekanntem Umfang – für einen Moment sah es so aus, als könnte »Baby Doc« mit Hilfe seiner Mutter Simone die verzweifelte Lage auf der Karibik-Insel einigermaßen in den Griff bekommen, wenngleich jeder kleine Fortschritt Haitis teuer mit einer fremdbestimmten Wirtschaft erkauft war. Aus der stolzen Wiege der schwarzen Revolution wurde ein Billigproduzent für den amerikanischen Markt – der Welt führender Exporteur von Baseballs.

Zwei Dinge verhinderten einen echten Aufschwung auf Haiti, und beide hatten sie mit Jean-Claude Duvaliers Gier zu tun, alles kriegen zu müssen, was ihm gefiel. Seine Lust auf teure exotische »Spielsachen« wie Maseratis, Porsches und Lamborghinis ließ ihn immer häufiger die Staatskasse mit dem privaten Geldbeutel verwechseln. Er kam mit dem Geld nicht aus, und das, obwohl er sich eine jährliche Apanage von 2,4 Millionen US-Dollar zugeschanzt hatte. Um seine eigene Korruption zu decken, um zu vertuschen, daß er beispielsweise einen Teil der Auslandshilfe, bestimmt für Straßen, Schulen und sanitäre Anlagen, für seine kostspieligen Hobbys abzweigte, mußte er seinen einflußreichen Ministern gestatten, sich ebenfalls an öffentlichen Geldern zu bereichern. Sein Verhängnis aber wurde die Leidenschaft für eine schöne Frau.

Simone Duvalier, mit dem sicheren Gespür der Mutter für die »falschen« Freundinnen ihres Sohnes ausgestattet, konnte Michèle von Anfang an nicht leiden. Er war schlichtweg hin, als ihm Freunde die braunhäutige, schlankgewachsene Schönheit mit dem aparten Grübchen im Kinn und dem verführerischen Gang vorstellten. Bat sie zur nächsten Party, und als sie sich zierte, ihm gleich ins Bett zu folgen, ließ er ihr einen Diamantring für 20 000 Dollar schikken. Das war außergewöhnlich großzügig, aber als »Geste« für »Baby Doc« durchaus üblich – die Annahme eines solchen Gunstbeweises, die anschließende Gewährung sexueller »Leistungen« galten als selbstverständlich, geradezu als staatsbürgerliche Pflicht. Der Staat, das war schließlich Duvalier.

Der »Präsident auf Lebenszeit« muß ziemlich verblüfft gewesen sein, als ihm diese Michèle seinen Schmuck zurückschickte – sie wolle sich noch überlegen, ob's wieder ein Rendezvous gäbe, schrieb sie dazu. Es war ein raffinierter Schachzug der jungen Frau, mit dem sie ihn zu besonderem Ehrgeiz anstacheln wollte. Ihren Freundinnen hatte sie erklärt, daß sie sehr wohl bemerkt habe, wie Jean-Claude auf sie flog, und daß sie gedachte, in den Duvalier-Clan einzuheiraten. Dagegen sprach, sieht man von Jean-Claudes Verliebtheit ab, so ziemlich alles.

Michèle Bennett war als hellhäutige Mulattin und als weltläufige Jet-set-Reisende das genaue Gegenteil von dem, was »Papa Doc« Duvalier als »authentische« haitianische Frau bezeichnet hätte. Außerdem war sie geschieden und hatte zwei kleine Kinder; ihr Vater, ein landesbekannter Gauner, wurde zu einer Gefängnisstrafe verurteilt; Michèles Ex-Mann, und das setzte allem die Krone auf, war ein ausgewiesener Duvalier-Feind, Sohn eines Mannes, der 1958 versucht hatte, »Papa Doc« zu stürzen, und anschließend hingerichtet worden war.

Trotzdem setzte sich Jean-Claude durch – es war die erste eigenständige, gegen den Rat der Mutter und seiner Berater getroffene Entscheidung in seinem Leben. Mit viel Überzeugungskraft – und, so darf vermutet werden, einer ordentlichen Spende – gelang es dem Präsidenten, den Erzbischof von Port-au-Prince zu einer kirchlichen Zeremonie zu überreden, unüblich für eine geschiedene Mutter als Braut. Die Hochzeitsfeier im Jahre 1980 war so prunkvoll, so verschwenderisch, daß sie es ins »Guinness-Buch der Rekorde« brachte; drei Millionen US-Dollar kostete das Fest, eine der drei teuersten Eheschließungen aller Zeiten. Michèle trug ein Modellkleid des Modehauses Givenchy und ein Diamantdiadem, das bei der Anprobe ihre Haare so durcheinanderbrachte, daß extra ein Friseur aus Paris für sie eingeflogen werden mußte. Drinnen im Palast ergötzte man sich bei Kaviar und Champagner, draußen in den Slums gab's freien Rum und dünne Suppe sowie kostenlose T-Shirts mit dem Konterfei des jungen Paares.

Es war ein Wendepunkt in der Geschichte der haitianischen Diktatur, und das Volk spürte es instinktiv: Vor »Papa Doc« hatten sich die Menschen gefürchtet, aber selbst in all seiner Grausamkeit und unbegreiflichen Unmenschlichkeit war er noch einer der Ihren. Vor »Baby Doc« hatten sie zunächst noch Respekt – er verfügte ja über diese schrecklichen Machtinstrumente seines Vaters –, aber sie sahen nun Verschwendungssucht, Dekadenz, ausländischen Einfluß, bis hin zur Speisekarte der Hochzeit. Sie fühlten Schwäche, und für

Schwäche hatten die Haitianer immer nur Verachtung übrig. Zum erstenmal schien in jener Champagner-Rum-Hochzeitsnacht das Undenkbare denkbar: daß nach Duvalier-Vater und Duvalier-Sohn nicht unbedingt der Duvalier-Enkel an der Staatsspitze folgen müßte.

Vom ersten Tag an übernahm Michèle das Kommando im Palast. Sie warf »Baby Docs« Berater einen nach dem anderen aus dem Amt. Sie setzte sich bei den Kabinettssitzungen einfach dazu, mischte sich ein und übernahm – wenn sie fand, daß Jean-Claude wieder einmal zu passiv war – den Vorsitz. Sie führte einen Privatkrieg gegen ihre Schwiegermutter, die sie bei ihrem Mann und den Ministern schlechtmachte und der sie einen abgerichteten Papagei ins Schlafzimmer stellte, der Simone immer mit demselben Spruch aufweckte: »Fuck you! Fuck you!« Nach einigen Monaten gab Baby Docs Mama entnervt auf und verzichtete auch auf ihren letzten Titel, den der »First Lady« der Republik.

Auch diesen Titel eignete Michèle sich nun an, und sie nutzte ihre Macht. Ernest Bennett, ihr ewig erfolgloser Vater, wurde fast über Nacht zu einem der erfolgreichsten Geschäftsleute der Insel. Er übernahm die BMW-Vertretung, verschaffte sich die einzige Konzession für den Kaffeebohnen-Export – wofür er keinerlei Steuern an den Staat zahlen mußte – und gründete eine erstaunlich lukrative Fluggesellschaft, »Haiti Air«, von der man bald munkelte, sie transportiere in ihren kleinen Cargo-Maschinen vor allem Rauschgift. Michèles Bruder war unvorsichtig genug, den Kokainhandel ins Ausland selbst zu besorgen; er wurde in Puerto Rico vom FBI erwischt und, trotz Intervention der Duvaliers bei höchsten Stellen in den USA, zu drei Jahren Gefängnis verurteilt.[9]

Michèle stellte ihren Gatten mit teuren Spielsachen ruhig, hier mal ein neues Rennpferd, da mal ein neuer Rennwagen. Sie selbst begnügte sich nicht mit dem »süßen Leben«. Die »First Lady« wäre gern eine zweite Evita Perón geworden, gefürchtet, aber auch geliebt von ihrem Volk. Sie ging in die Slums, sprach in Schulen, eröffnete Krankenstationen. Immer war das Fernsehen dabei. Sie gründete die »Michèle-B.-Duvalier-Stiftung«, trieb bei Wohltätigkeitsbällen Spendengelder ein. Auch das in großem Stil: Bei einer Gala 1984 kostete der Eintritt 500 Dollar pro Person – fast das doppelte durchschnittliche *Jahres*einkommen eines Arbeiters auf Haiti.

Was von den Einnahmen wirklich an die Krankenhäuser floß, ist umstritten. Michèle Duvalier behauptete, es seien allein von diesem Abend 400 000 Dollar an die Klinik »Bon Repos« gegangen, zuzüglich des monatlichen Regierungsschecks von 70 000 Dollar. Doch spätere Untersuchungen ergaben, daß auf dem Konto Nummer 7485 des Kinderkrankenhauses nie irgendwelche Gelder eingetroffen waren. Die von Michèle Duvalier unterschriebenen Schecks scheinen meist auf dem Konto Nummer 6251 gelandet zu sein – ihrem eigenen. Die »First Lady« konnte jedenfalls nachweislich auf einen Schlag 14,3 Millionen US-Dollar ins Ausland schaffen, auf ihr Privatkonto bei der New Yorker »Irving Trust«.[10]

Mit Haiti ging es wirtschaftlich rapide abwärts. Zur Verschwendungssucht und inkompetenten Regierungsführung kamen unkontrollierbare ausländische Einflüsse. Die Tourismus-Industrie lag am Boden, als nach 1982 die Immunschwächekrankheit Aids vor allem mit Haiti identifiziert wurde. Auf dem Land griff eine Seuche unter den Schweinen um sich, die dazu zwang, die meisten der Tiere abzuschlachten. Für die Bauern brach damit ihre Altersversicherung zusammen, sie sahen sich gezwungen, ihre Kinder verstärkt zur Arbeit auf den Feldern einzusetzen; die Anwesenheitsrate in den Grundschulen fiel um 60 Prozent. Und viele Menschen waren so verzweifelt, daß sie sich in altersschwachen Booten aufs Meer hinauswagten, in der Hoffnung, das »Gelobte Land« USA zu erreichen. Im Frühjahr 1985, als sich Michèle Duvalier – bei einem ihrer Paris-Trips mit dem besonders teuren Überschallflugzeug »Concorde« – einen neuen Schmuckschrank kaufen mußte, weil in den alten nun wirklich nichts mehr hineinging, zogen Zehntausende durch die Straßen von Port-au-Prince und schrien: »Schluß mit dem Hunger! Gebt uns Brot!« Einer der katholischen Priester, die bei der Demonstration vorneweg waren, rief, in Anspielung auf die Duvaliers, den Menschen zu: »Es gibt nur einen, der auf Lebenszeit im Amt ist – und der heißt Jesus Christus!«

Das Ende kam mit einem brutalen Übergriff der »Macoutes«, wie er kennzeichnender für »Papa Docs« als für »Baby Docs« Herrschaft war. Sie schossen bei einem friedlichen Protestumzug von Schülern in der Küstenstadt Gonaives in die Menge. Vier Kinder starben. Es gab einen Aufschrei auf ganz Haiti, überall im Land stand das Volk auf, brannten die Häuser. Die Amerikaner stellten ihre Hilfe ein, machten über diplomatische Kanäle klar, daß sie Duvalier nicht länger stützen konnten.

Vielleicht hätte der Diktator sich noch an der Macht halten können, wenn er, wie ihm einige Berater rieten, sich von seiner verhaßten Frau scheiden lassen und ihr die Schuld für den Vorfall zugeschoben hätte. Doch das brachte Jean-Claude nicht über sich. Vielleicht hätte er auch noch eine Chance gehabt, hätte er seinen Repressionsapparat, die »Onkel Menschenfresser«, in aller Brutalität genutzt. Doch dazu war er nicht der Mann. Er wollte das Blutvergießen begrenzen, vor allem aber wollte er ein luxuriöses Überleben für sich selbst und seine Familie sicherstellen.

So bekundete Jean-Claude Duvalier Ende Januar 1986, nach 15 Jahren Amtszeit und fast 30 Jahren Familiendiktatur, der amerikanischen Schutzmacht, daß er zum Aufgeben bereit sei, vorausgesetzt, ihm könne ein »anständiges« Exil in Frankreich garantiert werden.

Bis zuletzt feilschten »Baby Doc« und vor allem seine Michèle um Details. Sie wollten Waffen mit ins Flugzeug nehmen – Washington gestattete, aber nur in einer geschlossenen Box. Sie wollten sich am Flughafen keiner Leibesvisitation unterziehen – genehmigt für das Paar, nicht für die Begleiter. Sie wollten neben 35 Freunden auch noch über hundert Koffer mitschleppen – aus Gewichtsgründen abgelehnt. Schließlich einigte man sich darauf, daß die Duvaliers mehr Gepäck transportieren könnten, wenn sie auf Passagiere verzichteten. Michèle höchstpersönlich strich elf »Freunde« von der Liste, raffte zusätzlichen Schmuck, kostbare Bilder, Pelze zusammen. Dann blieb nur noch die Frage, welchen Einfluß die Duvaliers künftig auf die Zukunft Haitis nehmen konnten, welches Vermächtnis zu hinterlassen war.

Jean-Claude Duvalier stellte eine Liste zusammen – die Amerikaner hatten ihn gebeten, seine Nachfolge mitzuregeln. Doch der Staatschef notierte zunächst in penibler Druckschrift die Namen derer, die er wegen Hochverrats zu erschießen empfahl: Es war eine lange Liste von Offizieren, von denen »Baby Doc« sich im Stich gelassen fühlte. Als Nachfolger schlug er seinen Generalstabschef Henry Namphy vor. Michèle ging ganz anders an die Nachfolge heran. »Wir brauchen einen Houngan«, rief sie vor Zeugen im Palast und ließ nach dem Voodoo-Priester Ernst Simon rufen, einem häufigen spirituellen Ratgeber im Amtssitz des Präsidenten. »Der

Kerl soll einen Fluch über diesen Platz aussprechen, auf daß alle unsere Nachfolger verdammt seien!«

Simon kam, sah und beschrieb die »Cérémonie«, die nötig war. Sie erforderte zwei ungetaufte Babys, die der Geisterbeschwörer aus dem städtischen Hospital stehlen ließ, Preis pro Neugeborenes 400 US-Dollar. Das folgende, unaussprechlich brutale Opferritual schilderte der Voodoo-Priester später der amerikanischen Schriftstellerin Elizabeth Abbott, die als langjährige Haiti-Residentin und Schwägerin des Generals Namphy sein Vertrauen genoß. Es verlangte, daß die Babys getötet, mit Rum übergossen und mit Kräutern eingerieben wurden, und es gebot, zumindest in den letzten Stunden, die Anwesenheit der Duvaliers. Nach ausführlichen Beschwörungsformeln, heiligen Gesängen und Gebeten war der Ort dann für alle Zeiten und für jeden Nachfolger verwünscht, war der Präsidentenpalast den Kräften des Satans geweiht.[11]

Das war die vorletzte Nacht von Jean-Claude und Michèle Duvalier auf Haiti. In der letzten Nacht stieg eine westlichere, mondänere Abschiedsparty ohne Voodoo; ein kleines Champagner-Buffet war angerichtet. Gegen zwei Uhr morgens fuhr das Paar zum Flughafen, er schläfrig, teilnahmslos wie meist, sie aufgekratzt, mit Zigarette im Mundwinkel, ein schickes weißes Kopftuch umgebunden.

Es hätte der Verwünschung durch die Voodoo-Priester nicht bedurft. Das Erbe, das die Duvaliers dem Land hinterließen, war niederschmetternd, hoffnungslos. Haiti wirkt bis heute verflucht zu einem Duvalierismus auch ohne Duvaliers. General Namphy ist längst abgelöst, sein Nachfolger aus dem Land gejagt; nach relativ freien und fairen Wahlen im Dezember 1990 schien der Sieger, der linksgerichtete 37jährige katholische Priester Jean-Bertrand Aristide, eine Chance zur »Déchoukay« der Diktatur zu haben. Doch schon wenige Wochen später putschte ein ehemaliger »Tonton Macoute«, Minister des alten Regimes und Duvalier-Familienfreund. Auch wenn dieser Staatsstreich dann wieder niedergeschlagen wurde, zeigte sich erneut der schwer zu durchbrechende Teufelskreis: »Papa Doc« und seine Simone, »Baby Doc« und seine Michèle haben Haiti zur Alptraumrepublik gemacht, zum Schandfleck und ärmsten Land der westlichen Welt.

Keine tausend Kilometer von Miami, Florida, entfernt, stirbt in diesem Land noch heute jedes siebte Baby, erreicht die durchschnittliche Lebenserwartung der fünfeinhalb Millionen Einwohner kaum 55 Jahre, sind drei von vier Erwachsenen Analphabeten. Und wie früher kämpfen auch heute die Machthaber zuallererst immer um den Machterhalt; und wie ehedem fehlen der Armee jegliche demokratische Traditionen, was in beschämender Regelmäßigkeit zu Ausschreitungen gegenüber der Zivilbevölkerung führt; und wie immer leidet das Volk, ohnmächtig selbst in seinen »Befreiungsschlägen« gegen die ehemaligen »Tonton Macoutes«. Haiti ist weiter auf der Suche nach einem Exorzisten, der den Teufel vertreiben könnte. Nach einem Gott, der anscheinend nicht existiert.

DER KAISER, DER KANNIBALE

BOKASSA I., ZENTRALAFRIKANISCHES KAISERREICH

Nie wurden einem Angeklagten grausamere Taten zur Last gelegt als Jean Bedel Bokassa: die heimtückische Ermordung von einem guten Dutzend politischer Berater; das Vergiften eines zweijährigen Babys, das er als Enkel angenommen hatte; das eigenhändige Verprügeln von Schulkindern bis zu deren Tod. Und Anthropophagie – die Zerstückelung von Leichen, ihr Aufbewahren in Kühlschränken und ihr Herrichten zum Verzehr, Menschenfresserei. Der Oberste Gerichtshof der Zentralafrikanischen Republik in der Hauptstadt Bangui sprach den ehemaligen Staatschef, der sich 1977 in einer prunkvollen Zeremonie zum Kaiser seines bitterarmen Landes hatte krönen lassen und der nun für die westliche Presse sämtliche Stereotypen eines grausamen und größenwahnsinnigen »Wilden« erfüllte – »King of Kongs« und »Kannibalen-Kaiser« taufte sie ihn –, in den meisten Anklagepunkten für schuldig. Im Juli 1987 wurde er zum Tode verurteilt. Der neue Staatschef, André Kolingba, verzichtete auf die Vollstreckung und ließ Seine Majestät, Bokassa I., statt dessen »auf ewig« einkerkern.

Wie konnte einer mit so offensichtlich psychopathischen Zügen mehr als dreizehn Jahre lang, von seinem Volk ungefährdet, von aller Welt akzeptiert, an der Macht bleiben? Wie geht das von ihm geschundene Land heute mit seiner Vergangenheit um? Wie lebt der Ex-Kaiser als Häftling im Militärcamp »Fort de Roux«, wo sich oft auch Kolingba zur Nachtruhe zurückzieht, was begreift er, bereut er, beschwört er, in dieser ständigen Tuchfühlung mit seinem Nachfolger, in diesen feuchtheißen Nächten oben auf der alles überragenden, streng abgeschirmten Burg?

Ich öffne frühmorgens das Fenster des »Sofitel«-Hotels in Bangui – und bin schon mittendrin in einem Gemälde des ewigen Afrika.

Träge und breit und silbrig schimmernd im Mondschein, fließt der Ubangi dahin. Die letzten Feuer der Nacht sind unten an der Uferböschung verloschen, die Fischer tauchen die Paddel ihrer Pirogen ins kräuselnde Wasser. Zitronengelbe und purpurrote Schmetterlinge schwingen sich auf aus den hohen Gräsern der Savannenlandschaft, Vogelschwärme umschwirren die mächtigen Affenbrotbäume. Es mischt sich das Zirpen der Grillen mit dem Schnauben der Flußpferde und dem gleichmäßigen Stampfen der Maniok verarbeitenden Frauen zu einem seltsamen Konzert. Eine Welt, reduziert auf das Elementare: auf Schlaf, auf Arbeit, auf Essen. Nichts scheint zerstörbar, nichts scheint veränderlich, aber auf Anhieb auch nichts bedrohlich in den zentralafrikanischen Regionen, knapp nördlich des Äquators, etwa gleich weit entfernt von Algier, der nördlichsten Hauptstadt des Kontinents, und von Pretoria, der südafrikanischen Kapitale, genau auf halbem Wege zwischen Atlantik und Indischem Ozean.

Und doch: Nur einige hundert Kilometer von hier, wo der Ubangi- in den Zaire-Fluß mündet, den ehemaligen Kongo, sah der Forscher Henry Morton Stanley das »Dunkelste des dunklen Kontinents«, wünschte er sich »Flügel, um aus dieser furchtbaren, grausamen Welt zu entschwinden«. Und für den Schriftsteller Joseph Conrad lag da das »Herz der Finsternis«, wo inmitten einer grünen, undurchdringlichen Hölle der schreckliche Elfenbeinjäger Kurtz Experimente mit Menschenopfern betrieb und in bizarren Spielen die Grenzen seiner Macht über andere zu ergründen suchte. Conrad glaubte, man müsse in diesen Regionen fast zwangsläufig dem »Grauen« verfallen. Bangui ist, nach seinen Kriterien, in einer Randzone, in einem Grenzbereich des Wahnsinns.

Die Stadt am Fluß ist staubig, unattraktiv, verfallen. Ein Kino, zwei Supermärkte, einige kleine, verschlafene Plätze, von denen Schotter- oder Lehmstraßen wegführen, die im Niemandsland zu enden scheinen. Autos, an denen der Zahn der Zeit, die Hitze, die Luftfeuchtigkeit genagt haben. Das noch gepflegteste der ungepflegten Taxis gehört Marry-Claude, einem 25jährigen Ex-Studenten, der wie viele hier arbeitslos ist. Er hat keinen Job als Regierungsbeamter gefunden und muß sich jetzt mit Gelegenheitsarbeiten durchschla-

Vom De-Gaulle-Fan zum Kannibalen: Bokassa I. als Statue

gen. Andere Möglichkeiten als eine Anstellung im Staatsdienst gibt es praktisch nicht – die Ausbeutung der Diamantenvorkommen, den Uranabbau, selbst die Ausbildung der höheren Militärs kontrollieren Ausländer, vor allem Franzosen und Israelis. Was auf dem Lande angebaut wird, Baumwolle, Kaffee, Maniok, hat auf dem Weltmarkt keine Zukunft und geht fast ausschließlich in den Tauschhandel auf die Märkte. Von den 2,7 Millionen Einwohnern der Zentralafrikanischen Republik, einem Land, mehr als doppelt so groß wie die Bundesrepublik Deutschland, sind nur 50000 Gehaltsempfänger – fast ausschließlich im Staatsdienst.[1]

Jedesmal, wenn Marry-Claude seinen Toyota in den Rückwärtsgang schaltet, spielt sein Wagen »Freude, schöner Götterfunken«. Er ist mächtig stolz auf diese »technische Errungenschaft«, eine gekoppelte Spieluhr, die ihm ein japanischer Händler aufgeschwatzt hat und die er persönlich in stundenlanger Bastelarbeit an den Motor anschloß. Ein Stück Phantasie in einer lieblosen, heruntergekommenen Umgebung. Schon allein deshalb hätte ich mich unter allen Taxifahrern für Marry-Claude entschieden, für einen Trip zu den Spuren des ehemaligen Kaiserreichs mit der »Neunten«.

Wir fahren auf der ehemaligen Bokassa-Avenue (heute: Straße der Märtyrer) vorbei an der damaligen Bokassa-Universität (Staatsuniversität) und der früheren Bokassa-Statue (entfernt, bis auf den Sokkel) zum einstigen Bokassa-Stadion (Stadion Omnisport). Nur die weißen Triumphbögen stehen noch von früher, von meinem ersten Besuch Ende 1976, als dieses Land »Zentralafrikanisches Kaiserreich« hieß.

Durch diese Bögen, an denen sich jetzt Ziegen reiben und Unkraut hochrankt, führten sie den Kaiser zur Krönung. Die edlen Pferde, die die Kutsche zogen, eingeflogen aus der Normandie, schnaubten und schwitzten unter der Tropensonne. Bokassa trug einen goldenen Kranz auf seinem schweißgeperlten Haupt, bestieg im Stadion unter dem Jubel der Massen einen adlerförmigen, goldenen Thron. Dann setzte er sich die kostbare Krone auf, wie Napoleon es einst getan hatte, schwor auf die Verfassung, die er zehn Jahre zuvor suspendiert hatte, krönte seine Lieblingsfrau Cathérine, die im schweren, perlenbestickten Hermelinmantel vor ihm kniete. Jean Bedel Georges, der zweijährige Sohn des Paares, auch in prächtiger Robe, gähnte während der ganzen Zeremonie und fiel neben dem Monarchenthron in einen festen, tiefen Schlaf, noch bevor es in die Kathedrale ging, wo der Erzbischof und der päpstliche Nuntius der neuen kaiserlichen Familie ihren katholischen Segen gaben.

»Ich weiß, wo der Thron ist«, sagt Marry-Claude 1990. Das Original von damals, der »echte« Kaiserthron? »Aber ja, Monsieur«, sagt der Taxifahrer und führt mich um das Stadion. Und da, zwischen hohen Gräsern, mitten in einem Haufen von Ziegenkot, steht das Ding, und es sieht sehr lächerlich aus. Die Polster mit der roten Samtbespannung sind natürlich längst weg, vermutlich auf irgendeinem Trödlermarkt gelandet. Die riesigen, goldbedeckten Flügel des Adlerthrons haben Wind und Wetter auf ihr rostiges Skelett reduziert, auf ein Knochengerüst, dem das Fleisch fehlt. Zwar halten die kräftigen Streben den Stuhl noch zusammen, und ich kann »probesitzen«. Aber ein Thron ohne Samt und Gold und kostbare Bespannung ist wie ein Kaiser ohne Kleider. Traurig. Entlarvt.

Wir fahren weiter nach Berengo, zu dem 70 Kilometer von Bangui entfernten ehemaligen Kaiserpalast Bokassas. Für Berengo, seinen Geburtsort, hat er alles getan. Hier ließ er einen der größten Industriekomplexe des Landes errichten. Regierungsangestellte produzierten Möbel, Schallplatten, Knöpfe und Schuluniformen, alles im Auftrag Bokassas und für die Kasse Bokassas, denn der Staatschef »verkaufte« die Ware seiner Monopolbetriebe an den Staat und strich, steuerfrei, versteht sich, die Gewinne selbst ein.

Seine Habgier war grenzenlos. Er gründete in Berengo Elfenbeinwerkstätten und ließ durch seine Schergen alle Konkurrenzbetriebe im Land schließen. Er riß den Handel mit Kaffee wie Insektenvertilgungsmitteln an sich. Er zweigte von den jährlich etwa 300 000 Karat Diamanten mindestens die Hälfte für seine eigenen Bedürfnisse ab, wobei er sich beim jährlichen Treffen mit den Diplomaten spendabel zeigte und den Gattinnen jeweils einen Klunker neben die Suppentasse legte. Wie großzügig er gegenüber ausländischen Staatsbesuchern war, kann nur vermutet werden – Frankreichs damaliger Ministerpräsident Giscard d'Estaing, Jagdfreund und Intimus Bokassas, löste eine mittlere Staatskrise im eigenen Land aus, weil es ihm nicht gelang, den Verdacht zu entkräften, er hätte einen besonders kostbaren Stein als »Gastgeschenk« erhalten und in die eigene Tasche gesteckt.

Von den Werkstätten und Fabriken ist nichts mehr zu sehen. Berengo ist eine Geisterstadt. Militär bewacht das Radar am Hubschrauberlandeplatz, wo der Kaiser fast allabendlich einflog. Militär patrouilliert auch in den Mauern des alten Palastes; die Soldaten langweilen sich, Besucher haben sie schon jahrelang keine mehr gehabt. Gegen eine »Informationsgebühr« ist ein Leutnant bereit, uns durch die Schloßruinen zu führen. Buschwerk überwuchert die verlassenen, fensterlosen Gebäude, aus dem Swimmingpool ist ein morastiger Biotop mit quakenden Fröschen geworden. Aus einem verwilderten Garten ragen zwei gespenstische Mahnmale zum Gedenken an einen Größenwahnsinnigen: Bokassa-Statuen, eine lebens-, eine überlebensgroß, beide vom Chef in Auftrag gegeben zu seinem »ewigen Ruhm«, Bronze, made in Paris.

Bokassas Gier nach Geld und »Gloire« wurde nur übertroffen von seiner Sucht nach Sex. Ein großer Palast war seiner »Kaiserin« Cathérine vorbehalten, ein anderer daneben enthielt zwölf »Liebesnester« für die Konkubinen, eingeteilt entweder nach Herkunft oder Hautfarbe, wie unser Führungsoffizier zu berichten weiß: ein Zimmer für die »Libanesin«, eins für die »Ägypterin«, eins für die »Gelbe«, eins für die »Braune«, etliche für »Schwarze«, gestaffelt nach Alter. Bokassa zog sonntags häufig durch die Vororte von Bangui und fing Mädchen ein, bevorzugt Jungfrauen im Alter zwischen zwölf und vierzehn. Gegen ein »Schweigegeld« an die Eltern ließ er dann seine Neuerwerbungen in den Harem von Berengo schaffen. Wie viele der starken Männer in afrikanischen Ländern glaubte auch Bokassa, sein Volk durch die nur einem Häuptling zustehende Potenz beeindrucken zu können.

Hat er hier seine berühmt-berüchtigten Gerichtsverfahren abgewickelt, die Menschen den Löwen zum Tod vorgeworfen, andere zerstückeln und dann, wie sein Koch Linguissa vor Gericht aussagte, mit Gin flambiert, als »Delikatesse« servieren lassen? Nein, nein, sagen die Soldaten, das war nicht hier; diese Dinge sind im anderen Palast passiert, in Kolongo.

Wir fahren über den »Boulevard de Gaulle« – Bokassa hat General de Gaulle wie einen Vater geliebt und an seinem Grab »Papa, Papa« geschluchzt – hinüber in den Vorort von Bangui. Die alte Villa, ursprünglich für seine Lieblingsfrau Nummer zwei, die »Rumänin«, gebaut, ist mit hohen Gittertoren verschlossen. »Annexe

Université« steht auf den Toren, doch weit und breit sind keine Studenten zu sehen, nur Militärs, die den Gebäudekomplex kontrollieren und uns gegen eine »Spende« herumführen.

Wir stapfen über Termitenhügel, gebrochenen Marmor, durch dessen Ritzen Eidechsen huschen, hin zu den Eisenkäfigen in einer Felsgrotte. Hier waren früher die beiden Löwen eingesperrt, die der Kaiser auf die Verurteilten losließ. Heute lehnen an kahlen Wänden alte Dekorationstafeln Bokassas, auf denen seine Titel gesammelt sind. »1978 Médaille d'Or de Somalia« steht da beispielsweise eingraviert neben diversen Ehrenzeichen aus westlichen Ländern, »Grand Maître de l'ordre Opération Bokassa«, ein Orden in eigener Sache, den er sich verliehen hatte, weil er Orden nun mal über alles liebte. Er brauchte ein Spezialjackett für alle seine in- und ausländischen Auszeichnungen, zu deren absurdesten der Titel »Größter Fußballspieler des Zentralafrikanischen Kaiserreichs« gehörte.

Die Gefangenen hatten vor dem improvisierten Kaiser-Gericht von Kolongo nichts zu lachen. Nach Auskunft unseres Leutnants, der mehrere Monate in Bokassas Palastgarde war, lief ein typisches Verfahren etwa so ab:

Bokassa I. nahm auf einem erhöhten Thron Platz, der von einem Baldachin überdeckt war, hielt in der Hand seinen Häuptlingsstab aus Ebenholz, in den mit Elfenbein ein großes »J« eingraviert war, für »Justice«, »Gerechtigkeit«. Seine Minister saßen zu seiner Rechten, der Angeklagte hatte sich auf die kalten Fliesen vor dem Thron zu knien, in Sichtweite die vor Hunger brüllenden Löwen. »Was hast du zu deiner Verteidigung zu sagen?« fragte Bokassa I. dann streng, hörte aber selten richtig zu, sondern ließ sich einen Becher mit seinen Lieblingsgetränken reichen, Whisky der Marke »Chivas Regal« oder Champagner »Moët Chandon«. Nach wenigen Minuten unterbrach er die Rede des Angeklagten und brüllte: »Du lügst!«, und dieser Satz war gleichbedeutend mit einem Todesurteil.

Je nach Kaiser-Laune wurden die an den Händen gefesselten Verdammten den Löwen in die Käfige oder den Krokodilen in den Teich zum Fraß geworfen. Bokassa behauptete später, als er selbst vorm Richter stand, die Reptilien hätten sich »nur zur Zierde« in den Becken seiner Villa geräkelt. Ein Argument, das freilich dadurch entkräftet wurde, daß sowohl im Löwenkäfig als auch in den

Alligatorenteichen nach dem Sturz des Kaisers zahlreiche Menschenknochen gefunden wurden – keiner hatte sich die Mühe gemacht, die verräterischen Beweisstücke wegzuräumen.

Die »Villa Kolongo« besteht fast nur noch aus Außenmauern und aus Schutt. Das Schlafzimmer und die Küche möchte ich noch sehen, und der Leutnant nickt, als wisse er schon, warum. In Bokassas einstigem Ruhegemach baumeln Kabel aus den Wänden, die wohl früher seine Videorecorder und die Überwachungsanlage zusammengehalten haben, mit der er alle Räume unter Kontrolle hielt: eine Vorsichtsmaßnahme, nachdem ihm durch die Intrige eines Zimmermädchens gesteckt worden war, seine »Rumänin«, eine Tänzerin, die er bei einem Staatsbesuch im Land seines Diktatorenfreundes Nicolae Ceauşescu aufgelesen hatte, triebe es mit zwei Männern der Wachmannschaft. In der kaiserlichen Hofküche, leer wie alle Räume, liegt achtlos in der Ecke, auf einem von Unkraut überwucherten Boden, eine leere Flasche Champagner. Ihr fehlt nur der Kopf. In das sich langsam zersetzende Gras haben sich Tausende Käfer eingenistet, die durcheinanderwuseln, als brüteten sie für einen Horrorfilm. Es riecht faul, verwest, morbide.

Unser Führer zeigt auf eine Rinne im Boden. »Hier floß das Blut bei den Schlachtungen, und dort, in den Kühlräumen, wurden die einzelnen Stücke aufbewahrt – die einzelnen Leichenteile, Sie verstehen schon, Monsieur.« Der Kühlschrank, in dem die französischen Fallschirmjäger nach der Absetzung Bokassas den Torso eines Mathematiklehrers, unidentifizierbare Arme und Beine gefunden haben, sei nicht mehr da, sagt der Leutnant, in der Stimme echtes Bedauern, als könnte er einem interessierten Touristen die größte Sehenswürdigkeit des Ortes wegen Restaurierung nicht zeigen. »Aber wenn Sie noch den Karton sehen wollen, in dem einige der Leichenteile verpackt waren ...«

Es ist schon fast dunkel, als wir uns, noch etwas benommen von dem unheimlichen Schloß, zu unserem Wagen zurücktasten. Auf dem Platz direkt außerhalb der Gittertore ist Gemüsemarkt, sehr viel Gedränge, sehr viel Geschrei, sehr viel ganz normaler Alltag. Selten habe ich es so genossen, von Menschen herumgestoßen, angesprochen und beim Einkauf übers Ohr gehauen zu werden. Nichts kann einen Alptraum so leicht und so erfolgreich verdrängen wie die banale Wirklichkeit.

Aber der Alptraum kehrt zurück. Neben den schrecklichsten Erzählungen von Berengo und Kolongo gibt es da auch die Fotos in meinen Büchern – Bücher, die in der Zentralafrikanischen Republik allerdings nicht zu kaufen sind –, die Männer mit abgeschnittenen Ohren und niedergemetzelte Kinder zeigen: Dokumente aus der Bokassa-Zeit. Nachdem die französischen »Befreier« am 20. September 1979 Bokassa abgesetzt, die kaiserlichen Regierungsdokumente in Kisten verpackt und, wie übrigens auch das goldene Kaiser-Besteck und andere Kostbarkeiten, außer Landes geschafft hatten, durfte sich der Volkszorn entzünden.

In einem einzigen Sturm der Empörung, in einem nur wenige Stunden anhaltenden »Befreiungsschlag« wüteten die Zentralafrikaner durch die Schlösser ihres Peinigers, rissen die Kronleuchter herunter, kratzten die Samttapete ab, erschossen die Löwen, kochten die Krokodile. Noch einmal flammte die Wut auf, als Bokassa im Herbst 1987 der Prozeß gemacht wurde und die ganze Nation die Direktübertragung an den Transistorradios verfolgte. Doch dann schien das Interesse zu ersterben. Keine zentralafrikanische Historiker-Arbeit dokumentiert das Unrecht, kein Museum zeigt die Horrorbilder, die historischen Stätten sind für das Volk gesperrt. Es ist, als hätten die Machthaber immer noch Angst davor, Bokassa hielte die Fäden über Glück oder Unglück der Menschen in der Hand.[2]

Auch in den Kneipen von Bangui ist Bokassa kein Thema. So, wie ihn die Regierung »auf ewig« ins Militärcamp weggesperrt hat, so haben die Untertanen ihn aus ihrem Gedächtnis weggesperrt. Der Tyrann wird allenfalls noch als abstrakte historische Figur abgehandelt, als Fall aus einer dunklen Vorzeit, als schwarzer Nero oder Dschingis Khan.

Bei manchen, die uns zögernd Auskunft geben, spielt deutlich die Angst mit, Bokassa könne sich – über frühere Freunde – für eine kritische Bemerkung rächen. »Er hat meinen Vater, meinen Onkel und zwei meiner Brüder getötet«, flüstert uns ängstlich ein Grundschullehrer an der Bar des »Relais« zu. »Aber um offen darüber zu sprechen, ist es noch zu früh. Sie müssen verstehen, zu viele, die heute an der Macht sind, verdanken Bokassa ihre Karriere.« Andere zucken gleichgültig mit den Schultern, und einer unserer Mittrinker hat sogar nostalgische Gedanken – die ewige Sehnsucht nach dem starken Mann: »Gut, Bokassa war grausamer als die anderen Herrscher, aber er hat auch mehr für das Land getan. Damals, Ende der siebziger Jahre, gab's mehr Jobs und noch kein Aids, und die letzten öffentlichen Gebäude, die gebaut wurden, sie stammen von ihm.« Da braust ein junger Mann auf, der sich als Anwalt zu erkennen gibt: »Erzähl doch keinen Blödsinn! Der einzige Grund, warum wir diese Zeit nicht aufgearbeitet haben, ist doch, weil wir mitmachten. Wir haben uns gegenseitig denunziert, um am Hofe was zu werden, ob General, Minister oder Kammerdiener. Bokassa war ein großes Monster, aber er hätte ohne uns, die vielen kleinen, willfährigen Monster, nicht existieren können!«

Alle wissen, wo der Ex-Kaiser seine letzten Tage verbringt. Und sie wissen auch, daß Staatschef Kolingba noch keinem In- oder Ausländer erlaubt hat, den Gefangenen im »Fort de Roux« zu besuchen oder ihn gar zu interviewen. Die meisten verstehen diese Entscheidung des Regierungschefs – sie wollen mit ihm gemeinsam den Mantel des Vergessens über Bokassa ausbreiten. Für sie ist er nicht mehr als »der dort oben im Knast«: das Phantom der Burg.

Aber der Anwalt will mir helfen, den Alltag des Gefangenen, seine Beziehung zum Staatspräsidenten zu recherchieren. Er kennt einen alten Mann, der früher einmal eine hohe Regierungsposition innegehabt hat – »eine sehr, sehr hohe, Monsieur« –, und von dem er glaubt, daß er in seinem Pensionärsdasein souverän genug sein könnte, über »seine beiden guten Bekannten Bokassa und Kolingba« Auskunft zu geben. Und so sitzen wir am nächsten Tag bei einem sympathischen grauhaarigen Greis, der mich mit den Chefs von Bokassas Wachmannschaften zusammenbringen und mir das Verhältnis von Kaiser und Regierungschef erklären möchte. Der Alte, den ich auf früheren Regierungsfotos erkannt habe, besteht auf Anonymität.

Wir spazieren durch seinen kleinen Garten in den Außenbezirken von Bangui, das Militärcamp auf dem Hügel, in dem Bokassa sitzt, immer vor Augen. Und wir sprechen viele Stunden lang über die zentralafrikanische Tragödie, über die Ursprünge eines von Anfang an dem Untergang geweihten Landes, über die Wurzeln eines Diktators, den viele im Westen als Musterbeispiel eines blutrünstigen schwarzen »Primitiven« sehen und der doch in Wirklichkeit viel weniger ein Produkt afrikanischer Traditionen als vielmehr ein Kind des Abendlands, westlicher Vorstellungen und Träume ist.

Mordbrenner, Plünderer und Ausbeuter zogen seit Menschengedenken durch Zentralafrika, und fast alle kamen aus dem Norden.[3] Die ersten waren arabische Sklavenhändler, die um 1600 das Gebiet am Ubangi als »Reservoir« für ihr grausames Schergentum entdeckten. In Zentralafrika kreuzten sich bald die großen Sklavenrouten aus dem Gebiet des heutigen Tschad, aus dem Sudan, aus Westafrika. Auch die Pygmäen-Dörfer blieben nicht verschont. Weil die zwergwüchsigen Ureinwohner nicht für den Handel »verwendbar« waren, brannten die marodierenden Banden ihre Dörfer nieder. Bis ins erste Jahrzehnt dieses Jahrhunderts hinein kamen die Sklavenjäger, wüteten hier länger und brutaler als irgendwo sonst.

Nicht, daß ihnen die neuen weißen Herren in vielem nachgestanden hätten. Ab 1877 tauchten Abenteurer, Kautschukhändler, europäische Militärs in Zentralafrika auf, ihr einziges Ziel, soviel wie möglich aus der örtlichen Bevölkerung an Arbeitskraft herauszuholen. 1890 hatten sich die europäischen Kolonialmächte im wesentlichen auf die Verteilung der Pfründe geeinigt: Während Engländer (und auch Deutsche) in Ostafrika und im Niltal bedacht wurden, erhielten die Belgier das meiste Land am Kongo und die Franzosen den »Rest«, ein Gebiet, das sie bald in Französisch-Äquatorialafrika zusammenfaßten, bestehend aus dem Gabun, Kongo-Brazzaville, dem Tschad und Ubangi-Shari, dem Territorium der heutigen Zentralafrikanischen Republik.

Im Jahr 1899 teilte Paris sein Ubangi-Gebiet in zwanzig »Konzessionen«, die, bis auf zwei, privaten Handelsgesellschaften zur Ausbeutung überlassen wurden. Wie in Belgisch-Kongo schlugen die weißen Herren skrupellos zu: Wächter mit Peitschen und Scharfschützen trieben die Einheimischen zur Arbeit in den Gummiplantagen; wer sich der Zwangsrekrutierung entzog oder von den Farmen desertierte, mußte mit Folter oder gar Erschießen rechnen. Im November 1927 wurde einer der Arbeiter von Moaïki, ein Chef des Ngbaka-Stammes namens Mindogon, von den Franzosen zu Tode geprügelt, weil er die erforderte Tagesquote an Kautschuk für die »Compagnie Forestière Sangha-Oubangui« nicht geschafft hatte. Einige Tage später beging dessen Frau aus Kummer Selbstmord – eine ganz normale Geschichte aus jenen Tagen.

Ungewöhnlich war nur, daß eines der zwölf Kinder, die das Paar zurückließ und die von ihrem Onkel aufgezogen wurden, die Tat nie vergessen konnte und sie ein Leben lang als Ansporn für seine Karriere wertete: Jean Bedel Bokassa, damals gerade sechs geworden. Doch es war weniger Haß auf die fremden Besatzer, was sich bei dem jungen Mann aufstaute, es war das Bedürfnis, bei den Mächtigen »dazuzugehören«, ihnen zu gefallen und sich über sie Vorteile zu verschaffen. Jean Bedel begann schon als Jugendlicher, alles Französische anzubeten, sich anzubiedern, um in Machtpositionen zu gelangen, die ihn andere quälen und demütigen ließen.

Er mochte die katholischen Missionare, die ihn erzogen, doch er dachte, wie er Freunden anvertraute, keinen Moment daran, Priester zu werden. Er träumte zunächst auch noch nicht von einer politischen Karriere wie sein Onkel Barthelemy Boganda, der sich 1946 als erster zentralafrikanischer Repräsentant in die französische Nationalversammlung wählen ließ und lange Zeit für die Idee einer »Assimilierung« der Zentralafrikaner innerhalb des französischen Imperiums warb, sich Unabhängigkeit allenfalls in einem zentralafrikanischen Gemeinschaftsstaat aller Kolonialgebiete vorstellen konnte. Doch die Schwäche Frankreichs und der Ehrgeiz der anderen schwarzen Führer machten Bogandas Pläne hinfällig, und so wurde er zu dem Mann, der Ubangi-Shari an die Unabhängigkeit heranführte. Wenige Monate vor der feierlichen Staatsgründung am 13. August 1960 kam Bokassas Onkel, als »Vater der Nation« gefeiert, bei einem Flugzeugunglück ums Leben.

Bokassa war da längst beim französischen Militär gelandet, hatte sich seinen beruflichen Traum erfüllt. Die klare Welt der Hierarchie des Befehlens und Gehorchens gefiel ihm. Er kämpfte unter de Gaulle in der »Résistance« gegen die Nazis, schlug sich als Korporal in Indochina für die Kolonialmacht, schied erst nach 17 Jahren treuer Dienste im Dezember 1956 als Unterleutnant aus der Armee aus. Er hatte sich die Sympathie, wenngleich nicht die Achtung seiner französischen Vorgesetzten erworben: »Dumm, aber tapfer«, urteilten die in einem vertraulichen Papier.

Für den glühenden Frankreich-Verehrer Jean Bedel Bokassa, der so stolz auf seine französische Staatsbürgerschaft war, daß er sie sein Leben lang nie abgegeben hat, begann in der Heimat eine steile Karriere im höheren Armeedienst. 1960 wurde er Leutnant, 1963 Major und noch im selben Jahr Stabschef im Verteidigungsministerium. Seinem Aufstieg kam auch zugute, daß er ein Verwandter des Staatschefs David Dacko war, der ihn mit Wohlwollen beobachtete. Nur gelegentlich gingen Dacko wie anderen Ministern die gar zu zackigen Attitüden Bokassas auf die Nerven, und es wurde darüber gespottet, daß der junge Armeechef seine Sätze so häufig mit derselben Wendung begann: »Napoleon, de Gaulle und ich ...«

Die Regierung Dacko wirtschaftete das Land schnell in den Ruin. Auch die Franzosen, die damals wie heute mehr als zwei Drittel des zentralafrikanischen Haushalts bestritten, wünschten sich einen Neuanfang. Sie machten Dacko klar, daß seine Zeit abgelaufen war und daß Colonel Izamo, ein Günstling von Paris, in einem unblutigen »Putsch« die Macht übernehmen werde. Dacko fügte sich ins Unvermeidliche, entließ an dem ihm angegebenen »Putsch-Tag«, dem 31. Dezember 1965, seine Angestellten, verbrannte persönliche Papiere und brachte einige andere in Sicherheit. Und ging zum Silvester-Abendessen – französische Militärberater, nach wie vor die wahren Herren von Bangui, hatten ihm bedeutet, das sei für ihn am besten so.[4]

Doch der französische Plan ging nicht auf – keiner hatte mit Bokassa gerechnet. Dem hatte ein Untergebener namens Banza von dem Komplott gegen Dacko berichtet und außerdem in Erfahrung gebracht, daß der neue starke Mann von Frankreichs Gnaden als erste Amtshandlung einen eigenen Stabschef einsetzen wollte. Bokassa ging mit Banzas Hilfe in die Offensive. Er rief Colonel Izamo an, berichtete, er selbst sei auch am Silvesterabend im Dienst, und jedermann, der in einer solchen Zeit Feste feiere, in der das zentralafrikanische Volk hungere, sei kein wahrer Patriot. Ob der Colonel denn noch am Fort de Roux vorbeikommen und einige Papiere unterschreiben könne? Izamo kam, wohl um keinen Verdacht zu wekken, und wurde von Bokassa prompt verhaftet und eingesperrt. Dann putschte Bokassa selbst.

Es gab die ganze Nacht eine wilde Schießerei in Bangui, die freilich die meisten Bewohner der Stadt für Silvester-Knallerei hielten. Am Morgen wußten sie es besser. Zu ihrer großen Verblüffung – und dem vielleicht noch größeren Erstaunen der Franzosen – erklärte sich Jean Bedel Bokassa in einer Rundfunkansprache zu ihrem neuen Staatschef.

Als erstes beruft er einen »revolutionären Rat« ein, dem er selbst vorsteht, macht sich neben dem Präsidentenamt zum Verteidigungs-, Justiz- und Informationsminister (später hält er einmal 16 Kabinettsposten gleichzeitig, was Weltrekord sein dürfte). Zum Chef des Finanzressorts ernennt er seinen Mitkonspirateur Banza, der nicht nur ein außergewöhnlich intelligenter Organisator ist, sondern im Sinne des schlauen Bokassa auch noch die Stammesrivalitäten der Zentralafrikanischen Republik austariert: Banza gehört zur größten Volksgruppe im Land, den Gbaya, Bokassas Ngbaka-Stamm stellt nicht einmal zehn Prozent der Bevölkerung, die recht willkürlich in einem Staatsgebiet zusammengefaßt worden war. Eine anarchische Struktur, die aber wenigstens einen Vorteil hat: Das Sangho, der Eingeborenendialekt, wird von allen verstanden und ist bis heute neben dem Französischen offizielle Staatssprache.

Das neue Regime wird von Paris mit Argwohn beäugt, hat man doch bald herausgefunden, daß dieser Bokassa zwar einerseits ein Verehrer Frankreichs ist, andererseits aber sein Vater von Franzosen ermordet wurde. Man geht in Wartestellung – und ist bald angetan von den ersten Schritten der Putschisten. Die Bokassa-Truppe erwischt einen guten Start. Der neue Staatschef hat einen ausgeprägten Sinn dafür, was im Volk ankommt. Er spendiert sein erstes Gehalt dem größten Krankenhaus von Bangui. Er läßt den zentralen Markt der Stadt überdachen. Er ordert unverzüglich Busse für die Verbesserung des Nahverkehrs. Er bezahlt eigenhändig und mit Bargeld, was zentralafrikanische Metzger tschadischen Rinderzüchtern schulden, um die Fleischversorgung des Landes wieder sicherzustellen. Und nicht zuletzt: Er gründet zwei Nationalorchester für klassische und populäre Musik, »Centralafricain Jazz« und »Vibro-Succès«, und fährt selbst zum Flughafen, um das Ausladen der im Ausland gekauften Instrumente zu überwachen. Nur wenige kennen damals die andere Seite Bokassas, seine Menschenverachtung, seine Unbeherrschtheit, seine Brutalität: Er läßt einen Offizier, von dem er glaubt, er habe Bokassas Frau schöne Augen gemacht, einsperren und gibt den Befehl, ihn zusammenzuschlagen. Die wenigen, die davon wissen, halten das damals noch für eine einmalige Entgleisung eines eifersüchtigen Machos.

Bokassa handelt weiter mit dem Instinkt des Populisten. Die Einheitspartei MESAM, aus der ihm Konkurrenz hätte erwachsen können, erklärt er zu einer »unsterblichen Einrichtung«, die zunächst nicht mehr nötig sei – er neutralisiert so die verbliebenen Politiker.

Als er merkt, daß das mit den Gewerkschaften schwieriger geht, setzt er sich an deren Spitze: Der spätere Kaiser wird zum Genossen der sozialistischen Arbeitervertretung. Seine prominentesten politischen Häftlinge, den entmachteten Staatspräsidenten Dacko und den Ex-Finanzminister Bornou, behandelt er mit ausgemachter Höflichkeit – er weiß, Paris hat ein Auge auf die beiden. Bokassa bringt seinem Vorgänger sogar eine Bibel mit ins Gefängnis (»Lesen Sie mal, das ist ein gutes Buch«, sagt er zu ihm), und den ehemaligen Herrn der Finanzen tröstet er mit den Worten: »Es tut mir leid, daß wir Sie festnehmen mußten. Aber das ist eben so, bei einem Staatsstreich sperrt man immer erst den Finanzminister ein und erzählt, er sei ein Geldverschwender gewesen.«

Selbst große Männer sind oft für Schmeicheleien empfänglich, und nachdem General de Gaulle Dutzende von Depeschen von Bokassa erhalten hatte, in denen er ihn als »göttliches Vorbild« und Frankreich als »plus grande nation« pries, erklärte sich der französische Staatschef im November 1966 bereit, Bokassa zu empfangen. Es wird der endgültige Durchbruch des zentralafrikanischen Diktators zur internationalen Anerkennung. In Afrika haben ihn zu diesem Zeitpunkt schon die Chefs der Nachbarländer, allen voran Zaires Tyrann Sese Seko Mobutu, herzlich umarmt. Sämtliche Gesprächspartner, auch die Franzosen, zeigen sich von Bokassas spitzbübischem Charme angetan, bewundern seine direkte, unumwundene Art. Der nur 1,64 Meter große Politiker mit dem Schnurr- und Kinnbart, mit seinem gedrungenen Äußeren und seinen lauernden, wachen Augen wickelt jeden mit seiner Bauernschläue ein. Er erkennt immer sehr rasch, was die anderen hören wollen, und sagt es dann auch – in perfektem, elegantem Französisch, der Sprache der Diplomaten und europäischen Kultur.

Doch Bokassa, so berichten später Freunde, fühlt sich zunehmend von Dämonen gejagt, von einem Gefühl der Minderwertigkeit, der Überforderung. Er beginnt, überall Feinde zu sehen. Er wird noch sprunghafter, unberechenbarer als früher. Er trinkt viel, wird Frauen gegenüber ausfallend, zieht immer neue junge Mädchen ins Bett. Und kann sich doch von seinen Ängsten nicht ablenken, von seiner beginnenden Paranoia: Bokassa bittet im Oktober 1967 die Franzosen um militärischen Schutz, weil er glaubt, überall von möglichen Putschisten umgeben zu sein. Paris toleriert diese

Besessenheit, ermöglicht sie der französischen Regierung doch einen noch festeren Zugriff auf das afrikanische Land. Mitte November kommen in Bangui 80 Fallschirmjäger einer französischen Eliteeinheit an – zum persönlichen Schutz eines zunehmend dem Wahnsinn verfallenden Tyrannen.

Brutal rechnet Bokassa mit jedem ab, den er für einen Feind hält, mit jedem, der ihn zu kritisieren wagt. Seinen alten Mitstreiter Banza läßt er ins Gefängnis werfen, foltern und erschießen, nur weil der ihm klarzumachen versuchte, daß der Staatshaushalt durch Bokassas Verschwendungssucht vor dem Kollaps steht. Er befiehlt, einem anderen möglichen Opponenten, dem Politiker Monoumbaye, bei lebendigem Leibe den Penis abzuschneiden – und schaut dabei zu. Bettler mit verkrüppelten Gliedmaßen deklariert er als »Schandmal der Rasse«, läßt sie von öffentlichen Plätzen entfernen, in ein Flugzeug pferchen und an einer Biegung des Ubangi-Flusses aus 6000 Metern Höhe abwerfen. Dieben werden ab 1971, wenn sie das erste Mal erwischt werden, die Ohren abgeschnitten, beim zweiten Mal die Hände, beim dritten Mal werden sie standrechtlich erschossen. Als Bokassa einmal ein Gerichtsurteil zu mild erscheint, läßt er den obersten Richter des Landes in den Palast kommen, schreit ihn zusammen, entläßt ihn und sperrt ihn in eine Zelle des berüchtigten Ngaragba-Gefängnisses von Bangui.[5] Zum Muttertag 1971 denkt sich Bokassa eine besondere »Überraschung« aus: Um Zentralafrikas Mütter zu ehren – so seine offizielle Begründung –, läßt er alle Strafgefangenen hinrichten, die wegen eines Verbrechens an einer Mutter angeklagt waren.

Bokassa hat Spaß am Foltern, genießt es, selbst den Prügel in die Hand zu nehmen und auf wehrlose Gefangene einzuschlagen, wie 1972 geschehen, als er drei angebliche Verbrecher so lange eigenhändig malträtiert, bis sie tot liegenbleiben. Es scheint, als wolle er so – im Unbewußtsein vielleicht – seinen Vater rächen, der ja durch den Rohrstock der französischen Herren umgekommen war.[6]

Doch der Staatschef ist nicht nur ein grausamer, unberechenbarer Sadist, er will auch, immer noch, von seinem Volk geachtet und geliebt werden. In der Regierungsverordnung Nummer 7609 bestimmt Jean Bedel Bokassa: »Jeder Bürger der Zentralafrikanischen Republik soll Seine Exzellenz Bokassa mit ›Papa‹ ansprechen.« Der Präsident, inzwischen per Dekret »Präsident auf Lebenszeit«, nennt sein Volk nur mehr »meine Kinder«. Er glaubt so an afrikanische Häuptlingstraditionen anzuknüpfen – doch die großen »Chefs« des Kontinents haben, bei allem entschiedenen Durchgreifen gegen Rechtsbrecher, zuallererst immer für ihre Stämme gesorgt und durch diesen Einsatz ihre Loyalität verdient. Bokassa aber denkt nur an sich. Schafft Staatsgelder beiseite und kauft sich davon bei Paris, in Bern und an der Côte d'Azur Luxusschlösser, während der Lebensstandard seines Volkes immer tiefer sinkt.

Im Westen bleiben Bokassas Grausamkeit, die brutale Ungerechtigkeit seines Regimes nicht unbekannt; Menschenrechtsorganisationen dokumentieren die Übergriffe gegen die Zivilbevölkerung. Aber deswegen wird der Staatschef der Zentralafrikanischen Republik doch in Paris, London und auch in Bonn als Gast empfangen – man ist, vor allem in Frankreich, nur zu gern geneigt, über die »Exzentrik« des afrikanischen Despoten hinwegzusehen. Denn Bokassa schmeichelt nach wie vor den jeweiligen Staatschefs in Paris – mit Giscard d'Estaing beispielsweise fährt er mindestens einmal im Jahr auf Großwildjagd –, und er flößt ihnen auch Achtung und Angst ein. Sein außenpolitischer »Irrsinn« hat Methode.

Er verbündet sich mit anderen afrikanischen Staatschefs, allen voran Diktatoren wie Zaires General Mobutu oder Ugandas Gewaltherrscher Idi Amin, den er einmal seinen »intimen Freund« nennt, und wettert gegen den »westlichen Imperialismus«. Knüpft als einer der wenigen Schwarzafrikaner Kontakte zu Israel[7] und zum Apartheidsstaat, ganz im Sinn des Westens. Vollzieht anschließend eine Kehrtwendung und gibt sich, nach einem Besuch in der Volksrepublik Kongo-Brazzaville, als überzeugter Sozialist zu erkennen, der sich mit Moskau und Peking gut stellen will – Entsetzen, gute Worte und neue Kredite aus Paris sind die Folge. Am geschicktesten aber spielt Bokassa seine »Libyen-Karte« aus: Er verbrüdert sich mit Muammar al-Gaddafi, tritt anläßlich dessen Besuch im Oktober 1976 in Bangui gar zum Islam über und nimmt den Namen »Salah Eddine Ahmed Bou-kassa« an. Die französische Regierung macht sich nun große Sorgen, weiß sie doch, daß Gaddafi seine Revolution überallhin in die arabische Welt, aber auch in das »westliche« Einflußgebiet des Tschad und eben auch nach Zentralafrika hineintragen will. Als nach den ersten fünf Millionen US-Dollar, die Gaddafi für seinen neuen Glaubensbruder gleich im Koffer mitgebracht hat, die versprochenen nächsten dreißig Millionen »Entwicklungshilfe« auf sich warten lassen, kühlt Bokassas Beziehung zum Libyer zwar etwas ab, dennoch versteht er es, weiter mit der Drohung einer »revolutionären Allianz« gegenüber Paris zu arbeiten.

Im Dezember 1976 verkündet Bokassa einer verblüfften Weltöffentlichkeit, daß er die Zentralafrikanische Republik in ein Kaiserreich verwandeln will und sich selbst zum Kaiser zu krönen gedenkt. Sein hungerndes Volk weiß nicht, was es mit dieser Ankündigung anfangen soll – einen Kaiser hat es in Zentralafrika nie gegeben; der einzige Imperator des Schwarzen Kontinents, Negus Haile Selassie von Äthiopien, war von seinen Untertanen 1974 vom Thron gejagt worden. In Frankreich schüttelt man ungläubig die Köpfe, reißt seine Witze über den »übergeschnappten Wilden« – und überlegt, was diese verrückte Idee »geopolitisch« bedeuten könnte: Positives, zweifelsohne. Denn Bokassa, so sickert schnell durch, möchte mit seiner Krönung dem großen Vorbild Napoleon nacheifern, sein Entschluß ist, nach einigen Jahren widersprüchlicher Zeichen, zweifellos wieder eine Hinwendung zu Frankreich, Ausdruck seiner unerschütterlichen Liebe zur »Grande Nation«. Und schließt automatisch eine Abkehr von Gaddafi und dem Islam ein: Bokassa hat mitteilen lassen, er möchte in der »Notre-Dame«, der Kathedrale von Bangui, auch den Segen empfangen, möglichst vom Papst – undenkbar ohne ein Rekonvertieren, ohne eine Rückkehr in den Schoß der römisch-katholischen Kirche. So bleibt der große Protest, der wütende Hinweis auf eine Millionenverschwendung seitens der französischen Regierung aus.

Und Bokassa verliert jede Kontrolle, jede Hemmung. Er beginnt sich, in seiner ungebremsten Egomanie, für Gott zu halten. »Ich bin überall und nirgends«, ruft er bei einer öffentlichen Ansprache mit glasigen, in die Ferne gerichteten Augen aus. »Ich kümmere mich um nichts und sehe doch alles. Ich höre niemandem zu, und gleichwohl bleibt mir nichts verborgen.« Fast täglich wird irgend etwas nach Bokassa bekannt: Stadien, Plätze, Straßen, Geschäfte, Staatsfarmen. Zu seinem 55. Geburtstag verordnet er, jeder Bürger müsse ihm aus Dankbarkeit 500 zentralafrikanische Franc schenken, etwa fünf Mark. Sein Porträt soll nun auch auf allen Schulbüchern und Schulheften zu sehen sein. Als Bokassa von einem Staatsbesuch in den Tschad zurückkommt, läßt er sich vom Flughafen direkt zu einer Sänfte und von dort zu einem Mercedes 600, einem Geschenk aus Bonn, tragen.

Sein Haß auf Gesetzesbrecher nimmt absurde Formen an. Per Dekret legt er fest, daß der Staat nicht mehr für die Ernährung der Häftlinge aufkommt, sie seien, sagt er in einer Kabinettssitzung, »nicht besser als Schweine, und die müssen ja auch für ihren Fraß selber sorgen«. Da die Gefangenen keine Möglichkeit haben, Geld zu verdienen, und Besuch nur einmal jede Woche möglich ist, droht ihnen buchstäblich das Verhungern. Es wird noch schlimmer gefoltert als zuvor, am brutalsten von einem Europäer, der das besondere Vertrauen des Staatspräsidenten genießt, einem tschechischen Ex-Fremdenlegionär namens Otto Sacher, dem Schrecken des Ngaragba-Gefängnisses.

Weil das Ausland Bokassa gewähren läßt, sieht er auch nicht ein, warum er Ausländer anders behandeln soll als seine unterdrückten Landsleute. Der Korrespondent der Nachrichtenagentur »Associated Press«, Michael Goldsmith, schickt im Juli 1977 ein Routine-Telex von der Post in Bangui. Durch einen Stromausfall werden die Buchstaben verdruckt, es entsteht ein Kauderwelsch, das Bokassa – er bekommt von allen Telexen eine Kopie – für einen Geheimcode hält. Der Präsident läßt den Journalisten in seinen Palast von Berengo kommen, stampft auf, tobt und brüllt wie ein Wahnsinniger: »Ich lasse mich von dir nicht vorführen! Du bist ein verdammter Spion!« Bevor sich Goldsmith verteidigen kann, trifft ihn ein Hieb von Bokassa: Er hat mit seinem Ebenholzstock eine blutige Wunde in den Hinterkopf des Reporters geschlagen. Goldsmith bekommt nur noch mit, wie mehrere Paar Schuhe, darunter die teuren Treter Bokassas, auf ihm herumtrampeln, bevor er ohnmächtig wird. Er erwacht später in einer Todeszelle des Ngaragba-Gefängnisses, wo er mehrere Wochen gefangengehalten wird.

Eines Tages läßt ihn Bokassa wieder nach Berengo führen – Goldsmith denkt, seine letzte Stunde habe geschlagen. Doch Bokassa nimmt ihm die Handschellen ab, umarmt ihn und erklärt ihm, nun gehöre er »zur Familie«. Er bietet ihm den Posten des Regierungssprechers an. Goldsmith lehnt dankend ab. Bokassa läßt es sich nicht nehmen, den Reporter zum Flughafen zu fahren und ihn mit drei Bruderküssen auf die Wange aus dem Zentralafrikanischen Kaiserreich zu verabschieden.[8]

Inzwischen laufen die Vorbereitungen für die Krönungszeremonie auf Hochtouren: Am 4. Dezember, dem Krönungstag Napoleons, soll es soweit sein. »Frankreichs bester Freund in Afrika« – so Frankreichs Ministerpräsident und Diamantenempfänger Giscard d'Estaing einmal über Bokassa – treibt sein Nacheifern Napoleons auf die Spitze: Er läßt alte Filme über das Leben des Korsen besorgen und studiert jede Bewegung, jede Geste seines Idols. Er ruht nicht, bevor die Firma »Guiselin«, die Napoleons Uniform geschneidert hat, gegen ein fürstliches Honorar auch seinen Krönungsmantel anfertigt: eine goldbestickte Samtrobe, mit Zehntausenden Perlen und Kristallkügelchen verziert. Das berühmte Modehaus »Lanvin« entwirft das Krönungskleid der Kaiserin. Für die Krone ist das angesehene Juwelierhaus »Arthus Bertrand« zuständig. Sie ist mit einem 138karätigen Diamanten versehen und schlägt, gemeinsam mit den anderen Schmuckstücken, mit fünf Millionen Dollar zu Buche. Auch die aus Paris eingeflogenen 48 000 Flaschen Wein und die 150 Kilo Kaviar gehen ins Geld. Die Gesamtkosten der Zeremonie werden später auf 30 Millionen Dollar hochgerechnet; das ist mehr als ein Drittel des zentralafrikanischen Staatshaushaltes im Jahr 1977.

Es gibt auch Geschenke an diesem Tag. Mitgebracht und untertänigst überreicht von interessierten Privatleuten, die hoffen, bei Seiner Kaiserlichen Majestät Bokassa I. gut Wetter für spätere Geschäftsunternehmen oder Schürfrechte zu machen; aus der Schweiz beispielsweise ein Hundert-Kilo-Käse mit Kaiser-Konterfei. Aber die kaiserliche Kasse verbucht kaum Einnahmen, sieht man von der 400-Dollar-»Informationsgebühr« ab, die jeder anreisende Journalist am Flughafen Bangui zu entrichten hat. Die Fernsehrechte an der Krönung, die Bokassa international zur Versteigerung angeboten hat, interessieren niemanden. So gilt für die Deckung der Unkosten, was Bokassa in einem seiner helleren Momente am Anfang seiner Regierungszeit einmal über die Staatsfinanzen gesagt hat: »Alles in unserem Land wird von der französischen Regierung finanziert. Wir fragen die Franzosen nach Geld, wir bekommen es – und dann verschwenden wir es.«

Politisch wird die Kaiserkrönung für Bokassa nicht der erhoffte Triumph. Kein Staatsoberhaupt, nicht einmal sein Freund Mobutu, geschweige denn eines der anderen gekrönten Häupter kommt nach Bangui. Die Bundesrepublik ist immerhin mit einem Adligen vertreten, dem Grafen Harald Posadowsky-Wehner, der ein 24teiliges Fürstenberg-Service als Gastgeschenk überreicht. Was der päpstliche Nuntius mitbringt, bleibt unbekannt. Daß der höchste Würdenträger der katholischen Kirche seinen persönlichen Gesandten, den Monsignore Enrici, entsandt hat, kann Bokassa I. als kleinen Erfolg werten; der war nämlich auch päpstlicher Vertreter bei der Krönung des spanischen Monarchen.

Seine Kaiserliche Majestät erklärt das Fernbleiben anderer Honoratioren mit Neid: »Sie sind eifersüchtig auf mich, weil ich ein Empire beherrsche und sie nichts dergleichen vorzuweisen haben«, sagt er dem staatlichen Fernsehen in einer Audienz. Der Interviewer wagt nicht zu fragen, ob die 30 Millionen Dollar nicht besser für Straßenbau verwendet worden wären – es gab damals gerade 270 Kilometer (heute 440) geteerte Trassen im Land – oder für Krankenhäuser oder für Schulen; verständlich, denn eine solche kritische Anmerkung hätte ihm Gefängnis, Folter, vielleicht sogar den Tod bringen können.

Das jüngste Kaiserreich der Welt wird auch das kurzlebigste – in weniger als zwei Jahren ist der imperiale Spuk vorbei. Und doch bedarf es noch einmal einer ungeheuerlichen Tat Bokassas, um die Welt, um seine französischen Gönner aufzuschrecken: Der Tyrann veranstaltet eigenhändig ein Blutbad unter Schulkindern.

Im Januar 1979 verfügt Bokassa der Schreckliche, alle Schüler des Zentralafrikanischen Kaiserreichs hätten künftig Uniformen mit seinem Konterfei zu tragen. So schlägt er zwei Fliegen mit einer Klappe: Einmal befriedigt er sein krankhaft übersteigertes Selbstwertgefühl, zum anderen füllt er seine Kasse – die einzige Textilfabrik, die solche Uniformen herstellt, liegt in Berengo und gehört dem Kaiser höchstpersönlich. Es regt sich vorsichtiger Protest. Schulkinder demonstrieren, auch einige Staatsbeamten, die seit zwei Monaten keine Gehälter mehr bekommen haben; sie bitten um die Rücknahme des kaiserlichen Dekrets. Bokassa I. läßt in die Menge schießen. Zwei Dutzend Demonstranten brechen tot zusammen.

Im April gehen die Demonstrationen weiter. Schulkinder werfen Steine auf die kaiserliche Limousine. Bokassa steigert sich in einen seiner Wutausbrüche hinein: »Euch werde ich beibringen, was es heißt, ›nieder mit dem Kaiser‹ zu rufen!« Er läßt die Schüler von seinen Soldaten einkreisen, 180 werden verhaftet und in drei winzige, stickige Zellen des Ngaragba-Gefängnisses zusammengepfercht. Mehrere Augenzeugen berichten übereinstimmend, was dann passiert: Gegen 20.00 Uhr taucht Bokassa in den Zellen auf, immer noch rot vor Wut. Schreit, tobt, schlägt. Erst auf die Beine, dann auf die Arme, dann auf die Köpfe, immer mit seinem harten Ebenholzstock, in den das Zeichen der »Gerechtigkeit« eingraviert ist. Dutzende Kinder bleiben in einer Blutlache liegen – so wie damals, als die französischen Schergen auf Bokassas Vater und andere »Nichtsnutze« eingedroschen haben. »Führ's du zu Ende«, sagt schließlich ein beruhigter, sichtlich erleichterter Bokassa und läßt seinen Henkersknecht Mokwa weiterwüten. Nur 28 der 180 Kinder überleben nach einem späteren Bericht von »amnesty international« das Massaker.

Am 19. September 1979 fährt Bokassa I. zu einem Staatsbesuch nach Libyen. In der darauffolgenden Nacht wecken französische Spezialkommandos den im Pariser Exil lebenden Ex-Präsidenten Dacko und sagen ihm, er solle aufstehen, er werde in seine Heimat zurückgeflogen – als neuer Präsident. Am 20. September gegen 23.00 Uhr erklärt Dacko im zentralafrikanischen Rundfunk, er habe in einem unblutigen Putsch die Macht übernommen, der Kaiser sei abgesetzt, das Kaiserreich gehöre der Vergangenheit an. Bokassa kann außer Landes fliehen und mit seiner Maschine Paris erreichen. Er beansprucht unter Hinweis auf seine französische Staatsangehörigkeit und seine »vielen guten Freunde« im Land, wie etwa seinen »Bruder Giscard«, politisches Asyl. Man läßt ihn nicht einmal aussteigen, schiebt den nun lästig gewordenen Ex-Verbündeten in den westafrikanischen Staat Elfenbeinküste ab.

Doch damit ist das »Entsorgungsproblem« noch lange nicht gelöst. 1983 weist die Elfenbeinküste den ungebetenen Gast aus – er hat versucht, die zentralafrikanische Opposition um sich zu scharen und in Bangui einen Putsch zu inszenieren; ein klarer Bruch seiner Asylbestimmungen. Nun muß Frankreich doch ran, weil sich kein anderes Land des grausamen Ex-Kaisers annehmen will. Bokassa darf die nächsten Jahre sein Schloß Hardricourt bei Paris bewohnen. Mit seiner mageren französischen Offizierspension von knapp 2000 Mark (plus zehn Mark von der Ehrenlegion), die ihm als höchstdekoriertem Afrikaner in der französischen Kolonialarmee zusteht, kann er seine mitgebrachten 15 Kinder und vier Ehefrauen bald nicht mehr durchbringen. Er weigert sich, die Wasser- und Elektrizitätsrechnung zu bezahlen, behauptet in einem Interview, seine Kleinen müßten »wilde Früchte und Pilze« in den Wäldern sammeln, wenn sie sich einmal satt essen wollen.[9]

Bokassa, der sich nun nur noch als »französischer Sacharow« bezeichnet, will mit seinen Memoiren Geld machen. Doch sein Buch »Ma Vérité« (»Meine Wahrheit«) wird von französischen Gerichten verboten – es enthält zahlreiche nicht überprüfbare Behauptungen über Bokassas ehemaligen Jagdfreund Giscard, den er beschuldigt, Diamanten eingesteckt und sich darüber hinaus an zentralafrikanischen Schönheiten vergriffen zu haben. Noch einmal zeigt der Ex-Kaiser, daß er versteht, eine Show zu inszenieren: Am 27. Juni 1985 läßt er am belebten Bahnhof Gare d'Austerlitz in Paris alle 8000 Exemplare seines Buches in Flammen aufgehen – als »Fanal gegen französisches Unrecht«.

Der Mann, der keinen Bezug zur Realität mehr hat, steigert sich in den Wahn, daß sein Volk ihn vermisse. Mitte Oktober 1986 setzt er sich mit falschem Paß über Brüssel und Rom nach Bangui ab. In Abschiedsbriefen an Präsident Mitterrand und Premierminister Chirac begründet er seinen Entschluß damit, er sei »beseelt vom Ideal der Freiheit« und glaube, »daß mein Land mich braucht«. Gezeichnet: »Kaiserlicher Hof, Seine Kaiserliche Majestät, Bokassa I.«.

Der Größenwahnsinnige wird am Flughafen der zentralafrikanischen Hauptstadt verhaftet. Der Prozeß gegen ihn, der einige Jahre zuvor schon in Abwesenheit zum Tode verurteilt worden ist, wird neu aufgerollt. Staatspräsident General André Kolingba, der inzwischen in einem unblutigen Putsch Dacko abgelöst hat, will ein »rechtsstaatliches Aufarbeiten der Tyrannei«. Doch da können die Richter in ihren mit Hermelin gefütterten roten Roben noch so schwitzen und sich noch so bemühen: Es gelingt ihnen zwar leicht, einige der – todesstrafwürdigen – Anklagepunkte zu beweisen, aber an die Strukturen des Unrechtssystems kommen sie nicht heran, weil diese Strukturen und auch einige der Personen, die sie bestimmen, noch immer vorhanden sind: Der eine von Bokassas früheren Beratern hat keinen Anlaß, ernsthaft auszupacken, weil er inzwischen Innenminister geworden ist. Ein anderer, der Bokassas Pressearbeit besorgt hat, sitzt inzwischen als Botschafter in Washington (und heute in Bonn). David Dacko, einst Gefangener, dann wieder Berater von Bokassa, später sein Nachfolger, ist froh, wenn man ihn in Ruhe läßt und er weiter seine Hühnerfarm am Rande der Stadt betreiben kann. Die vielen Mitläufer und »kleinen Monster« sind untergetaucht. Und Frankreich will zwar die »Exzesse« Bokassas bloßstellen, aber es will sich doch nach wie vor auf dieselbe zentralafrikanische Elite stützen, die es so wesentlich mitgeschaffen hat – nur durch diese frankophile »Bourgeoisie« kann Paris permanent seinen Einfluß sichern.

Während sich die westliche Presse beim Prozeß genüßlich auf den Anklagepunkt der »Menschenfresserei« stürzt, erregt dieser Vorwurf die meisten Zentralafrikaner kaum. Bokassas Stamm, die Mbaka, sind dafür bekannt, daß sie noch mindestens bis Anfang dieses Jahrhunderts regelmäßig Menschenfleisch verzehrt haben. Der amerikanische Autor Alex Shoumantoff, der die Kannibalismus-Geschichte mit Hilfe von Ethnologen und Ärzten recherchiert hat, kommt zu der Ansicht, die Mbaka hätten früher – und würden es vermutlich auch heute noch – Herz und Leber ihrer Feinde gegessen, damit deren Macht auf sie übergehe.[10]

Der Anklagepunkt der Anthropophagie spielt im Prozeß gegen Jean Bedel Bokassa keine große Rolle.[11] Der Angeklagte nimmt das Todesurteil gefaßt auf; er hat während des gesamten Prozesses einen eher entspannten Eindruck gemacht, mit Journalisten gescherzt, so, als sei er froh, daß nun ein Schlußstrich gezogen wird. Er hat sich stellenweise recht originell verteidigt. »Wie soll ich ein Menschenfresser sein, wo ich doch so lange in der französischen Armee war und die Werte des Abendlandes in mich aufgesogen habe?« Und ein anderes Mal: »Der Papst hat mir den Titel ›Apostel des Friedens‹ verliehen – macht er das mit Mördern?« Von vielen Untaten seines Regimes will er einfach nichts gewußt haben, persönliche Beteiligung an Tötungen leugnet er, nimmt aber die »politische Verantwortung« auf sich. Den internationalen Beobachtern ist klar, daß Präsident Kolingba das Urteil nicht vollstrecken wird, um keinen Märtyrer zu schaffen. Er setzt auf Vergessen – zumindest im Ausland mit Erfolg. Nach dem Ende des Bokassa-Prozesses verschwindet die Zentralafrikanische Republik aus den internationalen Schlagzeilen. Das Land am Ubangi ist seitdem wieder, mit Paris an seiner Seite, für sich allein.

Es ist spätabends geworden in Bangui, als mein prominenter Gesprächspartner und ich uns zu den Kneipen aufmachen, wo wir die »Geôliers« treffen sollen, die französischen Gefängniswärter Bokassas. Wir versuchen es erst im »Equinox«, den die Tanz-Mädchen der »gehobenen Klasse« frequentieren, dann im »Blow up«, einer Bar der Mittelklasse, schließlich im »Punch à Coco«, dem Billigtreff im ursprünglichsten Afrikanerviertel am »Kilomètre Cinq«. Hier spielen sie den afrikanisch-karibischen Rumba-Rock nicht schlechter als anderswo, das Bier kostet keine zwei Mark. Und daß es nicht ganz so sauber ist – gegen Monatsende können sich die jungen Elite-Soldaten, die zu der Leibwache des Präsidenten zählen, nicht mehr alles leisten und müssen darüber hinwegsehen.

Ohne das gute Zureden meines Kontaktmannes hätten sie nicht mit mir gesprochen: Was im »Fort de Roux« passiert, gilt als streng geheim. Doch dann gewinnen sie Vertrauen und erzählen bald alle Details aus dem Leben ihres prominenten Häftlings.

Jean Bedel Bokassa will als »Majestät« oder als »Papa« angesprochen werden. Sein Haar ist fast ganz ergraut, seine Gesichtszüge sind gealtert (am 22. Februar 1991 feierte er seinen 70. Geburtstag). Seine Laune wechselt ständig – von himmelhochjauchzend bis zu Tode betrübt. Wenig dazwischen. Immer wieder Wutausbrüche, Selbstgespräche, manchmal auch Dialoge mit den Eidechsen in der zwei mal drei Meter großen Zelle, die er zärtlich in die Hand nimmt, denen er politische Lektionen und historischen Unterricht über Napoleons Feldzüge gibt. Und die er dann, zärtlich fast und ganz langsam, mit dem Daumen zu Tode quetscht.

Bokassa haßt die Franzosen – aber nur die »modernen«, noch aktiven politischen Führer wie Giscard d'Estaing und Mitterrand. Für sie denkt er sich lange, genüßlich-grausame Flüche aus; auf de Gaulle läßt er immer noch nichts kommen, und seine Napoleon-Besessenheit hat sich in der Zelle eher noch verstärkt. Sein sehnlichster Buchwunsch: eine Biographie über das Idol, alte Feldkarten seiner Schlachten, um sie nachzuspielen. Der Wunsch wurde ihm abgeschlagen. Bokassa darf in seinem Gefängnis weder Radio hören, noch Bücher, Zeitungen oder Zeitschriften lesen – einzige, von ihm sehr geschätzte Ausnahme: die Bibel. »Gott, Napoleon und ich ...« – immer wieder hören die Wärter ihn diese Worte vor sich hinmurmeln, und oft bricht er danach in Tränen aus.

Die Bewacher haben präsidentlichen Befehl, auf das Wohlergehen Bokassas zu achten, auf jeden Fall einen Selbstmord zu verhindern. General Kolingba sucht noch immer ein Land, um ihn unauffällig abzuschieben, ein »Elba für unseren Napoleon«, wie sich der Staatschef ausdrückt. Das Essen wird kleingeschnitten gereicht, Messer sind verboten. Lange wurde Bokassa auch eine eigene Zahnbürste vorenthalten, weil man fürchtete, er würde sich damit zu ersticken versuchen. Doch inzwischen gilt der Gefangene als problemlos. »Der dämmert seinem Ende entgegen«, ist die übereinstimmende Meinung seiner Bewacher. Zu jedem Abendessen wird Bokassa eine 0,3-Liter-Flasche Wein serviert, die er sich stets für den Sonntag aufspart. Dann veranstaltet er regelmäßig ein kleines Besäufnis, Höhepunkt in seinem Gefängnisleben. Prahlt vor den jungen Franzosen mit seinen Weibergeschichten. Erzählt wirres Zeug von einer »außerirdischen Bedrohung«, die er mit Panzern und Knüppeln zerschlagen müsse. Und macht dann wieder Jagd auf Geckos und Eidechsen.

Wenn Staatschef André Kolingba im »Fort de Roux« übernachtet, geht er manchmal zu später Stunde hinunter zu Bokassas Zelle, die in einem anderen Komplex der Burg liegt. Es gibt keine Gespräche zwischen den beiden – der Neue läßt sich von den Wärtern immer Bescheid sagen, ob der Alte schon schläft. Nur dann wagt er den Gang, schaut sich seinen Vorgänger lange und schweigend an.

Präsident Kolingba hat gesagt, das Thema Bokassa sei für ihn erledigt, er betrachte die Zeit der Diktatur als bewältigte Geschichte. Er verbürge sich dafür, daß es dem Gefangenen gutgehe, »aus humanitären Gründen«. Aber den André Kolingba, den von Jean Bedel Bokassa so viel unterscheidet – der eine ein Kinderschlächter und machtgieriger Psychopath, der andere ein pragmatischer Autokrat ohne erkennbar brutale Züge –, verbindet auch manches mit ihm. Sie sind beide nur bei oberflächlicher Betrachtung Geschöpfe einer afrikanischen Stammeshäuptlingswelt, viel eher Kreationen der französischen Kolonialherrschaft. Weder Bokassa noch Kolingba waren je Bestandteil der »normalen« zentralafrikanischen Wirklichkeit, sie stützten sich nur auf das Wohlwollen der französischen Geldgeber und auf eine schmale Elite im eigenen Land. Sie sind beide, wie die Menschen auf dem Land in ihrer Sangho-Sprache sagen, »mboundjou – voko«, »weiße Schwarze«.[12]

Kaiser Bokassa war am Ende seiner Regierungszeit ein Mann ohne wirkliche politische Ziele, kein Kaiser, sondern ein untertäniger Diener ausländischer Interessen, die ihn so lange an der Macht ließen, bis ihnen sein Größenwahn und seine Grausamkeit gar zu peinlich wurden. Dacko wurde von den Franzosen nach Gutdünken ein- und abgesetzt. Auch Kolingba wird sich nur so lange halten, wie die Regierung in Paris seine Herrschaft für weniger störend hält als die negativen Folgen einer neuerlichen Intervention. Zentralafrika ist eine Kolonie geblieben – in allem, außer im Namen.

Am Tag vor der Abreise ein letzter Versuch. Ausgestattet mit einem internationalen Journalistenausweis und einem Papier der deutschen Botschaft, eindrucksvoll gestempelt mit dem Bundesadler, versuche ich mein Glück im »Fort de Roux«. An den ersten Wachen vorbei, die angesichts der Papiere achtungsvoll salutieren. Dann bin ich vor einem großen Gebäude und einem kleinen Häuschen; das muß nach Auskunft der Bewacher der Trakt sein, in dem Bokassa haust. Schrille Trillerpfeife. »Zurück, sofort zurück!« Und ein kräftig gebauter schwarzer Soldat dreht mir den Arm um, greift nach meiner Kamera. Es wird der Boß der Bosse benachrichtigt, der französische Chef der Präsidenten-Leibgarde, Colonel Jean-Claude Mansion, den sie »Banguis heimlichen Herrscher« nennen, weil ohne seine Zustimmung nichts in der Hauptstadt läuft.

Wir unterhalten uns freundlich. »Sie sollten wissen, daß es verboten ist, hier herumzulaufen«, sagt der Colonel, nimmt es aber eher von der sportlichen Seite und händigt mir sogar die beschlagnahmte Kamera wieder aus. Ich sage, ich wollte Bokassa sprechen. Er schüttelt den Kopf. Keine Chance, wurde nie jemandem erlaubt. »Was wollen Sie denn von dem Ex-Kaiser«, sagt der weiße starke Mann mit sanfter Stimme. »Was kann der Ihnen denn noch erzählen?«

DER TYRANNOSAURIER

ALFREDO STROESSNER, PARAGUAY

Es ist, als fürchte er in der Dunkelheit Dämonen.

Jeden Abend, wenn gerade der letzte Sonnenstrahl erloschen ist und noch bevor die Dämmerung sich über die brasilianische Hauptstadt legt, schlurft General Alfredo Stroessner durch seine Villa im Exil und knipst die Lichter an. Alle Lichter, auch die in den drei Bädern, in der Küche, in der Vorratskammer. Dann dreht er in seinem hellerleuchteten Wohnzimmer einsame Runden wie ein gefangenes Tier. Nimmt sich den Couchtisch vor und schreit ihn nieder, gestikuliert wild gegen den Fernsehapparat, verurteilt in schneidendem Ton die chinesische Vase, hadert herrisch mit den Hängemappen im Aktenschrank. Bis Gustavo kommt, sein Sohn, der die Stätte der Verbannung mit ihm teilt und ihn zu beruhigen versucht.

Es folgen Dialoge wie zum Ritual erstarrt: »Mein Volk sollte mir dankbar sein, was habe ich alles für die Menschen getan!« Gustavo nickt. »Allein die Straßen«, fährt Stroessner der Ältere dann fort, »allein 10 000 Kilometer asphaltierte Straßen ...« Manchmal korrigiert Gustavo die Zahl, denn es sind allenfalls 1500 Kilometer asphaltierte Straßen, die der General während seiner 34 Jahre, 5 Monate und 20 Tage absoluter Herrschaft von Paraguay fertigstellen ließ. Doch meistens schweigt er, denn Widerspruch mögen Diktatoren nicht, auch nicht im Exil.

Um 21.00 Uhr, immer pünktlich, kommt der Privatsekretär, bringt die warme Milch und kostet vor – der General hat wahnsinnige Angst davor, vergiftet zu werden, ist überzeugt, daß ihm Regimegegner schon während der Regierungszeit kleine Mengen Zyankali ins Essen gemischt haben. Nur so kann sich einer wie Stroessner seinen körperlichen Verfall erklären. Nach der Milch macht sich der 77jährige bettfertig, spielt dann noch im Schlafanzug eine allabendliche Partie Schach gegen seinen Lakaien, die er nach einer unausgesprochenen Vereinbarung immer gewinnt, immer gewinnen muß, denn Niederlagen mögen Diktatoren nicht, auch nicht im Exil.

Morgens schläft Stroessner aus, schlendert sichtlich gelangweilt durch den Garten, mahnt den Gärtner immer wieder, nur ja das Unkraut gründlich auszumerzen. Wartet fiebrig auf die Post, als rechne er täglich mit dem Ruf zurück in die Heimat, zurück an die Macht. Schichtet dann die wenigen Briefe penibel auf dem Schreibtisch, öffnet sie sorgfältig und liest betont langsam Wort für Wort, wohl, weil er ahnt, daß nach dem letzten Buchstaben wieder diese Leere einsetzt, die er so gern hinauszögern möchte. Und der er sich dann, wenn er gar nichts mehr zu tun weiß, regelmäßig mit der Fernsehsendung »Xou da Xuxa« zu entziehen versucht, Brasiliens beliebtestem Kinderprogramm, wo getanzt wird und gelacht und gesungen.

Ganz selten gibt es eine Abwechslung im Alltag des gefallenen Tyrannen, den Besuch des Arztes oder eine kurze Ausfahrt in der Limousine. Meist döst Stroessner einsam dem Abend entgegen, diesem für ihn so schrecklichen Moment, wenn die Sonne untergeht, wenn sein ängstlicher Blick auf den dämmernden Himmel fällt und es wieder Zeit wird für die Lichtorgie zum Schutz gegen die bedrohlich näher rückende Dunkelheit.

Kein Hauch mehr vom Glanz des »El Excelentisimo Señor Presidente de la Republica General de Ejercito Don Alfredo Stroessner«, wie die pompöse Anrede für den Mann lautete, der ein Land, eineinhalbmal so groß wie die Bundesrepublik, 12 590 Tage als seinen Privatbesitz betrachtet und es auch so regiert hat. Keine Rede mehr von rauschenden Festen im prächtigen Präsidentenpalast von Asunción, wo leibhaftige Offiziere Spalier standen, wann immer der Chef auch nur zur Toilette ging, und scharwenzelnde Hofschranzen ihm minderjährige Schönheiten als Geliebte zuführten. Keine Spur mehr von diesen glanzvollen Staatsbesuchen, bei denen es Orden für den Diktator regnete, den französischen »Ritter der Ehrenlegion«, das »Großkreuz mit Diamanten« von Peru, die »Große Ehrenmedaille der US-Armee«, den von Königin Elisabeth verliehenen »Orden der Victoria« und selbstverständlich auch das »Große Verdienstkreuz am Band« der Bundesrepublik Deutschland – mit einem, der mit der Ausnahme des Nordkoreaners Kim Il Sung länger als alle anderen sein Land beherrschte, wollten sich eben alle gutstellen.

Schmuck sah der General damals immer aus beim Abspielen der Nationalhymnen, ein achtunggebietender Hüne in seiner schneeweißen Uniform, der brokatverzierten Fliegerkappe, dem ordenüberschwappenden Jackett; und stolz reckte er, durchdringend die dunklen Augen, dünn der Lippenbart, fleckig die stets krankhaft gerötete Haut, seine überfüllte Brust der Ehrengarde entgegen: ein Mann, dem man seine deutsche Herkunft wie seine südamerikanische Prägung ansah, eine Mischung aus Chaco-Caudillo und bayerischem Braumeister. Doch jetzt im Exil, wenn er wie ein Traumwandler durch die Gänge irrt, ein General in seinem Labyrinth, wirkt er einfach nur grau, eingefallen, verbittert – und irgendwie nackt.

Die Welt des Don Alfredo ist klein geworden seit jenem 2. Februar 1989, als er gestürzt wurde. Ein Haus mit Grundstück und Swimmingpool, insgesamt 800 Quadratmeter, großzügig, aber keinesfalls übertrieben luxuriös, in einer Neureichengegend am Stadtrand von Brasilia (Adresse: QI 09 do Lago Sul, Conj. 04, Casa 4). Eine Telefon-Geheimnummer (061-2480231). Ein gepanzerter schwarzer Mercedes mit dunkel getönten Scheiben, für alle Fälle. Ein Sekretär, ein Gärtner, zwei Leibwächter und drei von der brasilianischen Regierung als »Personenschutz« abgestellte Beamte, die Tag und Nacht die Villa bewachen.

Sie haben keine Probleme mit dem »Staatsgast«. Alfredo Stroessner, der bei Massenveranstaltungen einst das Bad in der Menge genoß wie kaum ein zweiter, hat sich für das Eremitenleben entschieden, schottet sich in seinem Bungalow-Bunker ab von der Außenwelt. Der General spricht nur noch mit seinen Möbeln. Es bleibt dabei unklar, ob dies auf seinen geistigen und körperlichen Verfall, den Beginn einer Paranoia zurückzuführen ist oder auf die panische Angst vor der Ausweisung aus dem Asylland Basilien (zu den Bedingungen des Asyls gehört, daß sich Stroessner jeder politischen Tätigkeit und jeder politischen Äußerung enthält).[1] Oder möglicherweise auf beides.

Daß wir von Stroessner wissen, er halte sich für den »Vater der Demokratie« in Paraguay, den »Hüter der stabilen Währung«, den

Vom Nazi-Ideologen zum Hinterhof-Diktator: Alfredo Stroessner

»Straßenbaumeister der Nation«, verdanken wir Sohn Gustavo. Der wird wegen Unterschlagung von Millionenbeträgen aus der Staatskasse von der jetzigen paraguayischen Regierung per Haftbefehl gesucht, ihm droht die Ausweisung. Dementsprechend vorsichtig ist er gegenüber Fremden, und er erzählt uns erst über den Gemütszustand seines Vaters – er nennt ihn immer nur »mein General« –, als wir das verabredete Codewort eines gemeinsamen Bekannten nennen. Zu den wenigen, denen Gustavo Stroessner wenigstens den telefonischen Kontakt zu »seinem General« erlaubt, gehört der Lieblingsneffe Agustin Mattiauda Altenhofen. Wir treffen den Import-Export-Kaufmann in Paraguays Hauptstadt Asunción, wo er uns vom Vergiftungswahn des Alten berichtet und dessen Traum, das brasilianische Exil einmal gegen einen Daueraufenthalt in den USA oder in Deutschland zu tauschen, »am liebsten in Bayern«.

Und dann hat noch Willibald Sterf gute Einblicke in das Leben des Ex-Diktators. Jeden Nachmittag richtet der deutsche Nachbar des deutschfreundlichen Stroessner aus seinem Turmzimmer ein starkes Fernglas auf die Fenster der gegenüberliegenden Villa des Verbannten, beobachtet dessen wahnsinnige Rundgänge und wütende Monologe. Der pensionierte Zahnarzt hat im Zweiten Weltkrieg für die Hitler-Marine britische U-Boote ausspioniert und bombardiert; heute ist dem Spitzel-Veteran die Stroessner-Observation zur Obsession geworden: Diktatoren-Peep-Show. Der 75jährige Sterf nimmt uns mit »auf Station« unters Dach, von dessen Luke aus wir dem Ex-Diktator so nahe sind, daß wir ihn wohl mit einer normalen Maschinenpistole »abschießen« könnten. Sterf sagt: »Ich kenne jede seiner Bewegungen. Er ist ein zutiefst gestörter Mensch, ich habe ihn nie lächeln sehen.«

Vorgestellt hat sich der Herr Stroessner dem Herrn Sterf noch nicht, »der geht so gut wie nie aus dem Haus, und die meisten Nachbarn wissen gar nicht, wer hier wohnt«. Aber mit den Leibwächtern ist Sterf schon mal ins Gespräch gekommen, von ihnen hat er auch die zwei paraguayischen Sprichwörter gelernt, die Stroessner immer wieder vor sich hin murmelt, wenn er sich den Couchtisch oder die China-Vase zu einer Mahnpredigt vorknöpft. »Solange das Geld spricht, schweigt die Wahrheit«, heißt das eine. »Ist ein Baum erst mal gefällt, bedient sich jeder an seinem Holz«, das andere.

Es sind zwei Volksweisheiten, wie zugeschnitten auf Don Alfredos Leben und auf sein vergewaltigtes Land, auf Paraguay und auf Stroessner, die für die ganze Welt und für alle Paraguayer längst Synonyme geworden sind. In den Sprichwörtern manifestiert sich schreckliche Kontinuität. Denn die Wahrheit war in diesem deutschesten aller nichtdeutschen Länder am Ende der Welt stets zum Stummsein verdammt, das große Geld, die korrupten Bosse wollten es so. Und die Geschichte Paraguays ist eine Geschichte der »gefällten Bäume«, der Diktatoren, die sich anderer Diktatoren entledigten und anschließend »das Holz« unter sich und ihren Vettern aufteilten: eine Tyrannei, geklont in grauer Vorzeit, deren historische Vorlagen unserem General sozusagen schlüsselfertig geliefert wurden.[2]

Die Geschichte des Alfredo Stroessner beginnt lange, bevor er geboren wurde. Sie fängt an mit den eminent tüchtigen deutschen Jesuiten-Patres, die ab 1619 in das wenig fruchtbare südamerikanische Binnenland strömten und die gelehrigen einheimischen »Guarani«-Indianer in einen Staat preßten, dessen oberste Grundsätze Disziplin, Ordnung und widerspruchsloser Gehorsam gegenüber der Obrigkeit waren. Sie setzte sich nach 1767 fort, als wieder die Spanier als Kolonialmacht mit harter Hand regierten, und dann 1811, als sich Paraguay nach dem Sieg über Argentinien von der spanischen Krone lossagen konnte und zum unabhängigen Staat wurde. Keine fünf Jahre hielt sich José Gaspar Rodriguez de Francia ein Parlament, dann war er des Demokratiespielens müde und ernannte sich zum »Supremo«, zum Diktator auf Lebenszeit.[3]

Auch sein Nachfolger, der durchaus erfolgreiche Carlos Antonio Lopez, machte sich selbst zum absoluten Herrscher und das Land zur Familienpfründe. Als er 1862 starb, besaßen seine Brüder, Onkel und Neffen das größte Privatvermögen Paraguays, besetzten seine minderjährigen Söhne Kabinettsposten. Auf die Dunkelheit der Autokraten folgte die grausame Nacht des Tyrannen. Lediglich sieben Jahre lang herrschte Marschall Francisco Solano Lopez und ruinierte doch ein ganzes Land. Er zwang Paraguay in einen selbstmörderischen Krieg gegen Brasilien, der 1870 mit einem Gemetzel endete. Nur 6000 Männer, 20 000 Kinder und Greise sowie 200 000 Frauen überlebten das Blutbad – sechs von sieben Paraguayern starben. Das Land wurde zerstückelt, die Präsidenten wechselten in der

Folgezeit so schnell, daß sich niemand mehr die Mühe machte, auch nur ihre Namen zu behalten.

Aber Paraguay behielt seine Faszination für die Deutschen. Vor allem für jene Deutschen, die Schwierigkeiten hatten, ihre religiösen und weltanschaulichen Vorstellungen in der alten Heimat durchzusetzen. Im Jahr 1887 wandte sich Friedrich Nietzsches Schwager, der Lehrer Bernhard Förster, enttäuscht von Berlin ab, weil damals – noch – keiner die »überproportionale Beteiligung der Juden am deutschen Leben« gesetzlich einschränken wollte. Mit 40 anderen Familien gründete er »Nueva Germania«, ein als reinrassig-arische Mustersiedlung geplantes Utopia. (Später nahm er sich das Leben, weil es ihm nicht gelang, die »Vermischung mit Indianerblut« zu verhindern; die Siedlung aber gedieh und besteht bis heute.) Es folgten große Gruppen von deutschen Mennoniten, die sich in ihrem calvinistischen Sektenleben in Europa verfolgt sahen.

Und dann gab es immer wieder Abenteurer. Junge Männer, die es nicht mehr in der Enge ihrer deutschen Kleinstadt-Spießigkeit hielt. Hugo Stroessner war so einer. Sein Vater hatte als erster bayerisch-königlicher Lokomotivführer in Hof noch eine aufregende Pionierkarriere gemacht; er selbst sah sich als Angestellter einer Brauerei vor allem mit einer Menge Papierkram konfrontiert. Der gelangweilte Hugo entschloß sich, mit einigen Freunden nach Paraguay zu fahren und sich dort zumindest einmal umzuschauen. Während alle Mitreisenden das südamerikanische Brachland wenig attraktiv fanden und nach einigen Wochen wieder zurückfuhren, blieb der bayeriche Brauerbursch. Er hatte sich an den Iguassu-Wasserfällen über beide Ohren in eine einheimische Schönheit verliebt, in ein dunkles Mischlingsmädchen, halb Baskin, halb Guarani-Indianerin, Heriberta Mattiauda. Die beiden heirateten, richteten sich in der Provinzstadt Encarnación häuslich ein; Hugo Stroessner startete eine bald recht einträgliche Brauerei. Am 3. November 1912 wird dem Paar ein Sohn geboren: Alfredo Stroessner.

Der erlebt eine sorglose Jugend, keine aufregende – die Stroessners haben die provinzielle Langeweile des Bayerischen Waldes nur gegen eine andere ausgetauscht. Man trifft sich samstags in der tristen, flachen Einöde Paraguays mit anderen deutschen Familien zum Grillen, tauscht Knödelrezepte aus, pflegt das Brauchtum, das abzuschütteln man doch herkam. Nichts deutet darauf hin, daß Alfredo aus dieser Durchschnittlichkeit eines Tages ausbrechen wird. Er ist ein ordentlicher Schüler, kein überragender. Er rauft lieber, als daß er diskutiert. Er vertieft sich eher in Wildwestheftchen als in die Schriften politischer Theoretiker. Für einen wie ihn, nicht ganz gefestigt, ohne besondere Interessen, ist die Militärakademie wie gemacht. Als Sechzehnjähriger tritt er in Asunción als Kadett ein, als Zwanzigjähriger wird er zum Leutnant der Artillerie, schlägt sich im verlustreichen Krieg im Gran Chaco gegen Bolivien wacker, erhält 1935 »für Tapferkeit« seinen ersten Orden.

In den dreißiger Jahren wird Paraguay immer mehr zum Tummelplatz der Rechtsradikalen aller Schattierungen und aller Länder. Spanische und argentinische Falangisten ziehen durch die Straßen, 1932 gründet sich in Asunción die erste Nazi-Partei Südamerikas (sie wird erst 1946 aufgelöst). Die Nachrichten über Hitlers Machtergreifung, die Theorie von der »Herrenrasse« schwappen aus Deutschland herüber. Alfredo Stroessner entdeckt die besondere »Gnade« seiner Herkunft, wird zum feurigen Anbeter alles Arischen. Doch noch blühen seine »Führer«-Qualitäten im verborgenen. Stroessner hält in der Freizeit keine hitzigen politischen Reden, er angelt, spielt Poker und Schach, und wenn er irgendeinem Ereignis entgegenfiebert, dann nicht einer politischen Kundgebung, sondern dem nächsten Spiel seines Fußballclubs »Libertad« (»Freiheit«).

Zu einem geregelten Leben, wie er es sieht, gehören Frau und Kinder. 1940 heiratet Alfredo Stroessner eine wesentlich ältere Frau, die aus einer Oberschichtfamilie stammt und als Lehrerin arbeitet; mit ihr produziert er, in geplantem Abstand, drei Kinder. Wie programmiert läuft auch die Karriere: 1941 Ausbildung zum Major an der Heereswaffenschule von Brasilien, 1944 Generalstabsausbildung in Asunción, 1945 Ernennung zum Kommandanten eines Artillerie-Regiments, 1948 Oberst, 1949 Brigadegeneral, 1953 Oberbefehlshaber der Armee.

Zu diesem Zeitpunkt hat sich Stroessner schon ein zweites Standbein der Macht verschafft, ist in die »Colorado«-Partei eingetreten, die ab 1947 den Präsidenten stellt. Doch es sind schwache politische Persönlichkeiten, die da in immer kürzer werdenden Abständen aufeinanderfolgen, allein ein Dutzend in den letzten 15 Jahren, und Stroessner begreift bald, daß als einziges politisches Verbrechen in

Paraguay nur die Schwäche gilt. Das kommt seinem Naturell entgegen, denn Skrupel sind ihm fremd, Kompromisse verhaßt. Stroessner erkennt – wie er Freunden sagt, »zunächst durchaus verblüfft« –, daß Leute in seiner Umgebung auf ihn setzen. Er beteiligt sich innerhalb weniger Jahre an insgesamt fünf Putschversuchen, schafft Loyalitäten und Abhängigkeiten – nach dem Gesetz der Serie muß auch er mal drankommen, an vorderster Stelle genannt werden.

1954 ist es dann soweit. Sein »golpe«, der Staatsstreich, findet statt, als die gesamte Oberschicht von Asunción in der Philharmonie Beethovens Fünfter Symphonie lauscht. Glaubt man der Legende, brechen die Stroessner-Soldaten mit ihren Geschoßgarben just in dem Moment durch die Türen, als das Orchester die berühmten Donnerklänge spielt: da-da-da-dumm.[4]

In den Augen der Einheimischen spricht alles dafür, daß sich da wieder nur einer der unzähligen Operetten-Coups ereignet hat, ein flüchtiges neues Gesicht in der Drehtür der Macht; nichts weist darauf hin, daß dieser Stößner oder Strutzner oder war es doch Stressner – Stroessner, sagt schließlich das Amt des neuen Präsidenten, mit oe wie Goebbels – eine längere Amtszeit haben sollte als seine zahlreichen Vorgänger. Und doch bleibt er länger als eine Generation an der Macht, mehr als ein Dritteljahrhundert, so lange, daß die Mehrheit der Bevölkerung ihn für ein Naturgesetz, für einen gottgegebenen Segen oder Fluch hält: 75 Prozent der Paraguayer haben im Jahr 1989, dem Jahr seines Sturzes, nie bewußt einen anderen Herrscher erlebt.

Don Alfredo ging in Fleisch und Blut Paraguays über, verleibte sich mit Haut und Haaren das Herzstück des lateinamerikanischen Kontinents ein, machte sich ein Land untertan, so groß wie Japan (wenngleich mit nur einem Dreißigstel von dessen Einwohnern, ganzen 3,8 Millionen Menschen). Wie konnte ein nach Ansicht aller Freunde und Feinde »ganz und gar durchschnittlicher Mensch« zum Arche- und Phänotyp des Diktators, Demiurgs und Dämonen werden, beispiellos selbst für diesen tyrannengetränkten Erdteil?

Stroessner versucht es vom ersten Tag seiner Herrschaft an gar nicht erst mit Originalität, mit eigenen Ideen und Initiativen zur Lösung der permanenten Staatskrise. Er setzt instinktsicher darauf, daß nur perfektioniert werden muß, was an despotischen Strukturen schon vorhanden ist. Und so spielt er den Patriarchen, den Vater seines Volkes, der seinen unmündigen Untertanen den rechten Weg zeigt, weil sie eben noch nicht wissen können, was für sie gut ist. Er straft Abweichler hart, belohnt Anpasser großzügig. Er läßt bespitzeln, Angst verbreiten, spinnt ein klebriges Netz von Korruption und Abhängigkeit und kümmert sich darum, daß ihm kein Detail im Land entgeht. Selbst die Gästeliste für eine Grillparty muß den Blockwarten des neuen Regimes vorgelegt werden. Der General agiert wie eine Kohlepapierkopie des ersten Paraguay-Tyrannen Francia. Löst das ohnehin schon ohnmächtige Parlament auf, als es ihm einmal zu widersprechen wagt. Und kupfert, unoriginell selbst in der Grausamkeit, sogar die Foltermethoden seines Vorgängers aus dem letzten Jahrhundert ab.

»Sie nennen es ›pileta‹«, erzählt uns in Asunción Raoul Ramirez, eines der unzähligen Opfer aus damaliger Zeit, die man einfach von der Straße holte, weil man sie der »Subversion« verdächtigte. »Die Pileta geht so: Du bist gefesselt, und der Folterer steckt deinen Kopf in eine Badewanne, die voll ist mit Abwässern, manchmal auch mit Scheiße. Wenn er denkt, du bist kurz vorm Verrecken, zieht er dich hoch, und dann, wenn du dich einige Sekunden erholt hast, taucht er dich wieder unter. In Argentinien war man damals ›foltertechnisch‹ längst weiter, aber dieses Verfahren ist billig, einfach – und sehr effektiv.« Ramirez verriet unter Qualen seine besten Freunde. Er schämt sich bis heute dafür. Mit stockender Stimme berichtet der ehemalige Lehrer, der jetzt nach vier Jahren Haft wieder in seinen alten Beruf zurückkehren konnte – freilich ohne staatliche Entschuldigung oder gar Entschädigung –, über den »Fall« eines Freundes, der nicht so »gut« ausgegangen ist wie seiner: »Bei Miguel hat sich der Folterer verschätzt. Der war tot, als sie ihn herauszogen.« Zitternd vor Wut setzt Raoul hinzu: »Stroessner war damals sehr ärgerlich und hat ein Verfahren gegen seinen Schergen eingeleitet – aber er beklagte nur dessen Unprofessionalität: ›Gute Folterer töten nicht‹, hat er damals gesagt.«

Der General hängt gleich nach seiner Machtübernahme im Jahre 1954 allen Gegnern ein Etikett um: »Kommunisten« nennt er sie. Er schafft Notstandsgesetze, die alle sechs Monate automatisch verlängert werden und »Gesetze zur Verteidigung der Demokratie« heißen. Gelegentlich läßt er ein »Referendum«, eine Volksabstimmung, über seine Regierung abhalten; in vielen Städten gibt es mehr Ja-Stimmen als Wahlberechtigte, die Gesamtzustimmung liegt immer über 90 Prozent. Milden Tadel aus dem Westen über »undemokratische Zustände«, über »Menschenrechtsverletzungen« weist er mal empört zurück, mal steckt er ihn lächelnd weg. Die USA, das weiß er, wollen vor allem kein zweites Kuba, und solange er dem amerikanischen Geheimdienst in Asunción eine riesige Abhörstation für den gesamten südamerikanischen Raum zugesteht, fließen Unterstützungsgelder aus Washington. Ganz genau will niemand im Westen wissen, was da in Paraguay vor sich geht, dieser Hinterhofdiktatur am Ende der Welt, diesem Land ohne großen strategischen Wert und ohne nennenswerte Bodenschätze, das außer Baumwolle, Soja und Fleisch keine Exportgüter besitzt.

Stabilität heißt das neue Zauberwort, Stabilität um jeden Preis. Und unbestreitbar bringt Stroessner seinem Land eine gewisse (Friedhofs-)Sicherheit, einen bescheidenen Wirtschaftsaufschwung – beides hatte Paraguay in den davorliegenden Jahrzehnten des Chaos nicht gekannt.[5] So ist »Al Gran Lider« in der ersten Hälfte seiner Amtszeit durchaus populär, und viele singen begeistert die »Don Alfredo«-Polka mit, die zu einer zweiten Nationalhymne wird; akzeptieren bereitwillig den Stroessner-Flughafen, die Stroessner-Straßen, die »Präsident-Stroessner-Stadt« und all die Stroessner-Bilder und Stroessner-Büsten, mit denen der General sein Land zupflastert; nehmen auch größenwahnsinnige Stroessner-Projekte in Kauf, mit denen sich der General ein Denkmal für die Ewigkeit setzen will, allen voran das größte Wasserkraftwerk der Welt, Itaipu, das er zusammen mit Brasilien hochzieht und das bald weit mehr Strom liefert, als Paraguay brauchen kann.

Die Vision einer »perfekten Ordnung«, die architektonische Gigantomanie, der Führer-Kult: Das Reich des Alfredo Stroessner macht deutlich Anleihen beim Reich des Adolf Hitler. Und Stroessner bekundet offen Bewunderung »für manche Aspekte Nazi-Deutschlands«, wie er sich vorsichtig auszudrücken pflegt. Die deutschen Namen in seiner unmittelbaren Umgebung werden immer zahlreicher: Ein Colonel Alejandro von Eckstein betreut die Stroessner-Kleinen[6], die Generäle Clebsch und Johansen dinieren regelmäßig mit dem Staatschef, das legendäre deutsche Weltkrieg-II-Flieger-As, Hans Rudel, avanciert zum Lieblingsarier im Palast.

Paraguay ist die liebste Fluchtburg staatlich gesuchter Nazi-Mörder. Josef Mengele, einer der skrupellosesten Killer aus den Konzentrationslagern, der »Engel des Todes«, dessen perverse medizinische Experimente an Menschen Tausende in Auschwitz das Leben kosteten, erhält die Staatsbürgerschaft und führt jahrzehntelang als geachteter Arzt einer Mennoniten-Gemeinde ein unbehelligtes Leben. Alfredo Stroessner wird später stets leugnen, daß er Mengele persönlich kennt, doch es gibt Zeugen, die ihn mehrfach zusammen mit Rudel und Mengele gesehen haben, und hinter vorgehaltener Hand behaupten einflußreiche Kreise in Asunción bis heute, daß der furchtbare »Todesengel« aus den KZs einer der engen politischen Berater des Don Alfredo gewesen sei.[7]

Der General sucht die Nähe zur Heimat seiner Väter, wird mehrfach mit der Bitte um eine Einladung in Bonn vorstellig. Bundespräsident Heinrich Lübke spricht sie schließlich 1973 aus, und im Juli jenes Jahres erfüllt sich dann das, was Stroessner den »Augenblick« nennt, »von dem ich mein ganzes Leben geträumt habe«. Er hat Tränen in den Augen, als seine paraguayische Maschine in München aufsetzt, und sagt bei der Begegnung am Flughafen zu Bayerns Ministerpräsident Alfons Goppel und dem Bonner Außenminister Walter Scheel: »Ich bin stolz darauf, wenn man in der Welt sagt: Es ist ein Deutscher, der Paraguay regiert.«

In Bonn nimmt man eher dankbar zur Kenntnis, daß der General auf einen Besuch in der Bundeshauptstadt verzichtet und statt dessen lieber in die Heimatstadt seines Großvaters fährt: Er hält in Hof, um hofzuhalten. Schließt jovial seinen Vetter, einen Bäckermeister der bayerischen Kleinstadt, in die Arme (»Nenn mich Alfredo«) und lobt dessen Streuselkuchen. Drückt gerührt die Hände des Oberbürgermeisters Haun, als der sagt: »Stroessner trägt den Namen unserer schönen Stadt in die Welt hinaus«, und nickt selig, als er hört, daß solches Glück Hof recht selten widerfährt: »Unser letzter Staatsbesuch vor Herrn Stroessner war König Ludwig I. von Bayern – und das ist schon eine ganze Zeit her.« Aber selbst dem Bürgermeister und dem stramm rechten Gastgeber Goppel wird es sichtbar unwohl zumute, als der General in seiner Dankesrede »jene ewigen deutschen Tugenden« lobt, mit denen er schon zwei Jahrzehnte sein Land regiere: »Arbeitsfreude, Pünktlichkeit und Disziplin.« Dies alles habe, setzt der Gast im Überschwang seiner heimatlichen Gefühle hinzu, seine »Wurzeln im besten Deutschtum, eigentlich in der deutschen Rasse überhaupt«.

Wieder zu Hause, vervollkommnet Don Alfredo seinen »Stronato«, den »Stroessnerismus«, weiter zu einer nahezu perfekten Regierungsform. Er spielt innerhalb der »Colorado«-Partei die »Tradicionalistas« geschickt gegen die »Militantes« aus, in denen er beiden Gruppen etwa gleich viele Pöstchen zuschachert. Er macht die Parteimitgliedschaft für jeden zur Pflicht, der ins Militär oder in den Staatsdienst eintreten will. Er verteilt das große Geld, das durch das Milliardenprojekt von Itaipu ins Land strömt, unter den einflußreichen Aristokratenfamilien. Ein halbes Prozent der Bevölkerung besitzt bald 60 Prozent des gesamten Reichtums, Stroessners eigene Konten im Ausland wachsen in Zigmillionen-Höhe. Der neue Wohlstand ist sichtbar: Es gibt mehr deutsche Luxusautos in Asunción als in jeder anderen südamerikanischen Hauptstadt.

Der General schließt »El Pueblo« und »ABC Color«, die letzten beiden Tageszeitungen, die ihm wenigstens gelegentlich noch zu widersprechen wagten, und läßt dann auch noch das kritische »Radio Nanduti« durch seine Soldaten stürmen. Auf Stroessners Geheiß brüllen die Militärs eine Losung, die dem General die schlimmste aller Beleidigungen darzustellen scheint: »Das sind kommunistische Juden! Nieder mit den kommunistischen Juden!«

Doch auch im Leben eines Alfredo Stroessner gibt es Rückschläge. Sein einer Sohn, Alfredo junior, verfällt dem Rauschgift und muß sich in Spanien mehreren Entziehungskuren unterziehen; der andere, Gustavo, fühlt sich – Alptraum seines Macho-Vaters – zum selben Geschlecht hingezogen. Der General zwingt Gustavo zu einer Zweckheirat, ermöglicht ihm einen raschen Aufstieg innerhalb des Militärs. Doch er kann nicht verhindern, daß über dessen Lebensumstände getuschelt wird: Gustavo, so heißt es in Offizierskreisen, lasse sich seine Entscheidungen von einer Clique homosexueller Freunde diktieren, denen er hörig sei.[8] Der General hört von diesen Gerüchten, ohnmächtig vor Wut. Sie sind ein unvorhergesehenes Hindernis für seinen Plan, Gustavo zu seinem Nachfolger aufzubauen.

Und Don Alfredo sieht sich zunehmend mit eigenen Schwächen konfrontiert. Da ist seine immer stärker werdende, unbändige Lust auf minderjährige Mädchen. Fast jede Woche geht er auf Jagd nach

»Muchachitas«. Läßt sich von seinem Fahrer zum Ende der Unterrichtszeit an die Schulen fahren, beobachtet mit Argusaugen die zwölf- bis fünfzehnjährigen Schönheiten. Trifft seine Wahl, veranlaßt die Aufnahme der Personalien. Bereitet den Eltern der Mädchen Angebote, die sie kaum ablehnen können – Geldgeschenke, Autos, ganze Landgüter. Wer dennoch zögert, wird von der allmächtigen Geheimpolizei unter Druck gesetzt. Die Jungfrauen läßt Stroessner sich dann in »Safe Houses« von seinen Schergen »herrichten«.

Der amerikanische Autor Alex Shoumatoff[9] ist einem dieser Fälle nachgegangen – es handelte sich um die 15jährige Tochter eines Zementindustriellen – und berichtet, das Mädchen sei für ihre Dienste anschließend vom General belohnt worden – mit einem kostenlosen Trip ins kalifornische Disneyland. Doktor Manuel Riveros, Familienarzt der Stroessners, kann bis heute nichts Verurteilenswertes am Verhalten des Generals finden: »Der Umgang mit der Jugend ist nun mal ansteckend«, sagt er, »und viele Männer entwickeln eine Vorliebe für Nymphchen, wenn sie älter werden.«

Normalerweise verliert Don Alfredo das Interesse an den Mädchen schnell wieder, reicht sie an seine jungen Leutnants weiter. Nur bei einer ist das anders, bei Stella Legal, die er als Vierzehnjährige direkt von einem Schulfest in sein Bett gezogen hat. Mit ihr passiert dem General etwas ganz und gar Unerklärliches, und es kann keinen mehr verblüfft haben als ihn selbst: Alfredo Stroessner verliebt sich in sie. Er überschüttet die Kleine mit Aufmerksamkeiten, richtet ihr eine Villa ein, besucht sie bald täglich. Stella Legal, genannt »Nata« (»Flachnase«), wird seine Dauergeliebte, seine Zweitfrau. Sie bekommen zwei Töchter, die der General geradezu rührend betreut, die er sogar eigenhändig in den Kindergarten chauffiert. Stroessner ist so eifersüchtig, daß er Nata von einem halben Dutzend Geheimdienstleuten auf Schritt und Tritt beobachten läßt. Er betet seine Geliebte an, macht eine Göttin aus ihr, freilich streng nach seinem Gusto: Nata darf nie Hosen tragen, solches Beinkleid hält der General für »unweiblich«.

Mehr und mehr verschieben sich die Prioritäten im Leben des Don Alfredo Stroessner. Er läßt die Staatsgeschäfte schleifen und übersieht die ersten Warnzeichen, die darauf hindeuten, daß seine Machtbasis bröckelt. Innerhalb der Armee wie innerhalb der Partei bilden sich Gegenströmungen, die sich um den Kommandanten des 1. Armeekorps, General Andres Rodriguez, bündeln. Nun rächt sich, daß Stroessner sich in den letzten Jahren nur noch mit Ja-Sagern und Speichelleckern umgeben hat: Keiner warnt ihn vor der heranziehenden Gefahr. Hätte einer den Namen Rodriguez als »Drohung« genannt, wäre Don Alfredo vermutlich sowieso in einen Lachanfall ausgebrochen – Rodriguez glaubte sich Stroessner in mehrfacher Weise abhängig gemacht zu haben: Er war als Schwiegervater von Alfredo junior sozusagen »Teil der Familie«, und er hatte mit Stroessners Einverständnis durch Lizenzen für Wechselstuben, Brauereien und Restaurants abgesahnt wie kaum ein zweiter. Außerdem durften US-amerikanische Blätter unwidersprochen schreiben, Rodriguez verdiene kräftig am Rauschgiftgeschäft mit, das in Milliardenhöhe über Paraguay abgewickelt werde.

Das abnehmende Interesse am Regieren geht bei Stroessner einher mit gesundheitlichen Problemen. Hat sich Don Alfredo bei einer Nasenoperation in den sechziger Jahren noch geweigert, auch nur eine lokale Betäubung zu erwägen – »Ein Mann steht so etwas bei Bewußtsein durch«, sagte er –, muß er sich nun seiner Sterblichkeit stellen. Die Ärzte diagnostizieren Mitte der achtziger Jahre Prostatakrebs. Die Krankheit, die langsam und schleichend wuchert, stürzt den General in tiefe Depression. Er verbringt mehr Stunden pro Tag bei seiner Geliebten als im Büro, spielt lieber Schach, als sich mit Akten zu beschäftigen. Der Despot versucht, die Nachricht von seiner Erkrankung geheimzuhalten, und kann doch nicht verhindern, daß seine Prostata zum Partygespräch wird.

Die Welt des Don Alfredo zerfällt. Noch einmal rafft er sich auf, versucht, seinen Sohn Gustavo zu seinem Nachfolger zu puschen: Wenn er schon nicht ewig weiterregieren kann, will er wenigstens das Erbe innerhalb der Familie wissen – die Dynastie als zweitbeste Lösung nach der Unsterblichkeit. Aber auch dieses Projekt gelingt ihm nicht mehr, führt im Gegenteil schneller zu seinem Sturz. Rodriguez weiß nun, daß er bald handeln muß. Freunde erzählen ihm, Stroessner plane seine Zwangspensionierung, wenn er Gustavo nicht akzeptiere. Rodriguez schart seine Truppen um sich.[10]

Es kommen viele Dinge zusammen, die diesen Staatsstreich im Februar 1989 möglich machen: Da ist einmal die internationale Lage, die sich so entspannt hat, daß selbst die USA nicht mehr bedingungslos auf jeden setzen, der gegen den »Weltkommunismus« zu kämpfen verspricht; im Gegenteil, Washington bekundet auf Rodriguez' diskrete Anfrage Interesse am Sturz des Diktators. Die Kirche, die Presse, die Landbevölkerung begrüßen jede Aufweichung des repressiven Regimes. Die Reichen sind nur an »Stabilität« interessiert, die ihnen ermöglicht, weiterhin ihre einträglichen Geschäfte zu machen – und sie kennen Rodriguez und wissen, daß er einer der Ihren ist, einer, der weiß, daß er das System des »Stroessnerismus« nicht zerstören darf, weil er sich sonst selbst zerstörte. Der Hauptgrund aber, warum dieser »golpe« gelingen muß: Don Alfredo Stroessner hat, von Krankheit und Resignation gezeichnet, die Fähigkeit verloren, seinem Volk Angst einzujagen. Er hat sich – im wahrsten Sinne des Wortes – selbst überlebt.

Er geht, wie jeden Nachmittag, zur Siesta ins Haus seiner Geliebten. Vorhänge zu, die Beine hochgelegt, seine bevorzugten eisgekühlten Soft Drinks in Griffnähe: die Liebe in den Zeiten der Coca-Cola. Es sind die Stunden am Tag, die er unbeschwert genießt. Stroessner sieht keinen Grund zur besonderen Vorsicht, obwohl die Stadt an diesem 2. Februar 1989 vor Gerüchten schwirrt. Er ist der einzige, dem der Niedergang seines Regimes, die Erosion seiner Macht verborgen geblieben ist.

Rodriguez' Soldaten eröffnen das Feuer auf die Hintertür der Villa. Überall Einschläge. Schreie verwundeter Leibwächter im Vorgarten. Chaos. Während sich Nata und Stroessners Töchter unter den Betten verkriechen, dirigiert der General kaltblütig seine verbliebenen Vertrauten. Drei Männer von seiner Eliteeinheit, routinemäßig in der Küche postiert, schaffen es, Don Alfredo aus der Villa zu schleusen. »Wo ist Rodriguez? Benachrichtigt Rodriguez, er muß mir helfen!« ruft Stroessner auf der Flucht einem seiner Männer zu.

Später wird das neue Regime bekanntgegeben, »nur« 29 Menschen seien während des Umsturzes ums Leben gekommen. In Wirklichkeit sind es mehrere hundert: Passanten, die zwischen wild um sich schießende Soldaten geraten, Stroessner-Treue, die von Panzern niedergewalzt werden. Dabei gibt es gar keinen richtigen Kampf um die Macht. Auch Don Alfredos Eliteeinheit zeigt wenig Bereitschaft, sich für den Greis zu schlagen. Sie hätten nicht genug Kugeln, meldet der diensttuende Leutnant untertänig seinem

Chef, man habe sie ja immer so kurzgehalten mit der Munition. Und außerdem könnten die Panzer- und Elitetruppen nicht eingesetzt werden – der Mann, der die Schlüssel zur Garage habe, sei aufs Land gefahren.

Bis zum Schluß setzt Alfredo Stroessner auf Rodriguez, klammert sich an den Mann, der ihm so viel zu verdanken hat, wie an einen letzten Strohhalm. Weigert sich noch, an dessen Verrat zu glauben, als der neue Boß schon im Rundfunk die Bedingungen der Regierungsübergabe diktiert. »Sie müssen ihn mit vorgehaltener Waffe zwingen, solche Erklärungen zu verlesen«, flüstert er tonlos seinem Neffen zu. Doch am nächsten Tag dämmert es selbst Don Alfredo, daß alles vorbei ist. Mit zittrigem Strich unterschreibt er die Rücktrittserklärung. Dann bringt ihn eine schwere Limousine mit getönten Scheiben außer Reichweite.

Für seine Kapitulation kann »El Excelentisimo Señor Presidente de la Republica General de Ejercito« nur noch freies Geleit für sich und seine Familie herausschlagen. Die einzigen Menschen, die ihm etwas bedeuten, Nata und ihre gemeinsamen Töchter, muß er zurücklassen. Am 5. Februar, um 15.50 Uhr, entschwebt Stroessner unter dem verhaltenen Jubel des paraguayischen Volkes ins brasilianische Exil. Die Frau, die Tochter und Alfredo junior ziehen bald weiter in die USA; sie trennen sich vom General und von Gustavo, als denen die Regierung in Washington die Einreise verweigert.

In Asunción, wo die Staatsstreiche ihre eigene Poesie haben, werden bald darauf Details über den »golpe« bekannt. Andres Rodriguez ist am Tag X noch in Panik geraten, weil ihm ein Vertrauter berichtet hat, der ganze Plan sei an Stroessner verraten worden. Es war eine Fehlmeldung, aber Rodriguez wollte auf Nummer Sicher gehen – und so nahm er nicht persönlich am »golpe« teil. Sondern ließ sich den Fuß eingipsen, um im Falle eines Mißerfolgs Stroessner gegenüber seine Unschuld beteuern zu können. Erst am Abend, als alles gelaufen war und keine Rückversicherung mehr nötig, durfte der Arzt den Gips wieder zertrümmern. Der neue Präsident stand auf eigenen Füßen ...

Einen ersten Hinweis darauf, wie es in Paraguay weitergehen sollte, gaben die Demonstrationen in der Woche nach Rodriguez' Machtübernahme. Einige landlose Bauern hatten den Platz vor der Kathedrale besetzt, forderten eine Bodenreform. Der Polizeichef von Asunción ließ mit brutaler Gewalt die Aufrührer festnehmen. Die Demonstranten seien Kommunisten gewesen, erläuterte er vor der Presse. Als Beweis präsentierte er eine Dose mit russischem Schweinefleisch, die angeblich von den Protestierenden vor der Kirche zurückgelassen worden war.

*

Asunción, im Sommer 1990. Paraguay im Jahr zwei nach Stroessner. Stroessner – wer war das noch mal?

Der einstige »Don-Alfredo-Stroessner-Flughafen«, längst umbenannt nach einem »neutralen« Volkshelden aus dem vorvorigen Jahrhundert. Die »Ciudad Presidente Stroessner«, zweitgrößte Stadt im Land, schon wieder »Ciudad del Este«. Die »Don Alfredo«, das stolze Passagierschiff, auf dem Rio Paraguay, umgetauft. Die Tausende Bilder des Staatschefs Stroessner, in den Banken, in den Geschäften, in den Tageszeitungen (jeden Tag auf einem festen Platz, Seite eins, in der Regierungs-Tageszeitung »Diario«, mit Dank an den genialen »Visionär«) – alle weggeputscht, weggeputzt. Auch die »Goldenen Bücher«, drei Jubelschriften über das Leben des Don Alfredo, aus den Bücherregalen verschwunden; keine Rede mehr von dem »lichtüberfluteten Leuchtturm, der die Schatten der paraguayischen Nacht vertreibt«. Und auf den wenigen Plakaten, die noch vom 1988er Besuch des Papstes in den Schaufenstern hängen, ist der Gastgeber abgeschnitten.

Rein äußerlich hat in Paraguay, kein Zweifel, ein gründliches Reinemachen stattgefunden, wurde eine Ära zertrümmert, ihre sichtbare Spur getilgt – als hätte jemand den Befehl zu einem Exorzismus gegeben, die Anordnung zu einem kollektiven Gedächtnisschwund.

Neue Zeiten erfordern neue Prioritäten. Bei »Foto-Ramos«, einst Hoflichtbildner der Stroessner-Dynastie, freut man sich über den Großauftrag an Rodriguez-Bildern, die nun in allen Büros, Gaststätten und öffentlichen Plätzen hängen. Nicholas Bo, Besitzer des plüschigen »Excelsior«-Hotels und einst engster Spezi Stroessners, kommt heute »bestens mit Andres« aus, dem neuen Mann. Bei den Pichlmayers in Asuncións »Bayernstuben«, wo man nach wie vor vorzügliche Schweinswürstel mit Kraut ißt und wo Gustavo Stroessner so gern Knödel verdrückte, trägt man mit einem »Rodriguez-Bierseidel« den jetzigen Gegebenheiten Rechnung. Und beim

Möbelfabrikanten Nill, einem der über 100 000 Deutschen im Land, mag man gar nichts mehr von dem Schaukelstuhl wissen, auf dessen Bestellung man einst so stolz war – Don Alfredo Stroessner, der Auftraggeber, kam nicht mehr dazu, sich das gute Stück abzuholen.

Natürlich hat es einige aus dem alten Regime erwischt. Die Sündenböcke der Nation sind der nach Honduras geflohene Stroessner-Innenminister Sabino Montanaro, die verhafteten Mario Abdo Benitez, Privatsekretär des Don Alfredo, Ex-Justizminister Eugenio Jacquet, Ex-Gesundheitsminister Godoy Jimenez. Sie haben angeblich alles Unglück verschuldet. Die Presse, wesentlich freier geworden seit dem Putsch, recherchiert ihre Untaten, lastet dem alten Regime auch schon mal Menschenrechtsverletzungen an. Aber Andres Rodriguez, der zweite Mann unter Stroessner und heutige »Landesvater«, wird von jeder Kritik ausgenommen. Er hat »Demokratie« versprochen und vor einigen Monaten landesweite Wahlen – »die saubersten schmutzigen Wahlen seit 1926« nannte sie der Londoner »Economist« – souverän gewonnen. Da mag keiner nachforschen, wie er mit 2000 Dollar Monatsgehalt zu einem Neuschwanstein-ähnlichen Privatschloß gekommen ist, der prunkvollsten Villa in jener tropisch-alpinen Kitscharchitektur, die Asunción regiert. »Ich konnte viel sparen. Ich habe das Rauchen aufgegeben«», ließ er uns über Freunde als ironische Erklärung für seinen Reichtum ausrichten.

Es gibt eine Menge Leute in führender Stellung, die ganz prächtig die Kurve gekriegt haben. Conrado Pappalardo beispielsweise, Stroessners Protokollchef und engster Vertrauter (er soll für den Chef die finanzielle Seite des »Mädchenhandels« geregelt haben), diente länger als ein Jahr auch dem neuen Präsidenten in gleicher Funktion; dann entschied er sich, noch reicher geworden, fürs Ausland. Bis heute ist Enzo Debernardi, Minister unter Stroessner, auch Minister unter Rodriguez. Edgar Ynsfran, lange Innenminister unter Stroessner und wegen seiner Brutalität »Dracula« genannt, wurde zum zweiten Vizepräsidenten der »Colorado«-Partei ernannt. Die professionellen »Überlebenden« sind Beweis dafür, daß das Zeitalter des Don Alfredo nicht wirklich aufgearbeitet werden soll, Beweis für Paraguays »sanfte« Entsorgung einer Epoche. Sie sind weiter Ver-Diener an ihrem Staat – solange das Geld spricht, sagt ja das paraguayische Sprichwort, schweigt die Wahrheit.

Gibt es denn keinen, der sich zu Stroessner und womöglich zu eigenen Fehlern bekennen will? Wir durchstreifen, auf der Suche nach Selbstkritik, tagelang die Hauptstadt. Wir treffen den feurigen, jungen Gewerkschaftsführer Carlos Filizzola, der keine Gewissensbisse haben muß, er saß unter Stroessner im Gefängnis. Wir lernen aber vor allem Leute kennen, die sich immer aus allem heraushalten: Opportunisten, wiederverwendbar für jedes Regime.

Trägheit, Fäulnis, Lethargie liegen noch immer wie ein Leichentuch über Asunción. Es ist eine Stadt aus zweiter Hand für ein Leben aus zweiter Hand. Das »Panteon Nacional de los Heroes« wurde dem Pariser Invalidendom nachgebaut, der Regierungspalast dem Louvre nachempfunden, selbst die »Iglesia de la Encarnación« ist nur eine Kopie aus Mailand. Und der Wettbewerb zwischen den beiden »Original-Paraguay-Bieren«, ausgetragen mit spärlichen Leuchtreklamen an der »Plaza de la Constitución«, liest sich wie der Kampf um die deutsche Bundesliga-Meisterschaft: »Bremen« gegen »Munich«. Asunción wirkt wie eine Sammlung zweitklassiger Abziehbilder aus aller Welt.

In dieser kleinen, verlogenen Stadt ducken sich neben Villen im Neo-Trump-Stil unten am Fluß Tausende von oldfashioned Wellblechhütten. Rostige Kähne dümpeln neben den schimmernden Schnellbooten im Yachtclub. Sonntag vormittags eilt alles brav in die Kirche – dies ist ein zu 90 Prozent katholisches Land, der Pfarrer könnte die Abwesenheit gegen einen auslegen, gesellschaftliche Nachteile nicht ausgeschlossen. Und Sonntag nachmittags geht's heimlich in eines der beiden Pornokinos am »Heldenplatz«.

Lino Cesar Oviedo wird uns als »kommender Mann« zum Gespräch empfohlen: Er ist General, Chef der Kavallerie und, wenn es denn eine Konstante in der paraguayischen Politik gibt, der nächste, der mit einem Putsch »dran« wäre. Er hat dieselben Funktionen bei Rodriguez inne wie Rodriguez früher bei Stroessner.

»Ein ganz integrer Mann«, befindet man bei der deutschen Botschaft, deutschfreundlich, Absolvent eines längeren Lehrgangs bei der Bundeswehr. (»Ob wir ihm das Prinzip des Bürgers in Uniform näherbringen konnten, wissen wir allerdings nicht«, schränkt Bonns Presseattaché ein.) Ein Telefongespräch mit Oviedos persönlichem Sekretär. Ein Interview? »Prinzipiell kein Problem.« Innerhalb einer Woche? Ganz schwierig, aber man könne das beschleunigen. Wie denn? Nun, wir zahlten ja auch das Hotel, wenn wir länger warten müßten, was das denn für die nächsten Tage koste? Vielleicht 500 US-Dollar. Sehen Sie, meint der Sekretär, in diesem Rahmen könnten wir uns doch für die »Beschleunigung« entgegenkommend zeigen. Das Interview mit dem »integren« Oviedo findet nicht statt. Ob der Referent jemals begriffen hat, warum wir nicht mehr zurückriefen?

Am letzten Tag in Asunción begegnen wir einem leibhaftigen Stroessner-Fan, der sich noch offen zu dem Ex-Regierungschef bekennen mag. Es ist der Notar Benitez Rickmann, heute einfacher Abgeordneter im Parlament, früher Sprachrohr der Regierung. »Ich war für Stroessner, was Goebbels für Hitler war«, sagt er stolz und lädt uns in seinen Bungalow in einer Villengegend nahe Asunción ein.

Ein Bierkrug, mit einem Autogramm des Meisters. Eine von ihm persönlich dem »lieben Benitez« gewidmete Champagnerflasche, Dutzende gemeinsamer Fotos, fein säuberlich ins Album geklebt. Und Hunderte Bücher von Stroessner, über Stroessner. Sechs davon allein vom Autoren Rickmann; alle eine einzige Lobeshymne auf den »geliebten Führer«. Kein Blick zurück im Zorn. »Alle Paraguayer sollten Don Alfredo dankbar sein, wenn sie den Lichtschalter andrehen, denn er hat ihnen die Elektrizität gebracht«, sagt Rickmann. »Und alle Paraguayer sollten ihm dankbar sein, wenn sie auf der Straße fahren, denn er hat sie erst asphaltiert.«

Stroessner war nach Meinung des ehemaligen Pressesprechers ein »perfekter Präsident« und wäre von seinem Volk auf Händen getragen worden, hätte er 1980 oder 1982 oder auch noch 1985 freiwillig seinen Rücktritt erklärt. »Aber er hatte diesen einen, diesen kleinen, diesen menschlichen Fehler, daß er nicht erkannte, wie das Alter ihm seine Konzentration raubte«, sagt Rickmann. Im Sinne seines Idols hat er innerhalb der Colorado-Partei eine Gruppe von Abgeordneten zu einem losen Bündnis der »Stroessneristen« zusammengeholt. Ihr Ziel sei nicht, Stroessner aus dem Exil zurückzuholen – »Dazu ist es wohl zu spät« –, sondern den »Stronato«, den Stroessnerismus, buchstabengetreu als Ideologie weiterzuführen und so das Andenken des Don Alfredo zu ehren.

Er liebe Deutschland, sagt der Herr Abgeordnete, schwärmt von seinen zahlreichen Reisen in die Bundesrepublik. Und während

Rickmann uns einige Schriften von Don Alfredo als Geschenk zusammensucht[11] und darauf besteht, daß wir alle seine eigenen sechs Bücher samt Widmung mit in die Heimat schleppen, macht er uns stolz auf ein Werk in seiner Hausbibliothek aufmerksam, »das es wohl leider nicht mehr bei Ihnen zu kaufen gibt«. Es handelt sich um Adolf Hitlers »Mein Kampf«. »Ein wunderbares Buch«, sagt Stroessners ehemaliger Pressesprecher, »ich frage mich, wie nahe sich Don Alfredo diesem Adolf gefühlt hat. Wie er wohl überhaupt so über uns alle denkt, drüben in Brasilia, in seinem Exil?«

Ich kann es beantworten.

Der General in seinem Exil, Señor Rickmann, er träumt, wie wir durch seine engsten Vertrauten wissen, von den großen Zeiten, als ihm Astronauten in Washington echten Mondstaub überreichten, als Präsident Nixon ihn in Asunción umarmte, als die Bayern-Stadt Hof ihm zu Füßen lag, als er noch ohne lästige Überwachung an seine Schweizer Nummernkonten in Höhe von vielen Millionen Mark herankam, sorgfältig erschwindeltes, seinem Volk abgepreßtes Geld, immer zurückgelegt für später, um es zu genießen, und nun ist es zum Genießen zu spät, denn die Metastasen zerfressen seinen Leib, ein unglaublicher Verrat, wie er noch keinen erlitten hat, und dabei wirft er sich die schreckliche Alterssorglosigkeit schon vor, die ihn einem General Rodriguez vertrauen ließ, diesem Bastard, und er fürchtet auch die Rache des Attentats, hat er doch selbst den Präsidenten Somoza nicht schützen können, der im Exil auf Paraguays Straßen zerrissen wurde von einer Bombe, aber welche Strafe könnte demütigender, welcher Verrat schlimmer sein als der des eigenen, verfallenden, verfaulenden Körpers, der einen im Stich läßt, und weit und breit kein Lebenselexier in Gestalt verführerischer Nymphchen, die einmal noch, ein letztes Mal, die verschwundene Energie, den neuen Glauben an sich selbst aus einem Manne herauskitzeln könnten, der niemandem mehr vertraut, schon gar nicht seinem Spiegel, diesem täglichen Überbringer katastrophaler Nachrichten.

Der General in seinem Exil, Señor Rickmann, süchtig nach der Majestät der Macht, gezeichnet von der unaufhaltsam heranschleichenden Grausamkeit des Todes, duldet noch immer keinen Widerspruch und redet deshalb – weiß man in diesen Zeiten, welche Menschen der Widerrede fähig sind, die früher geschwiegen haben, und allenfalls, ja, Herr General, aber selbstverständlich, Herr General, gespeichelleckt – nur noch mit toten Gegenständen, und weil ihm das Dunkel der Nacht Angst einflößt, versucht er sich, allabendlich alle Lichter anknipsend, als Abschaffer des Abend-Grauens und zermartert im Bett sein Gehirn, wo er nach der längst vergessenen Prophezeiung einer Wahrsagerin eigentlich sterben sollte und wann, wann denn bloß, und hat dabei, wie er in Stunden ganz besonderer Schwäche gesteht, schon heute Angst, daß er die letzte Berührung der Leichenbestatter auch noch spürt, so, wie er immer Angst hatte vor jeder Berührung, der des Arztes bei der Narkose, der des schwulen Sohnes, nur vor der einen nicht, der seiner geliebten, entschwundenen Nata.

Der General in seinem Exil, Señor Rickmann, dessen Granithärte längst zerbröckelt, dessen Eisenbewußtsein geschmolzen ist, fürchtet sich davor, daß ihm keiner mehr schreibt, und so öffnet er selbst die fehlgeleiteten Werbeprospekte mit einer gewissen liebevollen Andacht, als habe er erkannt, daß er Gefangener wurde seiner früheren Macht und daß Macht Einsamkeit erzeugt, ja, Macht Einsamkeit *ist*, und nur noch manchmal schreit er es mit einem letzten Flammenblitz hinaus, daß sie alle undankbar sind, sucht im Herzen die letzte Ladung des Hasses, die er für immer bewahren wollte und die sich doch auflöst in die Asche verletzten Stolzes, den es sich, wie Gabriel García Marquez[12] schreibt, nicht zu erhalten lohnt, schon gar nicht, wenn für den Patriarchen der Spätherbst angebrochen ist, die Zeit der kreisenden Aasgeier.

Der General in seinem Exil aber mag beruhigt sein: Don Alfredos Erbe, das so lange vor seiner Geburt in den grauen Vorzeiten Paraguays beginnt, wird seine letzten zehn oder zwanzig oder hundert Jahre Einsamkeit bis zum Tod überdauern, und es wird auch dann weiterleben und weiterwuchern in einer Zeit, wenn die Würmer sich längst durch seinen verfaulten Leib gefressen haben und seine Knochen zu Staub geworden sind und der Staub zu Dünger und der Dünger mit Hilfe der Samen zu einem Baum und der Baum gefällt, so daß alle Schmarotzer von seinem Holz profitieren und, geblendet von Geld und Macht, die Wahrheit verschweigen – womöglich bis ans Ende aller Tage.

DER KLEINE, DER KEIN GROSSER WURDE

DENG XIAOPING, CHINA

»Hundert Jahre reichen nicht aus, um etwas Entscheidendes aufzubauen. Ein Tag ist genug, um alles zu zerstören.« So schrieb der Prophet Deng Xiaoping und schickte sich am 4. Juni 1989 an, seine eigene Prophezeiung zu erfüllen.

Die Geschichte hatte damals ihr Urteil schon geschrieben über Chinas starken Mann, und es war alles andere als ein Verriß. Altbundeskanzler Helmut Schmidt nannte ihn, in einem Vorwort zu Dengs auf deutsch erschienener Redensammlung, noch 1988 »den vielleicht größten lebenden Staatsmann«. US-Präsident George Bush wie KP-Generalsekretär Michail Gorbatschow zollten ihm für seine Lebensleistung uneingeschränkt Respekt. Das amerikanische Nachrichtenmagazin »Time« machte ihn sogar zweimal, 1978 und 1986, zum »Mann des Jahres« und charakterisierte seine Reformen in der Volksrepublik China als etwas, das den »Gang der Geschichte nachhaltiger verändern könnte als alles andere auf der Welt«.

Vieles deutete darauf hin, daß Deng irgendwann im Verlauf des Jahres 1989 seinen Abschied aus der aktiven Politik nehmen wollte, er war damals schon 83 Jahre, ein wenig gebrechlich und auf einem Ohr fast taub, einen Abschied in Ehren. Doch dann zog er, in der Krise, noch einmal alle Macht an sich und reagierte so, wie es sich die Welt von einem nicht hatte träumen lassen, den sie als »Reformer« und »gemäßigt« oder gar als »liberal« zu kennen glaubte: Deng Xiaoping hat mit einem einzigen Federstrich, mit einem einzigen Befehl an einem einzigen Tag alles zerstört, was er mit aufgebaut hatte – er gab das Kommando zum Massenmord an den Pekinger Studenten. An die tausend fast durchweg friedliche, unbewaffnete

Demonstranten kamen ums Leben. Mit ihnen starb, vorläufig zumindest, eine Demokratiebewegung, die auf der ganzen Welt große Sympathie genoß und die durch nichts in ihrem tragischen Ende so symbolisiert wird wie von dem jungen Mann, der sich – die Fernsehbilder gingen um die Welt – mit bloßen Händen einer Kolonne von anrollenden Panzern entgegenstemmte.

Es mag sein, ja, es ist sogar wahrscheinlich, daß viele von Dengs umfassenden wirtschaftlichen Reformen, von Anfang an radikaler und erfolgreicher als die Gorbatschows, seine Epoche überdauern und das Riesenreich weiter positiv prägen werden. Er selbst aber wird nun nicht mehr als der große Revolutionär in die Geschichte eingehen, der er über Jahrzehnte seines Lebens war, sondern als Verbrecher gegen sein Volk.

Wie konnte es dazu kommen? Ließen wir uns alle von einem Wunschbild, von unserer Faszination vom »Reich der Mitte« so täuschen, daß wir nicht erkennen konnten, wie da einer von einem Architekten zum gnadenlosen Zerstörer seiner Heimat wurde? Hat sich die Katastrophe nicht angebahnt?

Ich fuhr im Herbst 1977 zum ersten Mal in die Volksrepublik China. Es war ein Land, in dem fast ein Jahrzehnt lang das Chaos der Kulturrevolution gewütet hatte, und die Zerstörung war noch an allen Ecken und Enden zu sehen. Ausländer, »fremde Teufel«, wurden selbst in Großstädten wie Shanghai und Guanghzou noch bestaunt wie Wesen von einem fremden Stern. Die Repression war weiter zu spüren, aber hinter vorgehaltener Hand, in den öffentlichen Parks, erzählten die Menschen grausame Geschichten von Maos jugendlichen »Roten Garden«, die ihre Lehrer totgeschlagen hatten, von Funktionären, die Pianisten und Malern für ihre Neigung zu »dekadenten westlichen Genüssen« die Finger gebrochen hatten.

In den Bäumen von Peking hingen, an kleinen Fäden befestigt, kleine Flaschen. Es waren so viele, daß wir unseren Dolmetscher fragten, was das denn zu bedeuten hätte. Er erklärte, die Menschen wollten mit der Zurschaustellung dieser Gefäße ein politisches Zeichen setzen. Jeder Chinese verstünde die Symbolkraft dieser Geste: »Xiaoping« heißt im gesprochenen Chinesisch »kleine Flasche« und klingt damit so wie Dengs Vorname. Mit den Fläschchen in den Wipfeln, gelegentlich auch auf den Felsen in den Parks oder auf den

Vom sozialistischen Reformer zum Stalinisten: Deng Xiaoping

Giebeln der Dächer, wollte die Bevölkerung dem damals noch verfemten Politiker applaudieren. Die Volksabstimmung per »Flaschenpost« sollte sagen: Wir vertrauen diesem Mann, wir wollen von ihm regiert werden und fordern seine Rückkehr an die Spitze der Partei.

Was für ein Leben hatte der damals 73jährige schon hinter sich! Welch Traum für jeden Biographen! Was für eine schwindelerregende Berg-und-Tal-Fahrt durch die Wirren von Krieg und Revolution, von politischen Triumphen und persönlichen Demütigungen!

Deng sah noch das Elend und die Not des feudalen China. Wie Mao Tse-tung als Sohn einer wohlhabenden Landbesitzerfamilie geboren, war Deng gerade sieben, als 1911 das alte Kaiserreich zusammenbrach und der Revolutionär Sun Yat-sen an dessen Stelle einen demokratischen Staat aufzubauen versuchte. Doch an der Korruption der Reichen und der Rückständigkeit der Armen änderte sich in den riesigen, fern von Peking liegenden Provinzen wenig, auch nicht in Setschuan, wo Deng aufwuchs. In seinem Heimatdorf verkrüppelten sich die Frauen noch die Füße, um einem unmenschlichen Schönheitsideal zu genügen, als Deng zur Schule ging. Bettler hungerten auf den lehmigen Wegen, die sich bei jedem Regenfall in undurchlässige Schlammsümpfe verwandelten. Tagelöhner versuchten ihre Töchter zu verkaufen, um die teure Mitgift zu sparen und weniger Mäuler füttern zu müssen.

Deng sah aber bald auch die große, weite Welt. Sein Vater ermöglichte es ihm, eine der besten Oberschulen des Landes, in Chongqing am Jangtse gelegen, zu besuchen. Deng Xiaopings gute Noten machten es für ihn möglich, ein Stipendium für das Studium in Frankreich zu erhalten. Trotz der antiwestlichen Welle, die gerade wieder einmal über China schwappte, ließ er sich von seinem Entschluß nicht abbringen, er ging, wie er später einmal in einem Interview sagen sollte, »um vom Westen zu lernen, an seinen Modernisierungen teilzuhaben«. Als Deng im Herbst 1920 in Marseille mit dem Schiff ankam, mußte er allerdings schnell eine bittere Erfahrung machen: Frankreich war teuer, das Geld reichte vorne und hinten nicht, »nur« die Vorlesungen an der Universität zu besuchen war unmöglich – er mußte sich seinen Lebensunterhalt verdienen. Deng schlug sich mit Hilfsarbeiterjobs durch, mal in einer Waffenfabrik, mal bei den Autowerken Renault. Er lernte Bridge spielen und entwickelte eine lebenslange Vorliebe für Croissants, aber sein Kontakt zu »Westlern« war stark begrenzt: Er blieb lieber mit seinen chinesischen Kumpels zusammen, zu denen auch der spätere Ministerpräsident Tschou En-lai gehörte.

Deng sah die Notwendigkeit zur Revolution. Sein Land hatte er sowieso als »rückständig« in Erinnerung, aber auch die französischen Arbeiter fand er »ausgebeutet«: Er trat, gemeinsam mit anderen chinesischen Studenten, der Kommunistischen Partei Frankreichs bei. Für die »Chinesische Sozialistische Jugendliga« gab er, eifriger Redakteur und Setzer in einem, die Zeitschrift »Rotes Licht« heraus und bekam von den anderen den liebevollen Titel »Doktor der Vervielfältigung« verliehen, weil er auch noch das Blatt kopieren half. 1926 wechselte Deng für ein gutes halbes Jahr auf die Moskauer Sun-Yat-sen-Universität, wo er gerade noch Lenins »neue ökonomische Politik« miterlebte, die Rückkehr zu bäuerlicher Eigenverantwortung und Reprivatisierung der Kleinindustrie – wesentliche Elemente davon sollten später in Dengs wie in Gorbatschows Reformprogramm Eingang finden.

Im Herbst 1926 fuhr der junge Revolutionär nach China, ohne einen akademischen Abschluß, aber in Marxismus bewandert und zur Tat entschlossen. Er ging, mal in der Nähe von Xian, mal bei Shanghai, in den Untergrund, organisierte für die 1921 gegründete KP Chinas geheime Waffentransporte und Treffen. Sein durchaus nicht schneller, aber stetiger Aufstieg in der Parteihierarchie erlebte einen empfindlichen Rückschlag, als er sich zu der politischen Strategie eines gewissen Mao Tse-tung bekannte, der – entgegen der damals noch vorherrschenden orthodoxen, Moskau-hörigen Ideologie – die Befreiung der Bauern vor die Revolution der Arbeiter stellte. Deng wurde wieder in Gnaden aufgenommen, als der »Lange Marsch« begann.

Dieser inzwischen legendäre, heldenhafte Fußweg quer durch die Feindeslinien wurde – gerade wegen seiner großen Opfer, seiner Popularität bei der unterdrückten Landbevölkerung – zur Geburtsstunde des kommunistischen China, zum Symbol für seine neue Kraft. Von etwa 100 000, die den »Langen Marsch« begonnen hatten, erreichte nicht einmal jeder zehnte seinen Endpunkt, die Höhlen von Shaanxi. Deng war darunter, anfangs noch im zweiten Glied als Alleinredakteur des Armeeblättchens »Rote Fahne«, doch bald schon als Chef einer Abteilung und am Ende als »der dritte Mann«, als jugendlicher Mittler zwischen Mao und Tschou.

Als Kommandant der 129. Division kämpfte Deng mehr als ein Jahrzehnt lang gegen Japan und dann im Bürgerkrieg gegen die Kuomintang. Am 1. Oktober 1949 stand er auf der Tribüne am »Platz des Himmlischen Friedens«, um gemeinsam mit Mao die Gründung der Volksrepublik zu feiern und den jubelnden Massen zuzuwinken. Noch war er im Ausland wie in der chinesischen Öffentlichkeit so gut wie unbekannt – ein Mann wie geschaffen für das Fädenziehen im Hintergrund, ohne großes Charisma, ohne den Drang, im Scheinwerferlicht zu stehen. Aus seiner langen Militärzeit stammten die Kontakte zu den hohen Offizieren, die ihm ein Leben lang erhalten blieben und die er später, zu seiner eigenen Rettung wie zur Unterdrückung Andersdenkender, nutzen sollte.

1952 wurde Deng Xiaoping stellvertretender Ministerpräsident unter seinem Freud Tschou, 1955 Politbüromitglied – es sollten die höchsten politischen Ämter bleiben, die er je annahm, obwohl er später über ein Jahrzehnt lang die unumstrittene Nummer eins des Landes wurde und bis heute unermeßlichen Einfluß ausüben kann.

Sein Charakter wie seine politischen Grundüberzeugungen wurden geprägt durch seine Auseinandersetzung mit Mao. Die beiden mochten sich nicht besonders. Zwar schätzte der »Große Vorsitzende« den nur 1,54 Meter hoch gewachsenen Zwerg als Organisator, wie sich beispielsweise 1957 zeigte, als sie gemeinsam in Moskau waren. Mao Tse-tung zog Nikita Chruschtschow zur Seite, zeigte auf Deng und sagte: »Den sollten Sie nicht übersehen, der hat eine große Karriere vor sich.« Andererseits haßte er Dengs Eigenmächtigkeit und seinen Starrsinn. »Welcher selbsternannte Napoleon hat denn das entschieden«, brüllte er einmal in Richtung Deng und beklagte sich ein anderes Mal: »Der Kleine ist schwerhörig und setzt sich immer absichtlich so weit weg von mir, damit er nichts von meinen Direktiven mitbekommt und sie nicht vertreten muß.« Deng nahm selten ein Blatt vor den Mund, wenn er anderer Meinung war als der Vorsitzende, und brandmarkte – in Maos Anwesenheit – Anfänge von Personenkult: »Vergötterung eines einzelnen ist immer schädlich.«

Auch in der Wirtschaftspolitik widersprach der scharf formulierende »Mann mit der Pfefferzunge«, wie er bei den Genossen hieß, dem Parteichef. Er sah bald, daß der »Große Sprung nach vorn« von 1956 mit der überhasteten Zwangskollektivierung und den Volkskommunen zum katastrophalen Scheitern verurteilt war. Deng empfahl radikales Umdenken und setzte auf Privatinitiative, deren Vorteile er Mao auf seine Weise klarzumachen versuchte. Weil sein Enkel sich weigerte, den Großen Vorsitzenden, wie von dem gewünscht, mit »Onkel« anzureden, zog Deng einen Apfel aus der Tasche und sagte zu dem Kleinen: »Den darfst du haben, wenn du zu Mao Onkel sagst.« Der Trick klappte. »Da siehst du, Großer Vorsitzender, was man mit finanziellen Anreizen alles erreichen kann.« Mao soll das ebensowenig lustig gefunden haben wie Dengs ketzerischen Satz in Sachen »liberaler« Wirtschaftspolitik und Steigerung von Produktion und Lebensstandard, mit welchen Mitteln auch immer: »Es ist doch letztlich gleichgültig, ob eine Katze schwarz oder weiß ist, Hauptsache, sie fängt Mäuse.«

1966 schwappte die Kulturrevolution übers Land, Maos Versuch, mit dem Wahn der jugendlichen »Roten Garden« seine Revolution permanent zu machen und sich dabei auch seiner parteiinternen Gegner zu entledigen. Deng geriet als »kapitalistischer Dämon« in die Schußlinie. Er beugte sich, wie ein altes chinesisches Sprichwort sagt, »gleich einem Bambus im Wind«, übte untertänige Selbstkritik. Doch der Wind wurde zum Sturm: Deng wurde öffentlich als »Hundekopf« geschmäht, entmachtet und in eine Traktorenfabrik zur »Umerziehung« geschickt, wo er harte körperliche Arbeit verrichten und die Spucknäpfe leeren mußte. Am schlimmsten aber traf es seinen damals 22jährigen Sohn Pufang, den die Roten Garden bei einem Verhör aus dem Fenster stießen und der daraufhin querschnittgelähmt blieb.

1973 war Deng plötzlich wieder da – er erschien zur Verblüffung ausländischer Beobachter bei einem Staatsbankett, als sei nichts gewesen, und benutzte auch seinen früheren Titel »stellvertretender Ministerpräsident«. Doch das politische Tauwetter, eingeleitet von seinem Freund Tschou, hielt nicht lange. Im April 1976 verlor er noch einmal alle Ämter und war auch in größter Lebensgefahr: Die »Viererbande« um Maos ehrgeizige, linksradikale Frau Jiang Quing, die den Zugang zu dem inzwischen senilen und unzurechnungsfähigen Mao monopolisiert hatte und in seinem Namen Befehle ausgab, wollte ihn sogar ermorden lassen. Deng fand Unterschlupf bei einem Freund aus alten Militärzeiten, der inzwischen Regionalkommandant in Südchina geworden war. Nach Maos Tod im September 1976 und der anschließenden Verhaftung der »Viererbande« begann Dengs langsamer Wiederaufstieg, seine erneute Annäherung an die Macht, die er mit unerbittlicher Willenskraft verfolgte. Das politische Stehaufmännchen siegte: Zehn Monate nach meinem ersten China-Aufenthalt – und viele Fläschchen in den Bäumen später – hatte sich Deng Xiaoping auf der ganzen Linie durchgesetzt. Das ZK-Plenum Ende 1978 brachte nicht nur seine endgültige Rehabilitierung, sondern auch den Durchbruch seiner Ideen von einer wirtschaftlichen Lockerung.

Deng befreite die Bauern von jedem Zwang und ließ sie wieder anbauen, was sie wollten und auf privaten Märkten verkaufen konnten. Er ermöglichte den Menschen wieder ein kleines privates Glück: Der Goldfisch und der Singvogel, in der Kulturrevolution als »bourgeois« verfemt, wurden rehabilitiert. Er ließ in der Industrie Leistungsanreize für besonders Tüchtige schaffen und holte westliche Manager ins Land, die in wirtschaftlichen »Sonderzonen« den Chinesen zeigen durften, wie westliche Produktion und Marktwirtschaft funktionieren.

Seit 1979 bin ich dann jedes Jahr nach China gereist und habe das Land von 1980 bis 1985 von Hongkong aus als Korrespondent beobachtet. Der Aufschwung, den China nahm, war dramatisch. Ein ganzes Volk, mehr als eine Milliarde Menschen, schuftete, werkelte, baute an, kaufte und verkaufte. Die durch den Maoismus nur vorübergehend verschütteten alten Händlerinstinkte brachen wieder durch. Und vor allem bei den Bauern auf dem Land sprach man mit Respekt, manchmal sogar liebevoll von »dem Zwerg in Peking, der uns machen läßt«. Der damalige Vize-Außenminister Qian Qichen, heute Chef des Ministeriums, sagte mir damals beim Interview: »Die Reform, ja die Hoffnung einer ganzen Nation ruht auf seinen Schultern.«

Doch Deng Xiaoping übersah bei seiner »Zweiten Revolution«, wie er die Veränderungen in seinem Land nannte, etwas Entscheidendes: Er erkannte nicht, daß wirtschaftlicher Fortschritt, Freiheit im Umgang mit dem Ausland und seinen Modellen immer auch den Ruf nach politischer Liberalisierung mit sich bringt. »Man kann das Fenster nicht öffnen und dann verhindern, daß Schmeißfliegen und frischer Wind ins Zimmer kommen«, sagt ein chinesisches Sprichwort. Die Studenten, die er zu Tausenden in den Westen schickte, kamen nicht nur mit den erwünschten technischen Kenntnissen zurück, sondern auch mit – unerwünschten – Ideen wie Pressefreiheit und geheime Wahlen.

Lange Zeit interessierte sich in China nur eine verschwindende Minderheit für demokratische Reformen; ein höherer Lebensstandard, das schien alles zu sein, wofür die breite Masse sich einzusetzen bereit war. Aber langsam faßten die demokratischen Ideale Fuß, wenngleich es nie zur ganz breiten Bewegung kam – zu sehr ruhte und ruht China in seinen konfuzianischen Idealen und in seinen eigenen selbstherrlich-fremdenfeindlichen Traditionen. Aber selbst die Ursprünge der Demokratiebewegung ließ Deng brutal verfolgen. Schon 1956 war er sich mit Mao völlig einig gewesen, daß es die »Hundert-Blumen-Bewegung« der kritischen Intellektuellen mit allen Mitteln zu zerschlagen galt, und veranlaßte höchstpersönlich, daß Tausende Schriftsteller, Maler und Bildhauer ins Gefängnis oder in die Umerziehungslager wanderten. »China muß immer eine ›sozialistische, eine Volksdemokratie‹ bleiben, es darf niemals eine ›bourgeoise, individualistische Demokratie‹ werden«, sagte Deng Xiaoping 1979. Im selben Jahr wurde der Student Wei Jinsheng nur wegen einiger kritischer Bemerkungen auf einer Wandzeitung, der Forderung nach einer Opposition, zu 15 Jahren Haft verurteilt. Er sitzt bis heute und soll nach dauernder Einzelhaft geisteskrank geworden sein.

Wäre das in der Sowjetunion passiert, die amerikanische Regierung und die Presse hätten in einer Protestkampagne die Freilassung des Bürgerrechtlers gefordert. Doch Menschenrechtsverletzungen in der Volksrepublik China ließen den Westen, auch die großen Magazine und Zeitungen in der Bundesrepublik, fast völlig kalt. Konjunktur hatten nur Wirtschaftswunder-Stories – und freundliche Porträts über den kleinen starken Mann: Deng wurde – lange Zeit vor Gorbatschow – zum ersten »guten«, zu »unserem« Kommunisten. Kein grauer Apparatschik, sondern ein Sympathieträger, der in seiner Freizeit Bridge spielte, sich mit seinen Enkeln zeigte und auch noch im hohen Alter aus fünf Metern den Spucknapf traf. Der für sein Volk einen Slogan prägte, der jedes Kapitalistenherz höherschlagen läßt: »Reich werden ist herrlich.« Und der sich beim Besuch in Texas sogar telegen einen Cowboyhut aufsetzte: Darling Deng.

Wenige Monate vor dem Massaker auf dem »Platz des Himmlischen Friedens«, im Februar 1989, war ich dann wieder in Peking. Ich hatte ein langes Gespräch mit dem Bürgerrechtler Fang Lizhi, den sie schon damals den »chinesischen Sacharow« nannten, zum einen, weil er wie dieser wegen seiner liberalen Ideen ständig mit einem Bein im Gefängnis stand, zum anderen, weil er wie Sacharow ein Naturwissenschaftler mit starkem Einfluß auf die Jugend war. »Vor zehn Jahren war Deng richtig für dieses Land, jetzt aber ist die Entwicklung über ihn hinweggegangen, und er sollte schnellstens zurücktreten«, sagte Fang, vor dessen Haus ständig Geheimpolizei patrouillierte. Die Unzufriedenheit mit Deng hatte überall in China zugenommen. Die Menschen beklagten sich über die steigende Kriminalität und eine galoppierende Inflation, die 1988 bei über 30 Prozent lag. Vor allem aber über den moralischen Niedergang der Partei, über die Korruption der Funktionäre, die für jede Leistung Schmiergeld einsteckten.

Und wenn von Vetternwirtschaft die Rede war, fiel häufig auch der Familienname Deng. Pufang, der gelähmte Sohn, soll als Chef einer »gemeinnützigen« Behinderten-Organisation Millionen beiseite geschafft, Tochter Ling ihre Bilder zu weit überzogenen Preisen an Staatsgalerien verkauft haben. Selbst von Konten in der Schweiz in Dengs Namen wurde gemunkelt, obwohl dafür nie auch der Hauch eines Beweises auftauchte. Entscheidender als der Wahrheitsgehalt solcher Behauptungen: Die Menschen hatten in die verrottete Staatsautorität keinerlei Vertrauen mehr, sie begannen den Gerüchten Glauben zu schenken. Es bedurfte nur noch eines einzigen Anlasses, um gerade die Studenten aus ihrer bisherigen Lethargie zu reißen. Er kam mit dem Tod von Hu Yaobang, der sich als Parteichef für mehr Demokratie eingesetzt hatte und wohl auch deshalb 1987 gestürzt worden war. Die Studenten besetzten den Pekinger »Platz des Himmlischen Friedens«.

So erlebte Deng Xiaoping in der Stunde seines größten außenpolitischen Triumphes auch seine tiefste Demütigung: Als Michail Gorbatschow ihn am 15. Mai in Peking besuchte und – nach den von Deng diktierten Bedingungen – das Schisma des Weltkommunismus beendete, konnte er dem Sowjetführer wegen der demonstrierenden Studenten nicht einmal das Herzstück der Stadt, den alten Kaiserpalast, zeigen. Mußte sich mit ihm durch Hintereingänge zu den Verhandlungen schleichen und dabei Plakate lesen, auf denen geschrieben stand: »In der Sowjetunion gibt es einen Gorbatschow. Wen gibt es hier?« Oder sogar: »Egal, ob eine Katze schwarz oder weiß ist, nur wenn sie von der Bühne verschwindet, ist sie eine gute Katze.«

Deng hatte gegenüber seinem Gast, gegenüber der ganzen Welt sein »Gesicht« verloren – das Schlimmste, was einem Asiaten passieren kann. Aus Tausenden von Demonstranten wurden Zehntausende, dann Hunderttausende, dann mehr als eine Million. Die Intellektuellen blieben nicht, wie Deng sicher gerechnet hatte, unter sich, Facharbeiter, selbst Bauern aus den umliegenden Dörfern schlossen sich in Peking dem Protest an, der zum friedlichen Volksaufstand wurde und gleichzeitig zu einem spielerischen, gigantischen Volksfest.

Eine einlenkende Parteiführung hätte diesem Protest die Spitze nehmen können, der ja nicht über Nacht ein neues System für China forderte, sondern nur Schritte in die »richtige«, in die demokratische Richtung. Kampf gegen die Kaderkorruption, mehr »Glasnost« in der Presse und größere Rechtssicherheit waren nicht so revolutionäre Forderungen, als daß sie nicht auch schon einzelne KP-Führer erhoben hätten. Als Parteichef Zhao Ziyang selbst auf den Platz ging, mit den Studenten diskutierte und Verständnis für ihre oft auch naiv und wirr vorgetragenen »Demokratie-Wünsche« zeigte, schien sich die Lage zu entspannen. Doch hinter den Kulissen wetzten die Scharfmacher die Messer – und Deng schlug sich in dem Machtkampf zwischen »Betonköpfen« und »Gemäßigten« auf die militante Seite. Er sah wohl nur noch den Autoritätsverlust – für sich, für die Armee, für die ganze Partei und wohl auch für die marxistisch-leninistische Ideologie. Er sah China vor der »demokratischen Anarchie«, das Land vor einem möglichen Verfall.

Wie er die »Ruhe« verteidigen wollte, hatte er schon bei früheren Studentenunruhen klargemacht. Der »ZK-Rundbrief« vom 30. Dezember 1986, damals nicht einmal von »China Watchers« richtig beachtet, liest sich wie eine Ankündigung des grausamen Finales am 4. Juni: »Man darf niemandem freie Hand lassen, das Volk aufzuwiegeln. Wir müssen nur unnachgiebig sein, dann können keine neuen Unruhen ausbrechen. Versuche, eine bürgerliche Demokratie einzurichten, sind mit allen Mitteln zu bekämpfen! Und sollte es zu Blutvergießen kommen, was macht das schon?«

Deng sammelte noch einmal seine alten Armee-Freunde um sich. Trau keinem unter Achtzig, schien das neue Pekinger Führungsmotto. Der starke Mann gab den Befehl, »Ordnung« durch Terror, durch Krieg gegen das Volk zu erzwingen: »Und wenn 20 000 Menschen dabei draufgehen, so haben wir wenigstens wieder 20 Jahre unsere Ruhe«, wurde er zitiert. Als Zhao Ziyang, Dengs bester Freund und politischer Vertrauter schon aus Setschuan-Tagen, bei der Militäraktion nicht mitmachen wollte, ließ er ihn fallen und stellte ihn später unter Hausarrest. (Trotz Gerüchten über eine mögliche Teilrehabilitierung hat sich daran bis heute nichts geändert.)

Die »Gang der Greise« schlug also zu – und schuf damit erst »luan«, das Chaos, das sie doch um jeden Preis hatte verhindern wollen. Deng mag eine Schlacht gewonnen haben, aber er verlor die Herzen der Menschen. Die Wissenschaftler, die Studenten, die engagierten Facharbeiter verweigerten sich in der Folgezeit der Partei, boykottierten Dengs Politik mit ihrem Desinteresse. Das Land wurde, auch durch die folgenden Sanktionen des Westens, um Jahre zurückgeworfen. Die Spätfolgen für die Pekinger Führung sind immer noch nicht abzuschätzen, nur eines scheint klar: Deng Xiaoping hat seine Nachfolger zu Geiseln der Generäle gemacht. Keine Armee der Welt erledigt solche »Dreckarbeit« wie am Tienanmen-Platz ohne langfristige Gegenforderungen. Immer mehr Militärs beginnen in wichtigen ZK-Posten einzusickern; vielleicht kommt in Peking bald wieder »alle Macht aus den Gewehrläufen«, wie es einst Mao formulierte.

Was denkt Deng über sein Vermächtnis, jetzt, da er sich dem Tode nahe fühlen muß? Bereut er das vergossene Blut, oder ist er – wofür viel spricht – immer noch davon überzeugt, das Richtige getan zu haben? Er will keine Autobiographie schreiben. »Denn wenn eine Biographie geschrieben wird, sollte sie sowohl die guten als auch die schlechten Dinge, einschließlich der Fehler, enthalten«, zitiert ihn sein deutscher Biograph Uli Franz. An anderer Stelle spricht Deng davon, er sei froh, wenn man später sagen würde, er hätte »zu mehr als 50 Prozent Gutes getan«.

Noch wagt keiner zu bilanzieren. Mag sein, daß das Massaker auf dem weiten chinesischen Land längst vergessen ist, daß die Parteipropaganda gewirkt hat, daß wieder nur die Alltagsprobleme zählen. Mag sein, daß das Land noch nicht so bald in rivalisierende Provinzen zerfällt, weil die Angst vor der Gewalt aus Peking übermächtig ist. Mag sein, daß die Studenten, da sie nun schon einmal Deng frontal angingen, »an den Hintern des Tigers gegriffen« und sich dabei die Finger verbrannt haben, für eine lange Weile Ruhe geben. Aber der Preis dafür war sehr, sehr hoch, und Deng bezahlte ihn mit der Zerstörung seines Ansehens.

Auf den Straßen von Peking wurden in den Tagen nach dem Massaker viele kleine Flaschen gegen die Hauswände geworfen, an Baumstämmen zerschmettert, mit Füßen zertreten – am liebsten, wenn Militär in Sichtweite war. Was da in die Brüche ging, war mehr als »Xiaoping« – es war die Hoffnung auf eine demokratischere, freiere, schönere Zukunft.

DER SEIN VOLK BIS AUF DIE TOILETTE VERFOLGT

LEE KUAN YEW, SINGAPUR

Bevor Lee Kuan Yew vorschlug, wir sollten doch gemeinsam durch den Garten des Regierungspalastes joggen, hatte er mir ein Interview gegeben, das weder zu den Höhepunkten seiner noch zu den Höhepunkten meiner Karriere zählte. Es war in etwa so abwechslungsreich und vorhersehbar verlaufen wie das Singapurer Wetter, dessen extremste Schwankungen innerhalb von zwölf Monaten zwischen 30 und 32 Grad Celsius liegen.

Ich hatte ihn gefragt, ob er sich beleidigt fühlte, wenn ich ihn einen Diktator nennen würde, seinen Stadtstaat eine »Musterdiktatur«. Lee darauf unwirsch: »Blödsinn. Dies ist eine Demokratie mit einem funktionierenden Parlament, nur ohne westliche Auswüchse, und wenn von 81 Abgeordneten nur einer nicht von der Regierungspartei stammt, so entspricht das eben dem Willen des Volkes.« Frage: »Was meinen Sie dann damit, wenn Sie sagen, Singapur müsse ›asiatische Werte‹ pflegen und sich nicht sklavisch der verdorbenen ›westlichen Kultur und ihren Auswüchsen‹ hingeben?« Der Regierungschef: »In Amerika und Europa haben ja wohl unbestritten die Drogensucht, die Pornographie, die Flucht vor den Verpflichtungen überhandgenommen – das werden wir bei uns nicht zulassen. Wir setzen die Werte der Gemeinschaft über die individuellen Rechte.«

Und deshalb regiert er mit einem Notstandsgesetz, genannt Sicherheitsverordnung, nach dem jeder ohne Gerichtsurteil auf beliebig lange Zeit ins Gefängnis geworfen werden kann? Lee Kuan Yew: »Wir verhaften nur den, der dem Gemeinwesen schadet, der die Gesetze übertritt. Wir reißen Andersdenkenden nicht die Fingernägel aus, und mir ist kein Fall bekannt, wo einem Oppositionellen der Hals zugedrückt worden ist.«

Ich verwies auf die Prügelstrafe, die in Singapur für manche Vergehen obligatorisch ist, er sprach von den sauberen Straßen. Ich bedauerte, daß man die Transvestiten per Gesetz und mit großer Brutalität von allen öffentlichen Plätzen verbannt hatte. Er wies stolz darauf hin, Singapurer seien viel höflicher zueinander als früher. Ich nannte seinen Umgang mit der Presse tyrannisch, er prahlte, kein Staat sei so korruptionsfrei wie seiner. Und so weiter. Und so weiter.

Nur einmal während des Interviews war Lee Kuan Yews grimmige Miene aufgehellt – als ich ihm erzählte, Helmut Schmidt halte ihn für den intelligentesten Politiker der Dritten Welt und bewundere ihn fast grenzenlos. »Auch ich schätze Helmut Schmidt«, sagte er bescheiden.

Er mag kritische Fragen nicht. Er kann Journalisten nicht ausstehen. Diese Einstellung teilt er mit vielen Politikern in Ost und West. Was Singapurs starker Mann von den anderen unterscheidet, ist, daß er sich keine Mühe gibt, seine Abscheu zu verbergen. Daß er keine Höflichkeitsfloskeln bemüht, wenn er nicht antworten will, sondern fingerschnippend einen Themenwechsel anregt, wenn es unangenehm oder – seiner Meinung nach – impertinent wird: »Nächste Frage bitte!«

Bei Lee Kuan Yew weiß man, wo man dran ist. Nach genau 44 Minuten und 30 Sekunden war seine Geduld mit mir erschöpft – er hatte mir in seinem Terminplan eine Dreiviertelstunde vorgegeben, und seine innere Uhr zeigte ihm an, daß die abgelaufen war. Dann statt einer förmlichen Verabschiedung die überraschende Wendung. »Ich nehme an, Ihre Zeit ist kostbar, meine ist es jedenfalls. Deshalb machen wir Schluß. Aber ich muß jetzt etwas für meine Gesundheit tun – mens sana in corpore sano, wie der Lateiner sagt. Kommen Sie mit joggen?«

Während ich die Muskeln lockerte und er sich neben mir die »Nike«-Laufschuhe anzog und sorgfältig die Bänder schnürte, als gäbe es einen Singapurer Preis für Jogging-Akkuratesse oder Strafpunkte für Schlamperei am Schuh, sagte er doch noch etwas Interessantes, Unerwartetes. »Wissen Sie, Sie haben mich da vorhin mit Fragen zur Opposition gelöchert. Ich bin auch gar nicht zufrieden damit, daß wir von der Regierung keinen ernst zu nehmenden Gegner haben. Ich glaube, ich werde mir mal eine Opposition heranzüchten, eine intelligente, konstruktive Opposition.«

So macht sich Lee Kuan Yew Gedanken um alles, und keiner kann behaupten, daß er damit ohne Erfolg geblieben wäre. Singapur hat in den 31 Jahren seiner Regierungszeit eine erstaunliche Metamorphose, einen phänomenalen Aufstieg erlebt – von einer verarmten, dreckigen und vernachlässigten Kolonie am fernöstlichen Rand des Britischen Empire zu einem prosperierenden Stadtstaat, der inzwischen längst nicht mehr zu den Entwicklungsländern, sondern zu den sogenannten »Schwellenländern« auf dem Weg zur Hochindustrialisierung gehört: Die Republik, flächenmäßig kleiner als das Bundesland Hamburg und mit einer Einwohnerzahl von unter drei Millionen, exportiert derzeit pro Jahr Güter im Wert von über 22 000 Millionen Dollar, darunter vor allem Textilien, aber auch High-Tech wie Computer und Chips – doppelt soviel wie die EG-Länder Portugal und Griechenland *zusammengenommen*. Nur das Öl-Sultanat Brunei und der Wirtschaftswunderstaat Japan haben in Asien ein höheres Pro-Kopf-Einkommen, und das jährliche Durchschnittswachstum der Wirtschaft erreichte in den letzten beiden Jahrzehnten fast sensationelle zehn Prozent.

Wer auf dem Internationalen Flughafen Changi landet, merkt schnell, daß er sich an einem der modernsten Verkehrsknotenpunkte der Welt befindet. Überall großzügig ausgestattete, helle Räume mit prächtigen Grünpflanzen; fleckenlos saubere Sessel und Teppiche; funktionale Abfertigung von freundlichen, stets lächelnden Beamten, in Blickweite von künstlichen Wasserfällen und in Hörweite gefälliger, ständig rieselnder Unterhaltungsmusik. In die Stadt führen breite Autobahnen, vorbei an unzähligen Wohnblocks, die keinen besonderen Charme ausstrahlen, aber praktisch angelegt und ausreichend ausgestattet sind. Der Taxichauffeur, in seiner von der Staatspolizei regelmäßig kontrollierten, garantiert blitzblanken Limousine, trägt Handschuhe. Er verbreitet keine Bazillen, weil er im Fall eines Schnupfens staatlicherseits sofort aus dem Verkehr gezogen wird, sollte er sich nicht selbst krank melden. Er redet nur über das Wetter, es ist ihm per Gesetz untersagt, den Fahrgast etwa in ein politisches Gespräch zu verwickeln. Der Fremde soll sich wohl fühlen in Singapur, nicht sich ärgern.

Vom Menschenfreund zum obersten Schnüffler: Lee Kuan Yew

Der Stadtstaat, in dem viele Waren zollfrei sind, gibt sich als ungestörtes Einkaufsparadies, ein Ruf, der in letzter Zeit durch den starken und dadurch für Ausländer teuren Singapur-Dollar etwas gelitten hat. Aber auch wenn man Kameras, Videorecorder und CD-Spieler in Hongkong oder Taipeh etwas billiger kriegen sollte, beim schönen und bequemen Einkaufen ist Singapur nicht zu schlagen. Überall De-Luxe-Kaufhäuser, durch straßenüberführende Gänge miteinander verbunden, ein vollklimatisiertes Spinngewebe, das man nicht verlassen muß, um sich durch die Innenstadt zu bewegen. Und dabei begegnet man garantiert keinem Bettler, garantiert keinem Obdachlosen, garantiert keinem Drogensüchtigen, garantiert keinem leichten Mädchen.

Für viele ist Singapur das futuristische Vorbild aller Städte, die Trauminsel ihrer Vorstellungen von einem funktionierenden Gemeinwesen. Mich erinnert die Stadt immer an eine preisgekrönte Klinik, an einen Platz, von dem man irgendwie froh ist, daß er in all seiner Perfektion existiert, aber an den man sich freiwillig und ohne gute Gründe nicht hinbegeben mag, jedenfalls dann nicht, wenn man die Wahl hat zwischen dieser Metropole und dem aufregend-chaotischen Hongkong oder dem stinkend-lebhaften Bangkok. Denn das schöne neue Singapur hat natürlich einen Preis: Die Stadt hat ihre Seele verkauft.

Die wenigen erhaltenen Straßen der alten »Chinatown« wirken wie ein staatlich sanktioniertes Vorzeige-Museum – immer bleibt des Auge an den hohen Bankgebäuden haften, die unmittelbar hinter »Chinatown« im Süden und im Norden, im Osten und im Westen ins Blickfeld drängen. Auch das alte »Raffles«-Hotel, in dem einst Somerset Maugham seine »Singapur Slings« schlürfte: nur mehr ein sorgfältig restaurierter Zwischenstopp für Stadtrundfahrten.

Es gibt nichts, was den Singapurern nicht vorgeschrieben wäre; was nicht ausdrücklich erlaubt ist, darf hier als verboten gelten – und daß die Reglementierung gelegentlich durchaus sinnvoll ist, macht die Sache nur wenig besser. Die Musterdiktatur Singapur ist weitgehend keimfrei, aber auch charismafrei und, sofern das überhaupt eine Stadt in Südostasien sein kann, langweilig.

Lee Kuan Yew hat das öffentliche Spucken unter Strafe gestellt – wer erwischt wird, zahlt bis zu 80 Mark. Er hat verboten, Zigarettenkippen oder auch nur Papierschnitzel auf die Straße zu werfen – das kann 300 Mark teuer werden. Er hat Essen in der Untergrundbahn untersagt, Langhaarige zum Friseur gezwungen, jungen Männern mit Übergewicht angedroht, sie müßten den obligatorischen Wehrdienst bis zum Erreichen des Idealgewichts ausdehnen. Und er läßt zu Stoßzeiten keinen mit dem Auto in die Stadt fahren, der nicht mindestens drei Beifahrer »zugeladen« hat.

Wenn der Staatschef seine Bürger in großangelegten Kampagnen auffordert, miteinander freundlicher umzugehen und die Fremden anzulächeln, täglich ein Lied zu singen und ordentlich Sport zu treiben, so läßt sich wenig dagegen sagen. Wenn er aber staatliche Schnüffler losschickt, die allen Ernstes jedem Singapurer in öffentlichen Toiletten hinterherspionieren, ob er auch die Klospülung bedient hat, nimmt die staatliche »Fürsorge« komisch-ärgerliche Züge an: Die »Flush Cops« dürfen Strafen bis zu 60 Mark, im Wiederholungsfall bis zu 500 Mark aussprechen, und die regierungsfromme Tageszeitung »Straits Times« druckte neulich auf Seite eins das Foto eines »Toiletten-Mehrfachtäters«, wie er von der Polizei abgeführt wurde. Geradezu Orwellsche Züge nimmt der Singapurer Überwachungsstaat an, wenn er seinen Bürgern auch noch in die Intimsphäre, in die privateste aller Entscheidungen hineinregieren will: in die Frage des Ehepartners.

Als Lee Kuan Yew in den achtziger Jahren erfuhr, daß die weniger Gebildeten, die »Unterschicht«-Singapurer, mehr Kinder in die Welt setzten als die Akademiker, startete er sofort eine staatliche Kampagne zur optimalen Zusammenführung »Singapurer Gene«, die bald den Spitznamen »Designer genes« abbekam. Der Staatschef forderte die »Elite« auf, doch nicht nur an sich selbst zu denken und im Single-Dasein zu verharren – es gelte, kluge Köpfe für die Zukunft zu produzieren. Lee ließ eine staatliche »Einheit zur Entwicklung sozialer Kontakte« gründen, deren einzige Aufgabe es sein sollte, »hochkarätige« Singapurer beiderlei Geschlechts zwecks Heirat und Fortpflanzung zusammenzuführen. Man organisierte bezuschußte Tanzkurse, Ferienfahrten und »blind dates« mittels einer staatlichen Computerliste aller ledigen Akademiker. Junge Paare mit beiderseitigem Universitätsabschluß wurden mit einem besonderen Kindergeld zu erhöhter familiärer »Aktivität« angereizt.

Die Aktion war selbst nach Einschätzung der offiziellen Behörden ein mäßiger Erfolg. Vielleicht trug sie auch zu einem Phänomen bei, das sich Lee und seine Leute partout nicht erklären können – dem »Braindrain«, dem Ausverkauf der Besten, die den Stadtstaat trotz der offensichtlich angenehmen Lebensbedingungen und hohen Gehälter in großer Zahl verlassen. Unveröffentlichte Befragungen dieser Singapur-Flüchtlinge haben ergeben, daß die ständige Bevormundung der Bürger für viele der Hauptgrund ist, sich in den USA, in Europa oder Australien eine neue Heimat zu suchen. Dort ist auch der Streß für die Kinder nicht so groß. Denn so beachtliche Leistungen das Singapurer Erziehungssystem aufweisen kann, so unmenschlich hoch ist auch auf diesem Gebiet der Preis. Vom Kleinkindalter an wird staatlicherseits getestet und gesiebt; wer es mit acht Jahren im »Fähigkeitstest« nicht geschafft hat, kann die Universität vergessen, er kommt nicht mehr in den entsprechenden Leistungskurs. Spätentwickler oder kreative Außenseiter werden von diesem System »hinuntergespült« (um es einmal in der Sprache der Toiletten-Besessenen in der Staatsführung zu formulieren).

Schwer zu sagen, was Lee Kuan Yew in seiner Jugend mehr prägte, mehr beeindruckte: die konfuzianisch strenge, auf Gehorsam und Respekt ausgerichtete Erziehung seiner Eltern, wohlhabender Chinesen mit Wurzeln in der Provinz Fukkien, die aber schon in der zweiten Generation in Singapur lebten, wo Lee am 16. September 1923 auch geboren wurde; die japanischen Besatzer, für die er ab 1942 als Übersetzer arbeitete, deren Brutalität ihm übertrieben vorkam, deren Effektivität er aber schätzenlernte; die konservativen westlichen Lehrer, die ihm zunächst am »Raffles Institute« das beste Zeugnis seines Jahrgangs von allen Schulabgängern Singapurs und Malaysias ausstellten, ihm später beim juristischen Examen an der renommierten Cambridge-Universität in England eine »Auszeichnung mit Stern« für besondere Leistungen verliehen.

Seine politische Aktivität in Singapur begann 1952, als er sich in seiner Eigenschaft als juristischer Berater einer ganzen Anzahl von Gewerkschaften den Ruf eines geschickten Anwalts und Verhandlungsführers erwarb. 1954 war Lee Gründungsmitglied einer linksstehenden, sozialistisch angehauchten »Partei der Volksaktion« (P. A. P.). In London schrillten die Alarmglocken: Man hielt den jungen Emporkömmling für einen heimlichen Anhänger der kommunistischen Guerillas, die von Malaysia aus in die Kronkolonie einzudringen versuchten. Doch bald waren solche Bedenken zerstreut: Als die Regierung linke Extremisten der P. A. P. verhaftete, hielt sich schon hartnäckig das Gerücht, Lee habe den Behörden dabei heimlich mit Tips beiseite gestanden. Jedenfalls profitierte er davon, daß der linke Flügel der Partei ausgeschaltet war, er konnte so seine Stellung weiterstärken. Bei den Wahlen von 1959 – London hatte Singapur innere Autonomie zugestanden – gewann Lee klar; 1963 wurde der Stadtstaat unabhängig und bildete, auf Lees Vorschlag, mit dem Malaiischen Bund, mit Sarawak und Sabah die »Föderation Malaysia«.

Doch der neue Staat ließ sich nicht lange zusammenhalten: Singapur mit seiner Dreiviertelmehrheit von chinesischen Mitbürgern (15 Prozent nur sind ethnische Malaien, etwa sieben Prozent Inder) stieß bei seinen weitaus größeren nur-malaiischen Bündnispartnern auf rassische Ablehnung: 1965 mußte ein total niedergeschlagener Lee Kuan Yew vor seine Singapurer treten und ihnen, den Tränen nahe, verkünden, daß die malaysische Föderation auseinandergebrochen, Singapur ausgestoßen war.

Dieses Geburtstrauma seines Landes hat Lee Kuan Yew nie vergessen, es hat seine weitere Politik entscheidend geprägt. »Ein unabhängiges Singapur ist allein normalerweise nicht lebensfähig, ist unnatürlich«, erklärte er. »Es kann nur durch einen starken Willen zusammengehalten werden. Da gibt es keinen Platz für Irrtum, keinen Platz für Experimente.« Und so regierte er mit starker, oft brutaler Hand. Ließ Dissidenten, aber auch alle »unsozialen Elemente« wie Arbeitsscheue, Langhaarige, Transvestiten ins Gefängnis werfen. Bestimmte gottähnlich, was als »normal« anzusehen war, was als »verboten und abartig«. Trieb seine Landsleute zur Arbeit. Nicht nur mit der Peitsche, sondern auch mit Zucker: Wer »gut« zum Staat und seiner Firma war, konnte schnell mit einer Verbesserung seiner Lebensumstände rechnen. Es entstand das, was Lee selbst einmal »die rauhe Gesellschaft« nannte und in allen Aspekten selbst bestimmte: Singapur war Lee pur. Ein Modell, das er mit allen Mitteln zu verteidigen entschlossen war, auch mit hochmodernen teuren Waffen (der Stadtstaat verfügt über acht F-16A-Kampfbomber) und einer von israelischen Experten gut ausgebildeten Armee und Geheimpolizei.

Um Wohlstand für seine Republik zu schaffen, sagte Lee einmal, wäre er auch »bereit, mit dem Teufel Geschäfte zu machen«. Er ließ den Hafen für modernste Schiffe ausbauen (inzwischen gehört er zu den drei größten der Welt). Er ließ die Slums abreißen, mit ihnen auch alles, was er für »unmodern« hielt, und an die Stelle Neubauten hinklotzen. Er lockte die internationale Geschäftswelt mit günstigen Konditionen in den Stadtstaat und verschaffte Singapur den Ruf eines extrem zuverlässigen, zahlungskräftigen Handelspartners mit einem extrem »ruhigen« politischen Klima.

Er ließ Wahlen ausschreiben und dabei tatsächlich auch noch mehr Parteien als seine P. A. P. zu. Aber er manipulierte, indem er den »anderen« kaum Möglichkeiten der Werbung, kaum Fernsehzeit, keinen fairen Anteil an der Zeitungsberichterstattung einräumte. Vermutlich hätte Lee Kuan Yew so viel »Vorsicht« gar nicht nötig gehabt; »seine« Singapurer wußten den Kurs der Regierung mehrheitlich durchaus zu schätzen. Doch der Regierungschef wollte – und bekam – Stimmergebnisse von 80 Prozent für sich und seine Partei (1988 auf 62 Prozent gefallen, was aber nach dem Wahlsystem für die Opposition nur einen von 81 Parlamentssitzen ergab). Er entwickelte eine – angesichts dieser extrem stabilen Mehrheitsverhältnisse nur noch paranoid zu nennende – Panik vor kritischer ausländischer Berichterstattung über Singapur, trieb angesehene Reporter, ja ganze Publikationen wie etwa die »Far Eastern Economic Review« und das »Wall Street Journal« außer Landes. Nur Singapurer sollen Lees Meinung nach Singapurer Innenpolitik kritisieren, »sich einmischen« dürfen – und auch das natürlich nur innerhalb des von Lee gesteckten Rahmens.

Über Lee Kuan Yews grundsätzliche Meinung, daß ausländische Journalisten westliche Normen der Demokratie verabsolutieren und in asiatischen Staaten einen Wertmaßstab anlegen, der dort kulturell und traditionell nicht unbedingt angebracht ist, läßt sich durchaus diskutieren (obwohl ich nicht glaube, daß sich die Frage der Pressefreiheit sonderlich gut dafür eignet, »westliche« gegen »östliche« Werte auszuspielen). Worüber sich kaum streiten läßt, sind seine Schlußfolgerungen aus dieser Meinung: Lee sieht überall in Asien »böse« Reporter am Werk und gesteht allen Machthabern zu ihrer Bekämpfung tyrannische Methoden zu. Singapurs Staatschef, der sich einen »Demokraten« nennt, beschuldigt die internationale

Presse, durch ihre Berichterstattung das Pekinger Studenten-Massaker verursacht zu haben. Deng Xiaoping mußte durchgreifen, glaubt er, wenngleich er sein Vorgehen »ungeschickt« fand. »Er hat das elektronische Zeitalter noch nicht begriffen. Ich hätte zuerst alle ausländischen Journalisten (vom Platz des Himmlischen Friedens) weggeschafft. Angenommen, es wären keine Gummigeschosse oder Wasserwerfer zur Verfügung gewesen, dann hätte ich eben das Wasser abgedreht, kein Essen mehr durchgelassen. Man hätte auch Krankheitserreger versprühen können, die Diarrhö oder Cholera verursachen – die Studenten wären dann freiwillig nach Hause gegangen, oder ihre Eltern hätten sie geholt.«

So spricht ein Diktator. Und wie ein Diktator hat Lee Kuan Yew auch seine Partei im Griff. Als die P. A. P. sich 1957 wieder einer Infiltration kommunistischer Guerilleros gegenübersah, hat er nach eigenen Worten »kommunistische Taktiken angewendet, um die Kommunisten zu schlagen«. Er gab seiner Partei eine geheime leninistische Führungsstruktur: Lee allein kennt die genaue Namenliste und Funktionsverteilung der »Kader«, die in geheimer Wahl seine Kandidaten für das elfköpfige »Zentralkomitee« bestätigen. Solange Lee die Partei kontrolliert, hat er alle Fäden in der Hand, »ist es praktisch unmöglich, ihn herauszufordern, und höchst unwahrscheinlich, daß Singapur toleranter gegenüber abweichenden Meinungen wird« (so das US-Magazin »Newsweek«).

Parteichef ist Lee Kuan Yew immer noch, als Ministerpräsident hat er sich im November 1990 zurückgezogen und den »Stab der jüngeren Generation übergeben«, wie der 67jährige sagte. Seinen »Nachfolger», den blassen Technokraten Goh Chok Tong, hat er sich selbst ausgesucht, ist, für alle Fälle, als »senior minister« im Kabinett geblieben. »Wer ernsthaft glaubt, ich würde mich ganz aus der Politik zurückziehen, sollte sich auf seinen Geisteszustand untersuchen lassen«, sagte der alte und neue starke Mann bei der offiziellen »Regierungsübergabe«. Käme die neue Führung »vom richtigen Pfad« ab, sagte Lee Kuan Yew, werde er »selbst noch vom Grab aus« eingreifen und die Dinge wieder ins rechte Lot bringen.

Unausgesprochen blieb, daß er Goh nur für eine Übergangslösung hält – er sieht bei seinem Amtsnachfolger erhebliche Defizite. Einmal hat er ihm geraten, doch zum Psychiater zu gehen, um seine Scheu vor Menschenmengen beheben zu lassen, »und tatsächlich ist das heute schon viel besser geworden« (Lee). Als wahren Erben hat sich Lee Kuan Yew Lee Hsien Loong herangezüchtet. Im wahrsten Sinn des Wortes, denn es handelt sich um seinen eigenen Sohn. Der ist seit November 1990 offizieller Stellvertreter Gohs; in Singapur wird er nur B. G. genannt, die Initialen seines Titels »Brigadier-General«. Manche behaupten, in Wirklichkeit stünden sie für »Baby-Gott«.

Der Kleine, das weiß »Gott-Vater«, steht für das konfuzianisch-autoritäre Singapur-System, hat es mit der Muttermilch aufgesogen. Ob er freilich Manns genug ist, den Stadtstaat in eine glänzende Zukunft zu führen, steht dahin – denn um den Platz für die eigene und ausländische Elite attraktiv zu halten, müßte Singapur freier, offener, kreativer werden und damit einige der »Werte« abstreifen, die ihm bis heute verordnet worden sind: Singapur bräuchte mehr Liberalität und weniger Lee.

Als wir damals durch den Park am Präsidentenpalast joggten, ließ es Lee Kuan Yew keine Ruhe, daß ich ihn »Diktator« genannt hatte. »Wie würden Sie denn das überhaupt definieren? Was macht denn Ihrer Meinung nach einen Diktator aus?« fragte er bei einer kurzen Rast. »Als jemand, der sich wie Sie anmaßt, auch seine Opposition zu bestimmen, ihre Größe und Zusammensetzung zu züchten«, sagte ich. Ich glaube, er mochte, daß ich sein Zitat nicht vergessen hatte. Er lachte, lief los, so schnell, als wollte er gegen mich auch noch die letzte Runde gewinnen.

DER GNADENLOSE

AUGUSTO PINOCHET, CHILE

Estela Ortiz erzählt ihre Geschichte ohne einen Hauch von Emotion – wahrscheinlich braucht sie die sachliche Aneinanderreihung von Fakten, das kühle Auflisten von Daten als ihren ganz persönlichen Schutzschild. Oder sie haben ihr auch die Fähigkeit zum Trauern, zum Weinen genommen, so, wie sie ihr alles weggenommen haben im Leben.

1950 geboren, erlebt sie eine unbeschwerte Kindheit in Santiago de Chile. Eine Intellektuellenfamilie: der Großvater ein landesweit bekannter Poet, der Vater Professor für Geschichte, Kommunist, aber von allen politischen Gruppierungen des Landes als Universitätsreformator anerkannt, die Mutter Lehrerin. Mit 18 die erste große Liebe: José Manuel, Soziologiestudent. Sie studiert Pädagogik, die beiden ziehen zusammen, heiraten. Sie ist 23 Jahre alt und schwanger, als der Militärputsch kommt. Sie geht zur Gegendemonstration auf die Straße. Brutaler Polizeieinsatz. Panikartige Gedanken an den Vater: Sie werden ihn doch nicht als »Linken« aufgegriffen haben, wie sie es mit fast allen tun, die sie als Regimegegner einschätzen?

Sie läuft zum alten Haus. Vater ist verschwunden, wie Tausende verschwunden sind. Sie sucht. Keiner weiß etwas, nur daß er abgeholt worden sei, ist zu erfahren. Sie demonstriert. Sie schreibt Petitionen. Sie kettet sich an die Gitter vor dem alten Parlament. »Aufenthaltsort Ihres Vaters unbekannt«, heißt es in der Amtssprache. Dann Hoffnung und Horror zugleich. Auf der Straße hält Estela ein junger Mann an. Sagt, er sei beim Geheimdienst, sie solle ihn bitte nicht verraten, aber er habe alles satt, er könne nicht mehr. Er kenne sie von der Uni, er wisse, wo ihr Vater sei. Er lebe noch, werde aber schwer gefoltert, in der »Via Grimaldi«, dem Folterzentrum des Militärregimes. Sie hetzt hin. Zutritt verweigert. Wieder Eingaben, abschlägige Bescheide. Kein Ende der Zuversicht – »Wissen Sie, man hört nie auf zu hoffen«, sagt Estela beim Interview –, aber allmählich wachsende Erkenntnis, daß es um Vater geschehen ist.

Nach der Geburt der ersten Tochter drei Söhne: privates Familienglück vor dem Hintergrund der grausamen Dikatur. Immer wieder zu verbotenen Demonstrationen mit ihrem Mann, der als Nachhilfelehrer jobbt. Zusammen mit dem mutigen Teil der Kirche Kampf um Menschenrechte. Irgendwann 1985, eine der gemeinsamen Fahrten zum Kindergarten, um mit ihrem Mann die Kleine zu holen. Sie ist schon ausgestiegen, als plötzlich Schreie zu hören sind. Schnell weggeduckt. Im Augenwinkel erkennt sie noch Szenen eines Handgemenges vor dem Auto, das im hohen Tempo mit ihrem verschleppten Mann wegfährt. Dann Stunden schrecklicher Ruhe und Ungewißheit – wie beim Vater.

Diesmal werden die Leichen gefunden. Auf einem Acker, nahe einem Lehmweg, unweit des Flughafens: Estelas Mann und noch zwei als »links« bekannte Lehrer, Tod durch Kopfschuß. Das Regime sagt, es müßten Banditen gewesen sein. Doch Estela, ganz Chile weiß es besser, und später gibt ein abgesprungener Militär zu, daß der Auftrag zum Mord »von ganz oben« kam. Geplante Einschüchterung der Opposition.

Neuanfang, diesmal ganz allein. Versuch, den Kindern zu erklären, wo Papa geblieben ist. Telefonische Drohungen gegen Estela: »Genügt das, damit Sie Ruhe geben?« Und doch weiterer politischer Kampf im Verborgenen, für eine Dokumentation der Verbrechen. Nach der Rückkehr zur Demokratie 1989 in Chile Arbeit in einem Kindergarten, der mit internationaler Hilfe »Opfer der Repression« betreut: Kinder verschwundener Mütter und Väter, Kinder wie ihre. Nebenher Vorbereitung einer Kandidatur fürs Parlament. Der Versuch, politisch etwas mitzugestalten. Für sich. Für die Kinder. Für Chile.

Empfindet sie Haß gegen Pinochet, der die Morde an ihrem Vater und an ihrem Mann zu verantworten hat und ja auch im »demokratischen Chile« als Oberbefehlshaber der Armee noch eine wichtige Rolle spielt? »Ach, wissen Sie«, sagt die Frau mit den schönen, brau-

Vom Soldaten zum Staatsterroristen: Augusto Pinochet

nen, traurigen Augen, »Haß ist nicht das Wort. Ich möchte nur, daß wir in Chile gründlich und ehrlich unsere diktatorische Geschichte aufarbeiten.« Dann schweigt sie, und mitten in diese schwermütige Nachdenklichkeit hinein platzt ihre Tochter. Das Leben. Das wirbelnde, lachende, unwiderstehliche Leben. Ein hübscher Teenager, der gekommen ist, Mama zum Einkaufsbummel abzuholen.

Im Hinausgehen sagt Estela Ortiz noch zu mir: »Wenn wir uns mit unserer Vergangenheit auseinandersetzen, vor allem mit der Person Pinochet, dann werden wir verhindern, daß sie sich wiederholt. Dann werden meine beiden nicht vergeblich gestorben sein – verzeihen Sie, wenn das kitschig klingen sollte.« Wie hätte es kitschig klingen können, von einer solchen Frau, mit einem solchen Schicksal.

*

Augusto Pinochet Ugarte wird am 25. November 1915 in der chilenischen Hafenstadt Valparaiso geboren. Seine Eltern gehörten dem Mittelstand an, der Vater verdient sein Geld beim Zoll, nicht gerade ein einträglicher Job, wenn man sich nicht an Schmiergeldern bereichert. Doch davon kann bei Pinochet senior nicht die Rede sein. Es geht korrekt zu in dem Haushalt, es wird vor jedem Essen gebetet, Leistung und Disziplin sind die Werte, die der Vater Augusto zu vermitteln versucht. Er schickt den Kleinen aufs Gymnasium zu den französischen Patres, der angesehensten Oberschule der Stadt, die eigentlich den Reichen und Einflußreichen von Valparaiso vorbehalten ist: Für die Ausbildung seines Kindes ist dem Vater kein finanzielles Opfer zuviel.

Nach Aussagen von damaligen Mitschülern hat Augusto erhebliche »Anpassungsschwierigkeiten«: Man hänselt ihn wegen seiner Kleidung, seiner Aussprache, seiner Manieren. Er hat wenig Freunde und kommt beim Lehrstoff nur so recht und schlecht mit. Da bleibt nicht viel anderes übrig als eine militärische Karriere, in Chile damals automatisch gleichbedeutend mit einer bescheidenen Laufbahn irgendwo in der Provinz, fernab der höheren Gesellschaft. »Für die herrschende Klasse war ein Militär das Synonym für Dummheit und Zweitrangigkeit«, schreibt der chilenische Schriftsteller und Historiker Rodrigo de Castro und meint, das sei bis zum Putsch von 1973 so geblieben.

Das Militär seinerseits kapselte sich von der »zivilen Welt« ab, verachtete alles, was keine Uniform anhatte. Schuf sich eine eigene Welt von »Ehre« und Selbstwertgefühl, ein eigenes soziales Gefüge, das mit eiserner Disziplin gehütet wurde. Die Dienstvorschriften waren von preußischem Zuschnitt: Wer etwa heiraten wollte, mußte erst einige Jahre gedient haben. Dann mußte er seinen Vorgesetzten um Zustimmung bitten, wurde die wegen »unpassender Liaison« abgelehnt, konnte er sich nach einer neuen – einem späteren, »genehmeren« Termin – umsehen. Aus dieser geschlossenen Gesellschaft auszubrechen war schwierig, ein »Umstieg« ins Beamtentum fast unmöglich. Politik und Armee in Chile beäugten einander mit Mißtrauen und Verachtung.

Augusto Pinochet war noch nicht einmal 16 Jahre alt, als er in die Welt der Militärs geriet, die er niemals mehr verlassen sollte. Er ging auf die Infanterieschule in Santiago und wurde als 21jähriger Leutnant im Heer. Dort fiel er nicht besonders auf – erst, als er seinen »Heiratsantrag« stellte. Es war ausgerechnet ihm gelungen, ein Mädchen aus der gesellschaftlichen Oberschicht zu gewinnen und aus dem Kreislauf auszubrechen, der da hieß, daß Leutnants die Töchter anderer Militärs zu ehelichen hatten. Pinochets Auserwählte, Lucia Hiriart, war das Kind eines hohen Funktionärs der neuen Regierung. Er gehörte zur Partei der »Radikalen«, die am Ende der dreißiger Jahre mit Unterstützung der Sozialisten und Kommunisten regierte. Von 1936 bis 1946 war sogar eine »Volksfront« an der Macht.

Doch marxistisches Gedankengut erfüllte Pinochet, so schrieb er jedenfalls später in seiner Autobiographie, »mit Ekel und Abscheu«. Er habe den Marxismus von Anfang als »äußerst gefährlich für das Schicksal Chiles« ausgemacht. Im Oktober 1947 erhielt der damals 31jährige Hauptmann in der nordchilenischen Garnison von Iquique einen Sonderauftrag, der ihn zum ersten Mal seinen Kommunistenhaß ausleben ließ: Staatspräsident Gonzalez Videla hatte die KP für illegal erklärt und ihre Führer an den Verbannungsort Pisagua bringen lassen; zu dessen Lagerleiter wurde Pinochet bestimmt.

Der Militär kostete seine Macht über die »teuflischen Geister« aus: »Noch wenige Tage zuvor hatten sie das Heer beleidigt, jetzt sagten sie kein Wort und weinten«, schrieb er später triumphierend. Als die Gefangenen die graue Pampe nicht essen wollten, die ihnen im Lager serviert wurde, baute sich Pinochet vor ihnen auf und verkündete, er werde sich das merken. Eine ganze Woche lang ließ er genau denselben Brei wieder und wieder servieren und bemerkte in seinem Buch befriedigt: »Schon am zweiten Tag aßen sie alle.«

Pisagua muß im Selbstwertgefühl des Augusto Pinochet einen entscheidenden Einschnitt bedeutet haben. Er hatte bei der Armee gehorchen gelernt, aber, wie er Kameraden erzählte, immer davon geträumt, selbst zu befehlen. Im Lager der Verbannten fielen die letzten Minderwertigkeitskomplexe von ihm ab. Hier galt sein Wort. So sehr setzte sich der Ort in seinem Gedächtnis fest, daß er nach dem Putsch von 1973 Hunderte von Volksfront-Anhängern an die Städte seiner ersten Triumphe schickte. Und noch aus einem anderen Grund hatte Pisagua für ihn einen besonderen Symbolgehalt. Es war der Ort seiner ersten Begegnung mit dem Mann, gegen den er später putschen sollte: Salvador Allende.

Der damalige sozialistische Senator besuchte mit einer Gruppe anderer Parlamentarier Pisagua, um zu überprüfen, ob die Verbannten wenigstens gut behandelt würden. Doch Pinochet ließ sie nicht durch die Tore, weil sie keine militärische Besuchsgenehmigung vorweisen konnten. Als die Gruppe um Allende dennoch auf Einlaß bestand, drohte Pinochet, er werde schießen lassen. Die Abgeordneten gaben daraufhin auf. Pinochets Dienstherren waren so zufrieden mit ihm, daß sie ihn im Anschluß an die Streikfront eines Kohlebergwerks schickten – ein weiterer heikler Auftrag, den er mit Härte und Rücksichtslosigkeit bewältigte.

Ab 1949 studierte Pinochet an der Militärakademie von Santiago. Dabei trieb ihn, wie er in seinen Memoiren schreibt, »eine enorme Unruhe um, wohin uns die internationale kommunistische Bewegung noch führen könnte«. Seine Mitstudenten von damals sagen dagegen, er habe ganz andere Sorgen gehabt: »Wir begannen Witze über den ›Blödian‹ Pinochet zu reißen. General Mann, ein hochgeachteter Professor der Akademie, den die Unwissenheit Pinochets aus der Fassung gebracht hatte, schrie ihn vor aller Öffentlichkeit zusammen – ›Dummkopf‹ war noch das Harmloseste«, zitiert Autor de Castro einen Kommilitonen. Pinochet soll daraufhin alle Vorlesungen auswendig gelernt haben und nur durch diesen extremen

Fleiß und »die typischen Tricks eines Speichelleckers« das Klassenziel erreicht haben.

Seiner weiteren Karriere tat das keinen Abbruch: 1953 Beförderung zum Major; 1956 Ausbildung an der Militärmission in Washington; 1961 – nach zwei weiteren Jahren Training in Ecuador – Ernennung zum Befehlshaber des Infanterieregiments von Antofagasta; 1964 Berufung an die Kriegsakademie als stellvertretender Direktor und »Professor für Geopolitik und Militärgeographie«; 1965 und 1968 Fahrten zu Lehrgängen in der amerikanischen Panamakanal-Zone; 1969 Ernennung zum Brigadegeneral.

Betrachtet man Pinochets wissenschaftliche Veröffentlichungen, so etwa sein Hauptwerk »Geopolitik« von 1968, fragt man sich allerdings, was die Studenten über ihren Professor gedacht haben mögen. Deutschenfreund Pinochet schwärmte von Nazi-Ideologen, von Karl Haushofer und vor allem Friedrich Ratzel. Von dem stammten die Ideen vom »Lebensraum der Völker«, die Hitler später zur Rechtfertigung seiner Angriffspolitik heranzog. »Er ist brillant, er ist weise ... so profund wie Novalis, so präzis wie die Mommsens, so funkelnd wie die Humboldts«, äußerte Pinochet begeistert. Auch mit den nazistischen Rassenideen konnte sich der Professor anfreunden, empfahl sie seinen Studenten ohne jede kritische Einschränkung. »Der Geopolitiker muß die Rasse seines Staates untersuchen und analysieren, um zu sehen, ob es nötig ist, Einwanderer heranzuziehen, um durch deren Blut den rassischen Wert der Bevölkerung zu verbessern«, schrieb Augusto Pinochet.

Mit der chilenischen Rasse war der Professor relativ zufrieden (»lebhafte Intelligenz, ausgeprägtes Nationalgefühl, Arbeitseifer«), was er auf das gemäßigte Klima des Andenstaates zurückführte: »Hohe Temperaturen vermitteln den Menschen einen apathischen Charakter und lassen sie zu Lastern neigen, die eine Veredlung der Spezies nicht erlauben.« Wie der »Spiegel« 1980 nachwies, übernahm der chilenische Stratege nicht nur das Gedankengut, sondern auch den Wortlaut der großdeutschen Denker – freilich ohne Quellenangabe: »Die Absätze über die geopolitische Bedeutung der Pflanzenwelt übertrug er fast wörtlich aus dem 1938 erschienenen Buch der beiden Autoren Hennig und Körholz.«

Nicht nur Speichelleckerei und Plagiat verhalfen Augusto Pinochet zu seiner steilen Karriere, sondern immer wieder ein geradezu peinlicher Opportunismus. Kaum hatte der christdemokratische Präsident Frei ihn zum Brigadegeneral ernannt, überbot sich Pinochet mit Lobeshymnen auf die Konservativen. In der Nacht zum 4. September 1970 schien dann aber sein endgültiger Karriereknick gekommen. Der Sozialist Salvador Allende hatte, als erster marxistischer Politiker eines lateinamerikanischen Staates, die Wahlen in Chile gewonnen. Der Marxisten-Hasser Pinochet sprach gegenüber Freunden »vom sicheren Ende meiner Laufbahn«, von einer »Katastrophe für das Vaterland«. Doch das Wunder geschah: Auch Allende beförderte Pinochet, zum Oberbefehlshaber der Hauptstadttruppen – der neue Staatschef wollte sich nicht mit der Armee anlegen und sah keinen Grund, an der Loyalität des Zöllnersohns aus Valparaiso zu zweifeln.

In seinen Memoiren rühmt sich Augusto Pinochet, schon seit Anfang 1972 am Putsch gegen Allende gearbeitet zu haben, ab August des Jahres habe er sich »nur mehr ein Jahr Zeit« gegeben. Es sei absehbar gewesen, daß es mit der chilenischen Wirtschaft immer mehr bergab gehen würde, der nationale Notstand habe gedroht. Keine ganz falsche Prognose, nur erwähnt der Militär dabei nicht die Hauptursache für das kommende Chaos: US-amerikanische »Destabilisierungsmaßnahmen«. Die USA unter Präsident Richard Nixon wollten »die chilenische Wirtschaft unter Druck setzen, bis sie vor Schmerzen schreit«, wie Nixon gegenüber CIA-Chef Helms formulierte. Außenminister Henry Kissinger verhinderte notwendige Kredite für die Allende-Regierung, förderte Streiks und Protestkundgebungen in Santiago. Dennoch ist Pinochets Behauptung, die Fäden für den kommenden Putsch seien innerhalb Chiles allein bei ihm zusammengelaufen, eine glatte Lüge. Gabriel Valdes, damals Kommandant der Sechsten Militärzone: »Wir, die Generäle des Heeres, waren es, die den Putsch organisierten und initiierten. Pinochet wurde erst kurz vorher informiert, als alles bereits beschlossen war.«

Ob Mitläufer oder Hauptverschwörer, Pinochet war wieder einmal zur richtigen Zeit an der richtigen Stelle. Und er hatte Nerven: Staatspräsident Allende war etwa einen Monat vor dem Putsch von dem sozialistischen Parteichef Carlos Altamirano vor Pinochet gewarnt worden. Er ließ ihn mitten in der Nacht zu sich in die Residenz kommen und versuchte ihn mit Fangfragen aufs Eis zu führen.

Doch Pinochet blieb kaltblütig und verriet sich nicht. Er hat, so schreibt er in seinen Memoiren, erfahren, daß Allende den Parteifreund Altamirano nach dem »Tribunal« anrief und sagte: »Du mußt dich geirrt haben. Pinochet denkt nur an militärische Dinge. Der Mann ist kein Komplotteur – der ist nicht mal fähig, seine Frau zu betrügen.«

Allende machte Pinochet nach dem nächtlichen Verhör sogar zu seinem Heereschef, so sicher war er sich dessen Loyalität. Zweieinhalb Wochen später, am 11. September 1973, ging das Militär unter Pinochets Führung mit brutaler Härte gegen den Präsidenten und seine Anhänger vor. Salvador Allende schoß sich in aussichtsloser Lage im Präsidentenpalast eine Kugel durch den Kopf; unter Umständen, die bis heute noch nicht ganz geklärt sind.

Die Christdemokraten unter dem Ex-Präsidenten Frei dachten noch Monate nach dem Putsch, Pinochet & Co. hätten nur zugeschlagen, um das »Chaos« zu verhindern, sie glaubten, die Militärs würden bald freie Wahlen ansetzen oder ihnen als politische Führer einer Zivilregierung die Macht übergeben. Der Oberkommandierende des Heeres dachte gar nicht daran. Vom ersten Tag an machte er sich an die Beseitigung möglicher Konkurrenz innerhalb der Streitkräfte, die »bürgerlichen Politiker« interessierten ihn überhaupt nicht mehr. Da war wieder die Unterteilung, die man Pinochet in seiner Jugend, seinen ersten Jahren bei der Armee eingeimpft hatte – hier die Eigen-Welt der Militärs, da der Konkurrenz-Kosmos der Nicht-Militärs. Nur, daß jetzt die Soldaten das Sagen hatten. Dabei, so beschloß Pinochet, sollte es bleiben. Genug der jahrzehntelangen Demütigungen durch die feinen Leute in ihren Salons, die auf die Uniformträger herabschauten, genug der Dominanz durch die Oberklasse.

Mit einer Skrupellosigkeit, die ihm kaum einer zugetraut hatte, mit einer grausamen Zielstrebigkeit machte sich Pinochet an die Arbeit. Ließ seinen brutalen Adlatus Manuel Contreras einen neuen Geheimdienst aufbauen und von dieser DINA das Land mit einem 30 000 Mann starken Spitzeldienst überziehen. Schaltete die Prominentesten seiner Mitputschisten aus, die ihm hätten gefährlich werden können. »Unerklärliche« Todesfälle häuften sich: General Prats, der Pinochet als seinen Nachfolger vorgeschlagen, ihn dann aber im argentinischen Exil einen »Halunken, besessen von einer maßlosen Herrschsucht«, einen »kommenden Diktator« genannt hatte, wurde ermordet. Konteradmiral Gotuzzo und General Escauriaza erlitten plötzlich »Herzinfarkte«. Oberst Koenig beging »Selbstmord«. General Bodilla kam bei einem »Hubschrauber-Unfall« ums Leben, und ein Team französischer Experten, die das mysteriöse Unglück untersuchen wollten, stürzte einige Wochen später ebenfalls ab. Hunderte, Tausende, ja Zehntausende wurden als »Linke« oder »Vaterlandsverräter« verhaftet, gefoltert, verschwanden auf ewig – so wie Estela Ortiz' Vater und Mann. Chile verwandelte sich in ein Land von Terror und Trauer.

Augusto Pinochet versuchte sich – getreu seinem Vorbild General Franco von Spanien – als Vaterfigur eines reaktionär-katholischen Ständestaates zu etablieren. (Das hinderte ihn nicht, die Teile der katholischen Kirche, die ihn wegen seiner Menschenrechtsverletzungen angriffen, als »kommunistischer als die Kommunisten« zu diffamieren.) Manche lobten seine harte Hand, sein Bestreben, die Privatunternehmen wieder zu stärken. Ohne Rücksicht auf den innenpolitischen Terror förderte die USA das Pinochet-Regime mit Krediten und internationaler Anerkennung. Auch im eigenen Land hatte der Mann, der sich 1974 formell zum chilenischen Staatspräsidenten machte, durchaus seine Anhänger: alle diejenigen, die schon immer gefunden hatten, Chile brauche einen »starken Mann«. Für viele Frauen war er ein eindrucksvoller Caudillo, ein willensstarker chilenischer »Herr«, dessen stahlblaue Augen und zackiges Gehabe, dessen Hang zu millimetergenau gebügelten Uniformen, zur Perle an der Krawatte ihn »attraktiv« machten.

1976 schien Pinochets Glückssträhne gerissen. In den USA kam der Menschenrechtspolitiker Jimmy Carter an die Macht, im selben Jahr erregte der Mord an dem im Exil lebenden Allende-Außenminister Orlando Letelier mitten in Washington die amerikanische Öffentlichkeit. Dieses Mal war Pinochets Geheimdienstchef zu weit gegangen: Die Spur der amerikanischen Untersuchungsbehörden führte eindeutig zu Manuel Contreras: Die USA verlangten offiziell seine Auslieferung von der chilenischen Regierung. Doch als es hart auf hart kam, hatten auch bei dem Menschenrechtspolitiker Carter die wirtschaftlichen Interessen Vorrang: Er ließ sich gegenüber Pinochet auf einen Kompromiß ein. Der chilenische Diktator lieferte den DINA-Agenten ans Messer, der die Bombe in Leteliers Auto gelegt hatte, versprach die diskrete Pensionierung seines Geheimdienstchefs und seine »Züchtigung« im eigenen Lande; zwänge man Chile zur Auslieferung von Contreras, so machte Pinochet unmißverständlich in Washington klar, könnte er sich nicht an der Macht halten, und darunter würden dann ja wohl auch die wirtschaftlichen und strategischen Interessen der USA leiden.

Wie ernst Pinochet es mit der »Bestrafung« seines Geheimdienstchefs und besten Kumpels meinte – die beiden frühstückten früher fast jeden Morgen zusammen –, zeigte sich schon, als das Auslieferungsverfahren noch lief. Contreras war im Militärkrankenhaus unter Arrest, »gab sich aber frei«, als seine Tochter heiratete, und feierte in der Kirche und bei der anschließenden Party unter Anwesenheit höchster chilenischer Offiziere fröhlich mit. Nach dem Deal mit Washington zog Pinochet ihn zwar aus der vordersten Linie, aber er ließ den Freund nicht hängen. Auf Anregung des Staatspräsidenten gründete Contreras ein privates Versicherungsunternehmen, das besonderen Schutz für Großunternehmen anbot (in welcher Weise, bleibt bis heute unklar). Die Firma florierte, weil sich offensichtlich viele Leute gezwungen fühlten, bei Contreras »Schutz« zu suchen. Auf Fragen nach dem Letelier-Attentat hat der ehemalige Geheimdienstboß bis heute nicht geantwortet, nur angedeutet, daß das Ganze nicht seine Idee war. »Fragen Sie den Chef«, lautete seine lapidare Antwort auf alle Vorwürfe.

Der Diktator mit der stets hohen, sich leicht überschlagenden Stimme, der sich bei Reden »für sein Vaterland« öfter selbst zu Tränen rühren konnte, wandte sich in regelmäßigen Abständen an sein Volk. 1978 befragte er in einem Referendum die Chilenen, ob sie mit seiner Regierung zufrieden seien. Er sagte sich einen Stimmanteil von 75 Prozent voraus und erreichte, einigermaßen verblüffend, dieses Ergebnis auf das Prozent genau. Manipulationsvorwürfe tauchten auch auf, als er 1981 die neue Verfassung zur Abstimmung stellte. Hatten unabhängige Beobachter einen ganz knappen Wahlausgang erwartet, verkündete ein strahlender Pinochet, mehr als 67 Prozent hätten für seine Sache gestimmt.

So gestärkt, schob der General an der Staatsspitze seine immer wieder gegebenen Versprechungen über die Wiederzulassung der Parteien sowie baldige Parlamentswahlen hinaus. Er verwies auf wirtschaftliche Fortschritte, die Verbesserung der Handelsbilanz, den Rückgang der Inflation, die hohen Unternehmergewinne. Es läßt sich nicht leugnen, daß es während der Amtszeit Pinochets ein »kleines Wirtschaftswunder« gab; aber dieser Fortschritt war bezahlt mit hohen amerikanischen Krediten und kam fast nur der chilenischen Oberschicht zugute: Die Kluft zwischen Arm und Reich wurde unter der Militärdiktatur immer größer. Ein Großteil der Deviseneinnahmen wurde den Streitkräften für Waffeneinkäufe zugeschanzt, der Staat verschleuderte die Waldbestände wie die fischreichen Gewässser vor seiner Küste zu Spottpreisen an internationale Multis.

1983 setzte eine Welle landesweiter Protestaktionen gegen Pinochets Diktatorenregime ein, die lange zerrissene chilenische Opposition schloß sich 1986 – von Christdemokraten bis Kommunisten reichte das Spektrum – endlich zusammen. Es kam im Sommer dieses Jahres zu einem erfolgreichen Generalstreik gegen die Tyrannei. Pinochet nahm angebliche »Waffenfunde« bei Linksradikalen zum Anlaß, im ganzen Land den Belagerungszustand auszurufen. Im September 1986 verübte eine Kommandogruppe der Stadtguerilla-Organisation »Frente Patriotico Manuel Rodriguez« (FPMR) ein Attentat auf Pinochet, der nur knapp mit dem Leben davonkam. Fünf seiner Leibwächter starben. Der General benutzte den Anschlag, um sein gemartertes Land mit noch schlimmerem Terror zu überziehen. Wieder wurden Hunderte verhaftet, verschleppt, gefoltert, ohne Gerichtsverfahren hingerichtet. Pinochet aber pflegte die Geschichte, er sei »von Gott beschützt« worden, die Einschläge der Kugeln in sein gepanzertes Fahrzeug zeigten die Umrisse eines »Schutzengels«. Der achtjährige Enkel Pinochets erhielt, allein für die Tatsache, daß er das Attentat überlebte, in einer feierlichen, vom Fernsehen übertragenen Zeremonie einen staatlichen Orden verliehen.

Die Opposition spaltete nun wieder die alte Diskussion, ob zur Beseitigung der Diktatur auch der »Tyrannenmord« ein erlaubtes Mittel sein sollte oder ob man sich auf den friedlichen Kampf mit allen anderen Mitteln beschränken müsse. Daß es dabei nicht zur Selbstzerfleischung der Pinochet-Gegner kam, verdanken die Opposition, die gesamte chilenische Öffentlichkeit einer bewundernswerten Gruppe unerschrockener Journalisten. Wenn es je eine mutige Presse gegeben hat, dann die chilenische unter der Diktatur.

Da deckten Reporter der Zeitschrift »Cauce« auf, daß die von Pinochet an der Küste gefundenen, angeblich »kommunistischen« Waffen von Militärhubschraubern dorthin transportiert worden waren. Da berichteten Journalisten des Wochenblatts »Analisis« detailliert über den versuchten Mord einer Militärpatrouille an zwei Studenten. Da enthüllten gleich mehrere Blätter die wundersamen Geschäfte des Pinochet-Clans: wie der Schwiegersohn Pinochets zum Multimillionär wurde, weil der Diktator ihm einen staatlichen Konzern zur »Privatisierung« zuschanzte. Wie der Privatsekretär des Diktators ein 70 000 Quadratmeter großes Grundstück vom Staat erschwindelte und es für einen Bruchteil seines eigentlichen Wertes an den Präsidenten »weiterverkaufte«. Wie der Pinochet-Sohn die von einer US-Diplomatin angemietete Wohnung verschandelte und die Bewohnerin anschließend mit einem Regierungsscheck ruhiggestellt wurde. Wie die »First Lady« im »Führerbunker« öffentliche Gelder für Kristallüster in der Küche und Brokatvorhänge auf dem Klo verschwendete.

Oft wurden Zeitungen und Zeitschriften, wenn sie »zu weit« gegangen waren, einfach verboten. »Analisis« konnte über Monate nicht erscheinen, seine Redakteure standen stets mit einem Bein im Gefängnis. Wenn Pinochet jemanden auf seiner »Liste« hatte, blieb es nicht bei solchen Schikanen und Berufsverboten. Der Chefredakteur von »Analisis«, José Carrasco, wurde am 8. September 1986 aus seiner Wohnung entführt und an einer Friedhofsmauer erschossen. Die Regierung erklärte zunächst ihre »Abscheu« vor der Tat, doch die Recherchen der Journalistenkollegen von Carrasco bewiesen, wer die Mörder geschickt hatte: Es war ein Kommando des Nachrichtendienstes, das da zugeschlagen hatte. Im »höchsten Auftrag«, wie die hartnäckigen Reporter bald herausfanden. Kein Zweifel, daß eine Aktion gegen einen so prominenten Journalisten von Pinochet selbst initiiert worden sein muß, der in diesen Tagen einmal sagte: »In Chile bewegt sich kein Blatt an einem Baum, ohne daß ich etwas davon weiß.«

In der unmittelbaren Umgebung wagte dem Tyrannen nun keiner mehr zu widersprechen. Er dachte, er säße ganz fest im Sattel, und jede Form von Opposition sei zerschlagen. Er beraumte 1988 eine Volksabstimmung zu seiner Nachfolge an, bei der er klarmachte, daß er im Fall einer Zustimmung noch einmal acht Jahre weiterregieren wollte. 16 Parteien schlossen sich zu einer »Ablehnungsfront« zusammen, die auch die ausdrückliche Unterstützung der Kirche fand. Diesmal überwachte die Opposition, gemeinsam mit internationalen Beobachtern, das Referendum – und trotz Einschücherungsversuchen Pinochets in letzter Minute, trotz Pro-Pinochet-Werbespots, produziert von eigens eingeflogenen amerikanischen PR-Profis, kam es zur Sensation: 54,7 Prozent stimmten mit »No«.

Ein tränenreicher Pinochet gestand die Niederlage ein, versuchte aber noch einmal, alle Register zu ziehen. Verkündete, daß er auch nach einem Übergang der Regierungsgewalt auf »bürgerliche« Politiker Chef der Streitkräfte bleiben wollte. Bestand darauf, auch weiter alle hohen Offiziere zu ernennen und den Obersten Gerichtshof zu kontrollieren. Sponserte einen Kandidaten seiner Wahl, den früheren Finanzminister Hernan Büchi, der freilich bei den allgemeinen Wahlen im Dezember 1989 nicht einmal 30 Prozent der Stimmen erhielt und klar gegen den Christdemokraten Patricio Aylwin unterlag. Wie wenig Pinochet seine Niederlage verwinden konnte, hatte er schon vorher klargemacht, als er sich in einer Rede mit Jesus Christus verglich. »Vergessen Sie nicht«, rief er bei einer öffentlichen Kundgebung aus, »daß es in der Weltgeschichte schon einmal ein Plebiszit gegeben hat, in dem man über Christus und Barabas urteilte. Und das Volk stimmte für Barabas.«

Nach fast 17jähriger diktatorischer Amtszeit trat Augusto Pinochet am 11. März 1990 zurück – genauer gesagt, er trat ins zweite Glied. Von Anfang an machte er klar, daß er dem neuen Präsidenten Aylwin das Leben schwermachen wollte. Er brüskierte Aylwin, indem er zu Treffen, die der Präsident anberaumt hatte, nicht erschien. Er mischte sich in verfassungsrechtliche Fragen ein, obwohl er dafür keine Zuständigkeit hatte. Er scharte die Militärs um sich, versuchte, einen neuen Staat im Staate aufzubauen.

Auch zu außenpolitischen Fragen mochte sich Pinochet nicht zurückhalten. Bei einem Treffen des »Rotary Club« von Santiago im September 1990 griff der Mann, dessen politisches Motto stets »Ich oder das Chaos« gewesen war, das »Chaos« bei ausländischen Streitkräften, speziell bei der deutschen Bundeswehr, scharf an. Er werde sich immer einer Angleichung der chilenischen Streitkräfte an die Bonner Truppe entschieden widersetzen. So groß sein Respekt vor den historischen Errungenschaften der deutschen Militärs sei: »Die heutige Bundeswehr setzt sich zusammen aus Marihuanarauchern, Drogenabhängigen, Gammlern, Homosexuellen und Gewerkschaftlern.« Verantwortlich für den Niedergang sei General Baudissin, »der größte Verräter in der Geschichte der deutschen Streitkräfte«. Präsident Aylwin entschuldigte sich sofort bei der Bundesregierung in Bonn für die Äußerungen Pinochets und griff seinen Heereschef scharf an. Er habe Chiles »internationale Beziehungen« gefährdet und damit seine verfassungsmäßigen Kompetenzen weit überschritten.

Gegen Ende des Jahres 1990 wird immer deutlicher, daß Chile noch unter dem langen Schatten seines Diktators lebt, daß es die Lähmung seiner intellektuellen Schicht, die unausgesprochene Furcht seiner Arbeiter, Fischer und Bauern nur überwinden kann, wenn es sich gründlich und vorbehaltlos mit seiner eigenen Geschichte beschäftigt. Fast jede Woche erinnern neue grausige Funde an die Diktatorenzeit: Mal werden in Colina nahe Santiago auf einem Lagerplatz Skelette gefunden, deren gefesselten Hände, deren Brandspuren an den Knochen den Tod durch Folter verraten. Mal stoßen Waldarbeiter im Süden des Landes, bei Valdivia, auf 18 verscharrte Leichen. Mal graben Polizisten im heißen Wüstensand des nordchilenischen Pisagua (wo Pinochets Karriere begann) zwanzig von Gewehrkugeln durchsiebte Körper aus.

»Ohne die große Abrechnung wird dieses Volk nicht zur Ruhe kommen«, sagt mein Freund Alvaro Rojas, selbst Journalist, selbst Terroropfer, monatelanger KZ-Insasse. »Und es geht noch um mehr: Wir müssen uns fragen, wie wir einen solchen Mitläufer und Opportunisten so lange ertragen, toleriert haben, wieso wir unsere Autoritätshörigkeit so verinnerlichten.« Er fährt mich am »Lo Curro« vorbei, dem »Führerbunker« mit Andenblick, in einer Villengegend außerhalb der Hauptstadt, den Pinochet immer noch bewohnt und in dem er sich eines Tages auch verschanzen könnte, um sich weiteren Nachforschungen zu entziehen. Hier sollen Lebensmittel für Monate gehortet sein, besondere militärische Vorrichtungen machen das Haus angeblich uneinnehmbar. Wir sehen überall Zäune, dicke Mauern, eine Kameraanlage, die das Gelände überwacht.

Jeden Morgen, so heißt es, zieht der Ex-Diktator hier sein Sportprogramm durch, hebt Hanteln, trainiert am Expander, übt regelmäßig Karate mit seinem langjährigen Lehrer und Experten für fernöstliche Kampfsportarten. Er trinkt nicht. Er raucht nicht. Er hält sich, mit 75 Jahren ein Wunder an Kondition und Willensstärke, fit für kommende Aufgaben.

Wie die aussehen könnten, hat er bei jüngsten Reden angedeutet. Immer wieder zieht er Vergleiche zwischen sich und den größten Feldherren des alten Rom. Erwähnt, daß er seinen beiden Söhnen Marco Antonio und Augusto die Vornamen nach den berühmten historischen Kaiser-Vorbildern Marcus Antonius und Augustus gegeben habe. Betont, daß er sich selber lieber mit einem anderen römischen »Klassiker« vergleichen möge, zu dem es viele Parallelen gebe: Lucius Quinctius Cincinnatus. Der Mann aus dem 5. Jahrhundert vor Christus sei vom Pfluge weg ins Herrscheramt berufen worden, habe den Feind geschlagen und sich dann vorübergehend wieder zurückgezogen. Aber es sei auf die Dauer eben doch nicht ohne ihn gegangen, und man habe ihn bei neuerlichen Unruhen wieder zurückgeholt, weil nur er das Übel besiegen konnte.

Augusto Pinochet Ugarte läßt seinen Zuhörern wenig Spielraum zur Deutung der alten Geschichte. Er will sagen: Cincinnatus lebt. Er wartet. Er wird dasein, wenn ihr ihn ruft.

DIE ROSE UND DER RECHTSANWALT

IMELDA UND FERDINAND MARCOS, PHILIPPINEN

Vorbei an einem Schild mit der Aufschrift »Flohmarkt« und einem anderen, das eine »preiswerte Mietgarage« anbietet, den Kalaniaole Highway westlich von Honolulu hinunter bis zur Nummer 5577. Ein hohes Eisentor unmittelbar an der vielbefahrenen Straße, das langsam aufgezogen wird, nachdem wir gesagt haben, wer wir sind. Ein kleiner Vorhof zu einem schlichten Flachdachbungalow. Zwischen zwei tropischen Bäumen flattert ein verschmutztes Segeltuch als Sonnenschutz. »Rented« – zur Ausleihe – steht auf mehreren an die Wand gelehnten Kisten. Über den Rasen verstreut liegen leere Cola-Dosen. Erster Eindruck: Wer hier wohnt, legt wenig Wert auf Ordnung. Oder will zeigen, daß es sich nur um eine vorübergehende Bleibe handelt.

Zwei Männer, die eben noch unter der Plane Karten spielten, greifen zu ihren Walkie-talkies, als sie uns sehen. Zweite Kontrolle. Ein Augenblick gespannter Erwartung, ein Blick auf ihre Schulterhalfter, bis das Okay kommt: »Mister President« und die »First Lady« würden jede Minute zu uns stoßen, sagt ein weißgekleideter Herr und geleitet uns hinaus auf die Terrasse.

Vereinigte Staaten von Amerika, Bundesstaat Hawaii, 20 Kilometer von den überfüllten Touristenstränden der Insel Oahu, im September 1986: Warten auf Ferdinand und Imelda Marcos, die uns zum Sonntagskaffee eingeladen haben. Auf ein Diktatorenpaar im Exil. Auf die damals wohl berühmtesten und berüchtigtsten Asylanten der Welt.

Er war 21 Jahre lang Herrscher über das strategisch wichtige ostasiatische Inselreich der Philippinen, ein Land von über 55 Millionen Einwohnern und ein Brückenkopf des Westens, ehe er nach einer dramatischen Revolution in seiner Heimat am 25. Februar 1986 mitsamt Familie und Freunden – gegen seinen Willen – von den Amerikanern ins Exil ausgeflogen wurde. Er blieb auch in den USA immer in den Schlagzeilen, weil er von seinem Domizil bei Honolulu aus zum großen Mißvergnügen seiner Gastgeber weiter in der Politik mitmischte und seine Anhänger in Manila immer wieder zum Widerstand gegen die neue Regierung der Corazon Aquino aufrief.

Sie war nicht nur die »First Lady«, sondern auch lange Jahre Ministerin und »Sonderbotschafterin« in seinem Kabinett, schon legendär für ihren unbändigen politischen Ehrgeiz wie für ihre phänomenale Verschwendungssucht. »Verglichen mit Imelda Marcos, lebte Marie Antoinette wie eine Bettlerin«, sagte der US-Kongreßabgeordnete Stephen Solarz, als er im verlassenen Malacanang-Palast von Manila als einer der ersten die goldene Pracht bestaunte – und die nicht weniger als 2700 Paar Schuhe (Größe 38½) und die 500 schwarzen Büstenhalter (Größe 85 B) der früheren Hausherrin. Als der Marcos-Clan auf Hawaii gelandet war, stellte der Zoll 22 Kisten mit frischgedrucktem Geld und 278 Schachteln mit Juwelen, Goldbarren, Kunstwerken, Aktien und Bankobligationen sicher – Millionenwerte und doch nur ein Bruchteil dessen, was das Präsidentenpaar während seiner Regierungsjahre zusammengerafft hatte. Kaum jemand vor ihnen, kaum jemand nach ihnen bestahl sein Volk so systematisch, ein Volk, das in seiner Mehrheit unter der Armutsgrenze lebte. Auf fünf bis zehn Milliarden Dollar wird das Vermögen geschätzt, das die beiden ihrem Land abgepreßt und auf verschiedensten Kanälen privat ins Ausland geschafft haben: Geld und Gut, das die Aquino-Regierung von den »Kleptokraten« im Exil einzuklagen versuchte. Doch die ließen auf Hawaii selten jemanden zu sich vor. Keine Anwälte, keine Journalisten, kein öffentlicher Ärger, hieß das neue Motto des Marcos-Clans, der früher nicht genug kriegen konnte vom Scheinwerferlicht der Öffentlichkeit.

Es ist heiß auf der sonnenüberfluteten Terrasse. Ich halte immer noch unser Gastgeschenk in Händen, ein violettes Orchideengebinde zu 47,50 Dollar. Blumen sind immer gut, hat Edgar gesagt, der Freund des Hauses, mit dem ich hierhergekommen bin. Nur

Vom Juristen zum Gauner: Ferdinand Marcos

gelb sollten sie nicht sein, denn in gelben Fahnen, T-Shirts und Konfettis ist das Marcos-Regime förmlich erstickt; Gelb ist die Farbe des Volksaufstands, der »People's Power«, die das Diktatorenpaar von der Macht gefegt hat, und wird im Hause Marcos deshalb konsequent gemieden. So konsequent, daß Imelda sogar ihren kanarienfarbenen Lieblingsschmuck nicht mehr trägt. Dagegen stehen Erinnerungsstücke an die vergangene Macht hoch im Kurs. Im Hausflur hängt das mannshohe Präsidentensiegel, das sie im letzten Moment ins Fluchtgepäck gestopft haben, eingerahmt von der Präsidentenfahne und der offiziellen philippinischen Staatsflagge. Die Wände sind geradezu bepflastert mit Fotos von Ferdinand und Imelda Marcos, immer mit den Großen dieser Welt. Sogar von dem Terrassenmäuerchen strahlen die beiden, in Bronze gegossen, und neben einem handgemalten Schild: »Hier bitte nicht rauchen!«

Imelda Marcos kommt zuerst. Sie sieht schlanker aus als auf den letzten Fotos von den Philippinen. Die Haare hochgesteckt, frisch frisiert. Das Kleid schwarz und einfach geschnitten, ein buntes Seidentuch lose um die Schultern gelegt. Bei der eleganten Erscheinung fallen nur die roten, flachen Plastikschuhe aus dem Rahmen. Meine Orchideen quittiert Imelda mit einem huldvollen Lächeln. »Entschuldigen Sie bitte die leichte Verspätung«, sagt sie mit honigsüßer Stimme. »Aber ich vergaß, daß wir noch die Heilige Messe feiern. Können wir unser Gespräch auf nachher verschieben?«

Bedienstete rücken Stühle zurecht; Rattanohrensessel in der ersten Reihe, einfachere Sitzgelegenheiten aus Plastik dahinter und für die letzte Reihe eiserne Klappstühle, darunter den, auf dem ich Platz nehme und der an der Unterkante die Aufschrift trägt: »Gestiftet von Angie Baptista, Präsident der Baptista GmbH, Manila«. Die Terrasse füllt sich mit philippinischen Gästen, die meisten offensichtlich ansässig auf Hawaii. Alle geben Geschenkpakete ab, in manchen der Plastiktüten, die von der Hausherrin in die Küche weitergeleitet werden, erkenne ich Kuchen, Milch, Gemüse und Obst. Andere Gäste legen zugeklebte Umschläge auf den Wohnzimmertisch, wohl finanzielle Beiträge. Kinder tollen über den Marcos-Rasen und reißen an der etwa zehn Meter entfernten Hecke herum, die das Anwesen von einem öffentlichen Strandabschnitt trennt. Irgend jemand hat ein Videoband mitgebracht und eingelegt. Pro-Marcos-Demonstranten rufen in Manila: »Nieder mit den USA, nieder mit der Regierung Aquino!« Aber die Stimmen sind durch das Kindergeschrei kaum zu verstehen, und nur wenige verfolgen das Geschehen auf dem Bildschirm.

Mitten in diese Jahrmarktsstimmung hinein erscheint Ferdinand Marcos – und aller Lärm verstummt, so, als wüßten selbst die Kleinkinder, daß man mit diesem Mann nicht scherzt, daß man vor ihm Angst haben muß. Er wirkt, trotz einer gerade überstandenen Augenoperation, nicht ganz so fragil wie auf den Fernsehbildern von seiner Ankunft in Honolulu; aber obwohl seine schwere Nierenerkrankung auf den Philippinen wie ein Staatsgeheimnis gehütet wurde, kann man ahnen, daß dieser Mann schon vom Tode gezeichnet ist. Er schüttelt alle ab, die ihn begrüßen oder berühren wollen, winkt majestätisch zu uns herüber und lädt alle ein, sich zu setzen. Er nickt dem Priester zu, der aus der Stadt gekommen ist und sein mitgebrachtes Kruzifix, Hostien und ein Fläschchen Weißwein mit Schraubverschluß auf dem Terrassentisch ausbreitet. Hausangestellte schaffen einige Marcos-eigene Heiligenfiguren herbei, stellen sie neben das Kreuz. Improvisierte Frömmigkeit.

Dann beginnt die Messe. Der Geistliche hat als Thema seiner Predigt gewählt, daß man sich erniedrigen müsse, um vor Gott Gehör zu finden, daß man nicht eitel danach streben solle, mit den Großen und Reichen der Welt an einem Tisch zu sitzen, sondern demütig den Armen zu helfen. Keiner ruft so laut »Amen« wie das Ehepaar Marcos. Zum Schluß gibt jeder seinem Nachbarn die Hand. »Friede sei mit dir«, sagt Imelda und greift nach meiner Rechten. »Und Friede mit dir und deinem Geiste«, sage ich wie die anderen.

Nach der Andacht die Audienz. Jeder der Gäste darf sich mit dem Hausherrn und der -herrin fotografieren lassen. Söhne und Töchter werden dem Paar vorgestellt, noch mehr Briefumschläge wechseln unauffällig den Besitzer. Ganz allmählich dünnt die Gästeschar aus, und hätte ich nicht zufällig den ganz unauffälligen Wink Imeldas an einen der Bediensteten gesehen, mir wäre entgangen, daß der Abschied orchestriert war. Imelda will sich ein wenig zurückziehen – »das erste Interview gebührt dem Präsidenten«, flüstert sie mir zu. Sie sagt immer »der Präsident«, wenn sie von ihrem Mann spricht.

Ob's jeden Tag so lebhaft zugeht im Exil, frage ich Ferdinand Marcos, der mich in einen Ohrensessel neben sich komplimentiert hat. »Sonntags immer«, meint er. »Wir haben eben eine große Anhängerschar bei den Filipinos auf Hawaii.« Er korrigiert sich: »Bei allen Filipinos.« Eigentlich dürfe er mir kein Interview geben, sagte er, die US-Regierung habe ihm wegen des anstehenden Staatsbesuchs von Frau Aquino in Washington verboten, mit der Weltpresse zu sprechen. »Also, nennen Sie's ein Gespräch«, sagt er mir grinsend und macht somit klar, wie er mit »Anweisungen« aus dem Weißen Haus umzugehen pflegt.

Die Amerikaner sind seine große Enttäuschung. Er hält sich immer noch für den »rechtmäßigen Präsidenten« seines Landes. »Ich habe die Wahlen am 7. Februar 1986 gewonnen«, sagt Marcos und fährt mich an, als ich von offensichtlichem Wahlbetrug, von gekauften Stimmen spreche: »Alles Unsinn, alles Propaganda.« Nach einigen Sekunden, mit milderer Stimme: »Na gut, es mag Unregelmäßigkeiten auf beiden Seiten bei den Wahlen gegeben haben. Aber *meine* waren nicht so schwerwiegend.« Und die demonstrierenden Studenten, die Arbeiter, die Nonnen, die sich unbewaffnet seinen Panzern entgegenstellten und seinen Sturz forderten – hat er die Bilder der Revolution vergessen? »Es gab keine Revolution auf den Philippinen, es war ein von den USA geförderter Staatsstreich.« Marcos scheint wirklich zu glauben, daß Washington ihn von Manila »weghaben« wollte, weil er zu »selbständig« wurde und als »gleichberechtigter Partner« mit den Amerikanern verhandeln wollte. Noch immer setzt er auf eine Spaltung innerhalb der US-Regierung: Außenminister Shultz sieht er als seinen unerbittlichen Feind, Präsident Reagan und Vize Bush als seine heimlichen Freunde. »Hat nicht George Bush noch vor ein paar Jahren gesagt, er bewundere mich für mein Festhalten an demokratischen Prinzipien auf den Philippinen?«

Das hat er in der Tat. Aber es war nur eine, allerdings entlarvende, Episode in den von Haßliebe geprägten, engen historischen Beziehungen zwischen Filipinos und Amerikanern, in die Ferdinand Marcos hineingeboren wurde und die er selber so entscheidend mitgestalten sollte.

Von Anfang an war es eine Beziehung voll von Mißverständnissen. Als die Amerikaner den Spaniern 1898 den Krieg erklärten, glaubten die Filipinos, sie seien gekommen, um mit ihnen gemeinsam die Inseln von der brutalen Unterdrückung durch die Kolonialherren zu befreien. Doch die Amerikaner dachten nicht daran, ein Volk, das sie als »unreif und primitiv« einschätzten, sich selbst zu überlassen: Sie schlugen den Unabhängigkeitskrieg, der sich bald auch gegen die USA richtete, brutal nieder und übernahmen die Macht. Es begann eine fast fünfzigjährige Zeit der Fremdbestimmung, eines »Imperialismus des guten Zuredens«. Kaum ein Land haben die Amerikaner so lange und so nachdrücklich nach ihren Vorstellungen und Idealen prägen können wie diese, ihre fernöstlichste Kolonie. Was dabei herauskam, konnte sich nach außen hin zwar sehen lassen – ein ordentliches Verkehrssystem, öffentliche Schulen und Krankenhäuser, gesteigerte Ernteerträge –, aber das Volk der Filipinos zahlte seinen Preis: Die USA stützten sich bei der Durchsetzung ihrer Programme ausschließlich auf die wenigen »führenden Familien« des Landes und stärkten so die feudalen Strukturen, statt sie aufzubrechen. Eine dringend notwendige Landreform, die geholfen hätte, den Reichtum gerechter zu verteilen, konnten oder wollten die Amerikaner gegen ihre »Gesprächspartner«, die Großgrundbesitzer, nicht durchsetzen. So war denn 1946, als das Land unabhängig wurde, die Ungerechtigkeit der philippinischen Gesellschaft festgefügter denn je. Nur wer in die »Elite« der »Top twenty«-Familien hineingeboren wurde, hatte alle Aufstiegschancen in dieser Gesellschaft – so jemand wie Ferdinand Edralin Marcos.

Sein Vater war ein bekannter Jurist und Politiker aus der Provinz Ilocos Norte, die Mutter Tochter eines reichen Großgrundbesitzers. Ferdinand war ein hervorragender Schüler, glänzender Sportler (Ballspieler wie Kunstschütze) und hoffnungsvoller Jurastudent. Kurz vor dem Examen – er hatte gerade seinen 21. Geburtstag gefeiert, man schrieb das Jahr 1938 – ereilte ihn ein herber Rückschlag: Zeugen behaupteten, er hätte einen politischen Gegner seines Vaters beim Zähneputzen vom Balkon des Nachbarhauses durchs Badezimmerfenster erschossen. Der junge Marcos wurde wegen Mordes verurteilt, erreichte jedoch ein Jahr später, nachdem er im Gefängnis sein Staatsexamen abgelegt hatte, eine Wiederaufnahme des Verfahrens. Der Anwalt Marcos verteidigte den Angeklagten Marcos glänzend: Freispruch lautete diesmal das Urteil, obwohl damals viele Prozeßbeobachter nach der Beweislage den ersten Richterspruch plausibler fanden.

Zur Zeit der japanischen Besetzung der Philippinen tauchte Marcos unter, belieferte – wie man heute weiß – als Schwarzhändler die Offiziere des Tenno. Doch er sorgte gleich nach dem Krieg dafür, daß für ihn eine »Heldenlegende« als Widerstandskämpfer gestrickt wurde. Erfand eine erfolgreiche »Guerilla-Einheit«, der er angehört hätte, ließ sich mit den gefälschten Dokumenten von Amerikanern wie philippinischen Regierungsstellen als »Kriegsheld« dekorieren. (Der Beweis für die Fälschung gelang Historikern trotz vieler Verdachtsmomente erst nach Marcos' Sturz).

Der clevere Jurist wußte, wie wichtig für seine politische Karriere gute Beziehungen zu den Amerikanern sein würden. Er ließ sich von einem – ahnungslosen – amerikanischen Medienberater für 15 000 Dollar eine »Autobiographie« mit dem Titel »For Every Tear a Victory« (»Für jede Träne einen Sieg«) schreiben. Das phantasievolle Machwerk imponierte der CIA so, daß der US-Geheimdienst die Gelder umleitete, die zur Unterstützung des damaligen Vizepräsidenten Emanuel Pelaez im Präsidentschaftswahlkampf gedacht waren; statt dessen flossen die Finanzmittel Ferdinand Marcos zu, der es inzwischen zu einer erfolgreichen Anwaltspraxis und einem Sitz im Senat gebracht hatte. Er gewann und wurde 1965 Präsident.

Sein Wahlversprechen, die Philippinen von Korruption, Kriminalität und Armut zu befreien, erwies sich schnell als hohl. Er förderte nur noch die Vetternwirtschaft an der Staatsspitze, zweigte öffentliche Gelder in seine eigenen Taschen ab und sorgte dafür, daß ein mächtiger Sicherheitsapparat aufkommende Opposition im Keim erstickte. 1972 verhängte er das Kriegsrecht, wie später bekannt wurde, mit dem Einverständnis der Amerikaner, die eine kommunistische Infiltrierung ihrer Militärbasen fürchteten – der US-Marinestützpunkt Subic Bay wie die Luftwaffenbasis »Clark« gehörten zu den größten amerikanischen Militäranlagen in Fernost. Ferdinand Marcos, der erkannt hatte, wie bedeutsam für die Amerikaner ihr »Bollwerk Philippinen« war, glaubte sich nun gegenüber Washington alles leisten zu können. Sein eigenes Volk fragte der Diktator sowieso nur noch zum Schein: Die »Volksentscheide« über sein Verbleiben im Amt waren nicht mehr als eine Farce, mal mit 90, mal mit 89 Prozent Ja-Stimmen ein grober Wahlbetrug.

Viele glauben, daß Imelda und Ferdinand Marcos die Ermordung des Oppositionspolitikers Benito (»Ninoy«) Aquino veranlaßt haben, der am 21. August 1983 aus seinem amerikanischen Exil nach Manila zurückkehrte und beim Verlassen des Flugzeugs in Manila noch auf dem Rollfeld erschossen wurde. Daß der Präsident so seinen eigenen Untergang, den Aufstieg der Witwe Cory Aquino von der unbekannten Hausfrau zur nationalen Herausforderin und dann, im Februar 1986, zur wahren Wahlsiegerin herbeigeführt hat. Daß er aus reiner Verblendung, schierer Hybris das Ende nicht kommen sah, sich bis zuletzt an die Illusion klammerte, die Amerikaner würden im Streit mit Frau Aquino auf seiner Seite stehen, bis sie ihn dann förmlich zwangen, den Präsidentenpalast zu verlassen und für den Flug, zuerst nach Guam, dann nach Hawaii, seine Sachen zu packen.

Ich frage bei meinem Sonntagsbesuch im hawaiischen Exil den Ex-Präsidenten, ob er den Mord an seinem politischen Rivalen »Ninoy« angestiftet hat. »Das ist keinen Kommentar wert.« Ist er sich bewußt, daß die Mehrheit der Filipinos ihm in dieser Frage keinen Glauben schenkt? »Das weiß ich nicht«, sagt er unwirsch. »Ich kann nur sagen, ich hatte nichts damit zu tun.« Noch eine unangenehme Frage: Mit seinem offiziellen Präsidentengehalt von 5600 Dollar im Jahr hätte Marcos nicht reich werden können, er hätte in den USA bei diesen Bezügen sogar das Armenrecht in Anspruch nehmen können. Vermag er mir zu erklären, wie er es trotzdem zu einem Milliardenvermögen gebracht hat?

Gerade als ich die Frage stelle, setzt ohrenbetäubend laut Musik ein. Unmittelbar hinter uns spielt jemand Klavier, eine helle, lautsprecherverzerrrte Stimme ertönt: »Sentimental Journey«. Als ich mich umdrehe, sehe ich: Es ist Imelda Marcos, die da in ein Mikrofon mit goldenem Mundstück tiriliert und temperamentvoll mit den Hüften hin- und herswingt. »Wir müssen das Gespräch abbrechen«, ruft der Ex-Präsident durch die zum Trichter geformten Hände. »Ich kann nichts mehr verstehen.« Schwer zu sagen, ob er die Frage nicht gehört hat oder nicht hören wollte. Immerhin ist es nicht so laut, daß er mir nicht noch zuschreien kann: »Toll, die Stimme der First Lady. Wenn sie mich nicht geheiratet hätte, wäre sie bestimmt Opernstar geworden.« Er sagt immer »First Lady«, wenn er von seiner Frau spricht.

Wie sie so singt, die Töne des gemütvollen Liedes zum Schluchzer nachzieht, die Arme zur großen, weltumspannenden Geste ausbreitet, in einer Gebärde von theatralischer Selbstverliebtheit den Kopf nach hinten wirft – das läßt Erinnerungen wach werden.

Erinnerungen an Szenen in den Slums von Manila, wo sie vor laufenden Kameras den Ärmsten der Armen zurief: »Ich weiß, ihr kleinen Leute wollt mich in meinen besten Kleidern, mit meinen Diamanten sehen, ihr wollt aufblicken können zu einem Star!« Erinnerungen an Videobänder, die sie in der eigens eingebauten Glitzerdisco der offiziellen philippinischen New-York-Residenz, ganz hingerissen von sich selbst, beim Tanzen zeigen: mit Milliardären wie dem Waffenhändler Adnan Kashoggi oder Showstars wie dem Schauspieler George Hamilton und dem Pianisten Van Cliburn. Erinnerungen auch an ihre eindrucksvollen Auftritte auf der weltpolitischen Bühne als Gesandte des Präsidenten bei Mao Tse-tung in der Volksrepublik China, bei Fidel Castro auf Kuba, bei Muammar al-Gaddafi in Libyen. Bilder mit einem gemeinsamen Nenner: dem einschüchternden Charme einer machtbesessenen Frau, die immer nur dann glücklich scheint, wenn sie im Mittelpunkt steht.

Sie mußte sich in ihrem Leben das Schweinwerferlicht hart erarbeiten. Imelda Romualdez wurde 1929 in einem völlig verarmten Zweig der Großgrundbesitzerfamilie auf der mittelphilippinischen Insel Leyte geboren: Ihre Eltern galten als Nichtsnutze, als schwarze Schafe, als Schande des Clans, und das ließ man die Kleine ihre ganze Jugend hindurch spüren. Sie hatte ein einziges, weißes Kleid, das sie als Teenager das ganze Jahr über trug. Ihr Name war regelmäßig an einem öffentlichen Bord angeschlagen, wo festgehalten war, wer das Schulgeld noch nicht bezahlt hatte. Sie wurde verspottet, hatte kaum Freundinnen, bestand mit Mühe ihr Abitur. Aber sie war hübsch: Mit 20 Jahren gewann sie den örtlichen Schönheitswettbewerb und wurde »Rose von Tacloban«. Zwei Jahre später ging sie nach Manila, jobbte zunächst als Schallplattenverkäuferin, dann als Bankbotin. Nebenher nahm sie Gesangunterricht, denn ehrgeizig war das Mädchen, das alle »Meldy« nannten: Sie wollte raus aus ihrem kleinen Mansardenzimmer, sie war, wie ihre Freunde von damals sagen, geradezu besessen von der Vorstellung, bei den »Prominenten« dazuzugehören.

Sie hatte keine guten Manieren, sie schminkte und kleidete sich viel zu grell, ihre Vorstellung von einem Gespräch über Literatur beschränkte sich auf Zitate aus »Reader's Digest«-Heften. Da blieb eigentlich nur eine Schlager- oder Filmkarriere, und dazu mußte man auffallen: Imelda wollte »Miss Philippinen« werden. Doch schon bei den Wahlen zur Hauptstadtschönsten erreichte sie nur Platz zwei, kam erst durch ein undurchsichtiges Jury-Manöver in die Endausscheidung. Und landete unter ferner liefen. Zwar schaffte sie es anschließend einmal auf den Titel einer philippinischen Illustrierten und lachte sich auch einen schwerreichen Freund an, doch der machte keine Anstalten, die Kleine aus der Provinz zu heiraten.

Dann kam Ferdinand Marcos, in einem einzigen Sturmlauf. Schon bevor er sich vorstellen ließ, hatte er Erkundigungen über die Familie eingezogen; Romualdez hörte sich nicht schlecht an für den jungen Kongreßabgeordneten. Nach dem ersten gemeinsamen Eis und etwa einer halben Stunde Kennenlernen stellte er den Heiratsantrag. Schickte am selben und am nächsten und am darauffolgenden Tag Blumen und Geschenke. Sprach von einer großen Zukunft, die er ihr bieten könnte, denn er wolle Präsident werden. Führte sie, als auch das noch nicht wirkte, nach der Erzählung von Freunden, an seinen Banksafe und zeigte ihr seinen Peso-Schatz im Gegenwert von fast einer Million Dollar. (Auch der Abgeordnete Marcos muß sich schon gut aufs »Dazuverdienen« verstanden haben.) Am elften Tag der stürmischen Brautwerbung gab sie nach. Es war der 1. Mai 1954, als die »Rose von Tacloban« den aufstrebenden Anwalt aus Ilocos zum Manne nahm.

Er hielt Wort mit der Karriere. Sie hielt sich schadlos. Gemeinsam zweigten sie von Staatsaufträgen einen festen Prozentsatz in die Privatschatullen ab. Imelda, die ihr ganzes bisheriges Leben auf jeden Peso hatte achten müssen, wurde zum »Big Spender« von internationalem Format. Wenn sie wieder einmal mit einer der für private Zwecke konfiszierten »Philippine Airlines«-Maschinen unterwegs war, konnte es schon vorkommen, daß sie in Paris oder New York während drei Tagen eine Million Dollar für Kleider und Schmuck ausgab. Sie genoß es, zum internationalen Jet-set zu gehören, und auch für die Kinder des Präsidentenpaares wurde entsprechend gesorgt: für Tochter Imée mit Konten und Schmuck, für Sohn Ferdinand (»Bongbong«) mit Pfründen: Er wurde schon in jungen Jahren Provinzgouverneur.

Welche ihrer politischen Partner, welche ihrer Jet-set-Bekanntschaften halten noch zu ihr? »Dies ist eine gute Zeit, um herauszufinden, wer meine wirklichen Freunde sind«, sagt Imelda Marcos im Exil. »Kaiserin Farah Diba gehörte zu den ersten, die nach unserer Ankunft auf Hawaii angerufen haben, dann meldeten sich Sadats Witwe Jehan, Margot Fonteyn, Maestro Rostropowitsch – der Rest, nun ja.« Den Politikern nimmt sie nicht übel, daß sie auf Distanz gegangen sind, da ist die ehemalige »First Lady« realistisch genug. Aber es schwingt doch Bitterkeit – und eine gehörige Portion Selbstmitleid – in ihrer Stimme mit, wenn sie sagt: »Aus Frau Aquino, dieser Diktatorin, machen sie jetzt eine Heilige, eine Jungfrau von Orléans. Und aus uns die Aussätzigen.«

Gab es denn in ihrer Zeit als Wohnungsbauministerin, als Gouverneurin von Manila, als potentielle Nachfolgerin ihres Mannes an der Staatsspitze irgend etwas, was sie bereut, was sie heute anders machen würde? »Nichts, aber auch gar nichts«, sagt sie ohne Zögern. »Ich habe die Jahre bestens genützt und alles für meine Filipinos gegeben. Ich habe unser rückständiges Volk, unser kleines, braunes, gutes Volk in die Neuzeit geführt und es als Diplomatin des guten Willens überall bekannt gemacht.« Da sind wir wieder bei ihrem Lieblingsthema: den Großen der Welt. Sie liebt es, an ihre berühmten Verhandlungspartner von früher zurückzudenken.

Beispielsweise an Mao, das sei für sie der Eindrucksvollste von allen gewesen. Er habe sie mit den Worten empfangen: »Sie müssen mir schon deshalb so sympathisch sein, weil sie im Westen eine so schlechte Presse haben.« Anschließend habe er lang und breit über seinen »Freund« Richard Nixon schwadroniert. Bei ihrem Besuch 1974 will sie aus Peking mit der Überzeugung zurückgekommen sein, Maos Ehefrau Jiang Qing ziehe alle politischen Fäden in der Volksrepublik. »Aber sie hat nicht schnell genug gehandelt, als es dann ums Ganze ging. Sie hat zugelassen, daß man sie als Nummer vier in der Hierarchie ablichtete. Sie hätte sich als Nummer eins neben ihrem Mann positionieren müssen«, sagt die Frau, die in ihrem Land genau diesen Karrieresprung, diesen Höhenflug so gut wie geschafft hatte, bevor es mit dem gesamten Regime zu Ende ging. »Eiserner Schmetterling« lautete Imelda Marcos' Spitzname, und so hart, willensstark und »flügge« gab sie sich damals bei jeder Gelegenheit, so daß es ausgemachte Sache schien, daß auf den Diktator Marcos die Diktatorin Marcos folgen würde.

Ich wiederhole an jenem Nachmittag auf Hawaii, als Gast bei den Asylanten erster Klasse, meine Frage nach dem Milliarden-Vermögen. Da sie Ferdinand Marcos nicht hatte hören wollen, diesmal an Imelda Marcos. »Was meinen Sie mit Milliarden?« fragt sie, und ihr Lächeln gefriert. »Wir besitzen gar nichts. Wenn wir nur ein paar tausend Dollar flüssig hätten, würden wir aus dieser unwürdigen Bleibe sofort ausziehen. Nur ein paar Zimmer haben wir hier, und in keinem einzigen funktioniert die Klimaanlage. Jeder Volksschullehrer auf Hawaii hat ein besseres Haus.«

In Strandlage? Für 4500 Dollar Monatsmiete?

Sie antwortet nicht, will sich immer mehr in Rage reden. »Ein würdiges Exil haben uns die Amerikaner versprochen – statt dessen haben sie uns schändlich verraten. Aber sie werden noch einmal der Zeit nachtrauern, als wir die Philippinen regierten. Und zwar sehr bald.« Noch einmal: Wohin sind denn all die Goldbarren, die Bank-Millionen, die Kunstschätze verschwunden, von denen die ganze Welt weiß, daß der Marcos-Clan sie zusammengerafft hat? »Kunst haben wir immer nur fürs Volk gekauft«, antwortet sie ausweichend. »Die Bilder, von denen Sie sprechen, die hängen heute in den Museen meiner Heimat.« Und was ist mit den van Goghs, Picassos und Magrittes, die jetzt bei der Inventur der philippinischen Residenz in New York vermißt werden? »Die Aquino-Leute lügen, oh, wie die lügen«, sagt sie.

Dann bricht es aus ihr heraus. Mit dem ausgestreckten Zeigefinger Richtung Küche ruft sie: »Meinen Sie denn, es ist angenehm für uns, daß wir nur von Spenden leben müssen? Darauf angewiesen zu sein, daß uns irgend jemand Gemüse, Fleisch und Obst bringt? Ich weiß manchmal nicht, woher wir am nächsten Tag die Milch für unsere Enkel nehmen sollen.« Das könne doch nicht ihr Ernst sein, sage ich, und lasse meinen Blick über den Diamanten an ihrem Ringfinger schweifen. »Mein bitterer Ernst. Sehen Sie, alles hier ist geliehen, gestiftet, jeder Stuhl, jede Tischdecke. Was für ein Glück, daß ich an materiellen Dingen nicht hänge, sondern an Menschen.«

Fidel Castro, »ein wirklich charmanter Mann«, hat sie eigenhändig durch Havanna chauffiert, »wonach mir die Presse wieder eine Affäre andichtete, welch ein Blödsinn«. Selbst mit dem gefürchteten Gaddafi sei sie gut ausgekommen: »Ich hatte von seiner starken Vaterbindung gehört und gleich am Anfang darauf bestanden, mit den Altvorderen im Beduinenzelt zusammenzutreffen.« Fortan hatte sie bei dem Libyer einen Stein im Brett und konne erreichen, daß er die Finanzierung der philippinischen Moslem-Rebellen stoppte. »Der einzige Vertrag, den er jemals eingehalten hat«, meint sie stolz. Mit den Amerikanern sei es immer schwieriger gewesen, warm zu werden, als mit den Sowjets, sagt Imelda Marcos. Sie erinnert sich besonders gern an Premier Kossygin, der sie nach langwierigen Verhandlungen in Moskau laut ihrer Aussage einmal so beglückwünschte: »Frau Marcos, Sie sind die größte Diplomatin der Welt. Sie haben es geschafft, aus einem erfahrenen sowjetischen Politiker wie mir einen Sprecher der philippinischen Regierung zu machen!« Aber nicht mit ihrem diplomatischen Geschick, mit den Verdiensten um ihr Volk gehe sie nun in die Geschichte ein, klagt Imelda Marcos seufzend, »sondern mit meiner Schuhsammlung«.

Ich habe dieses Stichwort nicht gegeben, betone ich. Sie behauptet, ich hätte schon die ganze Zeit auf ihre Schuhe gestarrt. Es seien Plastikschuhe zu sieben Dollar, das Geschenk einer »einfachen Filipina« hier auf Hawaii. »Ich hatte seit frühester Jugend immer alles aufgehoben, was ich besaß, und im Palast war ja genug Platz«, sagte sie, als schulde sie mir doch eine Erklärung für die 2700 Paar von Manila. »Daß man mich deswegen als extravagant und verschwendungssüchtig hingestellt hat, ist purer Rassismus.«

Rassismus?

»Ja, es geht doch darum, daß eine ›First Lady‹ aus der Dritten Welt es gewagt hat, so viele Schuhe zu besitzen. Ich könnte mir gut vorstellen, daß Nancy Reagan mehr als 3000 Paar hat – und keiner macht so eine Show daraus.«

Dann braucht sie eine Pause. Greift wieder zum Mikrofon. Singt »für die deutschen Freunde« ihr sentimentales Lieblingslied »Feelings«. Und hat im Anschluß noch einige Bhagwan-artige Spruchweisheiten parat. »Das Gegenteil von Liebe ist nicht Haß, sondern Selbstsucht.« Oder: »Man kann dir alle weltlichen Dinge rauben, aber nicht deine Ideale.« Oder: »Entbehrung ist ein guter Lehrmeister.« Sie plant, eines Tages ihre Memoiren zu schreiben, und hat schon einen Titel: »Das Recht des Menschen auf Würde«.

Wir möchten noch ein Bild vor dem Präsidentensiegel und der philippinischen Staatsflagge machen – ob sie uns den Gefallen täte, sich davorzustellen und dann auch ihren Gatten zu holen? »Aber sicher«, sagt sie und läßt schnell die Bücher wegräumen, die kreuz und quer auf einem kleinen Regal unter dem mannshohen Siegel stehen. Es soll offensichtlich niemand sehen, was im Hause Marcos gerade gelesen wird. Die ersten drei Titel von links nach rechts: die Bibel, der Diät-Bestseller »Fit for Life« und »Das philippinische Steuerrecht«, jüngste Ausgabe.

Während die Bediensteten arbeiten, erzählt Imelda von den Schwierigkeiten mit den Hilfskräften im Exil. »Es sind so an die zwanzig«, sagt sie. »Viele davon sind Freiwillige aus der hiesigen Gemeinde. Manche schlafen hier im kleinen Nebenhaus, neulich waren es vierzig, die mußten fast übereinanderliegen in dieser schrecklichen Enge. Wenn einer nachts niest, haben am anderen Tag alle Schnupfen.« Dann zupft sie ihrem Mann die Krawatte zurecht, lehnt sich an seine Schulter. »Mister President« und »First Lady« posieren vor dem Siegel und der Staatsflagge – ein Bild wie in alten Zeiten. Aus dem Bungalow auf Hawaii ist der Sitz der philippinischen Exilregierung geworden.

Zeit zum Aufbruch. Sie streckt mir die Hand zum Abschiedsgruß entgegen, will noch schnell etwas loswerden. »Wußten Sie, daß im Palast von Manila jetzt nicht mehr 2700, sondern nur noch tausend Paar Schuhe stehen?« Nein, das war mir nicht bekannt. »Frau Aquino hat entdeckt, daß sie meine Schuhgröße besitzt.« Imelda Marcos will sich fast ausschütten vor Lachen. Sie lacht und lacht, bis wir hinter dem Tor verschwunden sind.

*

Im August 1989 wird Ferdinand Marcos in ein Krankenhaus von Honolulu gebracht – seine Nieren sind auch durch eine neuerliche Operation nicht mehr zu retten. Imelda Marcos nimmt eine Langspielplatte mit philippinischen Volksliedern auf und spielt sie ihrem Mann am Krankenbett vor. Doch dessen Wahrnehmungsfähigkeit ist schon stark eingeschränkt, er verfällt ins Koma. Am 28. September 1989 stirbt der langjährige Diktator der Philippinen im amerikanischen Exil. Präsidentin Aquino erklärt nach der Todesnachricht, daß sie eine Beerdigung in der Heimat nicht zulassen werde – sie fürchtet offensichtlich Unruhen. Imelda Marcos läßt den Leichnam ihres Gatten daraufhin auf Eis legen: Sie will ihn nur auf den Philippinen begraben lassen. Dort warten auch noch die einbalsamierten

Überreste der Marcos-Mutter auf eine Beerdigung, er hatte zeitlebens darauf bestanden, noch einmal Angesicht zu Angesicht von ihr Abschied zu nehmen.

Für die »First Lady« war die weitere Zeit im amerikanischen Exil ein Wechselbad der Gefühle. Einige der vom Marcos-Paar illegal erworbenen Gebäude wurden beschlagnahmt, viele Bilder und andere dem Staat gestohlene Gegenstände versteigert, die Gelder auf die Philippinen zurückgeführt. Doch den ersten großen Prozeß vor dem »Center Court« in New York gewann Imelda Marcos: Ein amerikanisches Gericht fand trotz starker Verdachtsmomente nicht den letzten Beweis, daß sie 200 Millionen US-Dollar veruntreute Gelder in den Vereinigten Staaten angelegt hatte. Die Witwe, immer in Schwarz, mit der philippinischen Flagge als Anstecknadel und einzigem Farbtupfer, bot den Geschworenen wie der amerikanischen Fernsehöffentlichkeit eine meisterhafte schauspielerische Leistung: Mal präsentierte sie sich ins Gebet versunken, just dann, wenn sich TV-Kameras auf sie richteten, mal war sie die zerknirschte Unschuld, mal die feurige Kämpferin. Und immer, wenn der Name ihres Mannes Ferdinand fiel, betupfte sie sich die Wangen mit schwarzer Spitze. Nur nach dem Freispruch war sie wieder der alte »Eiserne Schmetterling«: »Jetzt habe ich es euch gezeigt«, zischelte sie den Anklagevertretern zu, bevor sie sich zum – mit den Fernsehgesellschaften zeitlich abgestimmten – Bußgang in die Kirche begab.

Als ich Imelda Marcos so im Frühjahr 1990 in New York wiedersah, zweifelte ich daran, ob diese Frau wirklich auf die Philippinen, zu ihrem »kleinen, braunen Volk« zurückwill. Sie kam mir wie die geborene kaltschnäuzige New Yorkerin vor, wie eine Art uneheliche Tochter von Leona Helmsley und Donald Trump, von der Hotel-Milliardärin, die meinte, nur »kleine Leute« müßten Steuern zahlen, und dem Immobilien-Tycoon, der als erstes immer die sozial Schwachen an die Luft setzt: ein perfektes Aas, ein Ausbund von Chuzpe und Skrupellosigkeit. Ein vollkommenes Spiegelbild dieser Stadt. Eine Frau, die sich auf die Kissen ihrer New Yorker Wohnung Sprüche sticken ließ, die Leitsprüche New Yorks sein könnten. »Gute Mädchen kommen in den Himmel, schlechte Mädchen aber kommen rum.« – »Neureich ist viel besser als gar nicht reich.« – »Du bist verdorben, pervers, schlecht und krank bis in die Tiefen deiner Seele – kurzum, alles, was ich an einem Menschen mag.«

Aber da gibt es noch eine zweite, eine weiche Seite im Charakter der Imelda Marcos: ein tiefempfundenes Heimatgefühl, auf welchen sentimentalen Nährboden auch immer gebaut. Sie sehnt sich tatsächlich auf die ostasiatischen Inseln zurück – selbst auf Geld will sie verzichten, wenn der Wunsch in Erfüllung geht. Im November 1990 begannen Geheimverhandlungen zwischen der Präsidentin und der Ex-»First Lady«, Gespräche über eine Formel zur Teilung der »Beute«. Die philippinische Regierung befindet sich in einer finanziell verzweifelten Lage, besonders verschärft durch die Verdoppelung der Erdölpreise infolge der Golfkrise. »Bettler können nicht wählerisch sein, und was Frau Marcos hat, brauchen wir jetzt dringend, Million für Million«, schrieb eine Zeitung in Manila.

Hatte Imelda noch in unserem Gespräch von Honolulu behauptet, sie besäße »nicht einmal ein paar tausend Dollar«, tauchten nun doch ein paar mehr auf, von denen sie auch plötzlich wußte, wo sie lagerten: auf Konten in Hongkong. Von den dort eingelegten 200 Millionen Dollar »Privatvermögen« will Imelda 75 Prozent an die philippinische Regierung zurückgeben; angeblich ist Corazon Aquino im Gegenzug bereit, auf einige der vielen Strafanzeigen gegen die Ex-»First Lady« zu verzichten. Und so soll es, wußte die »Frankfurter Allgemeine Zeitung« am 12. November 1990 zu berichten, Schritt für Schritt weitergehen, bis es nach einer Übergabe weiterer Millionen zur erlaubten »Heimkehr« von Frau Marcos und dem Leichnam ihres Mannes kommt.

Nimmt man die bisherige Leistungsbilanz der Regierung Aquino zum Maßstab, werden die Armen in den Slums der Großstädte, die Verzweifelten auf den Zuckerplantagen nichts von dem Deal zwischen den ehemaligen Todfeindinnen haben. Kaum ein Krankenhaus, kein Damm, keine größere Brücke ist gebaut worden, seit die »gelbe« Revolution den Marcos-Clan von der Macht verjagte. Corazon Aquino, selbst Mitglied einer der reichen Großgrundbesitzerfamilien, hat das entscheidende Problem des Landes, die Bodenreform, noch nicht einmal ernsthaft in Angriff genommen. Zwar ist die Presse, anders als unter Marcos, frei; es gibt keine willkürlichen Verhaftungen mehr. Aber der Lebensstandard ist nur noch mehr gesunken, das von Naturkatastrophen wie von Korruption und Unfähigkeit seiner Spitzenpolitiker gebeutelte Land driftet weiter ab in Pessimismus, Desillusionierung, Hoffnungslosigkeit.

Ein Paradies sind die Philippinen nur noch für Porno-Produzenten und Päderasten. Auf den Straßenstrich gehen inzwischen schon Zehnjährige, angezogen vom Geld der westlichen Sex-Touristen. Amerikas ehemalige Kolonie sei zu Amerikas »Fellatrix« verkommen, schreibt der Autor P. F. Kluge, zu einem verzweifelt-unanständigen Blasebalg. Doch trotz der historischen und gegenwärtigen Verwicklung des Westens in die philippinische Tragödie trifft den Marcos-Clan die Hauptschuld an den Verhältnissen. Wenn Ferdinand in der Heimaterde begraben werden sollte, wird ein neuer Kult um ihn und seine Begräbnisstätte entstehen, werden sich die bösen Geister, die dieses Land exorzieren muß, von neuem sammeln.

So makaber es klingt: Selbst tote Diktatoren sind keine guten Diktatoren.

VOM AUFSTIEG UND FALL DER TYRANNEN ODER WAS MIR IHRE BEKANNTSCHAFT BRACHTE

Es war bei Nikita Chruschtschows berühmter Rede vor dem XX. Parteitag der Kommunistischen Partei der Sowjetunion im Jahre 1956, in der er erstmals das volle Ausmaß des Stalinschen Terrors enthüllte. Während er noch sprach, wurde dem neuen Generalsekretär ein Zettel aus dem Auditorium gereicht, den er entfaltete und dann laut vorlas: »Wenn Stalin ein solches Monster war, warum hast Du Dich, Genosse, dann nicht gewehrt, warum haben es die anderen politischen Führer unseres Landes nicht mit ihm aufgenommen?« Chruschtschow machte eine kleine Pause. »Das ist eine ausgezeichnete Frage«, sagte er dann. »Ich wäre dankbar, wenn der Genosse, der sie gestellt hat, einmal aufstehen würde, so daß ich ihm von Angesicht zu Angesicht antworten kann.« Keiner rührte sich. Chruschtschow wiederholte seine Worte. Erneut bewegte sich nichts im Saal. »Sehen Sie«, sagte der Generalsekretär, »da haben Sie die Antwort auf Ihre Frage.«

Ich weiß nicht, ob diese Geschichte historisch verbürgt ist. Aber sie scheint mir über die Logik, über das Wesen eines tyrannischen Regimes sehr viel auszusagen: Angst regiert in allen Diktaturen, Angst davor, Kritik zu üben. So getraut sich bei Kim Il Sung in Nordkorea keiner aufzustehen, um direkt eine unangenehme Frage zu stellen oder gar die Politik des Staatschefs anzugreifen, genausowenig bei Mobutu in Zaire oder Gaddafi in Libyen. Von Saddam Hussein wissen wir – wie von so vielen Diktatoren –, daß er auf Kritik sehr »empfindlich« reagiert hat, wie berichtet, ermordete er einmal sogar einen seiner Kritiker aus seiner Ministerrunde.

Keiner meiner »Fälle« in diesem Buch hatte – oder hat – einen

Beraterkreis, der diesen Namen verdient. Selbst Fidel Castro, der immer wieder betonte, er lege Wert auf das Urteil anderer, ist nur mehr von Speichelleckern und Ja-Sagern umgeben; bei allen Diktatoren führt die zunehmende Isolation, je nach Dauer der Regierungszeit, je nach Persönlichkeitsbild, zu mehr oder weniger starkem Realitätsverlust, zu einer Überschätzung der eigenen Möglichkeiten. Sowohl Gaddafi in Libyen als auch Saddam Hussein im Irak machten sich militärisch kein realistisches Bild von ihrer Lage, als sie angegriffen wurden, obwohl sie technisch alle Möglichkeiten dazu hatten, vermutlich auch über die entsprechend ausgebildeten Berater hätten verfügen können.

Aus dieser verzerrten Sicht der eigenen Wirklichkeit folgen bei vielen Diktatoren nicht nur krasse politische Fehlentscheidungen. Oft resultiert aus der Isolation der Hang zum Größenwahn, der Wunsch nach einem alles überziehenden Personenkult. Nordkoreas Kim Il Sung, Iraks Saddam Hussein und Rumäniens hingerichteter Tyrann Ceauşescu steigerten diesen Kult ins Unermeßliche, im Ansatz war er bei allen in diesem Buch porträtierten Führern vorhanden.

Als charakteristisch für viele Despoten stellten sich bei meinen Recherchen auch die Allmachtsvorstellungen heraus. Sie gipfeln in der Überzeugung, das regierte Land sei »Privatbesitz«, man dürfe sich aus der Staatskasse bedienen, weil man schließlich den Staat darstelle. Bei dieser offensichtlich Tyrannen-üblichen Mischung aus Selbstbeweihräucherung und Selbstbereicherung taten sich besonders Duvalier auf Haiti, Noriega in Panama, Mobutu in Zaire hervor. Für zwei von diesen dreien (Duvalier, Noriega) war aber die »Allmachtsphase« der Hybris auch schon die Endphase ihrer Herrschaft – es gibt offensichtlich einen Mechanismus, der dieses »Zuweitgehen«, dieses »Überdehnen« der Macht ab einem bestimmten Punkt »bestraft«. Aber ab welchem?

Will man mehr als Offensichtliches vom Aufstieg und Fall der Diktatoren wissen, muß man unweigerlich zurück zu den großen Denkern, zu den Grundzügen menschlicher Befehls- und Gehorchstrukturen.

»Alle Politik ist Kampf um die Macht; aufs höchste gesteigerte Macht ist Gewalt«, hat der amerikanische Politologe C. W. Mills einmal gesagt. Max Weber wie Leo Trotzki kamen, unabhängig von

ihren anderen Differenzen, zu demselben Schluß: »Jeder Staat wird auf Gewalt gegründet.« Die Staatsmacht definiert auch der Philosoph Jouvenel als Instrument der Herrschaft; diese wiederum entspringt laut Hannah Arendt angeblich einem dem Menschen eigentümlichen Trieb, Mitmenschen zu unterjochen. Sich durchzusetzen und »andere zu Instrumenten des eigenen Willens zu machen« gehört laut Jouvenel zur »Männlichkeit des Mannes« und erzeugt ein »unvergleichliches Lustgefühl«. Das mag stimmen oder auch maßlos übertrieben und falsch sein – gerade, weil sie das nicht wußten, versuchten große Politiker der Geschichte, Vordenker demokratischer Ideale, Gewalt von Menschen über Menschen einzugrenzen, einzuschränken, zu »institutionalisieren«.
Ich habe im Vorwort auf die athenische Polis verwiesen, die sich in ihrer Verfassung als Organisation der gleichen im Rahmen eines Gesetzes definiert, auf die römische »res publica«, das »öffentliche Ding«. Die Geschichtsphilosophin Hannah Arendt meint in ihrem Standardwerk »Macht und Gewalt«: »Ihnen schwebte ein Macht- und Gesetzesbegriff vor, dessen Wesen nicht auf dem Verhältnis zwischen Befehlenden und Gehorchenden beruht und der Macht und Herrschaft oder Gesetz und Befehl nicht gleichsetzt. Auf eben diese Beispiele griffen die Revolutionäre des 18. Jahrhunderts zurück, als sie die Archive des Altertums durchstöberten, um ihre Republik zu konstituieren, also eine Staatsform, in der die Herrschaft des Gesetzes, die auf der Macht des Volkes beruht, der Herrschaft des Menschen über den Menschen ein Ende bereiten sollte ... Alle politischen Institutionen sind Manifestationen und Materialisationen von Macht; sie erstarren und verfallen, sobald die lebendige Macht des Volkes nicht mehr hinter ihnen steht und sie stützt.«

Die eigentliche Stärke einer Regierung hänge von der Zahl derer ab, die sich mit ihr identifizieren könnten, die mit ihr im »Bunde sind«, meinte der französische Staatsphilosoph Montesquieu und hielt deshalb die Tyrannei nicht nur für die gewalttätigste, sondern zugleich auch für die ohnmächtigste aller Staatsformen. In Diktaturen, davon ging er aus, herrschte sozusagen einer gegen alle.

Leider liegen die Dinge, zumindest in den modernen Diktaturen dieses Jahrhunderts, nicht ganz so einfach. Adolf Hitler kam keineswegs gegen den Willen der Deutschen an die Macht, und seine Popularität nahm auch nicht dadurch ab, daß er sämtliche demokratischen Spielregeln, die er noch eine Übergangszeit für sich nutzte, ganz abschaffte, ja noch nicht einmal dadurch, daß er das deutsche Volk in die Katastrophe schickte. (Auf die Frage: »Wollt ihr den totalen Krieg?«, antwortete eine große Mehrheit bejahend.) Die Menschen in der kambodschanischen Hauptstadt jubelten dem Revolutionär Pol Pot als ihrem »Befreier« zu. Saddam Hussein verstand die irakischen Massen so zu manipulieren, so von der »großarabischen Sache« einzunehmen, daß er – bei aller Schwierigkeit einer objektiven Popularitätsmessung – noch als Kriegstreiber die Sympathie einer Mehrheit im Lande genoß.

Der Ruf nach dem »starken Mann« hat in der menschlichen Psychologie vermutlich eine mindestens ebenso große Rolle gespielt wie der Machtrausch einzelner. Der Wille der Massen, sich zu unterwerfen, steht offensichtlich in einem engen psychologischen Zusammenhang mit dem Willen von Diktatoren, Unterwürfigkeit herzustellen. Man muß deshalb nicht so weit gehen wie der französische Marquis de Custine, der nach einem Besuch des zaristischen Rußland am Anfang des letzten Jahrhunderts schrieb: »Unterdrückte Völker verdienen immer ihr Schicksal; Tyrannei ist das Produkt einer ganzen Nation, sie wird nicht von einem einzelnen zustande gebracht.« Aber einen wahren Kern hat die Aussage. In Pol Pots Kambodscha, so haben wir gesehen, waren manche Rote Khmer selbst dann nicht in ihren Überzeugungen zu erschüttern, wenn sie selbst die Opfer wurden. In Stroessners Paraguay war – in dieser Beziehung durchaus vergleichbar mit der Stasi-DDR – ein diktatorisches System auch deshalb so lange nicht zu beseitigen, weil seine Opfer in vielen Grauzonen zu »Mittätern« wurden, weil sie glaubten, ein persönliches Interesse an dem Überleben eines Regimes zu haben, das sie graduell weniger unterdrückte als die meisten anderen.

Die Vergötterung eines Diktators wie Kim Il Sung in Nordkorea, wie Saddam Hussein im Irak scheint mir den Bedürfnissen der Führer wie einem Großteil der Geführten zu entsprechen: »Gott-gleiche« oder »Gott-bestimmte« Herrscher wie diese beiden – und vielleicht noch stärker Ayatollah Khomeini im Iran von 1979 bis 1989 – sind legitime Staatslenker qua definitione. Das Mystische, das diese Figuren umgibt, macht sie selbst, aber auch ihre Anhänger über jede Kritik erhaben, zu einer Einheit besonders Privilegierter.

In der politischen Psychologie spricht man in diesem Zusammenhang von »böswilligem Narzißmus« und der engen Beziehung zwischen charismatischen Führern und ihren Gefolgsleuten. Der »Spiegelbild-besessenen Persönlichkeit« (»mirror-hungry personality«) setzen die Wissenschaftler die »Idol-hungrige Persönlichkeit« (»idol-hungry personality«) gegenüber. Beide bedingen und ergänzen einander. Auch wenn diese Theorien abstrakt wirken, halte ich sie doch bei der Beschäftigung mit den Diktatoren in diesem Buch für äußerst nützlich.

Professor Wilner nennt für eine »charismatische Führerschaft« vier Kriterien: daß der Führer von seinen Anhängern als Persönlichkeit mit geradezu übermenschlichen Fähigkeiten betrachtet wird, der für sich und sein Volk immer einen Ausweg findet; daß die Anhänger seinen Worten blind Glauben schenken; daß sie seinen Anweisungen bedingungslos Folge leisten; daß sie ihrem Führer »uneingeschränkte emotionale Unterstützung« geben. Der »Spiegelbild-besessene« Staatschef braucht die Bewunderung, um sein Ego zu »füttern«, seine Allmacht-Phantasien zu pflegen. Die kann ihm nur eine von ihm als Idealbild ausgehende Gefolgschaft geben. Für diese »Idol-Hungrigen« ist der Mann mit Charisma aber ebenfalls die psychologische »Rettung«, in ihn projizieren sie alle ihre Wunschvorstellungen hinein, über ihn heilen sie ihr krankes Selbstwertgefühl. Der Pomp und die zeremonienhaften Feiern können ein absurdes Übermaß erreichen und die Anhängerschaft eher abschrecken, wie sie es wohl bei der »Kaiserkrönung« Bokassas in der Zentralafrikanischen Republik taten. In einem einigermaßen erträglichen »Normalmaß« tragen Feiern und Uniformen aber auch zum »Gemeinschaftsgefühl« von Herrscher und Beherrschten bei, die Untertanen erstrahlen sozusagen im Glanz ihres Herrschers mit, wärmen sich an ihrer »Sonne«.

In besonderen Situationen einer Gesellschaft, eines Volkes kann es extrem attraktiv für den einzelnen sein, sich in den Schoß einer Gemeinschaft und eines Führers zu begeben, der »alle Antworten kennt«, wenn beispielsweise innere soziale Spannungen oder ausländische Bedrohung und damit Furcht die Menschen erschüttern. Politische Führer haben wohl schon immer in der Geschichte erkannt, daß man diese Furcht eines Volkes auch selbst herbeiführen kann. Der große Philosoph Plato schreibt im 4. Jahrhundert vor

Christus: »Ein Tyrann zettelt immer irgendwo einen Krieg an, damit sein Volk einen Führer wie ihn braucht.« Und sein Schüler Aristoteles sah Despoten als permanente »Kriegstreiber, die ihre Untertanen so dauernd in einem Spannungszustand halten«. Das klingt, vergegenwärtigt man sich die Geschichte Hitlers oder Saddam Husseins, als hätten sie diese modernen Tyrannen gekannt.

Analysiert man die Reden der Diktatoren, die in diesem Buch vorgestellt werden, fällt auf, daß sich Muster wiederholen: Immer ist von »uns« und »denen« die Rede, von »gut« gegen »böse«, von »Gläubigen« gegen »Gottlose«; einen »Mechanismus der Aufsplitterung« nennt das der Polit-Psychologe Professor Jerrold M. Post von der Georgetown University in Washington. Als besonders wirksam schätzt der Wissenschaftler die Einteilung in Gottesfürchtige und solche, die dem »Satan« huldigen, und verweist darauf, daß Ayatollah Khomeini die gesamten Vereinigten Staaten als den »großen Satan« verteufelt und sein Volk auf die andere, die richtige, die gläubige Seite gestellt hat. »Es gibt eine gegenseitige Berauschung bei der gegenseitigen Bestätigung von Führer und Gefolgsleuten, die einen an die Beziehung zwischen Hypnotiseur und Hypnotisiertem erinnert. Hitler beispielsweise konnte seine Anhänger fast in eine Art Trance versetzen, und am auffälligsten ist dabei, daß er selbst in dieses Stadium geriet durch die Ekstase der anderen, wie in einer Selbsthypnose.« Nichts macht einen Diktator so überzeugend wie der Glaube an sich selbst – in dieser Beziehung lassen sich Hitler und Khomeini, Mobutu, Pinochet, praktisch alle in diesem Buch sehr wohl vergleichen.

Es gibt Zeiten und Kulturen, die besonders empfänglich sind für die Diktatur: Tyrannei existiert nicht in einem »Umwelt-Vakuum«. Ein despotischer Herrscher wird sich am ehesten in einer »verwundeten« Gesellschaft durchsetzen können, deren Wertevorstellungen zerbrochen sind (wie etwa im Kongo unter den Kolonialherren, in Libyen beziehungsweise im Irak mit ihren von fremden Mächten eingesetzten Monarchien), oder in einer Situation extremer sozialer oder politischer Spannungen (wie bei Noriega in Panama oder Marcos auf den Philippinen).

Wer sich im letzten Drittel dieses Jahrhunderts aber länger als ein paar Monate an der Macht halten wollte, der bedurfte als Diktator – saß er nicht auf Öl – stets einer ausländischen »Sponsor-Macht«.

Ohne sowjetische Hilfsgelder wäre Nordkoreas Diktatur längst zusammengebrochen, auch Fidel Castro hätte sich ohne milliardenschwere Finanzspritzen aus Moskau kaum an der Macht halten können. Vor allem die USA betätigten sich als »Tyrannenfreunde«: Noriega und Marcos, Mobutu und Duvalier, Pinochet und Stroessner überlebten nur dank Washington. Saddam Hussein konnte vor allem durch amerikanische Hilfe zum waffenstarrenden Weltfeind werden. Bei jedem einzelnen dieser Fälle dachten die USA, die Unterstützung »ihres« Diktators sei das kleinere Übel gegenüber der ansonsten drohenden »Gefahr«. »Der Feind unseres Feindes war immer unser Freund«, schreibt der amerikanische Journalist Strobe Talbott in der »Time«, »bis plötzlich der Feind unseres Feindes unser noch größerer Feind wurde.« Oft liefen die Amerikaner dabei in selbstgestellte außenpolitische Fallen: Ihre Besessenheit mit Fidel Castros Kuba trieb sie dem despotischen Verbrecher Manuel Noriega in die Arme, bei ihrer Fixierung auf den »Superbösewicht« Khomeini züchteten sie sich mit Saddam und seinem Irak das noch größere Problem heran.

Verblüffend sind die fast identischen Lebensläufe vieler Diktatoren: Geburt in Armut; ein frühzeitiger Abschied von einer Familie ohne Nestwärme, ohne Vermittlung von Liebe und Geborgenheit; Entdeckung einer Ideologie oder einer politischen Gruppierung, (Über-)Kompensierung des erlittenen »Unrechts in der Jugend; politische Agitation; Gefängnis; skrupellose und clevere Manipulation bei der Machtübernahme innerhalb der Partei; Aufbau eines eigenen Sicherheitsapparates, das blutige Ausschalten von Gegnern; ein Appell an die Massen, basierend auf einer nationalistischen Form des »Sozialismus«; interne Probleme, die durch einen Schlag nach »draußen«, die Eroberung von Feindesland, überdeckt werden sollen. Dies war die Kurzbeschreibung der Diktatorenkarriere von Adolf Hitler und Josef Stalin – aber auch die von Saddam Hussein.

Mit leichten Abweichungen trifft sie fast auf jeden der Porträtierten zu: Nur »Baby Doc« Duvalier wurde in sein Diktatorenamt hineingeboren. Bei mehr als zwei Drittel der 15 untersuchten Fälle im Buch kann man von einer schweren, unterprivilegierten Kindheit sprechen; fast alle diejenigen haben sich später dann extrem in ihrem Amt bereichert. Kaum einer der Tyrannen unserer Zeit kommt ohne ein »Überwachungsinstrumentarium« für sein Volk aus, meist sind es sogar mehrere Geheimdienste oder Sicherheitsorganisationen, die jeden Bürger – und oft auch einander – für den Despoten überwachen.

Die Fähigkeit eines Diktators, alle Fäden in der Hand zu halten, kann mit zunehmender Regierungszeit abnehmen oder zunehmen – da lassen sich schwer Regeln aufstellen. Bei den Gestürzten ist in der Endphase des Niedergangs zu beobachten, wie sie sich maßlos selbst unterschätzten, siehe Stroessner in Paraguay, oder an die Illusion klammerten, »ihr Volk« brauche sie als »starken Mann«, Beispiel Noriega in Panama. Bei den »aktiven« Diktatoren fällt ein zunehmend krankhaftes Mißtrauen gegenüber der Umwelt auf, womöglich ausgelöst durch ihre Beobachtungen beim Sturz anderer despotischer Herrscher: Die Bilder und Videos vom Ende des rumänischen Gewaltherrschers Ceauşescu wurden von denen an der absoluten Macht besonders intensiv studiert, finden sich im persönlichen Archiv von Saddam Hussein, Fidel Castro, Kim Il Sung, Muammar al-Gaddafi und Sese Seko Mobutu.

Es gibt eine »Internationale der Diktatoren«: Bei einigen ist es das natürliche ideologische Festhalten aneinander, wie bei den marxistisch-leninistischen »Fossilien« Castro und Kim, die ihre Nachrichtensendungen fast immer in diesen Tagen mit einem Jubelbericht aus dem jeweils anderen »Bruderland« beginnen lassen. Andere Verwandtschaften im Geiste verwundern schon etwas mehr: daß Bokassa und Gaddafi sich so gut verstanden, daß Noriega zu Saddam Hussein wie zu Gaddafi so exzellente Verbindungen hatte. Mobutu und Kim Il Sung sollen sich über alle ideologischen und geographischen Grenzen hinweg auf Anhieb gemocht haben – eine Brüderschaft im diktatorischen Unwesen, ganz offensichtlich.

Es ist oft darüber spekuliert worden, welche Gewaltherrscher in der Geschichte »krankhafte«, »paranoide« Züge hatten. Keiner, der Diktatoren beschreibt, kommt ganz ohne diese Bezeichnungen aus, und auch ich habe sie bei einzelnen Porträts verwendet – eher Ausdruck von Sprachlosigkeit angesichts der ungeheuren Verbrechen als klinischer Befund. Der Übergang zur Paranoia, sagen Wissenschaftler, sei fließend. Professor Sullivan hat 1943 als das Wesen des »Paranoia-Syndroms« das Wegschieben von Schuld an andere definiert, die Unfähigkeit, Verantwortung für die eigenen Fehler zu übernehmen. Professor Vallain spricht von einer »narzißtischen

Triade von Ableugnen, Verzerren, Auf-andere-Projizieren«. Professor Post schreibt: »Der Paranoide konstruiert eine Welt, innerhalb der Furcht die zentrale Rolle einnimmt; alle Kräfte sind gegen ihn verbündet... Von Feinden umgeben zu sein heißt, bedeutend zu sein, und ein Individuum von seinen Feinden zu befreien heißt, ihn seiner Wichtigkeit zu berauben. Es gibt für den Paranoiden nichts Schlimmeres, als unbedeutend zu sein; er zieht es bei weitem vor, verfolgt denn ignoriert zu werden.« Sein Kollege Tucker glaubt, daß der Paranoide, der seinen Verfolgungswahn auf andere ausdehnen kann, der »selbstzentriert« ist, aber »gruppenzentriert« scheint, der Talent zur Selbstdarstellung und zu aggressivem Verhalten hat, mit all diesen Charakteristika das typische Persönlichkeitsbild eines Diktators darstellt.

War Josef Stalin also »klinisch krank«, weil er ein besonders ausgeprägtes Mißtrauen gegenüber anderen hatte? Oder war es nur genialer politischer Überlebensinstinkt, eine besonders abgefeimte Diktatorenmethode, einen fiktiven Feind genau der Verbrechen zu beschuldigen, die er selber dabei war zu begehen? Waren Maos und Pol Pots Wahn vom »neuen Menschen« und die grausamen Mittel, mit denen sie ihn zu »schaffen« bereit waren, ein im klinischen Sinne krankhafter Wahn oder nur eine besonders weitgehende politische Ideologie?

Mao Tse-tungs Fähigkeit, die chinesische Politik zu kontrollieren, nahm mit Sicherheit durch Krankheit im Alter rapide ab. Doch dabei handelte es sich nicht um Paranoia, sondern um zerebrale Arteriosklerose, und es betrifft nicht die Zeit, wo er »noch bei allen Sinnen« auch seine besten Freunde und Weggefährten des »Langen Marsches« verfolgte. Es geht um seine letzten Monate, in denen er kaum mehr in der Lage war, den Geschehnissen um ihn herum zu folgen, in denen er von seiner Umwelt, vor allem von seiner »krankhaft« ehrgeizigen Frau manipuliert wurde. Die Macht in China besaß damals, wie in jeder Diktatur, mit dessen Führer es zu Ende geht, wer von sich behaupten konnte, er hätte den »Segen« des »Vorsitzenden«, den Zugang zu ihm: Auch heute ist es beim – noch – gesunden Deng Xiaoping nicht viel anders. Abstoßendes Beispiel für ein klassisches Problem jeder Diktatur – die Nachfolgefrage.

Die 15 aus diesem Buch sind unterschiedlich an dieses Problem herangegangen. Diejenigen an der Macht scheinen sich »unsterblich« zu fühlen, nur Kim Il Sung hat sich – absurd genug in einem kommunistischen System – schon für eine dynastische Erbfolge entschieden (ohne freilich sicher sein zu können, daß sich die noch durchsetzen lassen wird). Auch der Singapurer »Muster-Diktator« Lee Kuan Yew spielt mit dem Gedanken, nach der jetzigen Übergangszeit seinen Sohn ins Amt zu hieven. Alle anderen scheinen fast desinteressiert an ihrer Nachfolge, als sagten sie sich, nach mir die Sintflut. Fidel Castro wie Kim Il Sung, Gaddafi wie Mobutu sind offensichtlich bereit, ihre Völker in einem letzten Showdown mit in den Abgrund zu nehmen für ihren Traum vom »Ruhm«.

Das macht das Vermächtnis der Diktatoren, die »Entsorgung« ihrer Länder von diesem Übel, so verhängnisvoll schwierig. In keinem der Staaten, in denen es glückte, die Tyrannen von der Macht zu jagen, haben es die Nachfolger geschafft, auch die Gespenster des diktatorischen Vorgängerregimes zu bannen (und dabei sind so »Gutwillige« wie Frau Aquino auf den Philippinen oder Staatschef Aylwin von Chile). Die schreckliche Widerstandskraft von Diktaturen als System, das ewige Nachwachsen der tyrannischen Hydra hat die »New York Times« einmal mit einer Geschichte von Alexandre Vialatte in Beziehung gebracht. Bei der folgenden Kurzfassung muß man die »Kannibalen« nur als »Diktatoren« auffassen. Vialatte schreibt: »Es gibt keine Kannibalen mehr in diesen Ländern, seit die Männer an der Spitze die letzten aufgegessen haben.«

Ich bin in den vergangenen Monaten von Kollegen, von Freunden oft nach meinen »persönlichen Eindrücken« von den Diktatoren gefragt worden. Ich kann nicht sagen, daß mich auch nur einer sonderlich beeindruckt hätte. Das Charisma, das politischen Führern wie Mobutu oder Gaddafi, dem Marcos-Paar oder Lee Kuan Yew nachgesagt wird, blieb mir verschlossen; kein Funke sprang über, kaum ein überraschender Geistesblitz war zu notieren. Ich bin weit davon entfernt, Pol Pot und Fidel Castro, Kim Il Sung und Lee Kuan Yew in einen Topf zu werfen – ich würde lieber in Singapur leben als in Nordkorea, lieber auch in Singapur als in manchem sich »demokratisch« nennenden Staat. Was für mich alle Diktatoren in diesem Buch verbindet, ist ihr Umgang mit Andersdenkenden, ihre Unfähigkeit, den eigenen Weg kritisch zu überdenken – und eine überraschende persönliche Farblosigkeit. Hinter der Farblosigkeit, so schien mir jedenfalls, verbarg sich – nichts, eine totale Leere. Allenfalls, auf dem kleinsten gemeinsamen Nenner, ein Überlebensinstinkt, aufgebaut auf Unterdrückungsmechanismen. Vielleicht gibt es ja, neben dem »Gewöhnlichen« am Faschismus, auch das »Gewöhnliche« an der Diktatur.

Enzensberger hat einen der »Gewöhnlichen«, Saddam Hussein, zum »Feind des Menschengeschlechts« erklärt und ihn damit dämonisiert – auch wenn er solche Absicht ausdrücklich bestreitet. Der Schriftsteller meint in seinem »Spiegel«-Essay, Millionen von Arabern wünschten sich nichts sehnlicher, als für ihren »Führer« zu sterben, so, wie es angeblich auch Millionen Deutsche für Hitler »inbrünstig« erstrebten. Er befürchtet, dem nächsten Wiedergänger der beiden könnte gelingen, »woran Hitler und Saddam gescheitert sind: der Endsieg, die Endlösung«, und hat dabei schon das Nukleararsenal in der Dritten Welt im Blick.

Doch es gibt keine Gesetzmäßigkeit, wie sie Enzensberger zu fürchten scheint. Die Beschäftigung mit den Diktatoren in diesem Buch zeigt, daß der Aufstieg von Tyrannen aufzuhalten ist. Man muß »nur« die Ursachen beseitigen, die ihren Machtzuwachs ins Unermeßliche steigern. Man muß »nur« aus der Geschichte lernen, indem man sie auch von unten betrachtet: aus der Perspektive der Völker, die unter Diktatoren leiden und mit ihnen – ausgelöst durch welche Frustration auch immer – Hoffnungen verbinden.

So definierten sich diese großartigen 15, diese Diktatoren der Neuzeit, für mich immer wieder über ihre Opfer. Über die Geschichten der menschlichen Leiden in Kambodscha, in Zentralafrika, auf Haiti, in Chile. Allein ihretwegen lohnt es sich, die Despoten zu porträtieren, ihren Aufstieg und Fall nachzuzeichnen, und auch die Muster, die dem zugrunde liegen: Sic semper tyrannis.

ANMERKUNGEN

DER MILLIARDENDIEB [SESE SEKO MOBUTU, ZAIRE]

1 Trotz des von Mobutu 1969 persönlich verkündeten Lehrsatzes, die Landwirtschaft habe »die Priorität aller Prioritäten« zu genießen, wurde sie in Wirklichkeit extrem vernachlässigt: Im Budget von 1985 war sie mit gerade einem Prozent Anteil veranschlagt. Wie sich die Landbevölkerung bei den extremen Preisanstiegen aller lebenswichtigen Güter durchschlägt, verdeutlicht am besten ein Essay von Allen Robert, in: Nzongola-Ntalaja: »The Crisis in Zaire: Myths and Realities«, Africa World Press, 1986, S. 113 ff. Robert argumentiert, die heilende Kraft (»gute Zauberei«) der Dorfgemeinschaft überlagere das von korrupten Regierungsvertretern geschaffene Unrecht (»schlechte Zauberei«), die traditionelle Kultur sei mithin ein intaktes Widerstandsmittel.

2 Das beste deutschsprachige Buch über Mobutu und die Verhältnisse im Kongo-Zaire ist Peter Scholl-Latours »Mord am großen Fluß«. Erste Auflage 1989, inzwischen auch als dtv-Taschenbuch erhältlich. Der bekannte Fernsehjournalist kann auf persönliche Begegnungen mit Mobutu und seine Erfahrungen in den Kongo-Wirren ab 1965 zurückgreifen und bleibt immer interessant und kenntnisreich, auch wenn man nicht alle seine Schlußfolgerungen teilen sollte und Mobutu, besonders aber die Rolle der belgischen Kolonialmacht kritischer sieht. Von der US-Literatur läßt sich als Standardwerk empfehlen: Crawford Young / Thomas Turner: »The Rise and Decline of the Zairian State«, The University of Wisconsin Press, 1985. Ein hervorragend geschriebenes wissenschaftliches Werk, das sich allgemein mit »Afrika« befaßt, stammt von Sanford J. Ungar: »Touchstone«, letzte Auflage 1989, und ein journalistisches Buch von dem »Los Angeles Times«-Reporter David Lamb: »The Africans«, Vintage 1987. Beide sind als Taschenbücher erhältlich. Eine glänzende literarische Abrechnung mit Mobutu, ja eines der besten Afrika-Bücher überhaupt ist V. S. Naipauls »A Bend in

the River«, Vintage 1979, dessen deutsche Ausgabe leider vergriffen ist. Naipaul nennt Mobutu (»The Big Man«) in seinem Schlüsselroman nie beim Namen und läßt auch den Schauplatz offen; doch es handelt sich zweifellos um Kisangani an der Biegung des Zaire-Flusses.

3 Tatsächlich gelang es Mobutu 1989, die Bürgerkriegsparteien in Angola vorübergehend zu versöhnen. Nachdem Mobutu jahrelang an der Seite der CIA und der prowestlichen Guerilleros um Holden Roberto aktiv in den Kampf in Angola eingegriffen hatte, schien er 1990 umzuschwenken und tatsächlich auf Frieden zu setzen – wohl auch, weil er sah, daß sich die kubanischen Truppen aus dem Nachbarland wirklich zurückzogen und keine Invasionsgefahr mehr bestand. Sie war allerdings nie sehr groß: Wie sehr Mobutu den Westen 1978, beim Zweiten Shaba-Krieg, an der Nase herumführte und sich mit gefälschten Frontberichten französische Militärhilfe sicherte, beschreibt Christian Casteran: »Kolwezi. La Guerre des six jours«, in: »Dossiers Secrets«, tome 2, Jeune Afrique Livres, S. 135 ff.

4 Die besten Informationen zu Mobutus Jugend liefert Jules Chomé: »L'ascencion de Mobutu«, Edition Complexe, Brüssel 1974. Mobutu mißfiel das Buch so, daß er wegen seiner Veröffentlichung eine Krise mit Belgien provozierte, die fast mit dem Abbruch der diplomatischen Beziehungen geendet hätte. Sachliche Fehler konnte er Chomé aber nicht nachweisen. Im Gegensatz dazu steht Francis Monheim: »Mobutu, l'homme seul«, Edition Actuelle, Büssel 1963, dessen verherrlichender Ton schwer erträglich ist. Die meisten der hier veröffentlichten Details aus Mobutus Frühzeit stammen aus Interviews mit Mobutu-Bekannten, die nicht genannt werden wollen. Mobutus eigene Darstellung in dem von ihm mitredigierten Zitatenbuch: »Mobutu. Dignity for Africa«, Albin Michel, Paris 1989.

5 Zur Herkunft dieses Ausdrucks und der Entwicklung des »Patrimonialstaates« siehe Young/Turner, a. a. O., S. 31 f. und 164 ff. Die Autoren weisen darauf hin, daß die koloniale Herrschaft »paternalistisch, aber unpersönlich« aufrechterhalten wurde, während der neue Staat unter Mobutu wesentlich »in seinem Führer verkörpert« war.

6 Die Verehrung ging so weit, daß das ganze Kabinett Ausflüge zur Grabstätte der »Mutter der Nation« machen mußte. Mobutu, der wohl wirklich eine starke Mutterbindung hatte, erkannte auch, daß sein Volk – die vielen Stämme – gemeinsame Identifikation braucht. Deswegen pflegte er seinen Personenkult, der in Theaterstücken und Liedern gipfelte, die den »Führer« mit Gott gleichsetzten. Der Personenkult hat etwas nachgelassen. In den Schulen gehört aber immer noch das Comic-Book zum Lehrmaterial, das Mobutu in seiner Jugend allein gegen einen Leoparden siegen und als Armeechef die Simba-Rebellen praktisch eigenhändig zurückschlagen läßt. Gedruckt wird das Werk, bezeichnend, in Belgien: »Il était une fois ... Mobutu«, Afrique Biblio Club, 1977.

7 Siehe dazu »Kongo – Anatomie einer Krise«, in: Scholl-Latour, a. a. O., S. 64 ff., und Young/Turner, a. a. O., S. 41 ff., wo die Autoren den Raum haben, ausführlicher auf die Vorgeschichte der Wirren, die Rolle der UNO und den »Stellvertreterkrieg« einzugehen, den sich die Stämme auch im Interesse der USA und UdSSR lieferten. Sowohl Kasavubu als auch Tschombé nahmen übrigens später ein tragisches Ende: Moise Tschombé, den Mobutu 1966 wegen Hochverrats aus dem Parlament ausschließen ließ, plante 1967 noch einmal einen Coup; wurde dann unter bis heute ungeklärten Umständen nach Algerien entführt und starb dort zwei Jahre später, blind und total geschwächt. Joseph Kasavubu starb ebenfalls 1969, einsam und unter Hausarrest in Zaire, und bis heute halten sich Gerüchte, er sei – unter Beteiligung Mobutus – vergiftet worden. Zweifellos half der Tod der Rivalen Mobutu bei der Konsolidierung der Macht.

8 Bis heute sind nicht alle Einzelheiten über den Mord an Lumumba geklärt. Doch für so gut wie alle Autoren, die sich mit den damaligen Ereignissen näher beschäftigten, steht fest, daß Mobutu und seine amerikanischen CIA-Freunde direkt oder indirekt an der Tat beteiligt waren. Zur US-Rolle sehr empfehlenswert – und entlarvend: Madeline G. Kalb: »The Congo Cables«, Macmillan Publishing Co., 1982. Zu Mobutus und Tschombés Rolle: Georges Lory: »Les derniers jours de Patrice Lumumba«, in: »Dossiers Secrets«, Jeune Afrique Livres, Collection Actuelle, 1989. Eingeweihte rechnen damit, daß Mobutu bis heute etwa 50 Millionen Dollar allein an CIA-Geldern bekommen hat; welche düstere Rolle die CIA im Auftrag Kissingers und mit der Hilfe Mobutus in Angola spielte, schildert der ehemalige Chef der CIA Angola Task Force, der später »die Seiten gewechselt« hat, aber seine Infos belegen kann: John Stockwell: »In Search of Enemies«, Norton & Comp., New York 1978.

9 Nguza listete gegenüber dem Kongreß-Komitee acht Häuser und zwei Schlösser in Brüssel, weitere Villen in Paris, Genf, Ndjamena, Abidjan und Dakar auf. Sein Buch erschien 1982: »Mobutu ou l'incarnation du mal zairois«, Rex Collings. Zitat: »Wo andere ein Herz haben, hat er eine Brieftasche.« Über die Korruptionspraktiken und Auslandsbesitzungen Mobutus gibt auch ein Geheimbericht Erwin Blumenthals Auskunft, der früher Bundesbank-Direktor war und im Auftrag des Weltwährungsfonds 1978/79 kommissarischer Leiter der Zentralbank in Kinshasa wurde. Schlußfolgerung des am 7. Oktober 1982 im »Stern« zitierten Papiers: »Es gab und gibt nur ein Hindernis (für die wirtschaftliche Entwicklung), aber das zerstört alles: die Korruption der herrschenden Clique.«

10 Einige journalistische Arbeiten charakterisieren dieses Prinzip am besten. Etwa »Mobutu's Way«, in: International Herald Tribune, 11. 11. 1987; »The West's dubious ally«, in: Sunday Times, 28. 5. 1978; »Bis-

marck und Machiavelli in einer Person«, in: Spiegel, 23. 9. 1974; »Ein ganzes Land als Beute«, in: Süddeutsche Zeitung, 19. 11. 1987. Interessant, wenngleich ein zu rosiges Zaire-Bild vermittelnd: »Ein Chaos mit Musik« 1, in: Geo, September 1988. Mobutu hat in letzter Zeit versucht, den Anklagen von »amnesty international« und anderen Organisationen durch Einrichten eines »Ministeriums für Menschenrechte« entgegenzutreten. Ein Beobachter schildert die Arbeit dieser Stelle als »gelegentlich hilfreich«, verweist aber darauf, daß die »Appelle gegen Amtsmißbrauch und Korruption glaubwürdiger wären, schlenkerte nicht an der Hand, die solche Appelle nachdrücklich vertritt, manchmal eine goldene Rolex«. Nach wie vor gibt es aber nach unseren Informationen Folterungen an politischen Gefangenen. In der mildesten Form der »Abstrafung« Oppositioneller werden diese »rustikalisiert«, das heißt zwangsweise in ihre Heimatdörfer verbannt, wie es zeitweise dem früheren Minister Tshisekedi passierte. Zur neuen »Demokratisierung« in Zaire siehe Stefan Kleins »Zwietracht säen mit bösen Fouls«, in: Süddeutsche Zeitung, 14. 11. 1990.

11 Zur Rolle der Hanns-Seidl-Stiftung in Zaire und Lengls Beziehungen zur Führungsspitze soll der hervorragende Artikel des »Spiegel«, 16. 4. 1974, empfohlen sein.

12 Der schönste Bericht einer Kongo-Flußfahrt ist Joseph Conrads großartiger Roman »Herz der Finsternis«, Diogenes-Taschenbuch, Zürich 1977, Ersterscheinungsdatum 1911. Der Schriftsteller schildert dabei auch, wie im Dschungel Wahnvorstellungen über Menschen und ihre Verfügbarkeit und Formungsmöglichkeit entstehen können und wie diese – am Beispiel des Elfenbeinjägers Kurtz – zum Grauen führen. Dem »SZ«-Afrikakorrespondenten Stefan Klein gelingt in einer zweiteiligen Reportage: »Zaire: Eine Fahrt den Kongo hinunter«, in: Süddeutsche Zeitung, 27. und 29. 10. 1987, eine bemerkenswerte journalistische Reise auf Conrads Spuren.

DER GEFÄHRLICHSTE MANN DER WELT [SADDAM HUSSEIN, IRAK]

1 Vergleiche dazu auch Ajamis Artikel vom 3. 12. 1990, in: U. S. News & World Report.

2 Das beste und gründlichste neuere Buch über den irakischen Diktator stammt von der »New York Times«-Reporterin Judith Miller und der Irak-Expertin Laurie Mylroie: »Saddam Hussein and the Crisis in the Gulf«, Times Books, 1990. Etwas älter, aber als Quelle zu den innerirakischen Vorgängen unersetzlich ist das Buch, das ein Bagdader Dissident im Exil in den USA unter einem Decknamen erscheinen ließ, Samir al-Khalil: »Republic of Fear. The Politics of Modern Iraq«, Univer-

sity of California Press, Berkeley und Los Angeles 1989. Auf deutsch ein gelungener »Schnellschuß« des ARD-Korrespondenten Ulrich Encke: »Saddam Hussein«, Wilhelm Heyne Verlag, München 1990; und ein nicht so gelungener, als Aufsatzsammlung veröffentlicht, von Bahman Nirumand (Hg.): »Sturm im Golf«, rororo Taschenbuch, Reinbek bei Hamburg 1990. Wichtige Hintergründe liefert Peter Scholl-Latour: »Das Schwert des Islam. Revolution im Namen Allahs«, ebenfalls bei Heyne, München 1990.
Verwendet habe ich auch, mit kritischer Distanz, die halboffiziellen Biographien von Amir Iksander: »Saddam Hussein. The Fighter, the Thinker and the Man«, Hachette, Paris 1980, sowie Fouad Matar: »Saddam Hussein. The Man, the Cause and the Future«, Third World Centre for Research and Publishing, London 1981.

3 Vgl. Miller/Mylroie a. a. O., S. 24 ff., auf deren Informationen und Analyse ich mich in diesem und dem nächsten Absatz stütze.

4 Ich bin für diese Information dem israelischen Saddam-Experten Professor Baram zu Dank verpflichtet, mit dem ich in Haifa mehrere Interviews hatte. Die anschließende Geschichte von dem Blutrausch des zehnjährigen Saddam stammt allerdings nicht von Baram, sondern von einer irakischen Quelle, die nicht genannt sein will.

5 Zitiert nach Samir al-Khalils Übersetzung aus dem Irakischen, a. a. O., S. 17. In diesem Zusammenhang war für mich besonders hilfreich die von Professor Jerrold M. Post angefertigte Analyse »Saddam Hussein of Iraq: An Analysis of His Personality and Political Behaviour« vom 24. 9. 1990, die ich von dem für die George Washington University arbeitenden Professor für Psychiatrie, Politische Psychologie und Internationale Politik erhielt, dessen Analysen über politische Führer im Weißen Haus als Hintergrundmaterial genutzt werden. Außerdem: »Task Force on Terrorism & Unconventional Warfare«, U. S. House of Representatives, 1990, »Saddam Hussein« von Yossef Bodansky und Vaughn S. Forrest.

6 Zitiert nach: »Master of His Universe«, in: Time, 13. 8. 1990. Andere journalistische Arbeiten: »Gefährlichster Mann der Welt«, in: Spiegel, Nr. 32/1990; »The Anchor and Hope of the Weak and the Meek«, in: Newsweek, 13. 8. 1990; »Loneliness of a Trapped Tyrant«, in: The Guardian, 8. 7. 1990; »The World's Most Dangerous Man«, in: U. S. News & World Report, 4. 6. 1990.

7 Abu Nidals Gruppe hat den Kampf gegen die »Gemäßigten« um PLO-Chef Arafat bis heute nicht aufgegeben und ermordete Mitte Januar 1991 in Tunis den zweiten Mann und Vertrauten Arafats, Abu Ijad.

8 Zitiert nach Samir al-Khalil, a. a. O., S. 77 f.

9 Zur Beteiligung deutscher Firmen siehe das ausgezeichnete Buch der »Spiegel«-Journalisten Leyendecker und Rickelmann: »Exporteure des Todes«, Steidl Verlag, Göttingen 1990.

10 Zitiert nach Miller und Mylroie, a. a. O., S. 143.
11 Wie Scholl-Latour richtig unterstreicht, ist die »Umma-el-Arabiya« mit knapp 200 Millionen Menschen eine eher bescheidene Kraft gegenüber dem größeren Ziel der »Umma-el-Islamiya«, der islamischen Glaubensgemeinschaft, von knapp einer Milliarde Menschen. Daß mit dem Krieg am Golf zum »ersten Mal ein Fanal gesetzt (ist) für die sich abzeichnende Nord-Süd-Konfrontation«, ist gleichfalls eine Einschätzung, die ich teile; a. a. O., S. 23 f.
12 Siehe dazu auch Encke, a. a. O., S. 41 ff.
13 Vgl. dazu Follath: »Das Auge Davids. Die geheimen Kommando-Unternehmen der Israelis«, »Stern«-Buch, 2. Auflage, 1982, S. 169 ff., wo die Aktion in Frankreich und der spätere Angriff gegen Iraks Atomanlagen beschrieben sind. Zum israelischen Schlag gegen Irak 1981 aus Jerusalemer Sicht sehr lesenswert: Shlomo Nakdimon: »First Strike. The Exclusive Story«, Summit Books, New York 1987.

DER GUTE MENSCH, DER ZUM DESPOTEN WURDE [FIDEL CASTRO, KUBA]

1 Zu den besten journalistischen Arbeiten über die Situation auf Kuba ab Herbst 1990 gehören: »Eher verschwindet die Insel im Meer« von Matthias Reiche, in: Die Zeit, 26. 10. 1990; »Dieses Regime ist am Ende« von Peter Schille, in: Der Spiegel, 10. 9. 1990; »Rebel without a cause« von David Selbourne, in: The Sunday Times, 21. 10. 1990. Bemerkenswert auch die im Februar 1990 von Marie-Claude Decamps erschienene mehrteilige »Le Monde«-Serie: »Cuba, dernière tranchée du socialisme«. Im ausgezeichneten »Merian«-Kuba-Heft, Nr. 7/43 vom Herbst 1990, sind besonders lesenswert die Artikel von Carlos Widman zur Person Castro, von Warner Poelchau zur Situation der kubanischen Jugend und René Vásquez Diaz zur politischen Zukunft der Insel.
2 Ein Großteil der Rede ist veröffentlicht in der wöchentlich erscheinenden internationalen Ausgabe des kubanischen Revolutionsblatts »Granma« vom 14. 10. 1990. Weitere wichtige Originaldokumente mit Fidel-Castro-Reden »Sozialismus oder Tod«, die Ansprache zum 7. 12. 1989, Editorial José Marti, Havanna, sowie »The Rectification Process is not something new«, gehalten am 20. 2. 1990, Editorial José Marti, Havanna.
3 Zur Jugend Fidel Castros wie zu seinem weiteren Lebensweg sind zwei gründliche Biographien zu empfehlen, die beide 1986, unabhängig voneinander, in den USA erschienen sind. Tad Szulc: »Fidel. A Critical Portrait«, Morrow, sowie Peter G. Bourne: »Fidel. A Biography of Fidel Castro«, inzwischen bei Heyne unter dem Titel »Fidel Castro. ›Maximo

Lider‹ der kubanischen Revolution« auf deutsch herausgekommen. Sowohl Bourne, von Beruf Psychiater und unter Präsident Carter auch als Berater im Weißen Haus tätig, als auch der gestandene »New York Times«-Reporter Szulc stehen Castro mit Sympathie, aber nicht unkritisch gegenüber. Beide hatten Gelegenheit zu langen Gesprächen mit dem Revolutionschef, sahen aber die Entwicklung Kubas zu einem immer repressiveren Staat und die Reformunwilligkeit Castros nicht in vollem Umfang.

4 Einige Bücher zum besseren Verständnis der kubanischen Geschichte: Philip Brenner (Hg.): »The Cuba Reader«, Grove Press, New York 1989; ein höchst interessantes Kompendium Kuba-kundiger Autoren; Jules Dubois: »Fidel Castro: Rebel Liberator or Dictator?«, Bobbs Merrill, 1959; ausführlich über Castros Frühzeit; Lee Lockwood: »Castro's Cuba, Cuba's Fidel«, The MacMillan Company, 1967; ein Standardwerk. Höchst aufschlußreich zu Castros Einstellung zur Religion und seine eigene Einschätzung der prägenden Kindheitserlebnisse sind die Gespräche, die der linke brasilianische Priester Betto Frei Mitte der achtziger Jahre mit dem Revolutionschef führte, wenngleich der unterwürfig-bewundernde Tonfall des Interviewers gelegentlich doch stört. Erschienen als Taschenbuch bei Touchstone, 1988, unter dem Titel »Fidel and Religion«.
Als literarische »Einführung« in das vorrevolutionäre Kuba bleibt Graham Greenes »Unser Mann in Havanna«, als Taschenbuch bei »rororo« erhältlich, unerreicht. Eine Reporterreise durch das Land Anfang der achtziger Jahre unternimmt Carlo Gebler: »Driving through Cuba«, Simon & Schuster, New York 1988. Zur Situation der nach Florida ausgewanderten Kubaner liest sich höchst aufschlußreich Joan Didion: »Miami«, Simon & Schuster, New York 1987. Bei der Castro-kritischen Literatur überragen die Gefängnis-Memoiren von Armando Valladeres: »Against all hope«, Ballantine, New York 1986, sowie das 1990 erschienene Buch des Schriftstellers Herberto Padilla: »Self-Portrait of the other«, Farrar, Strauss & Giroux, New York, der ebenfalls über die geistige Unterdrückung in seiner Heimat berichtet.

5 Offiziell beendet wurde das Platt Amendment von Präsident Roosevelt 1934, die Streichung des Paragraphen war aber nicht viel mehr als eine Formalität, siehe Szulc, a. a. O., S. 95f.

6 Zum Lebensweg Che Guevaras und seinem Tod beim Guerilla-Kampf im bolivianischen Dschungel 1967 siehe Jay Cantor: »The Death of Che Guevara«, Knopf, New York 1983. Bis heute ungeklärt ist, ob es zwischen Castro und Guevara nach dem Sieg der Revolution und vor dessen Entscheidung, Kuba zu verlassen und wieder »aktiver Revolutionär« zu werden, ein Zerwürfnis stattgefunden hat. Castro bestreitet das in seinen Gesprächen mit Frei, a. a. O., S. 308ff., und behauptet, er hätte Guevara nur widerwillig die Erlaubnis gegeben, beruhend auf ein Ver-

sprechen zwischen den beiden, sich auf Wunsch zu trennen. Fest steht aber, daß es Mitte der sechziger Jahre für Guevara keinen sinnvollen Platz mehr innerhalb der kubanischen Revolution gab und die kubanischen Kommunisten ihn mit höchstem Mißtrauen verfolgten. Von Che überliefert ist auch der Satz: »Kuba hat nur Platz für einen Individualisten – ich bin der andere.«

7 Siehe Szulc, a. a. O., S. 29, sowie Bourne, a. a. O, S. 270 ff.

8 Marita Lorenz ist bis heute davon überzeugt, daß ihr Sohn die Geburt in Havanna überlebt hat und von Fidel Castro zurückgehalten und aufgezogen wurde. Nach ihren Aussagen soll er heute in Nicaragua als junger Arzt arbeiten – gesehen hat sie ihn dort freilich nicht. Frau Lorenz' Lebensweg nahm auch in den USA dramatische Wendungen: 1963 lernte sie in Florida den venezolanischen Ex-Diktator Jiminez kennen und bekam von ihm eine Tochter. Sie reiste ihm nach dessen Ausweisung aus den USA nach Venezuela nach und lebte dort mehrere Jahre im Dschungel. Von der CIA unter Druck gesetzt, stellte sie sich schließlich wieder für Geheimdienstaufgaben zur Verfügung und machte 1977 Schlagzeilen, als sie vor einem Kongreß-Ausschuß bezeugte, sie sei in einem Wagen, vollbeladen mit Waffen, von Miami nach Dallas gefahren – eine Woche bevor John F. Kennedy ermordet wurde. Im Wagen seien Jack Ruby und ein Mann namens »Oziie« gewesen; ihre Aussage ließ sich nach Kongreß-Meinung nicht erhärten. Als Frank Sturgis, ihr Verbindungsmann in Sachen Watergate-Einbruch, verhaftet wurde, ließ er aus persönlichen Rachemotiven Maritas »Cover« hochgehen und gab mehrere Interviews über Marita Lorenz und ihre Verwicklung in das Mordkomplott gegen Castro.

9 »Vielleicht konnte Chruschtschow einige meiner Botschaften so interpretieren, aber es war nicht so ... Vielleicht werde ich es nötig finden, die (damaligen) Botschaften zu veröffentlichen ... Die Position, die ich damals einnahm, habe ich noch heute, und was ich damals sagte, würde ich heute wieder sagen. Es gibt für mich nichts in dieser Sache zu bereuen.« So Castro in seiner Rede im Oktober 1990. Eine Veröffentlichung der Dokumente ist bis heute noch nicht erfolgt. Chruschtschows Erinnerungen sind im Oktober 1990 in Amerika als Buch erschienen, Auszüge druckte die »Time«.

10 Zu ähnlichen Überzeugungen kommt Jerrold M. Post, Professor für Psychiatrie und Politische Psychologie an der George Washington University, der im Auftrag der amerikanischen Regierung Charakterstudien ausländischer politischer Führer erstellt. Präsident Reagan zog diese »Profiles« stets bei seinen politischen Entscheidungen zu Rate, und auch George Bush wird nachgesagt, daß er sich von Professor Post besonders gern »briefen« läßt. Auszug aus dem geheimen Papier »Cuba's Maximal Leader Under Maximal Stress« (Herbst 1990), das der Autor mir freundlicherweise zur Einsicht und Auswertung überließ:

»Er wird mit Sicherheit nicht seine lebenslange Verpflichtung dem Sozialismus gegenüber aufgeben. Der Druck auf Castro ist enorm. Getrieben von seinen Ruhmesträumen, wird er sich an seine Macht klammern. Die Isolation und der offenkundige Niedergang seiner Unterstützung durch die kubanische Öffentlichkeit werden ihm besonders bedrohlich vorkommen. Auswege in Richtung auf ›Abenteuer‹ im Ausland bieten sich ihm nicht an, da die dafür erforderliche sowjetische Unterstützung ausbleibt. Es spricht alles dafür, daß Castro die Unterdrückung der Dissidenten an der Heimatfront verstärken wird, sich Sündenböcke für sein Versagen suchen und sie bestrafen wird. Wenn es eine Entwicklung gibt, der wir gewiß sein können, dann die: Castro wird sich nicht klammheimlich und ohne Kampf in die Nacht wegschleichen.« Während Professor Post zu suggerieren scheint, daß den amerikanischen Interessen am besten gedient ist, wenn Washington Kuba und Castro in die Katastrophe schliddern läßt, plädiert Professor Gillian Gunn für eine Aufhebung des Wirtschaftsembargos und eine Annäherung, in: »Will Castro Fall?«, Foreign Policy, Summer 1990, S. 132 ff.

11 Kirch schrieb 1982 eine »unautorisierte Autobiographie Fidel Castros«: »A Totally Free Man«, Fireside Book, Taschenbuchausgabe, Simon & Schuster, 1988. In dem äußerst amüsanten Buch, ausgezeichnet mit dem »Ernest Hemingway Foundation Award 1982«, läßt der Autor Castro in Ich-Form sein Leben Revue passieren und mischt dabei schon bekannte Castro-Zitate mit Angelesenem und Ausgedachtem.

12 Im deutschen »Playboy«, Nr. 8/1985, veröffentlicht.

DER BESESSENE DER WÜSTE [MUAMMAR AL-GADDAFI, LIBYEN]

1 Zu einem besonders bizarren Fall des von Libyen gesponserten Terrorismus, der Geschichte des skrupellosen CIA-Agenten Edwin P. Wilson, der sich in Gaddafis Dienste stellte und ihm Mordwaffen zukommen ließ, gibt es ein gutrecherchiertes Buch von Peter Haas, das inzwischen auch auf deutsch erhältlich ist: »Verrat in Tripolis«, Taschenbuch, Bastei-Lübbe, Bergisch Gladbach 1989 (Original 1986).

2 So die amerikanische Professorin Lillian Craig Harris, in: »Libya: Qadhafi's Revolution and the Modern State«, Westview Press, 1986. Obwohl Harris auch als politische Analytikerin des »U. S. Department of State's Bureau of Intelligence and Research« gearbeitet hat, wirkt ihr Buch sehr abgewogen, und sie verschweigt nicht, daß sie den amerikanischen Angriff auf Libyen für unverantwortlich hält. Weitere empfehlenswerte Bücher sind: David Blundy/Andrew Lycett: »Kaddafi and the Libyan Revolution«, Weidenfeld & Nicholson, London, das moderne Standardwerk; John K. Cooley: »Libyan Sandstorm: The Com-

plete Account of Quaddafi's Revolution«, Holt, Rinehart & Winston, New York 1982, ein sehr lesbarer Bericht über den Aufstieg des Revolutionsführers zur Macht. Eine Art Psycho-Studie versucht Ruth First: »Libya The Elusive Revolution«, Penguin Books, Middlesex 1974, das aber leider kurz nach der Revolution abbricht. Speziell mit den libysch-amerikanischen Beziehungen, allerdings nur von 1969 bis 1983, beschäftigt sich: Edward P. Haley: »Qaddafi and the U. S.«, Praeger, New York 1984. Eine eher freundliche Betrachtung über den sozialen Wandel nach der Revolution geben aus eigener Libyen-Anschauung: Marius K. und Mary-Jane Deeb: »Libya since the Revolution: Aspects of Social and Political Development«, Praeger, New York 1982. Bei den »Jeune Afrique Livres« erschien 1987 ein interessantes »Gaddafi«-Buch von François Soudan und Joseph Goulden.

3 Zitiert aus »Das Grüne Buch« von Muammar al-Gaddafi, auch auf deutsch erhältlich über »Internationales Studien- und Forschungszentrum des Grünen Buchs«, Tripolis. Zwei weitere Bände beschäftigen sich, 1989 erschienen, mit der Exegese des Werks.

4 Zur libyschen Frühgeschichte bis zu Gaddafis Geburt siehe Harris, a. a. O., S. 1 ff., sowie das – aus den journalistischen Arbeiten über Gaddafi – weit herausragende Porträt von T. D. Allman: »Blind Vision. Qaddafi's Libyan Dream«, in: Vanity Fair, Nr. 7/1989. Andere Artikel: »Prediger in der Wüste«, in: Zeit-Magazin, 27. 10. 1989; »Oberst Gadhafi zur Weltpolitik«, in: Neue Züricher Zeitung, 14. 1. 1990, und »Witzfigur nur für Arrivierte«, in: Die Zeit, 6. 4. 1990. Die besten Gaddafi-Interviews mit der Presse sind »Und morgen die ganze Welt . . .«, in: Die Zeit, 28. 11. 1986, sowie »Die Ölscheichs sind erledigt«, in: Der Spiegel, 12. 11. 1990.

5 Die sehr ausführliche und zweifelsohne sorgfältig recherchierte Biographie von Mirella Bianco: »Kadhafi. Der Sohn der Wüste und seine Botschaft«, auf deutsch erschienen bei Holsten, Hamburg 1975 (Original frz. 1974), hat einen großen Nachteil: Sie ist von einer unerträglichen Gaddafi-Schwärmerei und Gaddafi-Anbiederung. Dennoch sind die Recherchen, besonders zu den »Systre-Jahren 1942–1956«, S. 23 ff., aufschlußreich.

6 So auch »Ich bin ein Führer, habe aber kein Volk«, in: Der Spiegel, 9. 6. 1986.

7 Mohamed Heikal: »The Road to Ramadan«, Collins, London 1975, S. 70 ff.

8 Es ist auffallend, daß sich Gaddafi besonders gern mit gutaussehenden Journalistinnen auf Interviews einläßt. Gerüchte über gelegentliche Eskapaden werden von jedem Diplomaten in Tripolis kolportiert. Mehr Beweiskraft für Gaddafis Hingezogensein zu westlichen Reporterinnen hat der Artikel der »New York Times«-Reporterin Judith Miller: »Many Faces of Qaddafi: Showman and Survivor«, 14. 10.1986. Darin

schildert die angesehene Journalistin, daß Gaddafi in diesem Jahr fünf westliche Journalistinnen einlud, um ihnen »seine private Seite« zu zeigen. Drei der fünf holte er sich zu »Einzelgesprächen« ins Zelt und machte laut Judith Miller »sexuelle Avancen, die abgewiesen wurden«.

9 Craig, a. a. O., S. 48 ff.

10 Zitiert nach dem Interview der italienischen Star-Interviewerin Oriana Fallaci: »The Iranians are our Brothers«, in: New York Times Magazine, 16. 12. 1979.

11 Zitiert nach T. D. Allman in seinem »Vanity Fair«-Porträt, a. a. O.

12 »Gaddhafi will revolutionäres Programm mit Härte durchsetzen«, aus dem Ausschnittdienst »Monitor«, 29. 3. 1990, der die Erklärung des Obersten beim Allgemeinen Volkskongreß in Tripolis im Wortlaut wiedergibt.
Zur Golfkrise hat Oberst Gaddafi übrigens von Anfang an eine ambivalente Haltung angenommen. Er hat zwar auch den Abzug der Irakis aus Kuwait verlangt, aber auch von der »weisen Staatskunst meines Freundes Saddam Hussein« gesprochen: Er sah ganz offensichtlich, daß die panarabische Sache wieder in Bewegung kam, und beurteilte die Chancen daraus größer als das, was er einen »vorübergehenden Riß« zwischen Ägypten und Syrien einerseits und Jordanien, Tunesien und Libyen andererseits sah. Er behauptete bei unserem Gespräch drei Tage vor Weihnachten 1990 im übrigen, ständigen Kontakt mit Saddam Hussein zu halten und alles zu tun, um den Frieden zu erhalten. So habe er über diverse Kanäle ein Treffen zwischen dem König Saudi-Arabiens und Saddam zu arrangieren versucht und auch nach dem Scheitern dieses noch geheimen Plans Abgesandte in beide Länder geschickt.

DER GOTT, DER AUCH GEDICHTE SCHREIBT [KIM IL SUNG, NORDKOREA]

1 Dabei handelt es sich um ein altes koreanisches Sprichwort, zitiert nach dem »Asian Wall Street Journal«, das am 14. 10. 1989 die vielleicht beste Zusammenfassung des Falls veröffentlichte.

2 Zur Menschenrechtssituation in Nordkorea siehe neben den einschlägigen Berichten von »amnesty international« und Asia Watch auch das Buch des chinesischen Journalisten Xinghu Kuo: »Nordkorea. Ein fernöstlicher Gulag«, Seewald 1986, sowie die Dokumentation desselben Autors in Uwe Gerig: »Roter Gott im ›Paradies‹«, Anita Tykve Verlag, 1987. Der Autor, lange Zeit Redakteur bei der »Welt«, verfügt über ausgezeichnete, wohl südkoreanische Quellen, die allerdings gelegentlich mit Vorsicht zu genießen sind.

3 Von den journalistischen Arbeiten über Nordkorea aus der letzten Zeit

überragt dieser Bericht des Peking-Korrespondenten der »New York Times«, veröffentlicht im Sonntagsmagazin der »NYT«, 20. 8. 1989. Andere bemerkenswerte Reortagen: »Der rote Pharao«, Bericht des österreichischen Professors Andreae, in: Geo, Nr. 3/1985; »The Sunday Best Society«, in: Sunday Times, 18. 9. 1988; »Rotes Königreich«, in: Die Zeit, 6. 4. 1990; »Dynasty in Danger«, Titelgeschichte der »Far Eastern Economic Review«, 29. 11. 1990, sowie der Aufsatz des Politologen John Curtis Parry in der amerikanischen Vierteljahreszeitschrift »Foreign Policy«: »Dateline North Korea: A Communist Holdout«, Herbst 1990. Eine hervorragende Quelle für Vorgänge in Pjöngjang ist stets das beim Institut für Asienkunde in Hamburg erscheinende »North Korea Quarterly«, das von dem koreanischen Politikwissenschaftler Dr. M. Y. Cho in einem bewundernswerten Versuch, objektive Informationen zu liefern, editiert wird.

4 Zur »Juche«-Ideologie, manchmal auch Dschutsche oder Chuche transkribiert, liefert Volker Grabowsky wertvolle Erläuterungen, »Die Demokratische Volksrepublik Korea im Vorfeld des Umbruchs«, in: Aus Politik und Zeitgeschehen, der Beilage zur Wochenzeitung »Das Parlament«, 2. 9. 1988. Zur Feier des 70. Geburtstags des »Großen Führers« hat Kim Jong Il ein Büch über die »Juche«-Ideologie herausgegeben, das seither als »Bibel« der nordkoreanischen Religion gilt und ihn wohl schon damals als würdigen Nachfolger seines Vaters vorstellen sollte.

5 So »Geo«, Nr. 5/1985, und Kristof, in: New York Times. Die wichtigsten nordkoreanischen Publikationen zum Leben des »Großen Führers«: »Kurze Geschichte der revolutionären Tätigkeit des Genossen Kim Ir Sen« (koreanische Schreibweise), Verlag für Fremdsprachige Literatur, Pjöngjang 1970. Aufschlußreich auch die »Selected Works« von Kim Il Sung im selben Verlag, zahlreiche Bände.
Einige Empfehlungen zur »unabhängigen« Nordkorea-Literatur westlicher Beobachter. Als Standardwerke gelten: Robert A. Scalapino: »North Korêa Today«, Praeger, New York 1963; Andrew C. Nahm: »North Korea. Her Past, Reality and Impression«, Western Michigan University, Kalamazoo 1978; An Tai Sung: »North Korea in Transition. From Dictatorship to Dynasty«, Greenwood, Westport 1983; Masao Okonogi (Hg.): »North Korea at the Crossroads«, Japan Institute of International Affairs, Tokio 1988. Sehr verständnisvoll gegenüber Pjöngjang ist die deutsche Aufsatzsammlung von Rainer Werning (Hg.): »Nordkorea. Annäherung an einen Außenseiter«, isp-Verlag, Frankfurt/M. 1988.

6 Lim Un ist ein Deckname des hohen Funktionärs. Seine detailgenaue Beschreibung von Kim Il Sungs Werdegang läßt vermuten, daß er in Pjöngjang hohe Parteiämter innegehabt hat. Lim Un: »The Founding of a Dynasty in North Korea. An Authentic Biography of Kim Il-song«, Jiyusha, Tokio 1982.

7 Detaillierte Aufstellung bei Gerig, a. a. O., S. 104 ff., und bei Xinghu Kuo, a. a. O., S. 22 ff.

8 Die Darstellung Kim Jong Ils aus nordkoreanischer Quelle: »Great Leader Kim Jong Il (I)«, Pjöngjang 1985. Danach hat die »Nummer zwei« nie an einer ausländischen Universität studiert, aber sich »im Ausland an einer Hochschule umgesehen« und danach festgestellt, daß in Pjöngjang alles, auch die akademische Ausbildung, besser ist.
Zur konfuzianischen Werteordnung Koreas siehe auch Grabowsky, a. a. O., S. 49. Der Autor argumentiert, die traditionelle Loyalität präge auch den Süden. Der große Unterschied sei, daß Kim Il Sung »es im Sinn einer kulturell abgestützten Herrschaftssicherung verstanden hat, die früher auf den engen Kreis der Großfamilie beschränkte Loyalität auf das ganze Land auszudehnen«. Was Grabowsky nicht erwähnt: Durch die Einführung des Leistungsprinzips und des Konkurrenzdenkens in konfuzianische Gedankenwelt hat Südkorea ebenfalls, und zwar wesentlich erfolgreicher, »innoviert«.

9 Kristof verweist in der »New York Times« auf die riesigen »Korean Film Studios«, die der »Geliebte Führer« nach der offiziell geführten Statistik seit 1963 »bereits 320mal besucht hat«. Ich habe in diesem Buch auf die Geschichte des Paares Choi Un Hui und Shin Sang Ok verzichtet, die neben Kristof auch Xinghu Kuo, a. a. O., ausführlich schildert. Die beiden behaupten, eine abenteuerliche Geschichte erlebt zu haben, von nordkoreanischen Agenten auf Befehl Kim Jong Ils aus Südkorea verschleppt worden zu sein. Mir scheint dies nicht eindeutig bewiesen, die nordkoreanische Behauptung nicht hinreichend widerlegt, die beiden seien freiwillig und aus Frust über das südkoreanische System in den Norden gekommen und hätten sich erst 1986 von dort wieder abgesetzt.

10 Gebhard Hielscher weist in der »Süddeutschen Zeitung« vom 21. 4. 1990 mit Recht darauf hin, daß Nordkorea nur formell ein »Mehrparteiensystem« besitzt: Die Kommunisten teilen den sogenannten Sozialdemokraten und einer nationalreligiösen Bewegung eine bestimmte Anzahl von Sitzen zu, ebenso einer Organisation, die jene Japaner vertritt, die sich in Nippon zu Nordkorea verpflichten. »Die Stimmabgabe ist so geregelt, daß nur im Fall der Ablehnung des Kandidaten ein Kreuz auf den Wahlschein zu schreiben ist – ein blanker Wahlzettel bedeutet also Zustimmung.« Der Präsident ist übrigens Staatsoberhaupt, Vorsitzender des Zentralen Volkskomitees und Oberbefehlshaber der Streitkräfte. Gewählt wird er – natürlich einstimmig – von jener Obersten Volksversammlung, die sich im April 1990 vom Volk hundertprozentig bestätigen ließ.

11 Zum Atomwaffen-Programm Nordkoreas siehe: Asiaweek, 9. 3. 1990, Titelgeschichte: »Does North Korea have the bomb?«, sowie: International Herald Tribune, 8. 1. 1990.

12 Von einem »Orwellschen Alptraum Nordkorea« spricht dagegen beispielsweise die »Sunday Times«, 22. 4. 1990. Für andere wie Luise Rinser in ihrem unglaublich verherrlichenden und einseitigen »Nordkoreanischen Tagebuch«, erschienen bei Fischer, ist Kim Il Sung tatsächlich eine »Hoffnung für die Menschheit«.

DER KILLER VON WASHINGTONS GNADEN [MANUEL NORIEGA, PANAMA]

1 Zur Diskussion um die CNN-Tapes siehe beispielsweise »Eavesdropping on Noriega«, in: Newsweek, 19. 11. 1990.

2 Zur Kanal-Historie überragt die Arbeit von Alexander Schubert: »Panama. Geschichte eines Landes und eines Kanals«, Wagenbach-Verlag, Berlin 1978. Ausführlich und provozierend klar dazu auch die journalistische Aufarbeitung von T. D. Allman: »Unnecessary Evil«, in: Vanity Fair, Nr. 6/1988, der ich in dieser Passage weitgehend folge.

3 Es gibt über Noriega zwei hervorragende amerikanische Bücher, deren Erfolg etwas darunter gelitten hat, daß sie beide fast gleichzeitig im Jahr 1990 herausgekommen sind. Das eine stammt vom Chefkorrespondenten des »Wall Street Journal«, Frederick Kempe: »Divorcing the Dictator. America's Bungled Affair with Noriega«, G. P. Putnam's Sons, New York, inzwischen auch auf deutsch erhältlich (allerdings schlecht übersetzt und so gut wie ohne Anmerkungen, die gerade hier für die Recherchen und Schlußfolgerungen besonders erhellend sind). Das zweite Buch schrieb John Dinges, der Auslandschef des amerikanischen »Public National Radio«: »Our Man in Panama. How General Noriega Used the United States – and Made Millions in Drugs and Arms«, Random House, New York. Beide Autoren kommen über weite Strecken zu ähnlichen Schlußfolgerungen wie ich und haben sehr genau und präzise gearbeitet – wie ich bei zahlreichen Gesprächen mit Informanten feststellen konnte. Unter den kürzeren journalistischen Arbeiten über Noriega möchte ich, neben dem schon zitierten Artikel Allmans in »Vanity Fair«, erwähnen: »Bomben-Stimmung am Panama-Kanal«, das Dossier von Christian Solberg, in: Die Zeit, 13. 5. 1988; die »FAZ« vom 21. 1. 1990 sowie: »Die Schlange steckt im Käfig«, in: Der Spiegel, Nr. 2/1990; »Noriega's Surrender«, in: Newsweek, 15. 1. 1990.

4 So Kempe, a. a. O., S. 66 ff.

5 Hierzu besonders aufschlußreich und gut recherchiert: Dinges, a. a. O., S. 83 ff.

6 Siehe Kempe, a. a. O., S. 157 ff., sowie Dinges, a. a. O., S. 207 f.

7 Zum Ablauf der Ergreifung Noriegas decken sich meine Recherchen nicht genau mit denen Kempes und Dinges, und ich denke, daß ich

Quellen »anzapfen« konnte, die ihnen noch verschlossen blieben. Noch eine kleine Kritik an den beiden Pulitzerpreis-würdigen Arbeiten der amerikanischen Kollegen: Im Gegensatz zu ihnen bin ich auf keine überzeugenden Spuren zu Noriegas angeblicher Homo- bzw. Bisexualität gestoßen – mir scheint sie eine Legende.

8 Zitiert nach: Der Spiegel, Nr. 2/1990, S. 122.

9 Zitiert nach der Reportage von Carlos Widman: »Ein Diktator im Käfig«, in: Süddeutsche Zeitung, 13./14. 1. 1990. Eine außergewöhnlich präzise Übersicht über die legalen Probleme der amerikanischen Panama-Invasion stammt von Professor Charles Maechling jr. und wurde veröffentlicht in: Foreign Policy, Sommer 1990, S. 113 ff.
Zur Frage, was gegen Noriega vor Gericht vorliegen würde, waren bis Januar 1991 die interessantesten Artikel: »Noriega: Is There a ›Smoking gun‹?«, in: Newsweek, 25. 6. 1990, sowie »U. S. Case on Noriega: No Paper Trail of Evidence«, in: International Herald Tribune, 11. 6. 1990. Danach ist laut Rogelio Cruz, dem Oberstaatsanwalt von Panama, nur ein als Beweisstück taugliches Dokument nach der Invasion gefunden worden, und zwar in dem Safe seiner Frau ein 16-Seiten-Brief von Steven Kalish, überschrieben mit »Dear Tony«. In ihm wird diskutiert, wie man am besten mit der kolumbianischen Drogenmafia umgeht. Am Schluß des Briefes bittet der Schreiber, die Seiten doch zu zerstören, »da ich sie niemals in Amerika vor einem Gericht sehen will«. Unterschrieben ist der Brief allerdings nicht mit Kalish, sondern mit »Brown«, dem Decknamen, den Kalish bei seinen Drogengeschäften benutzte und der auf einen Paß zurückgeht, den ihm Noriega angeblich persönlich, auf jeden Fall aber offizielle panamaische Stellen ausgestellt haben. Die amerikanischen Staatsanwälte scheinen sich inzwischen sicher, daß neben Steven Kalish auch A. Pretelt aussagt. Auch er hat jedoch legale Probleme, die er sich mit einer Aussage gegen Noriega vom Hals schaffen will, und insofern dürfte er für die Geschworenen nur bedingt glaubhaft sein. Der Juwelier Pretelt will zugeben, daß er in Banken von Panama die Drogengelder zweier überführter Dealer aus Tampa, Florida, »weißgewaschen« hat – und daß Noriega als »Partner« davon wußte. Von vielen als »Hauptzeuge« gegen Noriega gesehen wird Floyd Carlton, der allerdings ebenfalls den »Makel« hat, als selbst kriminellen Handlungen Bezichtigter, sein Schicksal durch Noriega-Anschuldigen »verbessern« zu helfen; Carlton soll als einziger direkte Kenntnis von Drogengeschäften mit Noriega haben. Als einziger Zeuge, der keinen »kriminellen Hintergrund« hat, könnte die Staatsanwaltschaft José Blandon vor Gericht zitieren, den langjährigen Freund Noriegas, den er als panamaischen Diplomaten nach New York schickte. Blandon will beweisen können, daß Noriega und Fidel Castro gemeinsam mit dem Medellin-Kartell dealten, und behauptet, von Noriega aufgefordert worden zu sein, den Drogen-Kontakt zu Castro her-

zustellen. Blandon hat sich aber bei seinen Aussagen, Termine und Orte betreffend, schon in so viele Widersprüche verwickelt, daß er nicht nur dem Buchautor Dinges, sondern auch mir als zweifelhafter »Kronzeuge« erscheint. Vor allem höchst zweifelhaft sind die Umstände um sein Treffen mit Fidel Castro und damit dieses Treffen überhaupt. Positiver dagegen sieht den Zeugen Blandon der Journalist Joe Klein: »The Man Who Knows too Much«, in: New York Magazine, 15. 1. 1990.

10 »For Lawyer, Noriega Case Means Victory, Win or Lose«, in: The New York Times, 12. 1. 1990. Ich folge hier der »NYT«-Recherche.

11 So »A Tough Team on Noriega's Side«, in: Chicago Tribune, 8. 2. 1990. Auch »Le Journal du Dimanche«, 8. 7. 1990.

12 Zu den Nach-Noriega-Zeiten sei von einigen Zeitschriftenartikeln besonders empfohlen »Noriega's Legacy«, in: Newsweek, 26. 11. 1990, woher diese Zahlen stammen.

DER FÜRST DER FINSTERNIS [POL POT, KAMBODSCHA]

1 Augenzeugenberichte aus verschiedenen Quellen. Lesenswert François Ponchauds »Cambodge, année zéro«, Edition René Julliard, Paris 1977. Der Autor lebte von 1965 bis 1975 in Kambodscha und sammelte in Flüchtlingslagern anschließend zahlreiche Informationen. Ebenso Ariane Barth und Tiziano Terzani in ihrem 1980 erschienenen, äußerst informativen »Spiegel«-Buch: »Holocaust in Kambodscha«. Ein menschlich bewegendes (nur leider schlecht aus dem Englischen übersetztes) Einzelschicksal erzählt die US-Autorin Gail Sheehy, die ein Kind aus den Flüchtlingslagern bei sich aufnimmt: »Mom. Heimkehr in ein fremdes Land«, Knaur Taschenbuch, 1989.

2 Das Beste, was es in deutscher Sprache über Pol Pots Kambodscha gibt, ist das Kapitel: »Paradies oder Hölle?« des sachkundigen ehemaligen Fernost-Korrespondenten Winfried Scharlau. Das Buch heißt: »Vier Drachen am Mekong«, DVA, 1989. Interessant auch die 30 Jahre Indochina-Erfahrung des Journalisten Peter Scholl-Latour: »Der Tod im Reisfeld«, DVA 1980 (auch als Taschenbuch erhältlich).
Hervorragend in der eher kümmerlichen angelsächsischen Aufarbeitung des Kambodscha-Dramas: Nayan Chanda: »Brother Enemy«, Collier, New York 1986. Interessant auch Elizabeth Becker: »When the war was over«, New York 1986, und William Shawcross: »The quality of mercy«, Simon & Schuster, New York 1984. Stark einseitig Michael Vickery: »Kampuchea«, Pinter, London 1986. Mäßig auch David Ablin (Hg): »The Cambodian Agony«, Sharpe, London 1987.
Von den »persönlichen« Büchern Kambodscha-Überlebender: der Schauspieler und »Oscar«-Preisträger aus dem hervorragenden Film

»Killing Fields«, Haing Ngor: »A Cambodian Odyssey«, MacMillan, New York 1987; Someth May: »Cambodian Witness«, Faber and Faber, London 1986, sowie Molyd Szymusik: »The Stones Cry Out«, Cape, London 1987. Immer wieder hat es auch Versuche gegeben, das Leid Kambodschas als Fiction, mit Facts angereichert, darzustellen. Gelingt das dem Pulitzer-Preisträger Jack Anderson (gemeinsam mit Bill Pronzoni) in: »The Cambodian File«, Sphere, London 1981, einigermaßen eindrucksvoll, so scheitert John M. Del Vecchio: »For the Sake of All Living Things«, Bantam, New York 1990, an seiner ärgerlichen Einschätzung, die USA hätten den Vietnamkrieg gewinnen können.

3 In den Flüchtlingslagern an der thailändisch-kambodschanischen Grenze leben etwa 300 000 »entwurzelte Personen« unter UNO-Betreuung. Teilweise auch aus diesen Camps rekrutieren die einzelnen Widerstandsorganisationen ihre Kämpfer. Die geschätzten Kräfteverhältnisse: »Rote Khmer« – etwa 40 000 Kämpfer, bestens ausgerüstet. »Khmer People's National Liberation Front« (KPNLF) unter Son Sann – etwa 15 000 Kämpfer, mäßig ausgerüstet. »Nationalist Sihanoukist Army« (ANS) – etwa 8000 Kämpfer, mäßig ausgerüstet. Die einzelnen Truppen kämpfen ohne gemeinsamen Oberbefehl und tauschen nur gelegentlich Informationen über Stellungen aus, obwohl Prinz Sihanouk dem Papier nach als Präsident des vereinigten Widerstands fungiert, wenn er nicht gerade wieder einmal zurückgetreten ist, was öfter vorkommt. Auf der Seite der Regierung in Phnom Penh stehen diesen »Widerständlern«, von denen nur die »Roten Khmer« wirklich zählen, etwa 40 000 Khmer-Truppen entgegen, verstärkt um eine kläglich ausgerüstete 100 000-Mann-Miliz und einige (geheim) zurückgebliebene vietnamesische Militärvertreter.

4 Den besten Überblick über die frühen Jahre Pol Pots und seinen Aufstieg zur Macht gibt das ausgezeichnete wissenschaftliche Werk des australischen Professors Ben Kiernan: »How Pol Pot Came to Power«. Verso, London 1985.
Zur Historie des Landes wie der Geschichte der »Roten Khmer« gibt einen brauchbaren Überblick das »Spiegel«-Buch, a. a. O., S. 127 ff.

5 Siehe dazu Kiernan, a. a. O., S. 208 ff.

6 Zur Vorgeschichte Pol Pots in der kommunistischen Bewegung: Nayan Chanda, a. a. O., S. 54 ff., der, ebenso wie Kiernan, a. a. O., S. 115 ff., auf die starken anti-vietnamesischen Gefühle Pol Pots vom Beginn seiner Karriere an verweist.

7 Die »Roten Khmer« versuchten den Mord an Tou Samouth später Sihanouk in die Schuhe zu spielen. Alle Kambodscha-Experten halten es aber inzwischen für erwiesen, daß Pol Pot selbst den Befehl für die Ausschaltung des Konkurrenten gab.

8 Bemerkenswert dazu der Disput zwischen Rudolf Augstein und US-

Außenminister Henry Kissinger, in: »Spiegel«-Buch, a. a. O., S. 107, in dem Augstein argumentiert, der Einfall in Kambodscha hätte nicht sein dürfen. Härter noch geht mit Kissinger und der US-Politik um: William Shawcross: »Sideshow«, Simon & Schuster, New York 1979.

9 Im »Kamputschea« Pol Pots ist nur ein einziges Buch übersetzt und publiziert worden: das »Who is who in the CIA«. Pol Pot war immer von der Größe, von den Möglichkeiten, der Willenskraft des Khmer-Volks überzeugt. Einer seiner mehrfach zitierten Aussprüche: »Ein Volk, das Angkor bauen kann, kann auch alles andere erreichen.« Zitiert nach Chanda, a. a. O., S. 97.

10 So T. D. Allman in seinem Porträt Sihanouks für »Vanity Fair« (»Sihanouk's Sideshow«), März 1990, das alle anderen journalistischen Arbeiten über den Prinzen um Längen überragt. Sehr informativ auch: Peter Schier/Monika Schier-Oum: »Prince Sihanouk on Cambodia. Interviews and Talks with Prince Norodom Sihanouk«, Mitteilungen des Instituts für Asienkunde, erweiterte Auflage 1985, Hamburg 1980. Hinzuweisen sind auf die Eigendarstellungen des Prinzen: »War and Hope: The Case of Cambodia«, Sidgwick, London 1980. Kennzeichnend für den Stil das Vorwort: »Dieses Buch ist meinem geliebten Khmer-Volk gewidmet, dessen Leiden in der Geschichte nichts Vergleichbares kennen: ein Volk in den Todeskrämpfen – dank eines unkontrollierten Konflikts zwischen zwei Spielarten des Kommunismus.«

11 Interessant die persönliche Geschichte der jetzigen führenden Politiker Kambodschas. Sowohl Staatspräsident Heng Samrin als auch Ministerpräsident Hun Sen sind ehemalige »Rote Khmer«. Samrin, 57, kämpfte ab 1969 als Guerilla für die »Roten Khmer« und brachte es bis zum Regimentskommandanten. Als Vizechef der Streitkräfte in der Ostregion geriet er 1978 in die Schußlinie Pol Pots, der ihn der Kollaboration mit den Vietnamesen verdächtigte. In einem Interview mit »Stern«-Redakteur Ullal leugnete Samrin diese Anschuldigungen und erklärte, er sei nur deshalb nach Vietnam geflohen, weil sein Bruder von Pol Pot verhaftet wurde und er von seinem eigenen Todesurteil erfuhr. Er erwies sich später aber als Vietnam-treuer »Vasall«. Er will von den Greueltaten der »Roten Khmer« nichts gewußt haben, was gemäß seiner Stellung als höchst unwahrscheinlich gelten kann. Eine aktive Beteiligung an Morden ist ihm jedoch nicht nachzuweisen. Der 39jährige Hun Sen darf als persönlich unbelastet gelten. Der Bauernsohn kämpfte als Teenager für die »Roten Khmer«, rückte mit 24 Jahren in die erweiterte Militärführung der Ostregion. Er verlor im Kampf ein Auge und floh nach eigenen Angaben nach Vietnam, als er Pol Pots mörderischen Kurs erkannte.

12 Der Präsidentenberater, Minister Hor Namhong, spielt auf den von der australischen Regierung vorgeschlagenen Friedensplan für Kambodscha an, der eine Namibia-ähnliche UNO-Rolle vorsieht: Die Verein-

ten Nationen sollen wie in der ehemaligen südafrikanischen Kolonie für eine Übergangszeit die Kontrolle übernehmen und freie Wahlen organisieren.

13 Interviews und Gespräche des Autors in mehreren westlichen Botschaften und im Grenzgebiet mit »Roten Khmer«. Zur neuen Familie Pol Pots und dem Standort des »Instituts«, das den Führer der »Roten Khmer« beherbergt, siehe auch James Pringle, in: Bangkok Post, 15. 8. 1989. Professor Ben Kiernan macht im übrigen in einem bemerkenswerten Beitrag für die in Hongkong erscheinende »Far Eastern Economic Review« (»Cambodian Genocide«, 1. 3. 1990) darauf aufmerksam, daß die Satzung der Vereinten Nationen eine Anklage wegen »Genozid am eigenen Volk« möglich macht – daß mithin nichts dafür spricht, die Führer der »Roten Khmer« als Staatsmänner zu behandeln, aber alles, ihnen den öffentlichen Prozeß zu machen.

DER GEBORENE DIKTATOR [JEAN-CLAUDE DUVALIER, HAITI]

1 Graham Greenes vielleicht bester Roman »Die Stunde der Komödianten«, rororo-Taschenbuch, Hamburg 1987, Original 1966, spielt nicht nur auf Haiti, sondern hat auch das Leben unter der Diktatur »Papa Docs« zum Inhalt. Das »Oloffson« heißt im Buch »Hotel Trianon«, den Journalisten-Informanten und zwielichtigen Duvalier-Kritiker und -Freund Joliceur hat Greene als »Petit Pierre« der Nachwelt überliefert. Der Roman »The Comedians« hat übrigens Jean-Claude Duvaliers großes Mißfallen erregt, er sah sich veranlaßt, das Buch öffentlich zu diffamieren, was wiederum den Autor freute: »Ich bin froh, daß ich seinen Nerv getroffen habe. Ob ich seine Träume wohl auch so gestört habe wie er mal meine? ... Ein Schriftsteller ist offensichtlich manchmal doch nicht so einflußlos, wie er sich fühlt.« Ironie des Schicksals: Graham Greene, der nach 1966 nicht mehr nach Haiti zurückkehrte, lebt heute an der Côte d'Azur in Antibes – keine zwanzig Kilometer von »Baby Doc« Duvaliers Exilvilla entfernt.

2 Zur Geschichte der »Tonton Macoutes« wie zur Geschichte der Duvalier-Diktatur überhaupt sei als bestes Buch das Werk von Elizabeth Abbott empfohlen: »Haiti. The Duvaliers and their Legacy«, McGraw-Hill, New York 1988. Die Autorin konnte sich durch zahlreiche Interviews ebenso Zugang zu den besten Quellen verschaffen wie der Chefredakteur der wichtigsten Wochenzeitschrift, des »Haiti-Observer«, Bob Nerée. Sein nützliches, wenngleich nicht so gut geschriebenes Buch: »Duvalier. Le Pouvoir sur les autres, de père en fils«, Edition Henri Duechamps, Port-au-Prince 1988. Der »Klassiker« über die Zeit des François Duvalier stammt von zwei »Time«-Journalisten, Bernard Die-

derich und Al Burt: »Papa Doc and the Tonton Macoutes«, McGraw-Hill, New York 1969.
Den deutschen Schriftsteller Hans Christoph Buch, den verwandtschaftliche Beziehungen mit Haiti verbinden, hat die Insel-Republik immer beschäftigt, er hat ihre Problematik immer literarisch gekonnt verarbeitet. »Karibische Kaltluft« und »Die Hochzeit von Port-au-Prince«, 1984 bzw. 1985 entstanden, sind bei Suhrkamp, Frankfurt/M., als Taschenbücher erhältlich. Das ebenso höchst gelungene »Haiti chérie« erschien 1990 bei Suhrkamp als Hardcover.

3 Die Information über »Baby Docs« jüngsten Vergleich stammt aus der Zeitung »Le Figaro«, 12. 6. 1990. Die »International Herald Tribune« meldet in ihrer Personalien-Rubrik im Juni 1990, daß sich die Duvaliers scheiden ließen.

4 Das lesenswerte Porträt von Marie Brenner: »Michèle Duvalier's Riviera Exile Mythomania« erschien in der Dezember-Ausgabe 1986 der Zeitschrift »Vanity Fair«.

5 Eine hervorragende journalistische Arbeit über Haitis Vergangenheit und Historie gelang dem amerikanischen Reporter Mark Danner im Dezember 1989 in einer dreiteiligen Serie, »Beyond the mountains«, in der US-Zeitschrift »New Yorker«. Zu den sehr guten journalistischen Arbeiten zählen auch Rainer Fabians »Haiti«, ein Porträt des Landes sechs Monate nach der Vertreibung der Duvaliers, in der Ausgabe des »Stern« vom 18. 12. 1986, Hans Christoph Buchs erschütternde »Geo«-Reportage (April 1988) über den blutigen Wahlsonntag auf der Insel sowie Carlos Widmanns »Kleine, böse Welt«, ein mit dem Kisch-Preis ausgezeichneter Beitrag in der »Süddeutschen Zeitung« von 1988.

6 Elizabeth Abbott, a. a. O., S. 30 ff., zeichnet ein äußerst negatives Bild der amerikanischen Besatzung, Carlos Widman sieht in der »SZ« die Okkupation als eine »insgesamt friedliche und fortschrittliche Zeit«.

7 Die deutschen Interessen auf Haiti waren Anfang des Jahrhunderts sehr stark. Um 1910 besaßen Deutsche erheblichen Einfluß auf die Regierung, kontrollierten mit ihren Handelslinien die Verschiffung der meisten haitianischen Exportgüter. Deutsche Bankiers richteten auch die »Banque Nationale« in Port-au-Prince ein, die als Privatbank sämtliche Staatsfinanzen abwickelte. Präsident Zamor akzeptierte im Jahr 1914 deutsche Staatskredite, was die amerikanische Angst vor einer Abhängigkeit Haitis nur steigerte. Deutsche wie auch britische, französische und japanische Kriegsschiffe machten »Droh-Besuche« in Port-au-Prince. Siehe Diederich/Burt, a. a. O., S. 37 ff.

8 Zur Entstehung des Voodoo-Kults und dem »Zombie«-Phänomen, d. h. der »Wiedererweckung« Toter, hat der junge Harvard-Wissenschaftler Wade Davis 1985 einen Beststeller geschrieben: »The Serpent and the Rainbow«, Taschenbuchausgabe Warner Books, New York. Davis beschreibt eindrucksvoll seine journalistisch-wissenschaftliche

Entdeckungsreise nach Haiti und seine Recherchen. Er glaubt bewiesen zu haben, daß haitianische Voodoo-Priester mit speziellen medizinischen Kenntnissen unter Verwendung bestimmter Kräuter und Fischextrakte Lebende über Tage »ins Totenreich« befördern, das heißt ihre Atmung unterbrechen und sie dann – teilweise auch nach der Beerdigung – wieder zum Leben erwecken können. Davis meint, es gäbe in sogenannten »Geheimgesellschaften« eine Verurteilung von Menschen, die sich unsozial verhalten hätten. Nur sie würden dazu verurteilt, »Zombies«, »umhergehende Tote«, zu werden, die sich nach ihrer »Erweckung« nicht mehr in die Gesellschaft eingliedern ließen. In dem spannenden Buch geht gelegentlich Wades Voodoo-Verherrlichung auf die Nerven, bedauerlicherweise hat er keinen Blick für die »politische« Anwendung – den Mißbrauch – des Voodoo durch den Präsidenten.

9 Siehe Abbott, a. a. O., S. 177 ff., sowie Danner, a. a. O.

10 So die Recherchen von Marie Brenner, a. a. O.

11 Die Szene schildert Abbott, a. a. O., S. 323, die auch berichtet, nach der Abreise der Duvaliers sei in dem von Michèle Bennett öfter besuchten Kinderkrankenhaus eine große Menge »kommerziellen« Rauschgifts gefunden worden, was den Schluß nahelegt, daß von einflußreichen Kreisen der Regierung an Drogen (mit)verdient wurde.

DER KAISER, DER KANNIBALE [BOKASSA I., ZENTRALAFRIKANISCHES KAISERREICH]

1 Die präzisesten Informationen bietet der Länderbericht Zentralafrikanische Republik 1988, Statistisches Bundesamt Wiesbaden, Kohlhammer Verlag. Außerdem als Quelle empfehlenswert: Afrika Post, Magazin für Politik, Wirtschaft und Kultur Afrikas, Dezember 1988; diese Ausgabe beschäftigt sich schwerpunktmäßig mit der Zentralafrikanischen Republik. Autor Achim Rende weist zu Recht darauf hin, daß das Land in einem Teufelskreis steckt: Beugt es sich den Forderungen der Weltbank (was wahrscheinlich ist, teilweise schon vollzogen), muß die Regierung Beamte aus dem aufgeblähten Apparat entlassen. Verschafft sie nachdrängenden Universitätsabsolventen Jobs im Staatsdienst, verliert sie Kredite. Die Verlagerung der Arbeitskräfte in den »privaten Sektor«, wie vom »Internationalen Währungsfonds« gefordert, ist zumindest kurzfristig unmöglich – es gibt keine Privatindustrie, angesichts der schwierigen Transportwege existiert fast nur Tauschhandel, kein »kommerzieller« Verkauf von Gütern.

2 Es gibt auch auf dem internationalen Buchmarkt und in der Presse keine gründliche Aufarbeitung der Bokassa-Zeit. Journalistisch überragt Alex Shoumantoffs Bokassa-Porträt »Fall of a Savage Emperor«, in: Vanity

Fair, Juni 1987. Zu den lesenswerten Büchern gehören: André Baccard: »Les Martyrs de Bokassa«, Editions du Seuil, Paris 1987; Thomas O'Toole: »The Central African Republic«, West View Press, Boulder 1986. Und als Standardwerk das Buch des französischen Verwalters in Zentralafrika, das dennoch sehr Frankreich-kritisch ist: Pierre Kalck: »La République Centralafricaine«, Editions Berger-Levrault, Paris 1971. Kritische Distanz empfiehlt sich zu dem »Schnellschuß« von Jean Pierre: »Bokassa Ier«, Alain Moreau, Paris 1977.

3 Zur Geschichte Zentralafrikas: Yarisse Zoctizoum: »Histoire de la Centralafrique«, tome 1 + 2, L'Harmattan, Paris 1984.

4 Zur Geschichte des Putsches siehe Kalck, a. a. O. S. 153 ff., sowie O'Toole, a. a. O., S. 48 ff., sowie Baccard, a. a. O., S. 15 ff.

5 Einen detaillierten Bericht über die Grauen dieses Gefängnisses gibt einer der früheren Häftlinge, der drei Jahre dort eingesperrt war, in einem Augenzeugen-Buch: Thierry-Jacques Gallo: »Ngaragba. Maison des Morts, Mémoirs Africaines«, L'Harmattan, Paris 1988.

6 Zu dieser Schlußfolgerung kommt auch Shoumantoff in seinem Porträt, a. a. O.

7 Israel lieferte der Zentralafrikanischen Republik militärisches und geheimdienstliches Know-how, beteiligte sich außerdem an vorderster Stelle am Diamantenabbau. Die Beziehungen zwischen den beiden Ländern waren allerdings nie stabil; Bokassas Habgier ging den Israelis 1970 zu weit, sie zogen ihren Botschafter zeitweise zurück. Im Gegenzug brach Bokassa 1973 die Beziehungen ab, als er sich mit Libyens Gaddafi einigte. Bei einem Treffen mit Ugandas Diktator Idi Amin überraschte Bokassa Paris mit seiner Bewunderung für dessen Taten, vor allem für die Ausweisung der Inder. Im Dezember 1976 gehörte Amin zu den wenigen, die Bokassa zur Kaiserkrönung offiziell gratulierten. Idi Amin stürzte im übrigen nur wenige Monate vor Bokassa, im April 1979. Das dritte der drei großen »afrikanischen Monster«, der Diktator Nguema von Äquatorial-Guinea, stürzte ebenfalls in diesem »Schicksalsjahr der Diktatoren« und wurde exekutiert.

8 Zur Affäre Goldsmith interessant Baccard, a. a. O., S. 229 ff., und Shoumantoff, a. a. O. Lesenswert auch der kurze Abriß der Bokassa-Zeit in David Lamb: »The Africans«, Random House, New York 1987, S. 49 ff.

9 Siehe dazu das Interview mit dem »Stern«, 25. 7. 1985, auch mit dem »Spiegel«, 19. 12. 1986.

10 Shoumantoff zitiert eine Untersuchung des Mediziners Poutrin (»Notes Ethnographiques sur la population Mbaka«), in der behauptet wird, die Mkaba seien Kannibalen. Das Gericht sah Bokassas Menschenfresserei als nicht erwiesen an, weil sich der Koch als Zeuge in Widersprüche verwickelte. Shoumantoffs Argumentation und eigene Recherchen des Verfassers lassen die Anthropophagie aber als nahezu sicher erscheinen.

11 Zu den wesentlichen Anklagepunkten gehörte eine bizarre Geschichte, die ihre Ursprünge in Bokassas Soldatenzeit hat. Während seiner Indochina-Zeit in der französischen Armee lernte Bokassa, wie so viele Soldaten, eine Vietnamesin kennen und verliebte sich in sie. Die beiden hatten ein Kind namens Martine, der Kontakt brach jedoch ab, als Bokassa nach Europa zurückkehrte. In einem Anflug von Sentimentalität bat Bokassa gleich nach seiner Regierungsübernahme die südvietnamesischen Behörden darum, seine Geliebte und die Tochter für ihn ausfindig zu machen. Einige Monate später wurde ein 17jähriges Mädchen – angeblich beim Zigarettenverkauf – in den Straßen Saigons gefunden, nach Bangui geflogen, dort von einem weinenden Bokassa und dem in voller Stärke angetretenen diplomatischen Korps empfangen. Wenig später stellte sich heraus, daß diese »Martine« die Falsche war, von ihrer erfinderischen Familie weggeschickt. Die »Richtige«, mit einer identifizierbaren Narbe, wurde wenig später als Arbeiterin in einer Saigoner Zementfabrik gefunden. Bokassa empfing sie, wieder weinend, versprach aber auch, die »andere« in seine Familie aufzunehmen. Beide machten gute Partien in der Zentralafrikanischen Republik: Martine heiratete einen Arzt, die »Falsche« einen Armeeoffizier. Kurz vor seiner Krönung versuchte derselbe Offizier einen Putsch gegen Bokassa; er wurde sofort hingerichtet. Das kleine Kind der beiden, Bokassas Adoptivenkel sozusagen, ließ Bokassa im Krankenhaus vergiften – unter Umständen, die freilich nie ganz klar wurden.

12 Siehe auch O'Toole, a. a. O., S. 145, und Kalck, a. a. O., S. 176 ff. Bemerkenswert dazu auch der Aufsatz von O'Toole: »Jean Bedel Bokassa: Neo-Napoleon or Traditional African Ruler«, in: »The Cult of Power«, hg. von Joseph Held, Columbia University Press, New York 1983, S. 95 ff. Zu Kolingbas Selbstverständnis sind seine wichtigsten Reden lesenswert, in: »Le Pari de la Réussite«, Bangui 1983.

DER TYRANNOSAURIER [ALFREDO STROESSNER, PARAGUAY]

1 Alfredo Stroessner hat, wie er behauptet, »im Exil noch kein Interview gegeben«. Tatsache ist, daß er Ende 1989 die englische Schriftstellerin Isabel Hilton empfangen hat, die später Teile ihres Gesprächs mit Stroessner zitatweise in der englischen Zeitung »The Independent« und danach auch für ihr Stroessner-Porträt in der Zeitschrift »Granta«, Nr. 31/1990, verwendet hat. Stroessner bestreitet die Zitate, von denen allerdings auch die Autorin zugibt, sie seien nichtssagend. Nachdem einige Äußerungen Stroessners in Zeitungen Paraguays nachgedruckt wurden, erhob die Regierung in Asunción gegenüber Brasilien einen offiziellen Protest wegen »Verletzung der Exil-Vereinbarungen«.

2 Es gibt über Stroessner und Paraguays jüngere »Diktatorengeschichte« erstaunlich wenig Literatur – auch das Zeichen des allgemeinen westlichen Desinteresses an den Vorgängen in dem südamerikanischen Land. Eine Ausnahme ist das inzwischen vergriffene Standardwerk des Amerikaners Paul Lewis: »Paraguay under Stroessner«, University of Wisconsin, 1987. Deshalb sei hier auf die wichtigsten journalistischen Arbeiten über Stroessner verwiesen; neben Isabel Hiltons »Granta«-Porträt überragen noch »Paraguay: Ein Volk ohne Chance« von »Geo«-Chefreporter Peter-Matthias Gaede, in: Geo, Nr. 4/1989, sowie Alex Shoumantoffs Stroessner-Porträt in der amerikanischen Zeitschrift »Vanity Fair«, September 1989.

3 Zur Geschichte Paraguays siehe auch Hubert Krier: »Tapferes Paraguay«, Gunter Narr Verlag, 5. Auflage, Tübingen 1988, sowie der von Krier und Gerhard Ponemunski herausgegebene »Paraguay«-Band in der Reihe »Mai's Weltführer«, Nr. 11, letzte Auflage, 1988. Beide Bücher sind sehr inhaltsreich und sachkundig, leiden aber unter der nahezu kritiklosen Bewunderung des Autors Krier für Stroessner und seine »starken» Vorgänger; Krier war fünf Jahre lang Bonns Botschafter in Asunción, und man kann sich vorstellen, wie gut er mit dem Regime ausgekommen sein muß.

4 So auch erwähnt bei Shoumantoff, a. a. O., S. 297.

5 Besonders positiv wertet Krier die »Jahre der Stabilität«, verharmlost in seinem »Mai's«-Führer auch bewußt Übergriffe. Zitat: »Bei Würdigung aller Umstände hat die paraguayische Regierung von dem ihr verfassungsmäßig zustehenden Recht zur Inhaftierung subversiver Elemente einen relativ maßvollen Gebrauch gemacht.« Anders – und objektiver – Lewis, a. a. O., S. 59 ff., nach eigenen Angaben.

6 Von Eckstein hat den Stroessner-Söhnen das Wasserskifahren beigebracht. Rudel war bis 1955 in Argentinien, dem anderen Zufluchtsland für Ex-Nazis; in Asunción hatte er, so recherchierte Shoumantoff, nach dem Sturz Peróns, u. a. die BMW-Vertretung übernommen und arbeitete für ODESSA, die Geheimorganisation, mit deren Hilfe ehemalige Offiziere der Waffen-SS nach Südamerika geschmuggelt wurden und dort neue Identitäten bekamen.

7 Zur Geschichte Mengeles siehe auch Shoumantoff, a. a. O.

8 So übereinstimmend auch bei Hilton, a. a. O. Die Angaben decken sich mit den Informationen, die aus Interviews des Autors mit Personen in Asunción stammen, die nicht genannt werden wollen.

9 Siehe Shoumantoff, a. a. O., sowie Lewis, a. a. O., S. 118 ff.

10 Zur Abfolge des Coups siehe auch Gaede, a. a. O., der die Tage nach dem Umsturz eindrucksvoll beschreibt.

11 Zur Charakterisierung Stroessners trägt auch sein eigenes Werk bei. Vor allem »Politica y Estrategia del Desarrollo«, Editorial Cuademos Republicanos, Asunción 1986. Bezeichnend auch die über Stroessner

verfaßten Jubelwerke, etwa »El Presidente Stroessner« von Eulalio R. Palacios, Asunción 1987.

12 Zitiert nach Gabriel García Marquez: »Der Herbst des Patriarchen«, dtv, Taschenbuchausgabe, 1980. In dem großartigen Buch des Literatur-Nobelpreisträgers werden lateinamerikanische Diktatorengeschichten zu einem Gesamtbild gemischt, gemäß Marquez' Grundsatz: »Ich glaube, die einzige Entscheidung von mythologischer Dimension, die uns die lateinamerikanische Geschichte beschert hat, ist die Diktatur. Nicht eine Nation auf diesem Kontinent hat sich dem Phänomen zu entziehen versucht.« Zu den Diktatorengeschichten, die Marquez zusammenmengt, gehört offensichtlich auch die über das Leben Stroessners – manches in seinem Roman wirkt wie eine Dokumentation oder eine Vorahnung von Stroessners Leben. Deshalb versuchen sich die Schlußabsätze dieses Porträts an den Sprachstil von Marquez bewußt anzulehnen.